Poesía

Letras Hispánicas

Garcilaso de la Vega

Poesía

Edición de Ignacio García Aguilar

CÁTEDRA
LETRAS HISPÁNICAS

1.ª edición, 2020

Ilustración de cubierta: Guercino, *Et in Arcadia ego* (c. 1618-1622)

Juan Ignacio Luca de Tena, 15. 28027 Madrid
Depósito legal: M. 8.702-2020
ISBN: 978-84-376-4154-6
Printed in Spain

Índice

Para mi hijo Nacho,
por su alegría insobornable

Introducción

Garcilaso de la Vega en la encrucijada de su tiempo

Nada seguro hay sobre la fecha de nacimiento de Garcilaso de la Vega. No obstante, Vaquero Serrano (2013b: 101-103)[1], quien más detenida y rigurosamente ha estudiado las fuentes documentales sobre el toledano, se inclina a pensar que el poeta muy probablemente naciera el 30 de septiembre de 1499, día de San Jerónimo. Es tópico asentado desde antiguo describir a Garcilaso como representante paradigmático del ideal renacentista del hombre que concilia en su persona las armas y las letras. Pero esto es una verdad a medias: Garcilaso mostró un vivo interés por las letras, pero un resignado servicio a las armas, obligado por las circunstancias que le tocó vivir.

Fue el tercer hijo del matrimonio formado por Garcilaso de la Vega, señor de los Arcos, y doña Sancha de Guzmán, señora de Batres. En su calidad de segundón, estaba abocado a no heredar nada del patrimonio de su familia, la cual pertenecía

---

[1] Para mayor operatividad, se remite siempre al estudio de Vaquero Serrano (2013b), quien recoge en su monografía la información relativa a la biografía de Garcilaso de la Vega, así como todos los hallazgos documentales sobre la vida del poeta realizados por la tradición crítica precedente. Por tanto, y aunque no se citan expresamente, se consideran aquí las aportaciones que sobre el escritor se han venido haciendo desde el apunte biográfico de Herrera (1580) hasta los estudios de la propia Vaquero Serrano (1999, 2002, 2007, 2010, 2011, 2013a, 2013b), pasando por los trabajos de Fernández Navarrete (1850), Laurencín (1815), Keniston (1922), Gallego Morell (1976) o Calvo (1992), entre otros.

al escalafón medio de la aristocracia castellana. Este hecho habría de condicionar grandemente su desempeño profesional al servicio del monarca en toda suerte de menesteres, al tiempo que compatibilizaba sus deberes con el desarrollo de una carrera literaria. De casta le venía al galgo, pues tanto su padre como su madre habían servido en la corte de los Reyes Católicos y contaban con ilustres literatos entre sus antecedentes familiares.

Su progenitor se había educado en la corte de Enrique IV y había hecho un meritorio *cursus honorum* a través de servicios diversos: fue ayo del infante don Fernando, combatió en la guerra de Granada, trabajó como embajador de los Reyes Católicos en Roma y desempeñó varios cargos en el ámbito de la corte. Por su parte, la madre de Garcilaso era biznieta de Fernán Pérez de Guzmán, tío del marqués de Santillana y autor de las *Generaciones y semblanzas*.

El entorno cortesano en que se crio Garcilaso y la vasta cultura que exhalan sus composiciones indican que hubo de recibir una educación no muy distinta a la de los aristócratas de su entorno. Por aquel entonces, Pedro Mártir de Anglería se encargaba de educar a los pajes de los Reyes Católicos, por lo que no es descartable pensar que este humanista, muy conocido por sus escritos sobre el descubrimiento de América, hubiese podido instruir a Garcilaso; aunque también podría haber recibido lecciones por parte de algún canónigo de la catedral de Toledo. Sea como fuere, desde sus primeros años muestra un vivo interés por el estudio y se convierte en alguien instruido que toca varios instrumentos musicales, que conoce bien tanto el latín como el griego y que, muy probablemente, se desenvolvía con soltura en italiano y francés.

En 1512, siendo aún muy joven, fallece su padre, lo que le obligará a adoptar decisiones importantes sobre su futuro. En su condición de segundogénito sin derecho a herencia, sus opciones pasaban por el oficio religioso, la profesión letrada o el servicio al emperador. Con los antecedentes familiares pesando casi como un designio insalvable, opta por la última de las opciones. Así pues, cuando Carlos V llega a España en 1517, Garcilaso está más que dispuesto para ponerse a disposición del nuevo monarca, empresa en la que cuenta con el apoyo de los duques de Alba. Con ese objetivo se desplaza hasta Valladolid para rendir pleitesía a Carlos V, en compañía de su hermano mayor Pedro Laso.

Las cosas, sin embargo, no serían sencillas. Algunas de las primeras decisiones que tomó el recién llegado monarca generaron un profundo malestar entre la aristocracia castellana. En Toledo se esperaba con interés la venida del emperador, con la vana esperanza de que la corte se instalaría en la ciudad y el monarca repartiría cargos y mercedes entre la nobleza local. Pero en lugar de eso, Carlos V viajó tanto a Zaragoza como a Barcelona y se dedicó a repartir todos los cargos dependientes de su persona entre los extranjeros cercanos a él, quedando relegados por completo los linajes autóctonos. La gota que colmó el vaso en Toledo fue la designación regia como cardenal de la ciudad de Guillermo de Croy. Entre las funciones del cabildo catedralicio se contaba la de administrar el Patronato del Hospital del Nuncio, lo que generó un conflicto que llevó a Garcilaso de la Vega a levantarse en armas contra los responsables de la gestión, a los que amenazó el 1 de junio de 1519 en un tumulto organizado con el concurso de otros dos alborotadores: Diego Hernández y el alguacil Pedro de Escobar. Este episodio tuvo como consecuencias para Garcilaso un destierro de tres meses, la confiscación de las armas empleadas en el acto y el pago de salario y costas del juicio por un importe de 4000 maravedíes[2].

Muy poco tiempo después, el malestar que se había ido incubando desde la llegada de Carlos V desembocó en la denominada guerra de las Comunidades (1520-1522): un levantamiento armado de varias ciudades castellanas, encabezadas por Valladolid y Toledo, en contra de las medidas políticas

---

[2] Vaquero Serrano (2013: 143-144).

adoptadas por el nuevo rey. En este conflicto, Garcilaso y su hermano se alinearán en frentes opuestos. Pedro Laso se erige en líder de los comuneros de Toledo, mientras que Garcilaso se mantiene leal a Carlos V, después de que hubiese obtenido por aquellas fechas el nombramiento como *contino,* es decir, miembro personal de la guardia regia. A partir de 1520, por tanto, los caminos de Garcilaso y su hermano se separan. El primero resiste los embates iniciales de las fuerzas del emperador, aunque después de algún tiempo huye a Portugal; el segundo asedia la ciudad hasta que las fuerzas comuneras se rinden. Consigue así regresar a Toledo el 6 de febrero de 1522, pero aquella localidad era muy otra de la que antaño conociera, pues no solo faltaba su hermano, sino también su hogar, ya que la casa familiar había sido saqueada. Estas circunstancias determinarán en lo sucesivo no pocas de sus actuaciones, pues a partir de entonces se esforzará Garcilaso por recuperar el patrimonio familiar perdido y por lograr para su hermano Pedro Laso un perdón regio que le permitiese regresar desde el exilio portugués.

Las preocupaciones sobre la pérdida, la desposesión y el destierro que expresa el poeta en algunas de sus composiciones se concretan textualmente mediante recreaciones de fuentes literarias previas, sobre todo Virgilio; pero Garcilaso tenía en la memoria de sus propias vivencias mimbres suficientes como para tejer un buen asiento de penas.

La guerra de las Comunidades marcó decisivamente al escritor histórico Garcilaso en el ámbito económico, social y familiar. Pero el conflicto no solo afectó a estas parcelas de su vida, pues partiendo de la documentación existente sobre el poeta se puede conjeturar que también en el marco de las relaciones afectivas y en la gestión de su propia descendencia hubo de verse muy condicionado por este levantamiento contra el emperador. En este sentido, se sabe que desde aproximadamente 1519 y hasta 1525, cuando se casa con Elena de Zúñiga, Garcilaso de la Vega mantuvo una estrecha relación con Guiomar Carrillo Ribadeneira, una dama de la aristocracia toledana vecina del barrio en el que se había criado el poeta. La noticia sobre esta relación no tiene nada que ver con otros mitos de amadas ideales atribuidas a Garcilaso. Así se comprueba con la lectura de una carta de donación otorgada por Guiomar Carrillo el 29 de noviembre de 1537, en donde se estipula lo siguiente:

> Sepan cuantos esta carta de donación y mejora vieren cómo yo doña Guiomar Carrillo, [...] siendo como era mujer libre y no desposada ni casada ni monja, ni persona de orden ni religión, tuve amistad del muy magnífico caballero Garcilaso de la Vega, hijo de los muy magníficos señores don Garcilaso de la Vega, comendador mayor de León, y doña Sancha de Guzmán, ya difuntos, que hayan gloria, vecinos asimismo que fueron de esta dicha ciudad. Entre mí y el dicho Garcilaso hubo amistad y cópula carnal mucho tiempo, de la cual cópula carnal yo me empreñé del dicho señor Garcilaso, y parí a don Lorenzo Suárez de Figueroa, hijo del dicho señor Garcilaso y mío; siendo asimismo el dicho señor Garcilaso hombre mancebo y suelto, sin ser desposado ni casado al dicho tiempo y sazón. Y porque, según derecho y leyes de estos reinos usadas y guardadas, todo padre o madre puede mejorar a cualquiera de los hijos o hijas que tuviere legítimos y de legítimo matrimonio [...] por tanto, usando yo de las dichas leyes [...] mejoro y hago mejoría y donación, [...] a vos, el dicho don Lorenzo Suárez de Figueroa, mi hijo y del dicho señor Garcilaso, [...] esto por el mucho amor que yo tuve al dicho señor Garcilaso, y tengo a vos, el dicho don Lorenzo Suárez de Figueroa, su hijo y mío, y para que más honradamente podáis vivir y andar como hijo de quien sois y para que más honradamente os podáis casar con quien quisierais y bien os estuviere a vuestra voluntad (Vaquero Serrano, 2013b: 550-551).

La referencia explícita a la «cópula carnal» que mantuvo Guiomar Carrillo durante «mucho tiempo», en los años previos a que este fuese «desposado ni casado», habla muy a las claras sobre una relación que se mantuvo, al menos, hasta el matrimonio del poeta con Elena de Zúñiga en 1525. Meses antes de que Guiomar Carrillo rubricase este documento legal, concretamente el 3 de enero de 1537, se había procedido a la apertura del testamento de Garcilaso. En sus últimas voluntades no hubo grandes sorpresas en cuanto a los destinatarios de su patrimonio, pues se declaraba herederos universales a sus hijos legítimos. Sin embargo, en una de las cláusulas del testamento se acordaba Garcilaso del hijo que había tenido con Guiomar Carrillo:

> Don Lorenzo, mi hijo, sea sustentado en alguna buena universidad y aprenda ciencias de humanidad hasta que sepa bien en esta facultad, y después, si tuviere inclinación a ser clérigo, estudie cánones, y si no, dese a las leyes, y siempre sea sustentado hasta que tenga alguna cosa de suyo (Vaquero Serrano, 2013b: 545-546).

A tenor de la documentación aducida, es difícil no preguntarse el motivo por el cual Guiomar Carrillo y Garcilaso no contrajeron matrimonio. Vaquero Serrano conjetura que «Garcilaso, por carecer de fortuna, hubo de matrimoniar contra su voluntad» (2013b: 552). Se trata de una hipótesis en absoluto descartable, sobre todo teniendo en cuenta que en la Edad Moderna la concertación matrimonial estaba al servicio de las estrategias familiares para el establecimiento de vínculos ventajosos que asegurasen la perduración del linaje y el engrandecimiento del patrimonio nobiliario. Pero además de esto, no deben perderse de vista los vínculos de Guiomar Carrillo con los comuneros de Toledo. El hermano mayor de Guiomar, Hernán Díaz de Ribadeneira, era regidor de la ciudad castellana y se había unido a otros de los mandos municipales, como Juan de Padilla o Pedro Laso de la Vega, en su levantamiento contra las fuerzas de Carlos V. Cierto es que el nombre de Hernán Díaz estaba incluido en la lista de toledanos a quienes el rey amnistió en su perdón de 28 de octubre de 1522, lo que induce a pensar que debió de cambiar su posición durante el desarrollo del conflicto. Sin embargo, además de este hermano, Guiomar Carrillo estaba marcada por su relación con otros insurrectos, ya que tenía vínculos de amistad con nada más y nada menos que María Pacheco, viuda de Juan de Padilla, líder de los sublevados[3]. A la vista de estos hechos, parece lógico asumir que Carlos V no vería con buenos ojos el matrimonio de uno de los suyos con una mujer tan cercana a los presupuestos de sus enemigos castellanos.

Así pues, la guerra de las Comunidades, que devastó el hogar familiar, esquilmó el patrimonio del linaje y separó los caminos fraternales, también podría haber pesado mucho en decisiones de índole más personal, como la obligada renuncia de Garcilaso a institucionalizar mediante el matrimonio su relación con Guiomar Carrillo, lo que se habría procurado a su primogénito las ventajas de ser un hijo legítimo.

Pero nada de esto pudo ser y Garcilaso se casó finalmente con Elena de Zúñiga en 1525, siguiendo la sugerencia del emperador y de la hermana de este, Leonor, a cuyo servicio estaba la futura esposa como dama de compañía. El poeta toledano se embolsó en concepto de dote en torno a dos millones y medio de maravedíes, una cantidad muy importante para un segundogénito que no contaba con demasiados bienes (Vaquero Serrano, 2013b: 245-246).

Antes de esa boda ya había trabajado vigorosamente Garcilaso para demostrar su fidelidad al monarca, no solo en su condición de guardia personal *(contino),* sino también cercando Toledo a las órdenes de don Juan de Ribera, quien le expidió un certificado el 12 de marzo de 1522 que avalaba la firmeza de su adhesión a la causa imperial, su lealtad a Carlos V y hasta la herida sufrida por el poeta en la batalla de Olías[4]. Una vez terminado el conflicto y restaurado el orden, Carlos V, que había abandonado la Península, decide regresar a España.

---

[3] Vaquero Serrano (2013: 190).
[4] Vaquero Serrano (2013: 195).

Desembarca en Santander el 16 de julio de 1522 y se encuentra en la tesitura de hacer caso al importante grupo de nobles y clérigos que le solicitan un perdón general o imponer mano dura contra todos los implicados en la insurrección. Finalmente, y atendiendo incluso a la solicitud del papa, el 1 de noviembre de 1522 decide promulgar en Valladolid un perdón general contra los comuneros, exceptuando a 293 cabecillas, entre los que se encontraban Pedro Laso de la Vega y Hernando Dávalos, hermano y tío político del poeta, respectivamente. Tampoco se pudo acoger a esta amnistía Juan Gaitán, que ayudó a Garcilaso en su pleito del Hospital del Nuncio[5].

Entre los meses de septiembre y diciembre de ese año, Garcilaso permanece en Valladolid, donde se había asentado la corte. En esta ciudad tiene ocasión de afianzar sus vínculos clientelares con la casa de Alba y de estrechar su relación de amistad con Juan Boscán, a quien ya conocía por la condición del barcelonés como ayo de don Fernando Álvarez de Toledo.

En el verano del año siguiente, Garcilaso es nombrado gentilhombre de Borgoña y caballero de la Orden de Santiago. Sin terminar 1523, Carlos V hace un llamamiento general a nobles y militares para que se le unan en la guerra contra Francisco I de Francia. El objetivo prioritario de las fuerzas imperiales era evitar que el monarca francés invadiese con su ejército las posesiones imperiales en suelo italiano. Garcilaso forma parte entonces de un contingente liderado por el condestable de Castilla, Íñigo de Velasco, que parte en dirección a los Pirineos con el propósito de rendir Fuenterrabía, localidad que se encontraba ocupada por franceses y navarros. Finalmente, se logra conquistar la plaza y se nombra gobernador a un joven de dieciséis años: Fernando Álvarez de Toledo, duque de Alba, quien se había alistado a este contingente sin contar, a lo que parece, con el permiso familiar. Su valor y determinación en la batalla le hicieron merecedor del nom-

[5] Vaquero Serrano (2013: 201).

bramiento como gobernador de Fuenterrabía y de entrar en la plaza conquistada presidiendo el desfile militar. En ese acto estuvo acompañado por Boscán y Garcilaso, ofreciendo una estampa que es buen reflejo de los méritos de quien se convertiría en el mejor general de su época, pero también de la estrecha relación que mantendría este con el mejor poeta de su generación.

En 1525, siendo Garcilaso corregidor de Toledo, entra por fin Carlos V en la ciudad. Era el 27 de abril cuando el emperador acudió a orillas del Tajo para celebrar cortes y prolongar su estancia por espacio de diez meses. La localidad vive alborozada y feliz el reciente triunfo imperial en Pavía sobre Francisco I, rey de Francia, que se había convertido en prisionero de Carlos V.

El monarca y Garcilaso aprovechan la estancia en Toledo, entre otras cuestiones, para negociar sus bodas: el emperador con Isabel de Portugal; Garcilaso con Elena de Zúñiga, una de las damas de compañía del séquito de doña Leonor, hermana del rey. Aunque la boda real no se celebraría hasta el año siguiente, los esponsales de Garcilaso y Elena de Zúñiga tuvieron lugar hacia principios de septiembre de ese mismo año[6]. Antes de esto se había preocupado Garcilaso de organizar el estado de sus cuentas. De acuerdo con la documentación conocida, en agosto de 1525 los bienes del poeta ascendían a siete millones y medio de maravedíes. El día 25 de ese mismo mes de agosto se le sube el sueldo a 60 000 maravedíes anuales pagaderos cada tres años. Por otro lado, su madre amplía los derechos de pasto que tenía en Badajoz de 80 000 a 200 000 maravedíes anuales; y a ello se unen los 2 575 000 maravedíes que recibió en concepto de dote por la boda con doña Elena. De todo ese dinero, doña Elena únicamente aportó 600 000 maravedíes, pues la mayor parte fue sufragada por el emperador, que contribuyó con un millón, y por el rey de Portugal, que

[6] Vaquero Serrano (2013: 249).

donó 600 000 maravedíes. Doña Leonor, hermana del rey y señora de la casadera, redondeó la cifra total con la aportación de los restantes 375 000 maravedíes (Vaquero Serrano, 2013b: 245-246).

El año terminó muy bien para el poeta, pues el estado de sus cuentas y las relaciones con Carlos V fluían satisfactoriamente. Además de todo ello, la estancia de la corte en Toledo le permitió entablar relaciones con dos figuras intelectuales de primer orden: Castiglione, que se encontraba en la ciudad castellana como embajador del papa, y Andrea Navagero, que hacía lo propio en representación de Venecia. Uno y otro serían influencias fundamentales en su obra, como se verá más adelante.

Si la boda de Garcilaso fue beneficiosa, no lo fue menos la de su hermano Pedro, que tuvo lugar en febrero de 1526. El comunero expatriado se casó en Elvas con Beatriz de Sá, a la sazón dama de la emperatriz Isabel de Portugal y la mujer más bella del país lusitano, según se decía. La dote que recibió Pedro Laso hubo de ser buena, sin lugar a dudas. Pero más agradable incluso que el dinero debió de resultar la intermediación de la dama portuguesa de cara al perdón que Carlos V concedió al antiguo insurrecto, lo que le permitió regresar finalmente a Toledo[7].

Al mes siguiente de la boda entre Pedro Laso y Beatriz de Sá tienen lugar en Sevilla los esponsales entre Carlos V e Isabel de Portugal. A la ceremonia asistió Garcilaso y se puede presuponer, como hace Vaquero Serrano (2003: 26), que también acudiría Beatriz de Sá. La dama lusa dejaba entonces en la distancia al recién estrenado marido para acompañar a su señora, cumpliendo así con sus obligaciones de servicio e invirtiendo tiempo y esfuerzo en una rentable estrategia clientelar que habría de reportar importantes beneficios para el matrimonio y también para el resto de la familia de

---

[7] Vaquero Serrano (2003: 25).

Garcilaso. Así se constata con la cédula otorgada el 13 de mayo a favor de Pedro Laso, en la que el rey «le alzaba el dicho destierro, para que pudiera estar y andar por todas las otras ciudades, villas y lugares de estos reinos, exceptuando la corte y la ciudad de Toledo con cinco leguas alrededor» (Vaquero Serrano, 2003: 26).

Las «cinco leguas» de distancia exigidas eran práctica habitual en este tipo de trámites y no suponían un gran problema para alguien que tenía señoríos como el de Batres y el de la Cuerva, los cuales estaban próximos a Toledo, pero cumplían con el requisito impuesto de una distancia prudencial. En esas circunstancias, la vuelta desde el exilio no se hace esperar y Pedro Laso regresa en junio de 1526. Se reúne entonces con su esposa y con los tres hijos de su anterior matrimonio, quienes habían quedado a cargo de la madre del comunero. Solo un año más tarde, en 1527, Carlos V alzó definitivamente todos los destierros y Pedro Laso se radicó en Toledo con toda la familia. Es de suponer que el otrora insurrecto tenía buenos valedores en su hermano y en su mujer, ya que tanto uno como otro podrían trasladar ruegos al emperador, bien de manera directa, en el caso del poeta, bien de manera interpuesta, en el caso de su cuñada, quien fácilmente podría formular peticiones a su señora, la esposa del rey[8].

Pero aunque la paz había llegado a casa de los Laso de la Vega, el mundo seguía siendo un territorio hostil, más aún para un imperio como el que lideraba Carlos V, que tenía ramificaciones en múltiples territorios. En el año 1526 se recrudecen los enfrentamientos en el ámbito de la política internacional por varios frentes: por un lado, se produce la invasión de Hungría por el ejército de Solimán I el Magnífico; por otro, y tras declararse nulo el tratado de Madrid, en el que Francisco I se comprometía a no intervenir en Italia, se establece la Liga de Cognac. Esta coalición, compuesta por el

---

[8] Vaquero Serrano (2003: 26-27).

papa Clemente VI, el Señorío de Venecia, el Ducado de Milán y los reyes respectivos de Inglaterra y Francia, tenía como objetivo expulsar a los españoles de Italia. Con importantes campañas militares en el horizonte cercano, el futuro emperador convoca cortes en Valladolid para intentar conseguir fondos con que sufragar el mantenimiento de su política expansiva.

En un ambiente de gran tensión se produce en 1527 el famoso saco de Roma por las tropas de Carlos V, que sin control alguno se dedicaron a arrasar con todo cuanto encontraron a su paso, sumiendo a la ciudad más emblemática del catolicismo en un caos de destrucción y desmanes. El suceso tuvo gran repercusión internacional y supuso un importante batacazo contra la imagen de campeón del catolicismo que había intentado crearse el monarca. Al año siguiente, y en respuesta a los excesos españoles contra el papado y la ciudad de Roma, Francisco I de Francia ataca Nápoles con tropas comandadas por Lautrec. El asedio de la ciudad dio lugar a una epidemia que se cobró muchas vidas, entre ellas, la de Fernando de Guzmán, hermano menor del poeta, a cuya muerte dedica el soneto XVI.

En 11 de marzo de 1528 Garcilaso de la Vega invierte 550 000 maravedíes en comprar varias casas en Toledo para instalar allí la vivienda familiar, después de haber vivido durante varios años en el hogar de su madre[9]. En octubre de ese mismo año llegó a Toledo nuevamente Carlos V, quien se radicó allí hasta marzo de 1529. Los meses de su estancia los invirtió en preparar su próximo viaje a Italia, de grandísima importancia estratégica para el monarca, debido a la difícil agenda que aspiraba a cumplir. Pretendía, en primer lugar, hacerse coronar emperador por el papa Clemente VII, impulsor de la Liga de Cognac. En el ámbito de la política territo-

[9] La primera noticia sobre la documentación relativa a esta compra se debe a Laurencín (1915: 15). Véase ahora Vaquero Serrano (2013b: 308-311).

rial, aspiraba a pacificar los Estados italianos. Trataría, asimismo, de frenar el peligro del Imperio otomano y, por último, en el ámbito de las ideas, tenía pensado convocar un concilio en contra de los luteranos. Durante la fase última de estos preparativos, en febrero de 1529, se produce el súbito fallecimiento de Baltasar de Castiglione, con quien Carlos V y Garcilaso mantenían una estrecha relación. Así se deduce de las deudas intelectuales del poeta y de las concesiones realizadas por Carlos V, quien además de honrarle con un buen número de mercedes le había otorgado el obispado de Ávila, cargo que no pudo llegar a desempeñar por su repentino fallecimiento. Hay un dato muy indicativo de la complicidad entre Castiglione y el entorno de Carlos V: el papa Clemente destituyó a Castiglione como embajador después del saqueo de Roma, pues sospechaba que lo traicionaba y que estaba al servicio del emperador, ya que no le había advertido sobre los movimientos militares de Carlos V. La gran cantidad de honores que le dispensó luego el monarca permiten suponer que el sumo pontífice no andaba muy descaminado en sus resquemores.

Tanto el emperador como Garcilaso redactan sus respectivos testamentos en Barcelona, antes de partir hacia Italia. El del poeta, que lleva fecha de 25 de julio de 1529, se acompaña de las rúbricas como testigos de Juan Boscán y de su hermano Pedro Laso, dos soportes fundamentales en su itinerario vital e intelectual.

En estas últimas voluntades el poeta toledano instituye su mayorazgo, da cuenta de los 120 000 maravedíes de sus rentas anuales y ordena que el nombre de quien le herede sea Garcilaso de la Vega y de Guzmán, entre otras cuestiones. Además, adjunta un memorial con pagos pendientes y especifica las obras pías que desea que se lleven a efecto tras su muerte. En el testamento informa Garcilaso del hijo que tuvo con Guiomar Carrillo, referido anteriormente, y menciona a una moza extremeña llamada Elvira, con quien el escritor tenía deuda de «honestidad» por algún escarceo amoroso que debió de ocurrir, probablemente, hacia febrero de 1524:

> Yo creo que soy en cargo a una moza de su honestidad. Llámase Elvira, pienso que es natural de la Torre o del Almendral, lugares de Extremadura, a la cual conoce don Francisco, mi hermano, o Bariana, el alcaide que era de los Arcos, o S[...] barra, su mujer; estos dirán quién es. Envíen allá una persona honesta y de buena conciencia que sepa de ella si yo le soy en el cargo sobredicho, y si yo le fuere en él, denle diez mil maravedís. Y si fuese casada, téngase consideración con esta diligencia a lo que toca a su honra y a su peligro (Vaquero Navarro, 2013: 226-227).

Con las cosas de su estado en perfecto orden y después de haber cumplido con todas sus responsabilidades, Garcilaso embarca hacia Italia el 28 de julio de 1529. El viaje que emprende junto al monarca tiene entre sus finalidades políticas ofrecer una imagen amable del imperio en otros territorios, algo que resultaba especialmente necesario después del lamentable suceso del saqueo de Roma, que tanto daño hizo a la reputación de Carlos V como defensor del catolicismo y de la ortodoxia cristiana. Para el lavado de cara que se pretende, nada mejor que comenzar cambiando la presencia de su máximo representante. Conforme a ello, el emperador se hace cortar el pelo a imitación de los antiguos romanos, aunque con el matiz diferenciador de su barba típicamente germánica. A zaga de su señor, Garcilaso también optará por modificar su aspecto, cortándose la melena y luciendo un rapado que rememoraba el de las estatuas de César, con el añadido de la barba castellana[10].

De esta guisa desembarcan los componentes de la comitiva en Génova, donde son recibidos por representantes religiosos y civiles de todos los Estados italianos. Desde allí se desplazan a Bolonia, donde tiene lugar la coronación como emperador de Carlos V, coincidiendo con el día en que celebra su trigésimo cumpleaños. La estancia en tierras italianas sirve también

[10] Keniston (1980: 119) fue el primero en dar noticia de este cambio de imagen, como expone Vaquero Serrano (2013b: 352-353).

para firmar la paz con los Estados católicos y con Francisco I de Francia, aunque no se logran solventar las diferencias con Florencia y los luteranos. Pasado un año desde su partida, Garcilaso retorna a Toledo en junio de 1530. De vuelta a su ciudad natal, la emperatriz Isabel le encarga la misión de desplazarse hasta Francia para felicitar a doña Leonor y a Francisco I por su matrimonio, celebrado el 5 de agosto de 1530. Aunque ese era el motivo oficial del viaje, las verdaderas razones del desplazamiento tenían que ver con el interés de Isabel por conocer de primera mano el trato que el monarca francés dispensaba a la archiduquesa Leonor de Austria. Pero Garcilaso no solamente debía espiar en la corte francesa e inquirir sobre este asunto, sino que también debía, en el camino hacia su destino, prestar especial atención al contexto militar en la frontera con el país vecino.

Atendiendo a las responsabilidades que asignaban a Garcilaso tanto Carlos V como su esposa Isabel, nada haría pensar que pudiera resquebrajarse la confianza que tenían depositada en el toledano. Sin embargo, en agosto de 1531 ocurre un acontecimiento que socavará los cimientos sobre los que se asentaba la relación del monarca y el poeta: la participación de Garcilaso en la boda de su sobrino. Durante este mes canicular, el escritor estaba en Ávila, donde se había instalado la corte de la emperatriz Isabel. Según testimonio del propio Garcilaso, recibió aviso por parte de un paje para que acudiera a la catedral abulense. Allí se encontró con su sobrino de catorce años, llamado también Garcilaso, y con Isabel de la Cueva, heredera del duque de Alburquerque y que contaba con once años en el momento de los esponsales. Lo que allí ocurre responde a una concertación matrimonial organizada a espaldas de los reyes y sin el permiso de estos. Concurría además la circunstancia de que parte de la familia paterna de la novia, con el duque de Alburquerque a la cabeza, estaban en contra del matrimonio por considerar que este enlace afectaba al linaje de los Cueva. De acuerdo con la declaración del poeta, Garcilaso no conocía los pormenores del enlace (Vaquero Serrano, 2013: 406-407). No obstante, participó como testigo y avaló con su nombre y autoridad la ceremonia. Muy poco después parte hacia Alemania con el futuro duque de Alba. El motivo del viaje era unirse a las tropas que estaba congregando Carlos V para luchar contra el ejército otomano que asediaba Viena. A la altura de Tolosa, el día 3 de febrero de 1532 les intercepta el corregidor de Guipúzcoa para tomar declaración a Garcilaso, por orden de la emperatriz. Aunque el poeta intenta zafarse del interrogatorio con evasivas, finalmente no tiene más remedio que confirmar su presencia en el enlace, y como consecuencia de ello la emperatriz ordena su destierro y la prohibición de entrar en la corte de Carlos V (Vaquero Serrano, 2013: 415-416).

Con el peso del destierro a sus espaldas y en compañía de Fernando Álvarez de Toledo, emprende Garcilaso el viaje que le llevaría a reunirse con el emperador en la ciudad alemana de Ratisbona. Una vez allí, y por más que el duque de Alba se afana en interceder por su amigo, Carlos V, conocedor del episodio de la boda del sobrino, lo destierra indefinidamente de la corte y lo envía hasta una isla del Danubio, no lejos de Ratisbona. Allí prolongará su estancia por espacio de tres meses. Ese es el tiempo que necesitaron el duque de Alba y el tío de este, don Pedro de Toledo, para conseguir torcer en algo la voluntad imperial. Transcurrido un tiempo prudencial, el monarca se muestra permeable a los ruegos de estos grandes nobles y permite a Garcilaso que decida entre marcharse con el referido don Pedro de Toledo a Nápoles, donde acababa de ser nombrado virrey para sustituir al recién fallecido cardenal Pompeo Colonna, o que optase por recluirse en un convento. Ante la tesitura de una vida limitada a las cuatro paredes de una celda conventual, Garcilaso, que era un hombre de acción y de amplios horizontes intelectuales y vitales, no duda un instante y pondrá rumbo a la ciudad italiana[11].

---

[11] La respuesta del emperador fue categórica, como recogió Fernández de Navarrete (1850: 222): «Que vaya a Nápoles a servir allí por el tiempo que fuere la voluntad de Su Majestad o al convento que más él quisiere». Véase Vaquero Serrano (2013b: 424).

En el año 1532, por tanto, comienza el período napolitano del poeta. Nada más llegar a la ciudad partenopea, Garcilaso recibe el nombramiento de lugarteniente de la compañía de gente de armas del virrey, con un sueldo anual de 100 000 maravedíes. En la memoria de las gentes aún están muy presentes las consecuencias del asedio de 1528, de modo que la convivencia junto a las oligarquías nobiliarias autóctonas no resulta fácil. Las tareas encomendadas a Garcilaso por el virrey no son muy distintas de las que le había venido asignando el emperador: una mezcla de cortesano fiel, eficaz embajador y rápido mensajero. De hecho, una de las primeras misiones que confía Pedro de Toledo a Garcilaso es la de remitirle un mensaje a Carlos V mientras el emperador se encontraba en Génova. Cuando Garcilaso llega a esta ciudad, el monarca ya ha embarcado con destino a Barcelona. Ni corto ni perezoso, el toledano toma otra nave para seguirlo y cumplir con su misión en cuanto toma puerto en la Ciudad Condal. Aprovecha la estancia en tierras catalanas para reunirse con su gran amigo Juan Boscán, quien le comunica que está ultimando la traducción de *El cortesano,* obra por la que Garcilaso sentía gran admiración. Habiendo puesto nuevamente los pies en la Península, no pierde la ocasión de acercarse hasta Toledo, donde permanece en torno a tres meses, antes de regresar a Nápoles en fechas cercanas a junio de 1533.

Durante este año y el siguiente disfruta Garcilaso de una estimulante vida intelectual, pues se integra a la perfección en los círculos humanistas y académicos de la ciudad. Será en estos años cuando termine de componer algunas de sus obras más logradas. Interrumpe la estancia en la ciudad partenopea con un nuevo paréntesis que le lleva otra vez a Toledo en los primeros meses de 1534. Esta última estancia toledana se prolongará hasta mediados de abril, momento en que abandonaría su ciudad natal para nunca más regresar de nuevo. Y ello a pesar de que en agosto de ese mismo año hubo de viajar una vez más como mensajero. Concretamente, fue enviado por Pedro de Toledo a Palencia, donde se encontraba el emperador huyendo de la peste desatada en Valladolid. Allí debía acudir el poeta para contarle por extenso al rey los pormenores relacionados con los ataques perpetrados por Barbarroja a lo largo de la costa italiana a medida que se acercaba a Túnez (Vaquero Serrano, 2013: 485-487).

Después de cumplir con sus deberes y comunicar a Carlos V lo que le encomendó don Pedro de Toledo, Garcilaso se apresta a volver a Nápoles y probablemente fue entonces cuando aprovechó para pasar por Avignon y visitar la supuesta tumba de Laura, la presunta *fiammeta* de Petrarca; circunstancia esta a la que aludiría en la epístola que escribe a Boscán detallando las vicisitudes del camino. De regreso a tierras italianas, lleva consigo Garcilaso órdenes precisas de Carlos V para que se conforme una armada capaz de atacar a Barbarroja en Túnez y vencerlo. El propio Garcilaso se encarga de gestionar las tareas de reclutamiento y hacia mayo de 1535 son aproximadamente veinte mil los soldados que había logrado reunir. A ellos habrían de sumarse aún los hombres aportados por los aliados de Carlos V en esta empresa: el papa, la orden de San Juan y el rey de Portugal. Quedan fuera de esta entente Enrique VIII de Inglaterra y Francisco I de Francia. Este último, lejos de apoyar la alianza católica, envió un mensaje de alerta al mismo Barbarroja para que estuviese prevenido contra el ataque que se avecinaba.

Finalmente, se logra conformar un ejército compuesto por 30 000 hombres y trescientos galeones, que parte desde Cerdeña en dirección a tierras africanas bajo las órdenes de Andrea Doria. El desembarco se realiza en un punto muy cercano a las antiguas y míticas ruinas de Cartago. Garcilaso debió de participar de manera directa en alguna de las batallas, a tenor de las heridas recibidas, de las que da cuenta a su amigo Boscán en el soneto XXXIII. Después de tomar La Goleta se dirigen con decisión a Túnez, ciudad que conquistan fácilmente gracias a que los cautivos del interior se habían sublevado y facilitaron el acceso al ejército imperial. Una vez logrados los objetivos propuestos, las tropas se echan de nuevo al mar para iniciar el regreso y toman tierra en Trápani, donde fallece don Bernardino de Toledo, hermano menor del duque de

Alba, como testimonia Garcilaso en su elegía primera. De vuelta a Nápoles, los vencedores son recibidos con gran alborozo. Garcilaso acompaña al emperador en este importante momento y prolongará su estancia en la ciudad partenopea durante cinco meses. Sin embargo, la alegría dura poco, puesto que Francisco I revive de nuevo sus aspiraciones sobre los territorios italianos y cerca Milán. Garcilaso acompaña entonces al emperador en su viaje a Roma, donde trata de obtener el apoyo del papa, aunque no consigue otra cosa que su promesa de neutralidad (Vaquero Serrano, 2013: 499-522).

Así las cosas, Carlos V debe desenfundar de nuevo las armas para mantener su hegemonía, de modo que entrado ya el año 1536 reúne un nuevo ejército con el que enfrentarse al rey de Francia. En su viaje hacia el norte, las tropas imperiales pasan por Florencia, donde serán muy bien recibidas y ampliamente agasajadas. Pese a la calidez del hospedaje, no invirtieron más de una semana en tierras florentinas antes de proseguir viaje por la Toscana hasta Milán. Garcilaso, sin embargo, debe separarse una vez más de Carlos V, pues el emperador lo envía a Génova con la misión de que explique pormenorizadamente a Andrea Doria los planes de su señor. Una vez cumplida su misión, se reúne de nuevo con el emperador, quien lo nombra maestre de campo y capitán de un tercio de 3000 soldados. Con este ascenso en responsabilidad y honor, Garcilaso recibe la orden de conquistar Marsella para que el imperio pudiese tener un mejor control sobre el Mediterráneo. Sin embargo, y por más que el poeta participó en el sitio de la localidad francesa, no se consigue vencer la ciudad. De estos días data el último documento en que se menciona a Garcilaso estando aún vivo: una carta que el duque de Alba dirigió a Carlos V, con el poeta toledano ejerciendo una vez más de correo. En la misiva se comunica la muerte del general Antonio Leyva[12]. Únicamente cuatro días más tarde, Garcila-

[12] Vaquero Serrano (2013b: 531).

so correría similar suerte, pues recibe la gravísima herida que acabó con su vida. El hecho ocurrió el 19 de septiembre en una pequeña localidad llamada Le Muy. En una minúscula fortaleza de la villa se había hecho fuerte un reducido grupo de franceses. Garcilaso se aprestó a participar en la toma del sitio con la mala fortuna de que recibió el impacto de una piedra que le hizo caer de la escala, provocándole una herida de enorme gravedad. El poeta es trasladado a Frejus en un primer momento y luego a Niza, donde es atendido en el palacio del duque de Saboya. Sin embargo, nada pudo hacerse por su vida: tras veinticinco días de agonía, el 13 o 14 de octubre de 1536 fallece Garcilaso de la Vega (Vaquero Serrano, 2013b: 535). Había dejado tras de sí, además de toda una vida de servicio, un corpus lírico que inaugura la poesía moderna castellana. Tenía menos de cuarenta años.

Las trayectorias poéticas de Garcilaso

Garcilaso de la Vega es un clásico de la literatura y la cultura hispánicas. Su nombre sería inexcusable en cualquier nómina o antología que se confeccionase de la poesía española, por reducida y pequeña que esta fuera. Los autores canónicos, los Clásicos con mayúsculas, son aquellos que pueden leerse en cualquier momento histórico, porque los lectores de las distintas épocas actualizan constantemente las nociones literarias que emanan de los textos en el aquí y ahora de las circunstancias de su tiempo. La multiplicidad de potenciales sentidos literarios alimenta la vigencia y perdurabilidad de la mejor literatura, pero también aleja a la obra de sus originarios sentidos literales; es decir, de aquellos significados que tenían las palabras, las imágenes o los conceptos en el momento de ser escritos, los cuales conectaban con el universo referencial del escritor y su época. Desentrañar la literalidad del texto es la primera obligación del lector, ya que el conocimiento cabal de los significados objetivos es la base para la más rica interpretación literaria de los sentidos figurados. Pero esto ni es tarea fácil ni es la manera habitual en que se asimila la literatura a lo largo de la historia. Por lo general, cada persona lee e interpreta de acuerdo con su mundo de referentes, sus experiencias previas y sus intereses particulares; al margen, por tanto, de una historicidad que no sea la suya propia.

Con el paso del tiempo, algunas de estas interpretaciones se adhieren tan fuertemente al tejido textual que comienzan a formar parte indesligable del mismo. De modo que una nota, una sugerencia de lectura o una anécdota pueden llegar a erigirse en tópico interpretativo. En el caso de Garcilaso, la crítica especializada de sus poemas y su incardinación canónica como autor a la altura de los clásicos es un fenómeno bien temprano: comienza en la segunda mitad del siglo XVI por medio de los *Comentarios* (1574) del catedrático salmantino Francisco Sánchez de las Brozas (El Brocense) y gracias también al erudito sevillano Fernando de Herrera, quien en 1580 publica las *Anotaciones a la poesía de Garcilaso de la Vega*[13].

Los dos eruditos tuvieron una importancia decisiva en la institucionalización de la poesía garcilasiana[14]. También fueron los primeros críticos sistemáticos de la obra del toledano, aportando gran cantidad de fuentes literarias que resultan indispensables aún a día de hoy como herramientas filológicas. Pero su labor interpretativa sirvió además para introducir algunas informaciones y noticias más relacionadas con el plano de lo anecdótico que con los verdaderos procesos creativos de la poesía aurisecular. Varias de estas explicaciones fueron especialmente fecundas y tuvieron gran fortuna posterior, como la

---

[13] Véase extensamente el apartado último de esta introducción: «Peripecias editoriales de la poesía garcilasiana: una historia del texto».

[14] Para el análisis de Sánchez de las Brozas como comentarista, véase Ruiz Pérez (1988) y Nider (1989); para el valor institucionalizador y programático de las *Anotaciones* herrerianas, véase López Bueno (1987, 1994, 1997), Rodríguez Pequeño (2007), López Bueno y Montero (2012) y Béhar (2017b). Sobre la rivalidad y la polémica mantenida entre ambos: Asensio (1984), Montero (1987) y López Bueno (1990).

mención al mito de Isabel Freyre[15], que los románticos despojaron de su naturaleza legendaria para elevarlo a la categoría de historia[16]. A partir de entonces, y durante demasiadas décadas, la tan traída y llevada dama portuguesa fue un puntal inexcusable de muchas de las explicaciones sobre la poesía garcilasiana. Pero el tiempo, que todo lo depura, también alivió ciertos desajustes críticos relacionados con excesos interpretativos tendentes a identificar al escritor histórico Garcilaso de la Vega con el yo enunciativo de alguno de sus poemas, cuando no con ciertos personajes literarios de sus églogas. En los últimos años, una mayor atención al carácter tópico de la temática amorosa[17], a las convenciones marcadas por los distintos géneros literarios[18] y al mejor conocimiento de las circunstancias históricas que rodearon a Garcilaso[19] han permitido matizar algunos planteamientos apriorísticos, los cuales ofrecían interpretaciones demasiado sesgadas y condicionadas por la búsqueda de un biografismo reduccionista que aportaba poco al mejor entendimiento del texto literario. En paralelo a estas averiguaciones, se avanzó también en recomponer la dispersión textual desde planteamientos ecdóticos, así como también en el análisis de las fuentes de imitación y de las in-

[15] Para la explicación de los problemáticos versos 226-230 de la égloga III, tanto El Brocense *(Comentaristas,* 1972, pág. 301) como Fernando de Herrera *(Anotaciones,* 2001, pág. 969) conjugan la acertada evocación de las fuentes literarias con el mito de Isabel Freyre, dama histórica que quiere verse bajo la máscara poética de Elisa. Esta interpretación se amplificó sobremanera a partir de los comentarios de Faría y Sousa, y gozó de gran fortuna en los siglos posteriores, a pesar de que no existen fuentes documentales que permitan sustentarla con un mínimo de rigor.

[16] Sobre esta cuestión véase Darst (1979) y Rivers (1986: 67-75).

[17] Morros (2000), Madelpuech-Toucheron (2006), Torres (2008, 2013), Martínez Mata (2016).

[18] Son fundamentales al respecto las aportaciones del Grupo PASO, bajo la coordinación de Begoña López Bueno (1991, 1993, 1996, 2000, 2002).

[19] En este sentido son cruciales los trabajos de Vaquero Serrano (1999, 2002, 2007, 2010, 2011, 2013a, 2013b).

fluencias literarias del autor, ámbito este en el que estudios fundamentales como los de Gargano, entre otros especialistas, han supuesto aportaciones definitivas para la cabal comprensión del poeta y su obra.

Si importante fue la tarea interpretativa de los mencionados Sánchez de las Brozas y Fernando de Herrera en el siglo xvi, no menos notable fue la labor crítica emprendida por Tamayo de Vargas en el xvii[20], José Nicolás de Azara en el xviii[21] o la que durante el siglo xx desarrollaron especialistas como Tomás Navarro Tomás (1911), Keniston (1922, 1925) o Arce (1930), entre otros. Pero si hubiera que destacar una voz del garcilasismo del siglo pasado esa sería sin duda la de don Rafael Lapesa. *La trayectoria poética de Garcilaso* (1948) trazada por el maestro Lapesa es brújula indispensable con que iniciarse en el viaje por la poesía del toledano, pues sirve como utilísimo mapa para no perderse en el piélago de sus versos. El estudio de Lapesa tiene, además, el mérito de ser el primer análisis sistemático que atendía a las interrelaciones del conjunto de la producción garcilasiana desde una perspectiva integral. Esto es: considerando no solo la importancia de los sonetos, canciones, elegías, *Ode ad florem Gnidi* y églogas, sino prestando también atención a las composiciones octosilábicas de Garcilaso. Esta parte de su producción poética había sido excluida de las recopilaciones impresas desde la *editio princeps* de 1543 y desatendida por los ilustres hispanistas que se dedicaron después al estudio de la poesía garcilasiana, quienes desterraron a un lugar apartado y sombrío todo el legado castellano de base octosilábica. Con la recuperación y puesta en valor de esta herencia literaria, Rafael Lapesa incardinó las coplas garcilasianas dentro de un horizonte de referentes poéticos que estarían vívidamente impresos en la memoria lírica del autor: todo lo relacionado con la tradición castellana, singularmente

---

[20] Gallego Morell (1972: 52-59).
[21] Martín Puya (2015, 2016).

las influencias decisivas de Ausiàs March y de la lírica cancioneril del siglo xv. Así pues, subrayando la huella del legado medieval, esboza Lapesa un recorrido que comienza con la tradición de arte menor, progresa en los metros italianos y concluye con las églogas neoclásicas. Debe precisarse al respecto, como hizo Rivers, que las partes de este itinerario

> no representan tres etapas herméticamente cerradas, sino un proceso dialéctico de conflictos, de transiciones y de acumulaciones: rasgos cancioneriles aparecen en algunos sonetos petrarquistas, se encuentra a menudo la combinación italiana de petrarquismo y clasicismo, y reaparecen vagos ecos de Ausiàs March incluso en la elegía II, poema que pertenece a la plenitud napolitana (1996: 470).

Esta trayectoria fue durante buena parte del siglo xx la carta de navegación indispensable para los críticos que se atrevieron a marear el piélago garcilasiano, pues ofrece un detallado y erudito muestrario de fuentes literarias y fija un horizonte crítico de base cronológica que va del petrarquismo al clasicismo, el cual resulta muy útil para los primeros escarceos en la producción del toledano. Además, explica diacrónicamente los versos incardinándolos en algunos puntos del complejo contexto de relaciones vitales e intelectuales que atraviesan el itinerario creativo de Garcilaso de la Vega.

Existen, pese a todo, algunos aspectos de esta obra fundamental que pueden ampliarse y que permiten continuar avanzando en el conocimiento de su producción. En este sentido, las consideraciones de Nadine Ly sobre la configuración discursiva del yo lírico ofrecen una mirada más abierta sobre la trayectoria del poeta, demostrando que en su escritura se produce una evolución que va difuminando progresivamente las marcas lingüísticas del yo enunciativo. Paradójicamente, a medida que desaparece la unívoca exposición de un yo lírico por el distanciamiento que provoca la inclusión de cada vez más voces, los versos se vuelven más sinceros, expresivos y verosímiles. Del mismo modo, esa evolución delinea una trayectoria evolutiva desde el petrarquismo hasta el clasicismo de sus poemas más logrados. Esta otra trayectoria poética discurre en paralelo a la planteada por Lapesa, complementándola y apoyando sus conclusiones desde el estricto análisis de las marcas de enunciación lingüística desplegadas en los versos. En precisas palabras de Ly:

> Évolution dans l'imitation des langages poétiques et dans l`utilisation même du langage (pronoms, temps verbaux, lexique): la trajectoire poétique de Garcilaso n'a-t-elle pas consisté à disjoindre le plus possible le vécu de l'expression, en introduisant au niveau de l'écriture poétique tous les procédés de transposition esthétique dont il pouvait disposer, afin de proclamer l'autonomie et l'auto-suffisance absolues de la poésie? (1981: 329).

Estas dos trayectorias poéticas, complementarias entre sí, permiten explicar, atendiendo a factores tanto externos como internos, la singular heterogeneidad de la obra garcilasiana en tanto que resultado de una evolución casi orgánica de crecimiento y cambio que acontece en el proceso mismo de la escritura. Ambos planteamientos ofrecen así un marco idóneo de análisis a partir del cual continuar avanzando, sumando perspectivas adicionales, como por ejemplo la que ofrece el imprescindible estudio de los géneros literarios[22]. Núñez Rivera ha advertido con acierto que:

> En una estética dominada por la imitación de los modelos prestigiosos y en un momento de apertura de vías desusadas en la poesía española, la perspectiva genérica ofrece la mejor garantía para un estudio estructurado de la lírica (2002b: 39).

---

[22] En este sentido son fundamentales los estudios del Grupo PASO sobre los diferentes géneros literarios auriseculares y los análisis que Núñez Rivera (2002a, 2002b: 39-60) ha aplicado al caso concreto de Garcilaso desde estos presupuestos metodológicos.

Efectivamente, en el siglo XVI la *imitatio* de las *auctoritates* pretéritas era un principio generador de textos y la guía inexcusable para su concreción formal definitiva. En un contexto creativo como este, los elementos constitutivos del repertorio literario estaban suficientemente codificados y los escritores, en función del patrón genérico-estrófico elegido, adecuaban los elementos del contenido *(res)* a la dimensión elocutiva de su vehículo de expresión *(verba)*. Así pues, y al margen de las ocho coplas, huérfanas de cualquier preceptiva por su dimensión popular, el resto de la producción poética culta en castellano de Garcilaso se podría agrupar en torno a cinco grandes categorías: las composiciones petrarquistas de temática amorosa, concretada en los sonetos y canciones; las composiciones de carácter epigramático; y los tres grandes géneros clásicos grecolatinos cultivados por el toledano: elegíaco, epistolar y eglógico (los cuales adoptan en Garcilaso una concreción no exenta de ribetes provenientes de la sátira y la épica). Tal caracterización marca una trayectoria desde el petrarquismo al neoclasicismo amparada en el valor de las elecciones genérico-estróficas adoptadas por el poeta[23].

Sobre la base cronológica de Lapesa, e incorporando también las perspectivas del análisis lingüístico y genérico, Ruiz Pérez ha apuntado como elemento de análisis complementario la existencia de dos momentos articuladores de la poesía de Garcilaso: el «momento petrarquista» y el «momento clasicista». De acuerdo con el estudioso,

> El «momento petrarquista» gira en torno a una «contemplación del estado» (de «mi» estado) que manifiesta la clausura que en cierta forma mantiene la abstracción del legado cancioneril, por más que se resuelva en introspección; el vacío en que esta se mueve, sea el análisis individual, sea el despliegue escolástico de la casuística, se refleja en la ausencia de

[23] Veáse Núñez Rivera (2002a, 2002b), de acuerdo con la interrelación género-estrofa señalada por López Bueno (1992).

> paisaje, en el escenario desnudo, en una alegórica desolación, en que se sitúa el personaje, siempre anclado en el soporte gramatical e ideológico del «yo», tanto social como íntimo, tanto perteneciente a un estado como con apuntes de individualidad; en ambos casos, esta conciencia es fuente de conflicto, de exilio interior y de angustia (Ruiz Pérez, 2017: 43).

Entre uno y otro momento existiría un punto de fractura simbólica en el destierro de Carlos V, que no solamente impulsó la escritura de la canción III, sino que supuso una ruptura en el ámbito de las relaciones sociales de Garcilaso y una crisis individual del poeta con implicaciones en su escritura. Es entonces, de acuerdo con Ruiz Pérez, cuando en Garcilaso

> se impone la estructura dual, la escisión entre dos discursos, y los lamentos de Salicio y Nemoroso dan cuenta, respectivamente, de dos situaciones, la del conflicto derivado del abandono (en términos de traición) por parte de quien era depositario de la lealtad del sujeto y, en segundo término, de la muerte, que representa la pérdida definitiva, por lo que al poeta, como apunta por la voz de su personaje, solo le queda buscar «otros montes y otros ríos»; como antes Salicio, su compañero abandona el lugar que fuera escenario de su felicidad y trata de encontrar donde vivir «sin miedo y sobresalto», con una serenidad que solo se le presentará en el arte (Ruiz Pérez, 2017: 44).

Esta quiebra marca el antes y el después entre los dos momentos apuntados y supone el inicio del segundo de ellos:

> el «momento clasicista», inequívoca e indisolublemente ligado a Nápoles, viene marcado por el giro en la dirección de la mirada, ahora atenta al paisaje, al escenario en el que el rostro deviene máscara del actor y los gestos se tornan signos, representación; la introspección es una vía, y no la más cierta, para acceder a una imagen; la mirada desde fuera, unida a la objetivación de la materia, ofrece la otra perspectiva, y el conjunto, trenzado en la dramatización y dualidades de las églogas,

> en la ironía de la *Ode* y en la tensión con lo histórico y real en la confesión íntima de la comunicación epistolar con Boscán, sostiene la visión conflictiva, al tiempo que abre las vías para su sublimación y trascendencia, para su metamorfosis en arte (Ruiz Pérez, 2017: 43).

Esta trayectoria, soportada sobre la dualidad de uno y otro *momentum,* unida a la trayectoria diacrónica, a la enunciativa y a la genérica, arroja más luz si cabe sobre los lugares oscuros de la poesía garcilasiana, pero no la ilumina en todos sus ángulos. Para ello es necesario considerar, como están haciendo últimamente Eugenia Fosalba y el proyecto ProNapoli que lidera, las complejísimas redes de relaciones intelectuales, literarias, artísticas y políticas en torno a las cuales, y dado su cosmopolitismo, se movió Garcilaso de la Vega, tanto en Nápoles como en España y Alemania.

Se ha hecho mención en las páginas anteriores a la existencia de determinados tópicos interpretativos relacionados con la vida y la obra del escritor histórico Garcilaso de la Vega. En este sentido, la primera y más conocida trayectoria poética, la del maestro Lapesa, concedió una radical importancia a la fecha de 1532, por considerarse un punto de inflexión en el itinerario vital y literario del poeta, ya que en esa fecha fue condonada la prisión en el Danubio por un exilio que finalmente se concretó en Nápoles.

La importancia crítica que se ha concedido al año de 1532 viene de la mano de otro tópico interpretativo de gran fortuna en el garcilasismo: la consideración de Juan Boscán, amigo del toledano, como el primer imitador del italianismo y más temprano escritor en reducir la lengua española al cauce del endecasílabo, tal y como él mismo había expuesto en un texto preñado de retórica paratextual: la *Epístola a la duquesa de Soma*. De acuerdo con esto, se ha asumido que Garcilaso conoció la literatura italiana a zaga de Boscán, por lo que se ha tendido a considerar que sus primeros contactos con las formas procedentes de Italia no debieron de producirse de manera intensa hasta su radicación en la corte napolitana, tras el exilio de 1532. Sin embargo, como explica Fosalba, Garcilaso de la Vega coincidió en Toledo con Andrea Navagero y el nuncio papal Baltasar de Castiglione durante la década de los años veinte, y es más que probable que estos tres individuos continuasen manteniendo algún tipo de relación durante los años posteriores[24].

Durante ese largo tiempo de relación no es improbable que Garcilaso entrase en contacto con el tratado de cortesanía de Castiglione que a la sazón tradujo Boscán; y es razonable asumir, asimismo, que por medio de Andrea Navagero tuviera conocimiento el poeta toledano del *De Poetica* de Fracastoro, obra en la que se reivindicaba sin ambages la excelencia del género eglógico y se consideraba a las bucólicas virgilianas como modelo prioritario de imitación. La fluida relación del toledano con estos autores pudo facilitar que estuviese a disposición de Garcilaso el corpus poético vernacular y neolatino de Castiglione; así como también los versos latinos de Naugerius y los neolatinos de Fracastoro. Y todo ello antes de 1526, el considerado como *annus mirabilis* de la literatura española porque, según tópico crítico antiguo, sería entonces cuando Boscán coincidiera con el Navagero en Granada y se iniciara allí una nueva senda para la poesía española, por la aclimatación de los modelos italianos y petrarquistas.

Sabido es que Garcilaso no estuvo en Granada en aquel evento, pero no es menos cierto que sin salir de Toledo pudo tener el poeta al alcance de su mano ejemplos vívidos de por dónde caminaba la vanguardia poética de su tiempo y cuáles eran algunas de las vías de renovación transitadas por los autores italianos. En ese sentido, la revelación de que el género clásico de la égloga era campo de experimentación prioritario en el que avanzar hacia más altas cotas de elevación poética pudo ser una certeza asumida por Garcilaso en fechas tan tem-

---

[24] Fosalba (2015: 6).

pranas como el año 1525, establecido aún en Toledo y muy lejos de los avatares italianos que lo esperarían años después.

El contacto tan temprano con influencias literarias decisivas y muy perceptibles en los textos garcilasianos han llevado a Eugenia Fosalba a plantear «como hipótesis de trabajo la posibilidad de que algunas obras se escribieran en varios tramos de su vida y que en Nápoles obtuvieran el empujón definitivo»[25]. Este planteamiento marcaría de manera clara otra trayectoria poética, dilatada en el tiempo, intermitente tanto en el espacio como en su realización textual e influenciada por redes de sociabilidad literaria muy amplias y de enorme complejidad.

Pues bien, esta quinta trayectoria poética, complementaria a las anteriores, se atisba como muy plausible cuando se atiende al hecho de que algunos de los sonetos garcilasianos están fuertemente emparentados con sus obras mayores, como si de un ensayo o anticipo de ciertos pasajes se tratara. Así, por ejemplo, los sonetos IV, VI y VIII comparten elementos con la canción IV; en tanto que los sonetos XI y XIII están muy vinculados con la égloga III; igual que el soneto XIV podría ser antesala de la elegía II. Estas analogías, esbozadas a vuelapluma, podrían, si no confirmar, al menos sí apoyar la hipótesis de una trayectoria poética no compartimentada y con claras cesuras. Antes bien, parecería que la poética garcilasiana va evolucionando progresivamente y conviviendo con distintas opciones genérico-estilísticas dentro del repertorio de posibilidades con que contaba el poeta. Conforme a ello, en sus sonetos fue experimentando con distintas posibilidades, algunas de las cuales cuajaron posteriormente en las grandes obras; acaso favorecidas por el impulso decisivo del entorno napolitano.

Nápoles era sin duda un ambiente repleto de estímulos para cualquier poeta, y algunos de estos condicionantes pu-

---

25 Fosalba (2015: 6).

dieron facilitar que se culminaran allí sus obras mayores, particularmente las églogas. Entre estos factores tiene una importancia singular el ámbito de la academia de la que formó parte Garcilaso desde muy pronto. Pero también habría que considerar dos aspectos que no deberían pasar inadvertidos. En primer lugar, en Nápoles Garcilaso cambió significativamente sus modos habituales de vida, pues sin desvincularse de la milicia, que sería tan determinante en su fatal desenlace, sí es cierto que tendría la posibilidad de emplearse en otro tipo de actividades menos relacionadas con los enfrentamientos militares y más vinculadas al campo de batalla literario. Así pues, los espacios de sociabilidad letrada que procuraba la corte napolitana debieron de incentivar el cultivo de la poesía de un modo más intenso y regular que en sus anteriores ocupaciones. En segundo lugar, y aunque resulte muy obvio considerarlo, debe recordarse que una forma breve como el soneto se puede esbozar mentalmente, reescribirse en la imaginación y dársele cuantas vueltas fuera necesario en la memoria hasta que los versos estuviesen listos para fijarse sobre una cuartilla de papel. Esta última tarea de redacción podía realizarse en el remanso de un camino, sobre la cubierta de un barco o en la tienda de campaña después de finalizar la jornada diaria[26]. Sin embargo, un poema de varios cientos de versos requeriría, necesariamente, de un mayor reposo. Por tanto, no habría que descartar que en la concreción definitiva de sus églogas en el entorno napolitano influyese también la adopción de modos de vida más relajados que los de la milicia habitual.

Pero sea como fuere, Nápoles tuvo que procurar a Garcilaso elementos diferentes a los estrictamente textuales y de fuentes literarias, singularmente cuando se trata de los clásicos y de los grandes nombres de las letras contemporáneas, pues ya

---

[26] Sobre las tiendas de campaña como espacios de sociabilidad literaria y la escritura de los soldados es fundamental el estudio de Miguel Martínez (2016), quien explica el funcionamiento de lo que denomina una «soldiers' Republic of Letters».

había leído a unos y otros antes de llegar a tierras italianas. Se ha mencionado anteriormente su conocimiento directo de Navagero y Castiglione. A ellos habría que sumar una influencia eglógica decisiva: la tan traída y llevada huella de *La Arcadia* de Sannazaro en los versos bucólicos del poeta toledano. Sin duda Garcilaso leyó a Sannazaro, pero no necesitaba viajar a Nápoles para hacerlo, pues la obra del poeta italiano se había convertido en un auténtico éxito editorial desde la *editio princeps* de 1504 y fueron muchas las reimpresiones que se sucedieron del libro. No habría sido extraño, por tanto, que Garcilaso hubiera tenido acceso a alguno de los muchos ejemplares que circulaban por Europa desde principios del XVI.

Un ejemplo claro del positivo influjo que tuvo Nápoles sobre la escritura garcilasiana se puede atisbar en la égloga II. Esta larga composición es, sin lugar a dudas, la más temprana de las tres églogas y se escribió en el contexto de las amistosas relaciones de Garcilaso con el duque de Alba, como parece delatar el personaje Albanio y, sobre todo, el extenso pasaje de los versos 1038-1885. En ese largo fragmento se ensalza a la casa de Alba y a algunos de sus miembros más ilustres, singularmente a don Fernando Álvarez de Toledo. En sus rasgos mayores, el poema se define y distingue fundamentalmente por la heterogeneidad métrica y argumental. Esta naturaleza proteiforme podría explicarse por un dilatado proceso compositivo, pues aunque muy probablemente se terminase de escribir en Nápoles entre 1533 y 1534, todo apunta a que la redacción de la égloga se inició años antes de llegar a la ciudad italiana, «al calor de la amistad con el duque de Alba, en un poema que se pretendía épico y que solo la necesidad de adecuarlo a la égloga exigiría su reescritura en *rimalmezzo,* de marca claramente pastoril»[27].

La poesía de Garcilaso, igual que la de tantos otros autores, no fue escrita en la inmediatez de los acontecimientos evoca-

---

[27] Fosalba (2015: 7).

dos. Parece obvio que la *Epístola a Boscán,* en la que se explican pormenores del viaje a Alemania, no se redactó sobre el caballo que trasladó al escritor histórico hasta Ratisbona; y tampoco las reflexiones que dirige a su amigo sobre la tumba de Laura tendrían como escritorio la lápida erigida en Avignon en honor de esta mujer mítica. No se cuestiona que los hechos extraliterarios fueran el estímulo de la escritura, ni tampoco que pudieran suponer en la mente del poeta un intenso fogonazo creativo capaz de activar imágenes, tópicos y hasta de iniciar el hilvanado de los versos. Sin embargo, la redacción última hubo de ser el resultado final de un proceso más reposado y distanciado cronológicamente de los acontecimientos que se evocan.

No cabe duda de que las referencias a realidades como las de Ratisbona, la tumba de Laura, el fallecimiento del hermano del duque de Alba o la toma de La Goleta, pongamos por caso, son muy útiles para conjeturar hipótesis de datación de los textos, pero no es tan claro que permitan delimitar fracturas absolutas en la evolución de la escritura garcilasiana dentro de una trayectoria poética claramente definida.

A ello se suma que habitualmente se ha marcado como punto de inflexión en la escritura poética del toledano el año de 1532, por considerarse que es entonces cuando llega a Italia y entra en contacto con un mundo de referentes literarios y culturales que traspasará a sus versos, de modo que su escritura parece tornarse completamente permeable a la mirada italianista. Sin embargo, es necesario matizar estas asunciones porque, tal y como recuerda Fosalba, no hay información clara sobre lo que hizo Garcilaso entre 1530 y 1532, aunque todo apunta a que pudiera haber pasado la mayor parte de ese tiempo en Italia.

Sea como fuere, los más recientes estudios aconsejan flexibilizar las ajustadas fracturas que como una suerte de orden perfecto han venido jalonando la trayectoria poética garcilasiana, ya que los procesos literarios, estéticos y de pensamiento no acostumbran a modularse por hechos microcóspicos concretos, sino que se modifican y enriquecen a partir de realidades complejas y condicionadas por múltiples factores. Un último ejemplo muy ilustrativo se puede aducir para clarificar la necesidad de reajustar algunas de las opiniones largamente asumidas, como en el caso de la cronología del soneto XVI *Para la sepultura de don Hernando de Guzmán*. El poema es un epitafio sobre la muerte del hermano menor de Garcilaso, fallecido en Nápoles en 1528 durante el asedio al que fue sometida la ciudad por parte del ejército francés comandado por Lautrec. La cronología del suceso invita a pensar que el poema se escribió en fechas próximas al deceso, como advirtió Keniston (1922: 214).

Sin embargo, la perfección de la factura y su clasicismo estilístico no encajan con la cronología impuesta de 1532, por lo que buena parte de la crítica ha considerado que debió tratarse de una redacción más tardía, hacia 1533-1536, cuando viviendo en Nápoles tuvo ocasión Garcilaso de visitar el sepulcro de su hermano (Lapesa, 1985: 182; Morros, 1995: 33). Fosalba (2015: 7) discute con lucidez que no era necesario estar en la ciudad partenopea para componer un poema de esta factura; pues parece claro que los únicos requisitos para la escritura de una composición como esta son el hecho externo (el fallecimiento) y el conocimiento de unos referentes literarios y unas técnicas compositivas. Lo natural y lógico es considerar que Garcilaso escribió el soneto cuando ocurrió el luctuoso suceso y no varios años más tarde. De acuerdo con esta evidencia textual, debe aceptarse que ya en 1528 había interiorizado unos patrones estilísticos suficientes como para desenvolverse adecuadamente en la estrofa italiana y que manejaba con soltura, asimismo, los códigos neoclásicos que le permitirían cuajar un poema de estas características.

Es incuestionable que la residencia en Nápoles a partir de 1532 fue muy importante y sirvió para dar un empujón definitivo a los poemas mayores del toledano. Sin embargo, la incidencia de la estancia transalpina en la obra garcilasiana debe matizarse atendiendo a las complejidades de los procesos de escritura y, sobre todo, al hecho objetivo de que Garcilaso tuvo contacto con la cultura italiana mucho antes de residir en la corte napolitana. En este sentido, además de lo dicho anteriormente a propósito de sus contactos con Navagero y Castiglione, así como de sus viajes por tierras italianas al menos desde 1529[28], se debe tener en cuenta que el escritor «no dejó de actuar como correo y diplomático incluso después de caer supuestamente en desgracia, lo que dibuja un panorama mucho más complicado de su desembarco en Italia»[29]. Por todo ello, a la realidad general de las fluidas comunicaciones entre España e Italia en la época, se debe sumar el hecho particular de que, como explica Fosalba,

> Garcilaso era un personaje especialmente flexible, un veloz jinete, que a vueltas ejercía de espía y por tanto no dejaba huellas de su paso; un diplomático de confianza en las más altas esferas, y, en fin, un poeta itinerante donde los haya (2015: 7).

Los vínculos de Garcilaso con Nápoles venían de antiguo. No en balde, su padre había sido embajador de los Reyes Católicos en Roma y el ajuar de su madre atesoraba valiosos objetos que habían pertenecido a la reina de Nápoles[30]. Todos estos datos y consideraciones pueden explicar con más facilidad la rapidísima aclimatación de Garcilaso a Nápoles, pues desde prácticamente el primer día su personalidad encajó a la perfección en la vida cultural napolitana. Y si se integró con tanta rapidez en la ciudad partenopea fue, entre otras cosas, por su conocimiento de la vanguardia poética italiana, lo que no parece que se pueda aprehender de un día para otro, sino únicamente en un largo y decantado proceso de intercambio de ideas, lecturas y prácticas literarias.

---

[28] Véase lo expuesto en el apartado anterior: «Garcilaso de la Vega en la encrucijada de su tiempo».

[29] Fosalba (2015: 8).

[30] Laurencín (1915: 113-153).

Circunstancias y contextos de la poesía garcilasiana

Garcilaso fue antes que poeta un hombre de su tiempo, leal servidor de Carlos V y riguroso cumplidor de todas las responsabilidades aparejadas a su posición y estado. Ya se ha expuesto en las páginas anteriores que se vio obligado a llevar una vida itinerante para ejecutar las misiones y encargos que le fueron encomendados. No debe extrañar, por tanto, que realizara todo tipo de gestiones políticas y militares, ni tampoco que algunas de sus composiciones emanen directamente de esta vocación de servicio. Así ocurre, por ejemplo, con el soneto XXXIII a la toma de La Goleta, que forma parte de un interés imperial por edulcorar mediante propaganda diversa las acciones militares españolas después del saco de Roma, ocurrido poco tiempo antes[31]. Asimismo, una copla como la que dedica a Boscán no se entiende al margen de la corte imperial en la que se desenvolvió Garcilaso y a la que acompañó desde la Península hasta Ratisbona. De igual modo, los versos que consagra a la casa de Alba son reflejo y resultado de sus vínculos con los principales representantes del linaje[32].

Pero aunque la corte castellana, la estancia en Ratisbona o el entorno del duque de Alba alumbraron varios de sus poemas[33], la mayor parte de la obra de Garcilaso se fraguó al calor de la ciudad partenopea. De hecho, se puede afirmar que Garcilaso y Nápoles constituyen un binomio inseparable. Por tan-

---

[31] Fosalba (2019).

[32] Sobre todo ello véase el primer apartado del presente estudio: «Garcilaso de la Vega en la encrucijada de su tiempo».

[33] En la nota preliminar a cada uno de los poemas de esta edición, siempre y cuando los datos conocidos lo permiten, se desarrollan las cuestiones relativas a la cronología y a las circunstancias de escritura de las composiciones.

to, para interpretar adecuadamente la escritura garcilasiana, es necesario atender de manera prioritaria a las características de los diferentes contextos del entorno napolitano durante el tiempo que el escritor residió en esta ciudad.

En 1532, cuando el poeta se instala en Nápoles con el nuevo virrey Pedro de Toledo, la urbe vivía inmersa en un clima de profundos cambios políticos, sociales y culturales. Así pues, la Nápoles que conoce Garcilaso de manera más intensa es una ciudad de luces y sombras. Luces porque rebosaba posibilidades en todos los ámbitos, desde lo económico y político hasta lo intelectual y artístico. Sombras porque persistía aún muy vívido el recuerdo de las desastrosas consecuencias que había tenido sobre la localidad el cerco de 1528, dirigido por Odet de Foix, conde de Lautrec[34]. Las secuelas de este conflicto bélico afectaron notablemente a la vida ciudadana en todos los órdenes, lo que incluye, naturalmente, la esfera cultural.

Así pues, la urbe que pocos años antes ondeaba con orgullo la bandera de la Academia de Pontano recibía a Garcilaso esquilmada notablemente en su riqueza de antaño. Cuando el toledano arribó a Nápoles, únicamente Lucio Vopisco quedaba con vida de todos aquellos poetas que habían colmado de lustre y esplendor el parnaso napolitano. Con todo, la estela de los Sannazaro, Pietro Gravina, Girolamo Carbone, Pietro Summonte o Pomponio Gaurico se mantenía imborrable en el recuerdo de los coetáneos y en los afanes inmortalizadores de intelectuales como Sebastián Minturno, quien se esforzó por mantener viva la llama de aquella generación de poetas y humanistas que desapareció de un plumazo por causa de la guerra.

A la guerra, y también a Minturno, cantó Garcilaso con tonos desacordes. El erudito humanista fue incluido en el so-

---

[34] Uno de los muchos efectos de este asedio fue la muerte de Fernando de Guzmán, hermano del poeta, quien falleció por la peste que se desató durante el hostigamiento francés, circunstancia esta a la que aludió el propio Garcilaso en su soneto XVI.

neto XXIV dirigido a María de Cardona, en términos sumamente elogiosos, por ser miembro destacado de un parnaso en el que también se agrupaban Tansillo y el «culto Tasso». A la guerra siempre la trató Garcilaso con desdén. Así, por ejemplo, en la elegía al duque de Alba o en sus sonetos a la toma de La Goleta y a la sepultura de don Hernando de Guzmán. Hay que precisar que en esta visión tan negativa de lo bélico no cabe entrever a un Garcilaso pacifista al modo erasmiano, pero sí a un individuo que conocía con crudeza las desgracias que los conflictos armados causaban, como había experimentado en sus propias carnes. Esta sensibilidad o predisposición de Garcilaso se vio alimentada en Nápoles por una corriente de pensamiento que denunciaba la miseria y destrucción derivada de los enfrentamientos militares.

Es posible que durante el tiempo en que el escritor español se afincó en la ciudad italiana ya hubiese escrito Minturno su *De Poeta* y que hubiera podido leerlo Garcilaso[35]. Pero en todo caso, de lo que no cabe duda es de que el propio Pontano, omnipresente tanto en el espíritu cultural de la ciudad como en el pensamiento del toledano, había expuesto en el *De sermone* evidencias palpables de cuán necesario resultaba superar la guerra por medio del diálogo. La importante lección del maestro Pontano no fue echada al olvido por sus herederos intelectuales, quienes alentarían en buena medida la escritura de manuales como el *Cortesano* de Castiglione, en donde el uso de la conversación y las buenas maneras tiene la misma importancia que el correcto manejo de las armas y el buen desempeño del guerrero. Una línea de pensamiento como esta hubo de calar profundamente en Garcilaso, muy permeable a planteamientos que le afectaban de manera directa y cuyas ideas se preocupó por difundir no solamente a través de su poesía, sino también por medio de la traducción de la obra de

---

[35] Sobre la fecha de composición del *De poeta* en torno a los años 1525-1533, véase Fosalba (2016b).

Castiglione, empresa que emprendió Boscán por sugerencia de su amigo toledano.

Si a rebufo del cerco de Nápoles se fraguaron opiniones y obras como las ya apuntadas, al calor del saqueo de Roma de 1527 redactó Paolo Giovio su *Dialogus de uiris et foeminis aetate nostra florentibus,* donde analizaba los males de Italia que habían desembocado en la profanación absoluta de la Ciudad Eterna. Tamaña empresa la acometió Giovio lejos del lugar de los hechos: retirado en la isla napolitana de Ischia y atendiendo a la sugerencia de Vittoria Colonna. Aunque habitualmente se ha pasado por alto el influjo de las mecenas y escritoras en el entorno cultural de la época, deben subrayarse las importantes aportaciones a la literatura, el pensamiento y la cultura del Reino de Nápoles de mujeres mecenas e intelectuales, como Isabel de Vilamarí, María de Cardona, Costanza d'Ávalos, Laura Terracina o la ya mencionada Vittoria Colonna[36].

Interesa destacar que el palacio de la familia Colonna fue durante estos años un importante foco de irradiación cultural y lugar de encuentro para humanistas y artistas. Durante la peste que asoló Nápoles, a la que ya se ha hecho mención, este lugar se convirtió en un auténtico oasis partenopeo que también ofreció acogida a escritores como Minturno, quien probablemente coincidió en su dorado retiro con el citado Giovio. En aquellos días, este último hubo de influenciar decisivamente al primero para que comenzara a pergeñar el tratado de poética latina que publicó treinta años más tarde bajo el rotundo nombre *De poeta.* En el entorno de Vittoria Colonna destaca asimismo la presencia de Juan de Valdés, muy cercano a esta mecenas, además de buen amigo y maestro de la noble erudita Giulia Gonzaga. Conviene recordar que Juan de Valdés fue un notable propagador erasmista, en un momento en el que las tesis de Erasmo coincidían con los postulados ideológicos del imperio. Era la época en que Carlos V aún no ha-

[36] Sobre esto, véase Segarra Añón (2018).

bía virado hacia el contrarreformismo, deriva ideológica y política que no llegaría a ver Garcilaso. Así pues, en un contexto como este, no parece casual que Juan de Valdés elogie al poeta de Toledo en su *Diálogo de la lengua* y que sus ideas sobre el idioma castellano sean en gran medida coincidentes con las de Garcilaso, desarrolladas unas y otras en el contexto de la Nápoles que vivía el intenso debate surgido de la temprana asimilación del petrarquismo bembiano[37].

Si importante es Colonna por todo lo que representa, no es de menor importancia el papel que Alfonso de Ávalos, marqués del Vasto, desempeñó en Nápoles durante este período. Conocido fundamentalmente por su dimensión militar, ha sido desatendida hasta fechas recientes su vocación literaria y su interés por impulsar y favorecer la producción de literatura vernacular en la Nápoles de la década de los treinta, promoviendo el cenáculo de Ischia con el concurso de la mencionada Vittoria Colonna[38]. Alfonso de Ávalos continuaba así una práctica, la del mecenazgo, que era casi consustancial a su linaje desde los tiempos de Íñigo de Ávalos, instaurador de esta estirpe familiar en la ciudad partenopea.

Pero no todo era arte y cultura en la corte poética de Ischia, ya que a principios de la década de los treinta, Alfonso de Ávalos, junto con el príncipe de Salerno, constituía la cabeza visible del movimiento nobiliario que se oponía a las prácticas de gobierno con que Pedro de Toledo inició su virreinato. Y justamente la rivalidad que ambos mantenían determinó el retiro de Ávalos a Ischia, lugar desde el que promovió las actividades culturales y literarias mencionadas. Garcilaso de la Vega no era en absoluto ajeno a un contexto como este, en donde la alta política se mezclaba con las más refinadas prácticas artísticas y literarias. De hecho, en octubre de 1534 el poeta estuvo precisamente en Ischia para actuar como media-

---

[37] Para estas cuestiones, véase Sánchez García (2018).

[38] Para la corte literaria del marqués de Ávalos, véase Gáldrick de la Torre (2018).

dor de los intereses de Carlos V y del virrey de Nápoles frente a Alfonso de Ávalos, quien se mostraba absolutamente contrario a la política de sometimiento practicada por los españoles contra la aristocracia napolitana en los primeros compases del gobierno desarrollado por Pedro de Toledo. Con el tiempo, las relaciones se enderezaron, pues a la postre Alfonso de Ávalos sirvió a la Corona española, llegando a ostentar el cargo de gobernador del Milanesado desde 1538 hasta su fallecimiento en 1546.

A tenor de lo expuesto, resulta evidente que las circunstancias históricas vividas por los intelectuales del entorno partenopeo son fundamentales para entender el sentido de las ideas que expresan en sus textos. A este respecto, ha aclarado Fosalba cómo reparando en el contexto histórico que les tocó vivir a estos hombres de letras es fácil comprender, por ejemplo, que cuando en la parte final de su tratado acude Minturno al tema tópico de las armas y las letras, no eran sus disquisiciones meras formulaciones retóricas, sino que apelaban a experiencias personales y a heridas que permanecían indelebles en la memoria. Y algo no muy distinto resulta aplicable al poema *Italia* de Antonio Sebastiano, redactado también en el refugio de Ischia durante los tristes días que duró el asedio a Nápoles. En palabras de Fosalba, «todos estos textos tienen en común esgrimir la filología, la poesía docta y el don de la palabra como únicas armas válidas»[39] ante los desastres individuales y colectivos que traen consigo las guerras. Todo un manifiesto programático con el que de seguro coincidiría Garcilaso de la Vega.

Sin embargo, la expresión de este tipo de ideas, tan sólidamente instauradas en el pensamiento de aquella generación de intelectuales italianos, debió de atenuarse necesariamente a partir de septiembre de 1532, cuando Pedro de Toledo se convierte en virrey de Nápoles, tras suceder al cardenal Pompeyo

---

[39] Fosalba (2018b: 3).

Colonna. El nuevo dirigente ostentaría el cargo por espacio de veinte años y durante las reformas que caracterizaron a su gobierno convirtió la ciudad en uno de los baluartes del Imperio español. Naturalmente, en este nuevo contexto, no sería oportuno difundir a la ligera textos en los que se vilipendiaba alegremente a los invasores liderados por Lautrec y que tantos daños provocaron en la ciudad, pues al fin y al cabo, los españoles no dejaban de ser, aunque distinta, otra fuerza de ocupación, igual que lo habían sido los franceses. Probablemente, las ideas contrarias a la dominación foránea y al uso indiscriminado de la fuerza de las armas se continuarían intercambiando en privado en los cenáculos culturales de la Nápoles del momento. Buena prueba de ello es la amplia difusión que, pasado el tiempo, tuvieron estas ideas en obras como el *De Poeta* minturniano. Sin embargo, públicamente convenía ser mesurado y discreto si se aspiraba a estar a bien con los nuevos dominadores.

Junto con todos los condicionantes ya expuestos hasta ahora, la irrupción del nuevo virrey y de Garcilaso coincide, en el plano cultural napolitano, con el auge de Girolamo Seripando como figura catalizadora de la vida intelectual de la urbe, quien se erige, a su manera, en continuador de la Academia de Pontano. A Seripando se acercaría Garcilaso desde su llegada a la ciudad. El poeta toledano hubo de integrarse pronto y sin grandes dificultades en el nuevo entorno académico que florecía alrededor de este. Así se colige, por ejemplo, del manuscrito XII AA 63 que conservaba el convento de los agustinos de Nápoles, documento que alberga dos odas neolatinas garcilasianas y que, en palabras de Fosalba, «es testimonio del paso de la antigua academia a la nueva poética en latín y vulgar de los jóvenes humanistas, supervivientes de la reciente catástrofe y huérfanos de los sabios que han sucumbido en ella»[40].

---

[40] Fosalba (2018b: 4). Más específicamente véase Fosalba (2018c).

Pero además de todo ello, y como era natural, debe considerarse que la figura del virrey constituiría un importantísimo foco de atracción para buen número de intelectuales y artistas. Los creadores, eruditos y estudiosos que se acercasen e integrasen en el entorno virreinal actuarían como correa de transmisión para muchos de los rasgos de la cultura napolitana precedente, pero también propagarían de manera eficaz otras manifestaciones distintivas del pensamiento artístico de la Italia del momento. Así ocurre, por ejemplo, con un autor como Girolamo Borgia, recientemente estudiado por Corfiati (2018). Este poeta de Senise (Basilicata), discípulo de Pontano, trasegó por distintos puntos de Italia (Nápoles, Roma o Venecia), se involucró en cenáculos literarios junto a intelectuales de la talla de Fracastoro o Navagero, entre otros; participó en una edición de la *Arcadia* de Sannazaro; trabajó codo con codo al lado de Seripando, secretario del cardenal Luis de Aragón, y escribió la inédita *Historiae sui temporis*. Pues bien, a la altura de 1535 hay datos que lo sitúan muy cerca de Pedro de Toledo, nada más y nada menos que como ayo de su hijo. En ese mismo año, cuando se publica la *Eneida* de Donato que Scipione Capece dedica a Garcilaso[41], en los preliminares del volumen impreso se inserta un texto de Paolo Flavio dirigido a Luis de Toledo, hijo menor del virrey, en el cual Girolamo Borgia aparece mencionado como preceptor del mismo. A todo ello debe sumarse que Girolamo Borgia dedica un díptico de *Carmina* a Vittoria Colonna, quien promovió intensamente la escritura de poesía culta en lengua vernacular desde la isla de Ischia, como ya se ha expuesto. En las composiciones que dedica a Colonna, Borgia interpreta críticamente el legado lírico de Petrarca subrayando que si bien el florentino es el padre indiscutible de la literatura moderna tanto en lengua latina como vernacular, la perspectiva biográfica del *Canzoniere* supone un error juvenil[42].

---

[41] Sobre esta edición comentada de Aelius Claudius Donatus y sus vínculos con Garcilaso, véase Furstenberg-Levi (2018: 82-83).

[42] Véase Corfiati (2018).

Un ejemplo como este resulta muy indicativo de la rica heterogeneidad del entramado de redes literarias, intelectuales y políticas que se aglutinaban en Nápoles en torno a cenáculos como los que frecuentaba Garcilaso, los cuales sirvieron de vínculo entre lo mejor de la tradición pontaniana del pasado reciente y las nuevas vías de renovación a las que tan permeable fue el escritor toledano.

Pero si importantes fueron los contextos de sociabilidad literaria que propiciaba el espacio de la corte, como ya se ha visto, no menos incidencia tuvieron las academias literarias para la configuración de un ambiente intelectual tan rico como el que vivió Garcilaso. Las academias de la ciudad partenopea fueron simultáneamente un espacio de acceso a las innovaciones literarias fraguadas entre las élites culturales de Nápoles y una vía de contacto con cenáculos similares de otros lugares de Italia, ya que los entornos académicos italianos no eran islotes aislados entre sí, sino que las más de las veces tendían puentes los unos con los otros, sin que la distancia entre las diferentes localidades supusiera un obstáculo para el libre fluir de las ideas. Debe considerarse a este respecto que por estos años se estaban produciendo significativos cambios en la organización y funcionamiento de las academias literarias. En el caso, por ejemplo, de la Academia de Pontano post-Pontano se opera una evolución desde el modelo de un cenáculo que se reunía en torno a una figura de prestigio y autoridad, con amplia capacidad aglutinadora, hasta un tipo de estructuras estables que son sustentadas en distintas localizaciones geográficas y bajo la batuta de diferentes figuras, aunque cohesionadas todas ellas por el seguimiento común a la memoria y autoridad de Pontano[43]. En el caso de los seguidores de este gran humanista, una de las ideas comunes y cohesionadoras, que funcionaba casi a modo de precepto, era el ideal de *amicitia* de Catulo, algo que está presente también en

---

[43] Sobre esto véase Furstenberg-Levi (2018).

la poesía de Garcilaso y que tal vez tenga su explicación como un trasvase facilitado por la perduración de Pontano en las estructuras académicas que seguían vivas al calor de su memoria y autoridad intelectual[44].

De todo lo aducido se puede constatar que la Nápoles a la que llega Garcilaso es, en definitiva, una ciudad con heridas recientes que la han disminuido en algunas de sus características seculares, pero con enorme vitalidad y dinamismo, tanto en lo político y económico como en el ámbito cultural, donde una joven generación de intelectuales se afana por recomponer un nuevo edificio cultural sobre los cimientos del legado pontaniano. Autores como Telesio[45], Paolo Giovio, Vittoria Colonna, Bernardo Tasso, Gesualdo, Minturno, Tansillo o Juan Valdés constituyen la punta de lanza de la vanguardista renovación intelectual partenopea. Entre todos estos encontró Garcilaso fácil acomodo y con ellos hubo de entablar un enriquecedor diálogo. Sin embargo, Garcilaso no solamente fue permeable a las influencias de estos escritores y de los principales autores del entorno napolitano, como Sannazaro o Pontano, sino que fue igualmente sensible a las propuestas de otros intelectuales y escritores partenopeos como Girolamo Britonio, Tristano Caracciolo, Bernardino Fuscano o Marcantonio Epicuro, cuya influencia pesó de manera considerable en la formalización métrica de sus canciones y églogas[46].

Pero los nudos de la red letrada a la que accedió Garcilaso no se reducían exclusivamente al ámbito napolitano y sus alrededores más próximos. Las inercias de una ciudad tan dinámica y abierta como esta facilitaban la conexión con entornos literarios de otros lugares como Mantua, Florencia, Verona o Roma. Así por ejemplo, Girolamo Seripando, amigo de Garcilaso desde bien pronto, mantenía estrechas conexiones con el gran centro editorial radicado en Venecia, donde colabora-

---

[44] Parenti (1993: 144).

[45] Sobre Telesio y su amistad con Garcilaso véase Coroleu (2018).

[46] Béhar (2018).

ba con intelectuales de la talla de Onorato Fascitelli o Pietro Bembo en la edición de la obra latina de Sannazaro, que estaría a cargo de Paolo Manuzio[47]. La amplitud de contactos letrados más allá del restringido ámbito napolitano justifica y explica que en la obra poética de Garcilaso se detecten asimismo influencias de autores italianos de otros lugares, como Battista Spagnoli, Baltasar Castiglione y Domizio Falcone, pertenecientes al entorno de Mantua[48]; o que el rico círculo de Verona conserve también una fuerte impronta en la escritura del toledano, como atestigua la importante huella que tiene en la elegía I de Garcilaso una de las elegías que el véneto Girolamo Fracastoro escribió con ocasión de la muerte de su hermano[49]. Debe recordarse a propósito de esto que el poema de Fracastoro no fue impreso hasta 1555, de modo que Garcilaso hubo de conocerlo por vía manuscrita, bien a través de Navagero, durante la estancia que este realizó en España desde 1525, o estando ya el toledano en Nápoles, durante la década de los treinta[50].

Todo lo apuntado hasta ahora indica que por las especiales circunstancias políticas de la época existía una muy buena comunicación entre la cultura italiana y la española. Sin embargo, el dominio militar español no redundó en una preponderancia intelectual hispánica capaz de enterrar «la vieja querella italo-española»[51]. De hecho, autores como Antonio Ferraris

---

[47] Fascitelli sería muy importante en la difusión de la poesía del toledano, pues muy probablemente en agosto de 1535, durante su estancia en Roma, puso a disposición de Colocci las odas de Garcilaso, así como otros poemas del manuscrito XIII AA 63 (Fosalba, 2018c). Sobre la biografía de Fascitelli y su actividad intelectual, véase Toscano (2018).

[48] Lokaj (2018) señala los paralelismos entre Garcilaso y los autores del entorno mantuano, aunque no concreta los vínculos existentes entre uno y otros, por lo que no es posible saber aún el modo en que se relacionó el poeta toledano con estos escritores y si tuvo un acceso directo o por agentes intermedios a los escritos del grupo de Mantua.

[49] Morros (2018).

[50] *Ibídem.*

[51] Fosalba (2018b: 4).

defendieron en su *De educatione* que la cultura española debía mirarse en el espejo de la italiana si quería mejorar y elevarse. El propio Garcilaso es consciente de la asimetría entre la tradición italiana y la española cuando pide a Boscán que traduzca el *Cortesano* de Castiglione. Así se colige de sus palabras en la dedicatoria «A la muy magnífica señora doña Jerónima Palova de Almogávar», que figura como dedicatoria en los preliminares de la traducción boscaniana publicada en 1534. En el paratexto encomia Garcilaso la obra de su amigo, al tiempo que se lamenta por la inexistencia de autores modélicos en la tradición hispana que fuesen capaces de elevar la lengua y la literatura castellanas. De paso, insiste en la necesidad de una renovación integral que sitúe a la literatura hispánica en el lugar que le correspondería por su importancia histórica. Junto con las motivaciones ideológicas anteriormente aducidas en relación a las armas y las letras, Garcilaso comunica con cierto complejo lo que era una asunción generalizada sobre la desigualdad entre la lengua castellana y la italiana:

> En esto se puede ver lo que perdiéramos en no tenelle [se refiere a Castiglione y su obra]. Y también tengo por muy principal el beneficio que se hace a la lengua castellana en poner en ella cosas que merezcan ser leídas, porque yo no sé qué desventura ha sido siempre la nuestra, que apenas ha nadie escrito en nuestra lengua sino lo que se pudiera muy bien escusar, aunque esto sería malo de probar con los que traen entre las manos estos libros que matan hombres[52].

La falta de una tradición literaria castellana equiparable a la instaurada desde Petrarca y Dante, con continuación hasta Castiglione y sus coetáneos, pesaba como una losa sobre Garcilaso; pero también sobre todos aquellos que consideraban, a zaga de este, que la lengua española tenía la madurez suficiente como para ofrecer frutos valiosos a través de sus cultivadores.

---

[52] Garcilaso de la Vega, *Obras completas,* 2001, pág. 488.

Pocos meses después de publicarse esta carta, concretamente en el verano de 1535, ocurrió algo que supuso un punto de inflexión de grandísima importancia para comenzar a revertir estas opiniones secularmente asumidas: el espaldarazo de nada más y nada menos que Pietro Bembo a la obra latina de Garcilaso (Fosalba, 2018a).

A la altura de 1535, Garcilaso no solo estaba perfectamente integrado en el parnaso de las letras italianas, sino que incluso llegó a ser calificado por Bembo, uno de sus más importantes representantes, como un modelo con el que deberían rivalizar los propios italianos. A finales de agosto de 1535 Bembo remite una carta a Garcilaso para agradecerle el envío de unos poemas que le habían causado gran satisfacción. En su misiva le confiesa lo siguiente:

> Por otro lado, te has perfeccionado en esto, pues no solo sobrepasas y sobresales con tus versos a todos los españoles que se han consagrado a Apolo y las Musas, sino también supones un incentivo para los hombres de Italia, para que se les estimule más y más, si pretenden que no les venzas en esta competición y también en estos estudios[53].

Aunque es difícil saber a qué composiciones garcilasianas se refiere Bembo, todo hace indicar que se trataría de odas latinas de intenso horacianismo[54]. Es importante precisar que esta carta no tenía por objetivo único acusar recibo de los versos del toledano y dorarle la píldora poética. El propósito principal de la misiva era beneficiar a un amigo común de ambos: Onorato Fascitelli. Este había sido discípulo del humanista Pomponio Gaurica, asiduo de la Academia pontaniana y poeta de gran renombre italiano y europeo, como prueba la inclu-

---

[53] Se toma la traducción de Fosalba (2018a: 10).

[54] Fosalba (2018c: 17-49; 2018d: 297-321) estudia el manuscrito XIII AA 63 de la Biblioteca de Nápoles que contiene las copias de las odas neolatinas de Garcilaso, ofreciendo descripción completa y análisis de su contenido.

sión de muestras de su poesía en los *Elogia clarorum virorum imaginibus apposita* (Venecia, 1546) de Paolo Giovio y en los *Carmina illustrium poetarum Italorum* (Lutecia, 1576) de Toscano. Además, Fascitelli había participado en proyectos filológicos y editoriales que le habían llevado a colaborar con Paolo Manuzio en la edición de obras clásicas, particularmente las de Ovidio y Lactancio, así como también en la difusión impresa de escritores modernos, como el corpus latino de Sannazaro estampado en 1535. La vitalidad intelectual de Fascitelli le permitió ganarse el aprecio y el respeto de escritores como Gregorio Cortese, Pietro Aretino, Pietro Bembo o Girolamo Seripando. Como ya se indicó anteriormente, este último fue una figura importantísima en la cultura napolitana del momento y Garcilaso había trabado una estrecha amistad con él, lo que le valió al toledano para conectar también con autores de la talla de Fascitelli o del propio Bembo.

Y es justamente el gran Pietro Bembo quien escribe a Garcilaso para solicitarle que interceda ante Carlos V a favor de los Fascitelli, a fin de que estos pudiesen recuperar los títulos feudales que habían perdido después de las medidas de depuración y control llevadas a cabo por los españoles tras el asedio de Lautrec contra la ciudad napolitana. El motivo de esta confiscación y pérdida de bienes era que el padre de los Fascitelli se había rebelado contra el gobierno español. El hecho de que un cardenal, humanista, escritor y poeta de máximo renombre en la cultura italiana del momento, como era Pietro Bembo, se dirija a Garcilaso para solicitarle intermediación ante el emperador, y que lo haga alabando su poesía, resulta indicativo del estatus alcanzado por el toledano en la política del momento. Pero es indicativo, asimismo, del papel instrumental que las prácticas literarias podían tener en la época para engrasar la maquinaria cortesana y facilitar las relaciones diplomáticas.

Todo apunta a que la solicitud dirigida a Garcilaso no obtuvo los resultados esperados, lo que pudo ser la causa determinante de que se interrumpiese la amistad entre Fascitelli y el poeta español; y esto podría explicar, asimismo, la agria actitud de condena adoptada a la sazón contra la conquista española del Nuevo Mundo por parte de Fascitelli[55].

Señala Fosalba que las elogiosas palabras de Bembo, aunque eran «más astutas que sinceras», fueron de vital importancia «para el futuro de la historia de la literatura española»[56]. Así lo delata el hecho objetivo y determinante de que el propio Boscán las retome en un texto programático de tanta influencia como es la *Epístola a la duquesa de Soma*[57], cuando afirma, a propósito del endecasílabo vernacular castellano, lo que sigue:

> Y así pienso yo que lleva camino para sello, porque ya los buenos ingenios de Castilla que van fuera de la vulgar cuenta le aman y le siguen, y se ejercitan en él tanto que, si los tiempos con sus desasosiegos no lo estorban, podrá ser que antes de mucho se duelan los italianos de ver lo bueno de su poesía transferido en España[58].

Parece claro que las elogiosas consideraciones de Bembo no provenían tanto de un sentimiento de admiración sincera por la poesía de Garcilaso como de una conciencia clara de la capacidad de intermediación del toledano ante las máximas instancias del poder político. Pero sea como fuere, las palabras del gran intelectual veneciano sirvieron para espolear similares actitudes proclives a Garcilaso entre algunos de los más notables hombres de letras de la Italia del momento. Así ocurrió, por ejemplo, con Paulo Giovio, quien en su canon de autores españoles situó al toledano justo después de Nebrija, como

---

55 Sobre esto, véase Toscano (2018).

56 Fosalba (2018b: 5).

57 Para la funcionalidad pragmática y programática del paratexto en el contexto editorial de las *Obras* de 1543, desde el punto de vista de los modelos poéticos y la filografía de la época, véase Ruiz Pérez (2007a y 2013).

58 Boscán, *Poesía,* 1999, pág. 172.

segunda autoridad incontestable de las letras castellanas[59]. Probablemente, el juicio favorable de Giovio se debe a que Girolamo Seripando hizo circular la carta de Bembo entre los entornos intelectuales italianos más próximos a Garcilaso. A estas alabanzas no tardó en sumarse alguien como Luigi Tansillo, quien ensalzó en el soneto 39 de sus *Rime* tanto el valor de los versos latinos del toledano como también la fuerza de su espada:

> Spirto gentil, che con la lira al collo
> la spada al fianco ognior, la penna in mano,
> per sentier gite, che non pur ispano
> ma latin piè fra noi raro segnollo,
> felice voi, ch'or Marte et ora Apollo,
> or Mercurio seguendo, fuor del piano
> v'andate a por del volgo sì lontano,
> che man d'invidia non vi pò dar crollo[60].

Este elogio incorpora un elemento de notable importancia y originalidad: la mirada positiva hacia la dimensión militar de alguien que no dejaba de ser un invasor, como ya se refirió anteriormente. La precisión no es baladí, ya que el propio Giovio se planteó en sus *Elogia veris clarorum virorum imaginibus apposita* la dificultad de seleccionar notables ingenios españoles, pues consideraba que entre las gentes hispánicas el ímpetu militar y el ardor guerrero obnubilaban las más de las veces el buen juicio de las letras. En un contexto de pensamiento como este, la opción por Garcilaso de la Vega como mejor escudero de Nebrija no deja de ser una notabilísima excepción. Repárese al respecto en que Minturno tuvo que afrontar un problema similar en el *De Poeta,* VI, cuando trata de la primacía de las armas sobre la razón, el juicio y las letras, y pasa por alto sin mencionar explícitamente la cultura bélica hispánica.

---

[59] Suárez Quevedo (2010); Fosalba (2018a: 10-11).

[60] Tansillo, *Rime,* 2011, pág. I,301. Véase Fosalba (2018b: 7).

Parece claro, por tanto, que en unas coordenadas ideológicas como estas, la apelación elogiosa de Tansillo a la doble dimensión militar e intelectual implica que Garcilaso no era considerado en Nápoles un *miles gloriosus* sin más, como la mayoría de los soldados hispanos. Como ya se ha visto, el escritor toledano no era verdaderamente un hombre de armas al uso, sino más bien un secretario poeta o un militar reconvertido a diplomático, el cual contaba con habilidades intelectuales muy valoradas. De acuerdo con esto, en el soneto de Tansillo, la imagen del español como una fusión de armas y letras («Marte et ora Apollo») se sintetiza con la evocación de «Mercurio», el mensajero de Júpiter. De ese modo, la tríada de elementos evocadores de armas, letras y transportador de los designios de quien ostentaba el trono máximo del Olimpo subrayan con nitidez las verdaderas funciones del toledano, a quien Carlos V confió tareas más diplomáticas y políticas que militares[61].

Las palabras de admiración expresadas por Bembo, al margen de su sinceridad, tuvieron gran repercusión para Garcilaso, pues incentivaron alabanzas similares por parte de autores como Giovio o Tansillo, al tiempo que supusieron un respaldo personal y un aliento intelectual de grandísima importancia para el poeta. Como ha explicado Fosalba (2018a: 12):

> Lo cierto es que los elogios de Bembo tuvieron un efecto casi milagroso en Garcilaso: el momento en que recibió ese espaldarazo como *auctoritas* en latinidad coincide con la composición, de un solo tirón, de casi toda su obra neoclásica en castellano. A su regreso de Túnez, en el benévolo otoño-invierno de 1535 a 1536, de temperaturas cálidas, como lo describe Rosso, jalonado de los ocios triunfales e inacabables fiestas en honor del emperador y sus tropas, es cuando Garci-

---

[61] Toscano (2012: s/p) advierte cómo «l'evocazione di Mercurio, accanto a Marte e ad Apollo, segnala le incombenze più specificamente diplomatico-politiche affidate da Carlo V a Garcilaso».

laso escribió la elegía I, la elegía II, la *Ode ad florem Gnidi,* y, cuando menos, dos de las tres églogas (I y III). Diríase que en cuanto Bembo lo bendijo como poeta neolatino, Garcilaso se sintió autorizado a llevar a cabo la parte más alta de su obra castellana, la neoclásica.

A todo lo expuesto deben añadirse dos hechos adicionales de gran trascendencia y ligados entre sí que no deben pasar inadvertidos. En primer lugar, el papel desempeñado por Girolamo Seripando en la redacción de la epístola que escribió Bembo, ya que fue el gran teólogo agustino quien «persiguió a Bembo en ausencia de Garcilaso» para que emitiese y rubricase su juicio favorable, como señala Fosalba (2018a: 12). En segundo lugar, y en paralelo a estos contactos, Seripando mantuvo también una intensa relación con el joven Paolo Manuzio, heredero del gran impresor Aldo, quien estaba intentando volver a echar a andar las prensas manuzianas, que tanto lustre y brillo alcanzaron durante los primeros compases del Renacimiento europeo. En este contexto, Seripando participó activamente de las iniciativas impulsadas por Paolo Manuzio para reactivar la estampación de obras literarias entre 1533 y 1535, lo que dio como resultado la publicación de la obra de Sannazaro, tanto la latina como la vernácula *(Arcadia y Sonetti, Canzoni).* En un ambiente editorial como este, la relación de Garcilaso con Seripando tendrá importantísimas repercusiones sobre la escritura poética del toledano, pues tal y como señala Fosalba (2018a: 12):

> fue Seripando quien vio en nuestro poeta al nuevo Sannazaro español, una *auctoritas* de la poesía docta, que, con la bendición de Bembo, tenía que marcar el camino de los demás vates del imperio. Y fue muy probablemente él, imbuido como estaba de su papel reformador de las prensas manuzianas, quien le convenció de que debía publicarla. De ahí que Garcilaso se propusiera escribir una obra poética para cada género neoclásico o humanístico (una epístola; una oda; dos elegías, una funeral y la otra amorosa; tres églogas, según el triple

cauce serviano), para abrir esas vías hacia el futuro, antes de echar a andar, de esta suerte programática, que solo podía ser inaugural si llegaba a las prensas, en unas fechas en las que nadie se planteaba en España llevar sus propios versos a la imprenta. La muerte accidental de Garcilaso precipitó el desenlace, y fue Boscán quien heredó el proyecto editorial. ¿Por qué tardó más de un lustro en llevarlo a las prensas? Pues puede que fuera porque se dedicó a escribir su propio libro tercero, el dedicado a su obra neoclásica castellana, que le permitiría no ser menos que Garcilaso.

Las relaciones literarias de la Nápoles en que vivió Garcilaso sus últimos años son cruciales para entender su obra, como vienen poniendo de manifiesto las investigaciones más recientes[62], que están arrojando luz sobre lo que fue para el poeta toledano, en palabras de Eugenia Fosalba, un «verdadero laboratorio de experiencias poéticas»[63]. Aunque la ciudad italiana no fue el comienzo de su camino poético, sí que marcó de manera determinante la escritura del toledano por la riqueza de sus contextos y circunstancias político-culturales. Hasta tal punto es así que resulta indispensable interpretar la obra poética garcilasiana atendiendo a factores y contextos tan diversos, pero interrelacionados entre sí, como la corte de Ischia en conjunción con las responsabilidades del poeta en la corte del virrey Pedro de Toledo, la estela de los escritores napolitanos, las amplias relaciones irradiadas desde las academias partenopeas con esferas culturales de otros territorios, la aceptación oficial en la cultura italiana a través de Seripando, Bembo y Tansillo, o la influencia del pujante mercado editorial italiano en el diseño conceptual y macrotextual de la obra poética garcilasiana. Sin estas circunstancias y contextos, la poesía de Garcilaso sería algo muy distinto de lo que llegó a ser.

---

62 Véanse los trabajos de Fosalba y los acercamientos de ProNapoli al género eglógico y a las relaciones literarias entre los continuadores de la Academia de Pontano y los nuevos autores, Garcilaso entre ellos.

63 Fosalba (2018b: 8).

Garcilaso y la nueva poesía castellana

Con Garcilaso se inaugura la poesía castellana moderna[64]. Aunque esta afirmación pueda parecer exageradamente rotunda, existen motivos suficientes para sustentar un aserto de esta naturaleza. Entre las razones que se podrían aducir en apoyo del argumento no es en modo alguno menor la preocupación de Garcilaso por elevar el castellano a la categoría de lengua artística. El poeta toledano se esfuerza por situar su idioma en igualdad de condiciones con respecto al italiano, heredero del legado latino y portador de voces como las de Dante, Petrarca, Boccaccio, Sannazaro o las de tantos y tantos otros escritores de una literatura que por entonces era modelo principal de imitación. Ha de precisarse que Garcilaso no emprende tamaña empresa por superchería nacionalista o por servir a la expansión del imperio, sino porque comulga con una convicción netamente renacentista: la elevación de la lengua vulgar hasta el plano de la expresión clásica, compartiendo una misma dignidad y estatus. En suma, Garcilaso siente algo tan imperiosamente moderno como la necesidad de transformar su idioma en vehículo artístico, convirtiéndolo así en lengua literaria[65].

También moderna, a la par que original y anómala, resulta la capacidad de la poesía garcilasiana para permanecer prácti-

[64] En la nota preliminar a cada uno de los poemas se desarrollan las cuestiones críticas más relevantes de cada composición, explicitando sus fuentes literarias, los modelos de imitación y las innovaciones más sobresalientes. Por tanto, y para evitar redundancias, se omite en el presente estudio preliminar un recorrido descriptivo de las composiciones garcilasianas. En lugar de eso, se opta por extraer consecuencias generales a partir de los casos particulares, los cuales pueden ser consultados con mayor detalle en la edición.

[65] Recuérdense al respecto las consideraciones realizadas en el apartado anterior sobre el sentido que tienen en Garcilaso sus afinidades con Juan de Valdés o Pietro Bembo, entre otros.

camente inmune a la contaminación de temas religiosos o políticos, algo inhabitual en la época. En atinadas palabras de Ruiz Pérez, el poeta toledano

> rehúye claramente los temas religiosos (si no es que ese mismo silencio es una clara toma de posición), se pretende ajeno a los conflictos de orden político e ideológico, como habitante de un paraíso, el de la poesía encarnado en el *locus amoenus* de la bucólica, netamente ideal y alejado de lo terreno, en una construcción estética de la idea de belleza que sigue debiendo tanto como la propia edad de Garcilaso a las raíces platónicas y la ideología animista. Lo que se obvia es que esas mismas opciones estéticas constituyen ya por eso mismo una manifestación de una posición ideológica, de una radical historicidad a que es necesario atender, al mismo tiempo que a las modulaciones formales y genéricas a que las variaciones en la misma van dando lugar (2017: 20).

La producción lírica del toledano revela también su inequívoca vocación de modernidad a través de la construcción de un yo lírico que reflexiona sobre sus experiencias previas («Cuando me paro a contemplar mi estado») y que comunica literariamente una individualidad discursiva en conflicto. O dicho en otras palabras: Garcilaso hace de la construcción de la individualidad un conflicto permanente de su poesía, elevando esta idea a la categoría de problema poético.

Para la construcción de su particular sujeto enunciativo y la expresión de una mirada introspectiva acude Garcilaso a los mimbres que ofrecía el modelo de Petrarca[66]. Sin embargo, el toledano no se limitará a reproducir servilmente el patrón he-

[66] Para el petrarquismo de Garcilaso véase el fundamental trabajo de Cruz (1988), así como también las aportaciones de Rico (1978), Núñez Rivera (2002a), Cruz (2004), Vicente García (2007), Morros (2008b), Lefèvre (2009), Amann (2013) o Gargano (2006, 2019), entre otros estudiosos que se han interesado por esta cuestión capital de la poesía garcilasiana.

redado[67]. En lugar de eso, se esforzará por superar el paradigma petrarquista rebasando ampliamente las posibilidades del mismo por vías bien diversas: ya sea mediante la escritura de sonetos epigramáticos y celebrativos, a través de epístolas o recurriendo a la variedad eglógica de sus tres composiciones mayores. De esa manera, Garcilaso pone en cuestión la lectura autobiográfica del *Canzoniere*. Como consecuencia de ello, se escinde él mismo, en tanto que escritor, de cualquier posible identificación biografista con respecto de la voz enunciativa que se construye en los versos. Con esta decisión no solamente supera Garcilaso el patrón previo instaurado por Petrarca, sino que además expresa sin ambages la clara y moderna separación entre escritura y vida, reclamando así para su obra el espacio de la ficción poética, al tiempo que logra ganar para sus poemas el lugar de la literatura.

La conquista de un espacio literario, rezumante de modernidad y de novedosas soluciones poéticas, fue el resultado último de una serie de experimentaciones literarias que se dilataron ampliamente en el tiempo y en el espacio. En páginas previas se han detallado las perspectivas que conviene integrar para una adecuada interpretación de las coordenadas en las que se inscribe la obra poética garcilasiana. El conocimiento de buena parte de la cronología compositiva de los versos del toledano permite dibujar, como ya ha sido puesto de relieve, las líneas maestras de su itinerario como escritor. Pero el análisis de estas trayectorias, como ya se apuntó, no debe realizarse atendiendo a una visión estricta y exclusivamente evolutiva que se base en la delimitación de fracturas bruscas o en el señalamiento de fronteras claramente delimitadas. En lugar de eso, se revela más fructífero considerar transversalmente las características literarias que confluyen en la lírica garcilasiana, definiéndola y determinándola en sus componentes esenciales.

---

[67] Sobre el sentido moderno que tiene la *imitatio* en Garcilaso son imprescindibles las consideraciones de Gargano (2014b), así como la visión rupturista que ofrece Navarrete (1997: 123-165).

Como no podía ser de otra manera, Garcilaso de la Vega se inició en la escritura poética apoyándose en los modelos cancioneriles[68], paradigma preponderante en la corte castellana en la que se educó. No es fácil precisar el grado de intensidad con que se dedicó a la poesía octosilábica, ya que la amputación deliberada de esta parte del corpus poético garcilasiano en la *editio princeps* de 1543 dificultó mucho la conservación de lo que hubo de ser un conjunto textual más amplio[69]. Las ocho coplas conservadas son muestra palpable de un modo de hacer literatura que Garcilaso estimó en mucho, que cultivó desde sus primeros años como escritor y que continuó practicando incluso después de haber abrazado los patrones petrarquistas y neoclásicos. No debe pasarse por alto en este sentido el profundo conocimiento que demuestra tener de la poética compositiva de Ausiàs March y del *dolce stil nuovo;* ni tampoco su persistencia en la redacción de este tipo de composiciones, que se extendió desde comienzos de la década de los veinte hasta al menos el año 1532, cuando estando en Ratisbona redacta, presumiblemente, la copla VII.

Por lo tanto, Garcilaso veló sus primeras armas poéticas asistiéndose de la lírica cancioneril castellana. A buen seguro que esto le serviría como óptimo ejercicio de entrenamiento para depurar la propuesta heredada y para afinar una fórmula nueva de carácter más personal. Con todo, las innovaciones que va practicando paulatinamente en su poesía no le hacen abandonar por completo el sustrato cancioneril, que pervive integrado en sus versos de tono más petrarquista y clasicista, siendo una presencia transversal que permanece activa, latente

[68] Sobre la huella del cancionero castellano en Garcilaso tienen plena validez las consideraciones clásicas del maestro Lapesa (1948), así como también los esclarecedores trabajos de Morros (2000) y Gargano (2002b).

[69] Para las cuestiones sobre la transmisión editorial de su poesía, véase el apartado «Peripecias editoriales de la poesía garcilasiana: una historia del texto».

y perceptible en aspectos tales como el conceptismo propio de las prácticas y juegos cortesanos, algunas imágenes y códigos del amor cortés, la aspereza propia de Ausiàs March o una intensa expresividad fónica, más propia de la poesía castellana quinientista que de la tradición petrarquista o de la propuesta pontaniana.

Seguramente más pronto que tarde, Garcilaso hubo de comprender que el paradigma poético cancioneril, pese a sus potencialidades y a su gran efectividad conceptual y fónica, resultaba demasiado encorsetado o reducido como para colmar la complejidad de sus aspiraciones expresivas. Por tanto, y con objeto de ampliar las posibilidades de su discurso, el toledano adoptó el endecasílabo procedente de Petrarca y de la tradición literaria italiana, con todo lo que ello implicaba desde el punto de vista conceptual y en lo tocante a la adopción de nuevos modelos retóricos, métricos, prosódicos y genérico-estróficos. En ajustada síntesis, se puede asumir que

> Garcilaso buscó y halló en el endecasílabo una prosodia diferente a la del verso tradicional castellano y unas formas estróficas aptas para un tipo diferente de poema, sin las limitaciones del engarce de breves unidades compositivas en las coplas, sin posibilidades para, por ejemplo, el lento y fluido discurrir de las estancias o la síntesis del soneto tras su compleja estructura interior. En el endecasílabo el poeta encuentra el ritmo adecuado para «cuando se para» y la musicalidad acorde con las formas de lo contemplado o, habría que decir mejor, para presentar con un cierto punto de serenidad las tensiones descubiertas con esa mirada interior. Lejos del tintineo de la rima y al juego conceptista a que arrastra, entre paronomasias y antítesis, ese verso que casi parecía prosa, como recriminaban los enemigos del endecasílabo, se amoldaba a la perfección al mundo interior que Garcilaso abría en su introspección, siguiendo algunos de los pasos de Petrarca, del que tomó estructuras compositivas, versos, sintagmas y estilemas, pero sin incurrir en el seguimiento fiel del modelo del *Canzoniere* (Ruiz Pérez, 2017: 28).

Garcilaso se valdrá de sonetos y canciones como privilegiado vehículo comunicativo en buena parte de su obra poética, desdeñando, eso sí, otras posibilidades petrarquistas, como los madrigales y la sextina. También renunció al principal elemento definitorio de la vanguardista propuesta del poeta de Arezzo: la forma *canzoniere*. Ello significa que desistió de construir un macrotexto que actuase como reflejo de una narratividad identificable con la biografía anímica del sujeto poético. Verdaderamente, en la literatura española aurisecular el *Canzoniere* de Petrarca no tuvo seguimiento en su modelo macroestructural[70]; sí, por supuesto, en la adopción de las variedades genérico-estróficas, en toda suerte de imágenes o conceptos y, sobre todo, en la creación de un tipo particular de yo poético o sujeto enunciativo. Pero la estructuración ideada por Petrarca pertenecía a una época diferente de la vivida por Garcilaso y respondía a un sistema de pensamiento que convertía la vivencia amorosa en una herramienta de trascendencia y sublimación, como vía de acceso a las ideas neoplatónicas de bien, verdad y belleza (Santagata, 1992 y 1999).

Pero dos siglos más tarde, cuando el toledano escribe sus composiciones, los tiempos eran muy distintos a los que vivió el cantor de Laura. Garcilaso, entonces, adopta un petrarquismo matizado en varios de sus aspectos, adecuándolo a las circunstancias y necesidades expresivas de su contexto particular. En el caso concreto de los sonetos, se aprecia que estos se caracterizan, fundamentalmente, por un criterio de variedad, el cual afecta no solo a la temática, sino también a su propia conformación retórica y estilística[71]. De manera gradual, la introspección, que es signo de una modernidad distintiva, se abre paso en las composiciones de Garcilaso, ampliando en gran medida los patrones y modelos heredados. Posteriormente, y de manera paulatina, la mirada interior también evolucionará o se alternará con otras posibles perspectivas enunciativas, las

---

[70] Sobre esto véase García Aguilar (2009: 215-253 y 2018).

[71] Estas cuestiones están pormenorizadamente detalladas en la nota preliminar a cada uno de los sonetos.

cuales culminarán en la contemplación distanciada del poema como objeto artístico.

Así ocurre, por ejemplo, en la *Ode ad florem Gnidi*. El título remite sin ambages al modelo horaciano de la oda, pero su forma estrófica persigue, en la estela de Bernardo Tasso, una adecuación del molde latino al cauce de la literatura vernácula. Aunque Horacio y Tasso son los dos cimientos inmediatos sobre los que se edifica el poema, las referencias y fuentes se multiplican en el curso de la lectura. Conforme a ello, se despliegan en la composición recursos que van desde el tópico inicial de la *recusatio*, propio de la elegía romana, hasta los ecos de Ovidio, perceptibles en las menciones a la fábula de Anajárete; pasando por la evocación de referentes cercanos al poeta, como su amigo Mario Galeota, presumible destinatario interno de una composición que, al menos en un primer acercamiento, parecería tener carácter consolatorio[72].

Pero nada más lejos de la realidad, pues la *Ode ad florem Gnidi* no indaga en las quejas del enamorado para aliviar sus cuitas. En lugar de eso, se plantea una mirada distanciada cuyo objetivo no es otro que contemplar, desde la atalaya de la enunciación poética, los estragos que produce la enfermedad de amor en el sujeto que se ve afectado por este tópico literario. Naturalmente, una visión como la apuntada no está exenta de rasgos irónicos o humorísticos, los cuales producen un cierto desvío con respecto de la norma, ya que se oculta la tópica queja del amante lírico para dar paso a una voz que es portadora de la retórica del poeta. Así pues, no se escucha el lamento del enamorado, sino la visión del escritor. Por tanto, el tema o la perspectiva no es ya la interioridad del sujeto poético, en la estela de la tradición asumida; sino la contemplación del poeta, que observa los efectos del amor en su vertiente literaria y ficcional. Se rebasa de ese modo el enclaustramiento impuesto por el modelo de Petrarca y por la retórica

---

[72] Para todas estas cuestiones véase la edición y anotación del poema.

amorosa al uso (Serés, 1996). Consecuentemente, se amplían los límites del universo (poético) conocido y el acceso a algo que está más allá del sujeto enunciativo único de la retórica petrarquista. Esta salida hacia la observación del mundo, que en la *Ode* se resuelve de manera concreta en el barrio napolitano del Gnido, tiene una continuación más evidente, sistemática y sostenida en las dos elegías y, sobre todo, en las églogas.

Las composiciones bucólicas son terreno fecundo para la floración de los frutos poéticos maduros de Garcilaso. Estos se manifiestan como la síntesis perfecta del cruce entre tradición y novedad, entre el normativismo de los modelos literarios y la personal escritura del toledano; en suma, entre patrones genéricos y vanguardia poética.

Atendiendo a la cronología de su escritura, la égloga II es la que presenta una redacción más antigua. Ello explica que esté cargada de elementos que apuntan con claridad hacia la lógica compositiva cortés. Entre estos elementos cabría destacar, en primer lugar, la presencia de la tópica enfermedad de amor, desencadenante de una locura suicida que no es muy distinta, por su carácter destructivo, de la desplegada por el protagonista del *Orlando furioso*. En segundo lugar, y dentro también de la órbita cortés, se incluiría la exaltación de un linaje nobiliario, que en el caso específico de la égloga segunda se concreta en el encomio a la casa de Alba desarrollado en los versos 1038-1885. Este panegírico se realiza, además, de una manera particularmente llamativa: a través de una descripción de carácter ecfrástico, lo que vincula el procedimiento con la estirpe de la tradición grecolatina de este tipo de elogios. Probablemente, la égloga II se comenzó a escribir en el contexto de la corte mantenida en Alba de Tormes, donde Juan del Encina ya había dado rienda suelta a su creatividad eglógico-teatral, y todo indica que se terminó de redactar en la corte virreinal de Nápoles[73]. El tiem-

[73] Sobre esto se ha tratado ya en las páginas previas y, de manera más pormenorizada, en el apartado anterior: «Circunstancias y contextos de la poesía garcilasiana».

po transcurrido desde el inicio de la escritura hasta que se le pone el punto y final permite comprender mejor las razones por las que se concilian en el texto la proyección figurativa del duque de Alba y el marco eglógico de la bucólica pastoril neoclásica. En el curso de su composición, por tanto, el poeta toledano integró armónicamente el difícil encaje entre la bucólica y la corte.

Por otro lado, la figura de Fernando Álvarez de Toledo permite conectar la égloga II con la elegía I. Recuérdese que en el título de esta elegía primera el duque de Alba aparecía como destinatario poético de una pieza que se había escrito para calmar la aflicción del noble tras el reciente fallecimiento de su hermano. En la citada égloga II, el de Alba parece proyectarse como personaje literatizado bajo la máscara del sufriente Albanio. Dentro del marco eglógico, este procedimiento situaría al noble en un lugar de máxima relevancia dentro del universo de las *dramatis personae,* considerando que el texto podría haberse comenzado a escribir con el horizonte de una representación palaciega, como era habitual en el ámbito cortesano. Así pues, y surgida probablemente en un contexto de esta naturaleza, la égloga II se caracteriza por presentar una amplia polifonía de voces. Tal característica estructural tiene su correlato formal en una polimetría que busca en los tercetos, *sciolti* y *rima'l mezzo* patrones genéricos no petrarquistas. De ese modo, se concilia el armazón conceptual cancioneril con formas neoclásicas, sin pagar peaje ni detenerse en el modelo de Petrarca.

Muy distinto es el caso de la égloga I, posterior en su cronología a la más extensa de las composiciones garcilasianas. En este caso el modelo petrarquista es incuestionable. El poema se levanta sobre sólidos cimientos de filografía neoplatónica que se concilian con la representación de una naturaleza idealizada. A partir de ahí se da rienda suelta a un discurso que parece manifestar claramente la voluntad de hacer compatibles elementos de índole variada. En este sentido, resulta muy revelador el comienzo del poema («el dulce lamentar de dos pastores»), cuyo verso inicial anticipa el propósito de fusionar el producto escrito con la propia conciencia del proceso de escritura[74]. La aparente contradicción de una queja que no resulta dolorosa, sino que está colmada de grata armonía («dulce lamentar»), resumiría el intento de Garcilaso por conciliar dos propuestas poéticas de signo aparentemente contrario. De un lado, el imaginario petrarquista, caracterizado por la retórica de las lágrimas y el eco de un *lamento* que resuena formalmente en muchas de sus rimas[75]. De otro lado, la integración de esta queja en el entorno de un marco idealizado y armónico, que encuentra en la naturaleza bucólica un espacio óptimo para la libre expresión de las aflicciones íntimas («salid, sin duelo, lágrimas corriendo»).

El espacio natural es entonces el marco neoclásico que acoge las lágrimas, a partir de las cuales crece el discurso, en un procedimiento compositivo no muy diferente del que se desarrolla en el soneto XXIII. Allí, la Dafne convertida en el sím-

---

[74] Para estas cuestiones y su incidencia en la dimensión metapoética del texto, véase la anotación al poema.

[75] En un trabajo fundamental, colmado de vigencia y validez, Juan Manuel Rozas (1969) explicó la función semántica de la rima aplicándola a un período concreto: el petrarquismo español. De su análisis se comprueba, en primer lugar, la recurrencia a la rima *–ento* en este tipo de poesía. En segundo lugar, de la reiterada utilización de este tipo de rima se desprende que existen sólidos vínculos entre la manera en la que se construye un determinado modelo genérico-estrófico, como es el soneto, y los vínculos de este con el pensamiento poético de una determinada escuela, caso del petrarquismo. Así pues, y partiendo del análisis de la rima en *–ento,* la más distintiva de la estética petrarquista, se puede recorrer la poesía aurisecular con resultados muy esclarecedores. Así, por ejemplo, comprueba Rozas que de los 93 sonetos del segundo libro de Boscán, hasta 33 se construyen con esta rima. Y de este tercio, un total de 17 repiten el término «pensamiento» (con el sentido de 'amor'), el cual se acompaña muy frecuentemente de la voz «tormento», «sentimiento» y «contento» o «contentamiento». Enlazando la secuencia se obtendría una definición bastante aproximada del fenómeno literario: el «pensamiento» (es decir, el 'amor') genera un «tormento» que, por lo que supone de elevación y trascendencia, produce «contento» o «contentamiento».

bolo poético del laurel crecía por las lágrimas de Apolo, signo del poeta; mientras que en la égloga I el marco eglógico de estirpe neoclásica se va ensanchando a medida que los lamentos pastoriles aumentan con sus quejas el propio discurso en el que están insertos los pastores Salicio y Nemoroso. Debe precisarse que la expresión en paralelo de uno y otro, por medio del canto amebeo que enuncian, no debe evitar que pasen inadvertidas las profundas diferencias entre ambos personajes.

Nemoroso se queja por la muerte de la amada, a zaga del paradigma petrarquista; mientras que Salicio articula su lamento en el molde neoclásico del canto polifémico, sin olvidar el autoelogio y el encomio de la *copia rustica;* planteando así una perspectiva material que lo aleja irremediablemente del platonismo idealizado del otro habitante de esta égloga. En otro orden de cosas, Nemoroso buscará autoconsolarse por medio de una sublimación que lo acerca a los elementos conformadores de la égloga III, en tanto que la enajenación de Salicio parece más anclada a elementos cancioneriles ya aplicados en la escritura de la égloga II. Al final de esta égloga I, el llamamiento de Nemoroso para que se busquen tanto «otro llano» como «otros montes y otros ríos» parece apelar a la necesidad de innovación literaria y a la búsqueda de un espacio distinto para los personajes de la ficción poética, que tendría su correlato en el nuevo marco que se ofrece en la égloga III.

Aunque literaturizada y despojada de su dimensión histórica, la ubicación de la égloga III en una denotación espacial tan precisa y localizada como el río Tajo enfatiza el carácter descriptivo y ecfrástico del poema. Igual que ocurría en la anterior, también en esta se procede mediante la armonización polifónica de dos conjuntos de voces distintas. De un lado, las de las ninfas, quienes desarrollan su acción en el plano mitológico y desde allí tejen tapices que recrean un ejercicio no muy distinto al de la urdimbre poética. De otro lado, se presentan las voces de los pastores Alcino y Tirreno, quienes se lamentan por sus no correspondidos amores en un canto amebeo de reminiscencias virgilianas.

Así las cosas, el mundo mitológico de las ninfas tejedoras de tapices conectaría, por la temática y por la técnica ecfrástica, con la égloga II. Por su parte, la presencia de los pastores y el canto amebeo se relacionarían estrechamente con características presentes en la égloga I. Sin embargo, conviene precisar que el escenario en que todo esto se desarrolla es el de un río muy diferente de los que aparecen en las églogas I y II. Así, y frente a la caracterización que se hace del espacio acuático en las dos primeras églogas, el río de la tercera evoca el curso fluvial de una tradición clásica que se hace presente por medio de todos los motivos, fuentes, modelos y elementos argumentales desplegados a lo largo del poema, los cuales están ya absolutamente alejados de la casuística cortés y de la sentimentalidad petrarquista.

A pesar de las diferencias que existen entre las tres églogas, las correlaciones apuntadas permiten sugerir líneas de continuidad y motivos recurrentes que se podrían agrupar en torno a tres conceptos o problemas fundamentales: la sentimentalidad, la enajenación y el arte (Ruiz Pérez, 2017: 35). Estas preocupaciones, de notoria modernidad, son constantes y reiterativas en la poesía de Garcilaso. De acuerdo con ello, lo ejemplificado para el caso de las églogas puede servir como pauta interpretativa para el análisis del resto de la poesía del toledano. Si bien es cierto que la expresión de los tres conceptos señalados se modula gradualmente en función de los poemas, la recurrencia a una problemática persistente permite considerar tales nociones como síntesis de las líneas maestras que articulan la poética garcilasiana. Dicha poética se concreta para su articulación efectiva en una serie de imágenes o metáforas que resultan persistentes en el conjunto de la obra lírica, atravesándola de parte a parte y con reapariciones constantes a lo largo de los versos.

En este sentido, es muy probable que las imágenes de la pérdida y de la escritura sean las que permitan aglutinar de manera más efectiva la referida dialéctica de enajenación, sentimentalidad y arte. La desposesión y la reflexión metaliteraria constituyen la base de las metáforas más reiteradas en el arsenal poético garcilasiano y actúan como catalizadoras de buena parte de sus versos. Las nociones de pérdida y de escritura, en sentido extenso y con una amplia gama de facetas, se concretan textualmente de modos muy diversos, como diversas son las tradiciones poéticas que Garcilaso pone en liza para sus aspiraciones expresivas. Así, y en función de los paradigmas poéticos esgrimidos, ambas imágenes se manifiestan: bien mediante la ausencia de la amada o su carácter esquivo; bien por la distancia con el interlocutor amigo o con las raíces propias; o bien, en última instancia, apelando al exilio, la errancia y la muerte.

Ya se vio en las páginas anteriores que el exilio y la errancia formaban parte de una realidad que Garcilaso conoció bien a causa de sus peripecias vitales: desde muy joven se instaló en la corte y se puso al servicio del monarca, de modo que sus responsabilidades, así como ciertas decisiones personales, le llevaron a mantener una vida itinerante, de viajes obligados y apartamientos forzosos[76].

Las pulsiones derivadas de la errancia, el destierro y el aislamiento son transformadas por Garcilaso en una experiencia creativa que se conforma bajo el designio del extrañamiento. Cierto es que una parte de la experiencia del exilio tiene ramificaciones biográficas en algunos de sus poemas, singularmente la canción III. Pero la experiencia del exilio es un tono general de la poesía garcilasiana que va más allá de este poema y, sobre todo, desborda los límites de lo específicamente biográfico. Se trata de una idea que aparece desde «los pasos» erráticos del primer soneto o los «ásperos caminos» del soneto VI. Y esta imagen no se pierde o diluye en la frondosidad del tópico *locus amoenus* de sus églogas, pues aquellos espacios idealizados conviven en la obra garcilasiana con varios *loci eremi,*

[76] Véase sobre todo ello lo expuesto en el apartado «Garcilaso de la Vega en la encrucijada de su tiempo».

los cuales se presentan bajo ropajes diversos: en forma de «posadas» indeseables en la *Epístola a Boscán,* como lugares ingratos en sus diferentes menciones a las hazañas bélicas o en la explícita imagen de la «región desierta, inhabitable» con que comienza la canción I. Particularmente ilustrativo de esta idea de errancia es el soneto XXXVIII, en donde el yo lírico se sitúa «A la entrada de un valle, en un desierto / do nadie atravesaba ni se vía». En ese espacio de absoluta aridez se presenta la imagen de un perro abandonado por su amo, el cual es emblema de la melancolía y el mal de ausencia (Gargano, 1996). Pese a tratarse de un poema escrito tempranamente, o justamente por ello, se puede apreciar la contigüidad conceptual esgrimida a propósito de los poemas mayores; aunque ejemplificada ahora por medio de una formalización más cancioneril que petrarquista y alejada de cualquier atisbo de clasicismo.

Análogas contigüidades existen entre el soneto XXXVIII y los sonetos I o IV, por la reiteración de las apelaciones a la noción de «estado» y a las imágenes de itinerancia, que en el soneto XXXVIII conducen finalmente hasta «la oscura región de vuestro olvido». Pese a que estas composiciones se pueden interpretar a la luz de la retórica amorosa o también desde una perspectiva biográfica, considerando las difíciles relaciones con Carlos V, lo cierto es que el despliegue poético de imágenes y su fuerte figuración metafórica conducen sin duda hacia nociones de «estrañeza», extremosidad y desconcierto[77]. Cuando dichas nociones se conjugan con las de «loco», «locura» o «desvarío», presentes también en esos mismo poemas, se configuran situaciones poéticas que recuerdan al episodio de Albanio. La diferencia entre unos y otros poemas radica en el hecho de que en los casos aducidos el dolor no es interpuesto a través de un personaje dramático-eglógico, sino soportado por el yo enunciativo de las composiciones más breves: «Sien-

[77] Tomando las nociones explícitamente planteadas en los versos 3-4 del mencionado soneto XXXVIII: «vi que con estrañeza un can hacía / estremos de dolor con desconcierto».

to el dolor menguarme poco a poco», en fórmula que abre el soneto XXXVI. Sin embargo, la persistencia en las nociones de extrañeza y locura arrojan la imagen de un sujeto anómalo, de identidad conflictiva; acaso porque no encaja en el mundo de convenciones y valores asumidos o tal vez porque no encuentra su parangón en la alteridad de otros sujetos. Esta suerte de alienación del sujeto enunciativo, que se presenta transversalmente en la poesía de Garcilaso, es la que conduce al destierro hacia aquellos espacios agrestes y deshabitados que se conforman ya como «oscura región» del olvido, ya como «desierto» en el que únicamente se cuenta con la compañía de un perro, animal que es correlato de la fidelidad del propio yo enunciativo.

La lección garcilasiana parece apuntar al hecho de que en medio de la conflictividad del mundo, el individuo forjado por su poesía únicamente puede contar con el asidero de las propias convicciones. De ese modo, la radical originalidad de la poesía garcilasiana no estriba tanto en la construcción de un sujeto enunciativo como en el grito de afirmación de una individualidad desgarrada y problemática; lo que equivale a decir moderna y fieramente humana.

La expresión de esta identidad conflictiva se asienta en gran medida sobre un mundo desordenado y caótico, que en la poesía de Garcilaso no es mera intuición, sino absoluta certeza. Buena muestra de ello la ofrece el canto de Salicio de la égloga I, cuando enuncia una serie de hechos imposibles que hacen convivir a la oveja con su depredador natural: «La cordera paciente / con el lobo hambriento / hará su ajuntamiento, / y con las simples aves sin rüido / harán las bravas sierpes ya su nido» (vv. 161-165). La evocación de estos *adinata* o *impossibilia* desborda el tópico virgiliano, pues lejos de configurarse como una *concordia oppositorum* es el resultado de la desarmonía del mundo, propiciada por el abandono de Galatea. Despreciado por su amada y rechazado por la media mitad que anhela, Salicio se encuentra incompleto y enajenado en un *locus amoenus* que ya no responde al paradigma del espacio ideal. El marco bucólico se fractura y resquebraja, dando paso a la entrada de una realidad caótica y desordenada, que se expresa abiertamente por medio de la pregunta retórica de Salicio: «¿Qué no se esperará de aquí adelante, / por difícil que sea y por incierto, / o qué discordia no será juntada?» (vv. 141-143).

La incertidumbre ante lo que está por llegar genera un *locus* distinto: el de la armonía discordante o *concordia discors*. Todo el paisaje rezuma entonces desorden y apunta hacia una desintegración que se manifiesta con especial énfasis en imágenes relacionadas con la enajenación de la propiedad individual: «que el más seguro tema con recelo / perder lo que estuviere poseyendo» (vv. 150-151). Conforme a ello, nada de lo intangible o tangible es seguro, ni los afectos ni las posesiones (sean estas haciendas, rentas, títulos o linajes). Ante esta perspectiva, el *locus amoenus* y la realidad perceptible se diluyen y propician el abandono de los pastores en busca de un lugar acorde con sus aspiraciones vitales, expresivas y artísticas: «busquemos otro llano, / busquemos otros montes y otros ríos, / otros valles floridos y sombríos» (vv. 402-404).

Ese lugar habitable no será otro sino el espacio de la escritura poética, pues únicamente allí existen asideros para la orfandad de estos sujetos desarraigados. En definitiva, Garcilaso busca el «arte como salida, en una deriva apreciable en el conjunto de su producción, pasando por los alambicamientos del conceptismo cortés, la expresividad sentimental y la formalización estética, culminante en la égloga III» (Ruiz Pérez, 2017: 39). A pesar de las diferencias que se pueden apreciar en los distintos poemas que conforman el corpus garcilasiano, en todos ellos prima como elemento axial de su poética compositiva la voluntad de «organicidad del conjunto, o mejor cabría decir de la sistematicidad de una producción con creciente conciencia de su condición artística, de su carácter de artificio» (Ruiz Pérez, 2017: 43).

Las modernas preocupaciones u obsesiones que Garcilaso vierte en sus versos se transforman de inmediato en problema literario y se expresan artísticamente con una sostenida coherencia a lo largo de toda la trayectoria creativa del autor, marcando sus designios estéticos y definiendo inequívocamente su escritura poética. Así se desprende de un análisis global de su producción que se basa en los dos *momentos* que ya se apuntaron en las páginas anteriores como pautas metodológicas de análisis explicativo: el «momento petrarquista» y el «momento clasicista»[78].

El «momento petrarquista» se articularía todo él en torno a la contemplación del «estado», en cuya introspección perviven rasgos de la lírica cancioneril. Este momento se caracteriza por un vacío que se manifiesta en el análisis individual, en la inexistencia de paisaje alguno o en la desolación de los contextos en que se sitúa el sujeto enunciativo. En este momento el protagonista poético se mostrará siempre por medio de un «yo» gramatical que es soporte lingüístico e ideológico para el ente social e individual; el cual se muestra, fundamentalmente, en las coplas y en los sonetos, en cuyos versos aflora la conciencia conflictiva que deriva en angustia y en autodestierro interior.

El destierro exterior obligado por Carlos V, que parece ser el germen fundamental de la canción III, supone una fractura con lo anterior que intensifica la imagen de extrañamiento en los versos garcilasianos y que se expresa simbólicamente en la dualidad encarnada por Salicio y Nemoroso. Justo aquí se podría localizar el punto de inflexión que determina el segundo de los momentos, el denominado como «clasicista». Vinculado a la ciudad de Nápoles y marcado por una nueva mirada que atiende al paisaje, se interpone ahora la máscara de personajes ajenos al yo enunciativo para la expresión de una diferente individualidad, más remarcada y sincera, si cabe, que la expresada por el yo gramatical del «momento petrar-

---

[78] Se asume la propuesta interpretativa de Ruiz Pérez (2017), explicada con detalle en el apartado «Las trayectorias poéticas de Garcilaso».

quista». Su impronta se aprecia en la dualidad conflictiva que se expresa desde una mirada exterior en las églogas I y III, en la ironía de la *Ode ad florem Gnidi* o en la tensión entre literatura e historia de la *Epístola a Boscán*.

Como telón de fondo de todas estas composiciones se vislumbra el conflicto expresivo de quien busca trascender unas formas y unos modelos para llegar a esos nuevos ríos cantados por Nemoroso, que no son otros sino los de la transformación de los conflictos individuales en materia artística. En definitiva: el hallazgo o la creación de la poesía en sentido moderno, que Garcilaso inaugura para la tradición literaria española.

Peripecias editoriales de la poesía garcilasiana: una historia del texto

La transmisión del legado textual de Garcilaso cuenta entre sus singularidades con una difusión que convierte desde muy pronto a su poesía en objeto de lectura y estudio, en exitoso objeto del mercado editorial y también en el protagonista de ediciones anotadas, al modo de los clásicos[79]. Su absoluta incardinación canónica se produce en el siglo XVI por tres vías diversas, aunque imbricadas: su vigorosa difusión manuscrita, la multiplicación a través de las reediciones sucesivas por todo lo ancho y largo de la Península (pero también de ciertos enclaves europeos de gran peso en el negocio editorial), además de por la instrumentalización pro *domo sua* llevada a cabo tanto por El Brocense (1574) como por Herrera (1580).

La difusión manuscrita de la poesía garcilasiana debió de ser extensísima, aunque únicamente conocemos lo que de seguro constituye una mínima parte del total de manuscritos en que se propagó. Keniston citó en su edición de 1925 seis testimonios que no se han conservado: el que fue utilizado para

[79] Sobre esto véase García Aguilar (2017). En el presente apartado reproduzco actualizadas las consideraciones que expuse en mi trabajo de 2017.

la *princeps;* el que, supuestamente, recibió Sá de Miranda de Antonio Pereira, mencionado por el luso en la introducción a su égloga *Nemoroso;* y los cuatro referidos por diferentes editores clásicos de Garcilaso, a saber: el que cita El Brocense (1574), «muy antiguo de mano que nos quiso comunicar el señor Tomás Vega»; el de Diego Hurtado de Mendoza, mencionado por Tamayo de Vargas (1622); o los que refieren Luis Briceño (1626) y Azara (1765), respectivamente.

De entre los manuscritos que se conservan y que fueron noticiados por Keniston (1925: 400-401) destaca el Lastanosa-Gayangos, debido al importante número de poemas que recoge[80]. Composiciones parciales o fragmentarias recopilan, asimismo, los manuscritos de la Biblioteca Nacional de Francia[81], el de la Biblioteca Nacional de España[82], la Biblioteca de Palacio[83] y la Biblioteca Pública de Évora[84].

Esta tradición textual manuscrita fue ampliada por Oreste Macrí (1966: 313), quien incorporó dos nuevos testimonios que afectaban a los sonetos I, X (Biblioteca Nacional de Madrid)[85] y XXXV (Biblioteca Marciana de Venecia)[86]. Al-

---

[80] El conocido como Lastanosa-Gayangos es el manuscrito 17969 de la Biblioteca Nacional de España, en donde se compendian las siguientes composiciones: coplas I, II, VI, VII, VIII; sonetos I, II, V, X, XI, XIV, XVII, XXVII, XXXVII, XXXIX, XL; canción I; égloga I, así como los versos 1-312 de la égloga III.

[81] Son tres los manuscritos de la biblioteca francesa que albergan testimonios textuales de la poesía garcilasiana. El manuscrito Esp. 307 contiene la copla III; los sonetos I, V, VI y XXIX; la canción II y la *Ode ad florem Gnidi;* junto con la égloga III y los versos 57-210 de la égloga I. Los otros dos manuscritos, el Esp. 373 y el Esp. 371, contienen, respectivamente, los XXXIII y XXXVIII.

[82] El manuscrito 3888 de la Biblioteca Nacional de España recopila la copla V y dos sonetos: el XXXV y el XXXVII.

[83] Los sonetos XIV y XXXVIII se conservan en el manuscrito II-1579 de la Biblioteca de Palacio.

[84] El manuscrito con signatura CXIV/ 2-2 presenta un testimonio del soneto VI.

[85] Ms. 3993.

[86] Ms. Ital. IX, 137, 6-7-4-8.

berto Blecua (1970: 9, 30), por su parte, no solo abrió nuevas vías ecdóticas a partir de los testimonios conocidos, sino que añadió el del Ms. 17689 de la Biblioteca Nacional de Madrid al estudio textual de los sonetos II, V, X, XIII, XXIX y XXXVII.

Rivers (1974: 35) sumó otro par de testimonios que afectan a los sonetos XXXVII y XXXVIII[87]; e hicieron lo propio Labandeira (1981: 67), con los sonetos I, VI, X, XVII y XXV[88], y Labrador-Zurita-DiFranco (1986), con el Ms. 617 de la Biblioteca del Palacio de Madrid, en que se recogen versiones de los sonetos XXVII y XXXVII, así como varios fragmentos de la égloga I (vv. 57-70; 141-160; 183-188). Es seguro que más y nuevos testimonios manuscritos permanecen en los anaqueles y estanterías de archivos y bibliotecas a la espera de ser incorporados a la problemática textual garcilasiana en su derivación manuscrita.

Pero en paralelo al Garcilaso manuscrito, de tan difícil delimitación, discurre el otro: el reducido a letras de molde, el cual se propaga con una fortuna que le acompaña desde el mismo momento de su impresión primera[89]; pues a la *princeps* barcelonesa siguieron muy pronto las sucesivas reediciones del siglo XVI, que llegaron a 29, si bien es cierto que con diferentes formas y en distintas fases de elaboración, diferencias estas que afectan a los modos de difusión y que importa señalar.

En este sentido, hay una primera fase de difusión, caracterizada por la impresión conjunta de las *Obras de Boscán y Garcilaso,* tal y como recoge la *princeps,* que se extendería desde 1543 hasta 1569. Y una segunda fase caracterizada por la paulatina autonomía de la obra del toledano, que se cuela en la

[87] Ms. 1649 de la Biblioteca Universitaria de Barcelona y Ms. 3902 de la Biblioteca Nacional de Madrid.

[88] Ms. 6001 de la Biblioteca Nacional de Madrid.

[89] Para una bibliografía al respecto: véase Knapp (1875), Keniston (1925), Gallego Morell (1949), Simón Díaz (1972), Rosso Gallo (1990); más recientemente, Ávila (1992) en su tesis doctoral inédita y Morros (1995) en su edición de la *Obra poética y textos en prosa*.

década de los setenta tanto en el canon masivo de la poesía impresa para un público indiferenciado (dentro del contexto del mercado del libro) como en el más restringido de los estudios de la Universidad de Salamanca, por medio de El Brocense.

En los cinco lustros que median entre 1543 y 1569 los poemas del toledano corren en brazos de la estampa por todo lo largo y ancho de los principales núcleos peninsulares y europeos. De hecho, el mismo año de la *princeps* ven la luz otras dos ediciones en ¿Barcelona? ([s. i.], 1543) y Lisboa (Luis Rodríguez, 1543). Y solo un año después se reimprime el volumen poético en dos núcleos de especial importancia comercial, como son Medina del Campo (Pedro de Castro, 1544) y Amberes (Martín Nucio, 1544). En los años inmediatamente sucesivos se estamparía en tierras italianas —¿Roma? (Antonio de Salamanca, 1547)— y francesas —París (Pedro Gotier, 1548) y Lyon (Juan Frellon, 1549).

La proliferación de impresores interesados en vender poemas de Garcilaso hace que, frisando el medio siglo, se sobrepase ya la decena de reediciones; gracias, entre otras, a la impresión vallisoletana de Sebastián Martínez (1553), la veneciana de Ferraris (1553), la barcelonesa de 1554, a cargo de la viuda de Carles Amorós (1554), o las de Estella (Adrián de Amberes, 1554) y Toledo (Juan Ferrer, [s. a.]).

Que el éxito de Boscán y Garcilaso era notable en el mercado del libro lo constata algo tan significativo como que se hiciera cargo del negocio editorial un impresor de tanto peso en Europa como Martín Nucio, quien publica por estos años hasta tres ediciones de las *Obras* en Amberes, dos al comienzo de la década *(c.* 1550) y una más en 1556. Y sin salir del importantísimo núcleo impresor antuerpiense se gestaron las ediciones de Juan Steelsio (1554) y Felipe Nucio (1569).

La de Felipe Nucio sería la última impresión que saliera a un mercado homogéneo y continuista con los modos de disposición editorial heredados de la *princeps,* ya que ese mismo año Matías Gast pone en circulación desde las prensas salmantinas la que Rivers (1964) denominó como «edición divorciada». El paso del tiempo, que todo lo desgasta, también hizo mella en la relación editorial Boscán-Garcilaso, lo que derivó en un desgajamiento que allanó el camino a la obra del poeta del Tajo. Al margen de otras consideraciones, esta ruptura permite saber que en el último tercio del siglo XVI había un lector y un público comprador que deseaba leer los poemas del toledano sin el lastre (de papel y, por ende, de precio) que suponía Boscán.

Sin menoscabo de los valores estético-literarios que encierra la poesía del barcelonés, ni del interés histórico de su propuesta, parece claro que la continua comparación con su amigo Garcilaso no hacía sino acentuar las diferencias que los lectores percibían entre ambos, minusvalorando progresivamente la producción de Boscán. Ello provocó un deslinde editorial que llevó en lo sucesivo por caminos muy distintos la obra de uno y otro poeta: el del éxito canónico y el del ostracismo literario, respectivamente.

Sin embargo, como todos los cambios, y más en el ámbito de la historiografía literaria, el proceso fue paulatino y la separación no se generalizó de modo absoluto en todas las reediciones posteriores a 1569. Buen ejemplo de ello es la edición alcalaína de Sebastián Martínez (1575) y las ediciones antuerpienses de Pedro Bellero (1576, 1597) y Martín Nucio (1597), que continuaron repitiendo el modelo de agrupación conjunta.

Y es interesante apreciar cómo pasado un siglo de la estampación de la *princeps*, a la altura de 1658, Jean Antoine Huguetan y Marc Antoine Ravaud imprimen en Lyon *Los amores de Juan Boscán y Garcilaso de la Vega;* volumen en doceavo que es emisión de la edición lionense de Frellon (1549), lo cual entraña interés por varias razones. En primer lugar, resulta significativo que todavía a mediados del XVII pudiera ser un negocio editorial la venta conjunta de los poemas de Boscán y Garcilaso, sobre todo cuando en España ya no era el toledano un poeta seguido por los lectores[90]. Pero más llamativa aún

---

[90] Sobre esto véase Chevalier (1993: 166).

resulta la consideración que se tenía de ambos poetas en tanto que paradigmas de poesía lírica amorosa a mediados del XVII, lo que se puede asumir atendiendo a la significativa modificación en la orientación temática del título del libro, en el que se pasa de *Las obras* a *Los amores*. A ello se suma la vinculación que se establece con una tradición pretérita asumida como propia e inalterable, lo que se deja entrever en el significativo subtítulo *Donde van conocidos los tiernos corazones de nuestros abuelos*. La conversión de Garcilaso y Boscán en *abuelos* de los poetas y lectores de mediados del XVII prueba que la transmisión impresa había sido muy efectiva en la modelización de un particular gusto lector.

Pero con la salvedad de las cinco reediciones mencionadas, a partir del divorcio de 1569 la tendencia que se impone es la impresión autónoma de la obra poética garcilasiana y, lo que es más importante, su paralela edición y estudio como si de un clásico se tratara. Así pues, y tras una segunda estampación exenta en Madrid (Alonso Gómez, 1570), la tercera vez que Garcilaso ve la luz por sí solo en letras de molde lo hace de la mano del catedrático de Retórica en la Universidad de Salamanca, Francisco Sánchez de las Brozas, de cuya impresión se encargó Pedro Laso, tanto en la edición salmantina de 1574 como en la de 1577. Un año después de impresas las *Anotaciones* de Herrera (Sevilla, Alonso de la Barrera, 1580), se editó nuevamente en Salamanca (Lucas de Junta). Y volvería a ver El Brocense, una década antes de morir (1600), otra nueva impresión de su empeño editor, a cargo de Diego López y Pedro de Adurza (Salamanca, 1589).

Con carácter póstumo vieron la luz hasta tres reimpresiones en algo más de diez años. De ese modo, la quinta edición fue estampada en Madrid por el avezado Luis Sánchez, que tres años más tarde sacaría al mercado la más importante antología de poesía áurea: las *Flores de poetas ilustres,* editada por Pedro de Espinosa. En 1604 ve la luz conjuntamente, en Salamanca (Pedro Laso) y Nápoles (Juan Batista Sotil), la sexta edición del trabajo emprendido por el catedrático salmantino.

Y nuevamente en Madrid, y también de manos de un ilustre profesional de los tórculos y los tipos como es Juan de la Cuesta (impresor de *El Quijote),* sale a la plaza pública la séptima edición de El Brocense. Y habría que sumar a todas estas aún otra: una rara edición de 1765 impresa en Ginebra.

A estas ediciones deben añadirse las estampaciones no anotadas llevadas a cabo por Diogo Gómez Loureyro en 1600 en Coimbra, ciudad de una también ilustre tradición universitaria. Y por tierras portuguesas, pero en Lisboa y en la década de los veinte, imprimió Pedro Crasbeeck, en 1626 y 1632, la edición preparada por Luis Briceño de Córdoba. Importa considerar a este respecto que en el llamado *Portugal de los Felipes* (1580-1640) se vivían por estos años unas tensas relaciones entre los partidarios de la Corona hispana y aquellos que defendían la secesión, conseguida a la sazón en 1640. En un contexto político como este no parece casual que ochenta años después de la edición lisboeta de Luis Rodríguez, y cuatro años pasados de la programática de Tamayo de Vargas en la villa y corte madrileña (1622), se estampe una nueva edición de Garcilaso justamente en Lisboa, ciudad de singular importancia y en donde este tipo de estrategias prohispanas podrían resultar especialmente significativas. En este sentido, no parece casual que en la portada del volumen aparezca el toledano con el muy elocuente epíteto de «Príncipe de los Poetas Castellanos». La estrategia es idéntica a la que pondría en práctica Faría y Sousa en su edición comentada de las *Lusiadas de Luis de Camoens, príncipe de los poetas de España* (Madrid, Juan Sánchez, 1639), aunque con una orientación distinta, como es lógico.

El gran éxito editorial de Garcilaso duró, casi ininterrumpidamente, durante algo más de un siglo. Pero a este apogeo siguió un silencio que se extendió hasta que Nicolás de Azara ofreció su edición, con intereses claramente reivindicativos y modelizadores, en 1765 (Madrid, Imprenta Real de la Gaceta). Vendrían luego multitud de impresiones escolares de índole diversa, hasta llegar a las ediciones de Navarro Tomás, de 1911, y Keniston, de 1925, con las que se inicia una nueva singladura en la configuración del texto garcilasiano y de su consideración estética, literaria y canónica.

La primera edición barcelonesa de 1543 hacía indicación expresa del meditado proyecto organizativo que se escondía detrás de la estructuración en cuatro libros, como han señalado, entre otros, Armisén (1982), Núñez Rivera (2002a) o Ruiz Pérez (2007a). En el cuarto libro de las *Obras de Boscán y algunas de Garcilaso* se acumulan los poemas del toledano, aunque no todos. Acaso el *algunas* del título quería informar de la selección operada sobre el corpus total de la poesía garcilasiana, ya fuera con la intención de conformar un producto más homogéneo, desde la perspectiva de los editores, o porque los manuscritos a los que tuvieron acceso Boscán y su viuda fueran incompletos. O tal vez se tratase de un marbete que pretendía sugerir, sin más, que se trataba de un añadido último en el proceso de impresión.

En todo caso, lo cierto es que el libro que servía de broche a la *princeps* comienza con veintiocho sonetos, a los que siguen las canciones II, III y IV, con la canción I intercalada entre los sonetos XVI y XVII. Tras las canciones se añade, por orden, la *Ode ad Florem Gnidi,* las dos *Elegías,* la *Epístola a Boscán* y las tres *Églogas* en el orden en que se han difundido hasta nuestros días. Mediante esta propuesta editorial se ofrecía un Garcilaso netamente culto y vanguardista, por su vinculación neoclásica e italianizante y su absoluta desvinculación con respecto de cualquier atisbo octosilábico propio de la poesía tradicional castellana.

Un dato interesante de la *princeps* es que dos de las composiciones se desgajan del corpus garcilasiano encapsulado en el *Libro IV* y se desplazan hacia otros espacios del volumen. Así ocurre con el soneto XXIX, que se lleva hasta los pliegos preliminares, ubicándose entonces entre las tablas y el privilegio, acompañado de un encabezamiento que ofrece una explicación posible a tal desplazamiento: «Soneto de Garcilasso que se olvidó de poner a la fin con sus obras». Lo mismo ocurre con una copla que aparece dentro de una glosa de carácter colectivo entre las composiciones de Boscán.

En los preliminares de esta primera impresión se anunciaban los yerros que contendría de seguro el libro, así como lo mejorable del volumen. Aunque se podría pensar que tales palabras forman parte de una prototípica *humilitas* con la que captar, desde la retórica paratextual, la benevolencia del lector, lo cierto es que los problemas materiales de la edición bien merecían las disculpas.

En unos años en los que imprimir poesía culta de autor único en lengua vernacular era algo del todo inusual (García Aguilar, 2009), y menos en vida del escritor, Juan Boscán se decidió a publicar sus propias poesías, desde una conciencia muy moderna de fijación de un texto limpio de deturpaciones. Así se expresa en el prólogo «A los lectores», en donde se deja claro, además, que la difusión manuscrita de su obra debía ser más que notable:

> Este libro consintió Boscán que se imprimiese forzado de los ruegos de muchos, que tenían con él autoridad para persuadírselo, y parece que era razón que sus amigos le rogasen esto, por el gran bien que se sigue de que sea comunicado a todos tal libro, y por el peligro que había en que sin su voluntad no se adelantase otro a imprimirlo; y también por que se acabasen los yerros que en los traslados que le hurtaban había, que eran infinitos[91].

Y no muy distinta era la fortuna de los poemas de su amigo toledano, de quien se erige en albacea literario con el objeto de administrar su legado poético y fijar sus composiciones tal y «como debían de estar»:

> En el cuarto [libro] quería poner las obras de Garcilaso de la Vega, de las cuales se encargó Boscán por el amistad grande que entrambos mucho tiempo tuvieron y porque después de la muerte de Garcilaso le entregaron a él sus obras para que las

---

[91] Juan Boscán, *Las obras de Boscán y algunas de Garcilaso de la Vega. Repartidas en cuatro libros,* 1543, fol. Ai v.

> dejase como debían de estar, ya que ponía la mano en aderezar todo esto y querría después de muy bien limado y polido, como él sin falta lo supiera hacer, dar este libro a la señora duquesa de Soma[92].

La muerte, sin embargo, sorprendió a Boscán en septiembre de 1542, mientras daba carne (editorial) al proyecto de fijación de un texto rubricado autorialmente y escudado así de las intermediaciones de los copistas y cajistas[93]. Se puede presumir que el barcelonés no tuvo tiempo de repasar el corpus garcilasiano, pues ni siquiera pudo terminar de revisar sus propios poemas, como se deduce de la gran cantidad de erratas y problemas que se multiplican a partir del libro III, punto del camino en que se detuvo su tarea[94].

Muchas de las ediciones sucesivas, ya citadas anteriormente, lidiaron con estos problemas textuales, o cuando menos mencionaron haberlos solventado como una manera de llamar la atención sobre el producto impreso. Así ocurre, por ejemplo, en las ediciones de Amberes (1544), Venecia (1553) o Estella (1555).

Pero lo anunciado en las portadas o en los paratextos adheridos al volumen no era, las más de las veces, sino una maniobra propagandística carente de la más mínima veracidad. Excepciones contadas son las de la impresión de Amberes de 1556, cuyas innovaciones se trasladaron a muchas de las ediciones posteriores[95], o la salmantina de 1569, que tiene estrechos vínculos con las de El Brocense.

La dedicatoria al rector de la Universidad de Salamanca que escribe el librero Borgoñón en la famosa edición divorciada de 1569 arroja suficiente luz sobre dos cuestiones de gran

---

[92] Juan Boscán, *Las obras de Boscán y algunas de Garcilaso de la Vega. Repartidas en cuatro libros,* 1543, fols. Ai v-Aii r.

[93] Se usa la noción de rúbrica autorial de acuerdo con la conceptualización de Ruiz Pérez (2009a).

[94] Núñez Rivera (1997: 107-108).

[95] Rosso Gallo (1990: 11).

interés, como son el estado del mayoritario gusto lector de la época y las modificaciones a que se sometió el texto garcilasiano por medio de hombres avezados y de criterio:

> Considerando que muchas personas apartaban de los libros de Boscán el cuarto, que es todo de Garcilaso, pareciome, porque este divorcio no pasase más adelante, imprimir en libro aparte y por sí solo a Garcilaso; teniendo por menor inconveniente que el libro salga pequeño y entero que no como antes, pequeño y parte de libro. Y también se ha ganado que le di a corregir a hombres que lo entendían; y que de ingenio, que de libros le han puesto de manera que parece sin encarecimiento que sale tan nuevo como solo[96].

Conviene aclarar en relación al fragmento que los citados «hombres» no son tales, sino uno solo; y, de acuerdo con Rivers (1966), no otro sino Sánchez de las Brozas, como colige de la enmienda al verso 45 de la *Ode ad florem Gnidi,* coincidente en las ediciones de 1569 y de 1574. Allí se cambia la «palestra como siempre ponzoñosa» de la *princeps* por una «palestra como sierpe ponzoñosa» que tiene como basamento las *Odas* I, VIII, 8-10 de Horacio, tal y como explicó el editor en el Prólogo:

> Sirve también esta mi diligencia de emendar muchos lugares que se habían corrompido. Porque en la *Ode ad florem Gnidi* decía: «Huye la polvorosa palestra como siempre ponzoñosa» [v. 45], yo emendé: «como sierpe», porque es tomado de Horacio. Y en otra parte decía «Yo pondré fin a mis enojos», emendé «a tus enojos», porque es tomado de Ovidio [...] Y otros muchos lugares hay desa suerte como parecen por las anotaciones[97].

---

[96] Garcilaso de la Vega, *Las obras del excelente poeta Garcilaso de la Vega,* 1569, fol. A_3 v.
[97] Garcilaso de la Vega, *Las obras del excelente poeta Garcilaso de la Vega,* 1569, Prólogo.

Las enmiendas basadas en conjeturas que se sustentan sobre el conocimiento y uso de las fuentes de erudición sirven a El Brocense para restituir, *ope ingenii*, variadas lecciones del texto garcilasiano. No es extraña tal utilización de las fuentes clásicas, pues el poeta del Tajo servía al propósito de esclarecimiento retórico que perseguían las clases del catedrático salmantino y, subsidiariamente, habría de convertirse en un instrumento adicional al servicio de su particular economía entre el público cautivo que eran sus alumnos, como parecen sugerir las reediciones en vida. Además, y lo que es más importante de cara a su recepción posterior, con esta edición Garcilaso se emparentaba con el parnaso clásico grecolatino y se convertía en modelo ineludible para futuros poetas que aspirasen a escribir en romance castellano culto, sancionando así el necesario seguimiento de las *auctoritates* que dictaba la poética de la *imitatio*, tal y como Sánchez de las Brozas expone en su edición, afirmando que «no tengo por buen poeta al que no imita los excellentes antiguos».

Pero el espaldarazo que El Brocense dio a Garcilaso no afecta solamente a su necesaria consideración en tanto que modelo digno de imitación (lo que resulta de indudable interés, aunque no atañe de modo directo al caso que nos ocupa), sino que influye decisivamente en la conformación de dicho modelo en la medida en que interviene en la fijación del texto de Garcilaso. Su mano se hace patente en una gran cantidad de enmiendas, las cuales justifica por la inadvertencia y descuido con que se fabricaban los libros en su tiempo:

> y me espanto, no de que haya yerros en los libros, sino siendo un libro tan nuevo, y tener tantos descuidos de impresión, que aunque yo en estas anotaciones no hago mención sino de pocas enmiendas, puedo jurar que enmendé más de doscientas, no contando distinciones, y apuntaciones, y interrogaciones, cosas que no suelen estorbar poco al sentido[98].

---

[98] Francisco Sánchez de las Brozas, *Comentaristas,* 1972, pág. 301.

Los criterios de corrección que utiliza el catedrático salmantino no resultan demasiado claros, o al menos no son muy sistemáticos, abarcando su intervención desde el ámbito más o menos objetivable de lo métrico hasta las más subjetivas apreciaciones estilísticas. En todo caso, parece que sus enmiendas se apoyan, además de en el consejo de ciertos amigos innombrados, en un manuscrito, de cuya existencia únicamente nos han llegado las palabras de Sánchez de las Brozas, quien se refiere al documento como el «libro de mano de Tomás de Vega». Si el dicho cartapacio fue real o participaba de una retórica similar a la del manuscrito encontrado, que tan importantes obras literarias llegó a justificar durante esta época, no es algo que pueda elucidarse ahora o que resulte de gran importancia para lo que nos ocupa. Lo realmente sustantivo es que en virtud de ese testimonio, una suerte de *codex optimus,* alteró El Brocense el texto que se venía transmitiendo, con una cierta regularidad, desde la *princeps* barcelonesa. Y explica sobre el particular lo siguiente:

> En lo que toca a la diligencia de emendar algunos lugares, parte es mía y parte de algunos amigos, y parte de otros ejemplares que yo procuré haber para este efecto, entre los cuales ayudó mucho uno muy antiguo de mano que nos quiso comunicar el señor Tomás de Vega, criado de su majestad, por el cual, allende de emendar los lugares de que se hace mención en las anotaciones, se restituyeron y cumplieron algunos versos que faltaban en los impresos[99].

Importa precisar que los «lugares» que enmienda El Brocense no se circunscriben a lecciones del texto recibido y difundido desde la edición príncipe barcelonesa, pues el catedrático salmantino amplía el corpus con el añadido de seis sonetos (XXX-XXXV) y cinco coplas (II-VI) que no estaban en la primera edición de 1543. Ello resulta, como es obvio, de

[99] Francisco Sánchez de las Brozas, *Comentaristas,* 1972, pág. 28.

una importancia decisiva para la posterior recepción de la obra poética garcilasiana.

De las palabras de El Brocense acerca de la mala calidad de lo impreso en los libros y del socorro prestado por la tradición manuscrita podría entenderse que el editor no acudió a ningún testimonio impreso para culminar su tarea. Sin embargo, en cuanto se coteja su texto con otras ediciones anteriores se comprueba, como ya avisó Macrí (1966), que algunas de las enmiendas reivindicadas por El Brocense ya estaban en la edición salmantina impresa por Matías Gast en 1569, la denominada por Rivers (1966) «edición divorciada». Macrí también repara en que existen vínculos de interés entre la edición de El Brocense (1574) y la madrileña previa de 1570, los cuales son mucho más apreciables en la impresión de 1577.

En esta segunda edición del catedrático salmantino, estampada apenas tres años después de la primera, se alude en ciertas ocasiones a «un antiquísimo libro de mano» que sirvió para enmendar lecciones inalteradas en la edición de 1574 (Nider, 1989). Pero sin duda alguna, lo más importante de lo estampado en 1577 estriba en la nueva ampliación del corpus textual de Garcilaso por parte de El Brocense, quien añade tres sonetos más (XXXVI-XXXVIII). Después de las ediciones de 1574 y 1577 El Brocense dio por concluido el corpus textual de la obra poética de Garcilaso de la Vega, de modo que no retocaría en lo esencial las sucesivas reimpresiones de su trabajo, con la única excepción de algunos comentarios añadidos en 1589.

Núñez Rivera (1997: 109-110) analizó de modo riguroso y preciso la actitud de El Brocense ante Garcilaso en lo concerniente a la fijación textual, caracterizada por una aproximación a los poemas desde dos perspectivas complementarias y vinculadas a la tarea del comentario humanístico: la elucidación lingüística y la literaria. Para su tarea editora recurre Sánchez de las Brozas, en primer lugar, al citado «original de mano muy antiguo», lo que supone incorporar al proceso ecdótico un testimonio ajeno por completo a la *princeps* y a cuantas ediciones habían transmitido el texto garcilasiano por vía impresa. No obstante, recuerda Núñez Rivera (1997: 110) que por su correspondencia con el capellán y corrector general Vázquez de Mármol sabemos que «algunas palabritas de Garci-Laso dejé con mis enmiendas no teniendo por evangelio en todo al códice de mano». Así pues, a las supuestas enmiendas colectivas de sus amigos y las provenientes del códice manuscrito sumó El Brocense, *ope ingenii,* cuantas conjeturas consideró oportunas para mejorar el *textus receptus*. El ingente trabajo del catedrático salmantino, pese a ser cuestionable en ciertas decisiones y en el abuso de la *divinatio,* probablemente merecía más eco del que le concedió Herrera; silencio que atacó El Brocense en la traducción de *Os Lusiadas* de Luis Gómez, impresa en Salamanca a finales de 1580[100].

En 1580, y pocos meses antes de la traducción de la obra de Camoens, habían sido impresas las *Anotaciones* a la poesía de Garcilaso, después de que Fernando de Herrera les hubiera dedicado, como mínimo, diez años de trabajo. La estimación se puede establecer porque Mal Lara había fallecido en 1571, siendo uno de los que más le urgieron para que «pasase adelante con este trabajo», de acuerdo con las palabras de Herrera en los preliminares de sus *Anotaciones*.

Así las cosas, cuando se publica la edición de El Brocense, ya Herrera tenía entre manos a Garcilaso, junto con muchos textos, citas y referencias de índole diversa. Y no hubo de agradarle demasiado que se le adelantara en el empeño el catedrático de Retórica de la Universidad de Salamanca.

El asunto no afecta únicamente a la historiografía literaria, sino también de modo muy sustantivo a la historia del texto que nos ocupa, pues, de acuerdo con el maestro Blecua (1970: 4 ss.), la manera en que cuajó la propuesta de Herrera está fuertemente condicionada por el texto que ofreció El Brocense. La rivalidad entre ambos se puede rastrear en muchos de

---

[100] Véanse al respecto las consideraciones de Asensio (1984) y López Bueno (1990).

los comentarios que el sevillano dedica veladamente al salmantino, así como en las respuestas que le dirige a este el prete Jacopín (Montero, 1987). Sirva como ejemplo de lo primero la nota que dedica Herrera al tercer verso del soneto VII, primero de los *loci critici* en que el sevillano se ensaña implícitamente con el salmantino y en el que aprovecha, además, para reivindicar la originalidad de su propuesta pionera:

> *válgame.* [v. 3] Aunque en algunos códices está de otra suerte, como yo leo está mejor i más consonante al número i elegancia de Garci Lasso, i, pues no tenemos estas obras escritas de su mano i están impressas viciosamente, bien se debe permitir que, confiriendo diversas impressiones, sin torcer el sentido ni alterar algo de la suavidad i la naturaleza del verso, no dexe pasar estas faltas consentidas a la inorancia de los que las publicaron. I atrévome a dezir que, sin alguna comparación, va emendado este libro con más diligencia i cuidado que todos los que an sido impressos hasta aquí; i que yo fui el primero que puse la mano en esto, porque todas las correcciones de que algunos hazen ostentación, i quieren dar a entender que emendaron de ingenio, á mucho tiempo que las hize antes que ninguno se metiesse en este cuidado, pero estimando por no importante esta curiosidad, las comuniqué con muchos, que las derramaron en partes, donde otros se valieron d'ellas[101].

La idea de restituir la pureza textual de la poesía garcilasiana era algo en lo que también había insistido el maestro Medina en el prólogo que escribió para las *Anotaciones*. Allí hace hincapié, además, en el largo proceso de estudio llevado a cabo por Herrera, «dende sus primeros años», hasta culminar la tarea en su madurez:

> leyó todos los más libros que se hallan escritos en romance, i, no quedando con esto apaziguada su cudicia, se aprovechó de las lenguas estrangeras, assí antiguas como modernas, para

[101] Fernando de Herrera, *Anotaciones,* 2001, pág. 327.

> conseguir el fin que pretendía. [...] nos á puesto delante de los ojos al divino poeta Garci Lasso ilustrado con sus anotaciones. En ellas lo limpió de los errores con que el tiempo, que todo lo corrompe, i los malos impressores, que todo lo pervierten, lo tenían estragado; declaró los lugares oscuros que ai en él; descubrió las minas de donde sacó las joyas más preciosas con que enriqueció sus obras [...][102].

Con todo, conviene señalar con Carmen Codoñer (1986) y Pedro Ruiz (1988) que existían importantes diferencias en los enfoques de uno y otro autor. Mientras el Brocense indaga en la *inventio* y la *imitatio* de la poesía del toledano, rastreando para ello las huellas de la tradición, Fernando de Herrera se afana en el estudio de la *elocutio*, preocupación que está en consonancia con la búsqueda de una lengua poética ajena a los usos convencionales y que fraguará, a la postre, en la nombrada por López Bueno (1987) como «poética cultista». Herrera es, pues, el comienzo de la indagación en aspectos que van más allá de lo retórico y apuntan hacia la poética particular de Garcilaso, aun con los riesgos de inexactitud que supone plantear la existencia de este tipo de reflexiones en el XVI español.

Sin embargo, no son estas cuestiones las que importan ahora, sino las vinculadas con el modo en que Herrera interviene en el texto recibido. En este sentido, de entre las enmiendas que emprende el sevillano en contra de la propuesta de El Brocense, lo más destacable probablemente sea la eliminación de los tres sonetos incluidos por el catedrático de Retórica en 1577, lo que, en palabras de Núñez Rivera, «hace evidente el deseo de apartarse de las lecturas del salmantino, único transmisor de los textos» (1997: 130).

El Divino no era ajeno, desde luego, a la transmisión impresa por la que se había ido difundiendo (y deturpando) el texto de Garcilaso. Y de hecho partió de la *princeps,* como demostró el minucioso análisis ecdótico de Ávila (1992: 130-131),

---

102 Fernando de Herrera, *Anotaciones,* 2001, págs. 198-200.

frente a la opinión más generalizada, de acuerdo con la cual su fuente más inmediata habría sido El Brocense.

Aunque el peso preceptivo, poético y modelizador de las *Anotaciones* es, probablemente, bastante mayor que el de la edición del salmantino, lo cierto es que desde el punto de vista textual el trabajo de Herrera no tuvo continuación. En palabras de Ávila:

> Mientras que la edición del Brocense tiene una clara continuación, la de Herrera queda en cierta manera como un islote con poca descendencia en lo que resta de los Siglos de Oro, y solo en el siglo XX su presencia será muy notable con el seguimiento que de ella hace Navarro Tomás en su edición de 1911 (1992: 30).

También como islotes sin comunicación textual con la posteridad se pueden considerar las tres ediciones anotadas que siguen a la de Herrera: las de Tamayo de Vargas (Madrid, 1622) y Briceño de Córdoba (Lisboa, 1626) en el siglo siguiente, y la de Azara (Madrid, 1765), ya en el XVIII. Mayáns, además, reimprimiría las *Anotaciones* de El Brocense en su edición de las *Opera omnia* (1766) del catedrático salmantino. Las ediciones del XVII no aportan mucho a la conformación del texto de Garcilaso, de modo que lo más reseñable desde el punto de vista ecdótico es que el impreso lisboeta de 1626, editado por Briceño de Córdoba y seguidor en gran medida de la edición de Tamayo (Keniston 1925: XV), hace referencia, como ya se indicó, a un manuscrito con «algunas otras poesías» de Garcilaso «aún no publicadas»[103], del que no nos ha llegado ninguna otra noticia.

La estela de Azara brillará a lo largo de dos centurias, siendo la referencia para un buen número de ediciones de importancia en las décadas siguientes, como señala Keniston (1925: XVII y 407-417). Así, en el siglo XVIII su influencia es determinante en

---

[103] Keniston (1925: 393-402).

las impresiones madrileñas de Antonio Sancha (1786, 1788, 1796, 1817 y 1821); la barcelonesa de Jordi Roca (1804) y las parisinas de Barrois (1821) y Didot Mayor (1828). En el siglo XIX debe reseñarse la deuda contraída por Adolfo de Castro con el texto del diplomático español, al cual toma como modelo para su edición de la Biblioteca de Autores Españoles (Madrid, 1854).

Como se venía haciendo desde dos siglos antes, también Nicolás de Azara manifiesta en el prólogo a su edición que la propuesta presente es la más cuidada de cuantas se han ofrecido hasta el momento, refiriendo incluso los testimonios cotejados para la fijación del texto:

> Juzgo que el público amante de nuestra lengua no despreciará el regalo de una edición de Garcilaso, la más corregida que hasta ahora se ha hecho. Todas las impresiones antecedentes están llenas de errores, muchos versos faltos y infinitas palabras equivocadas que tuercen y trabucan el sentido. Todas estas faltas se han enmendado cotejando el texto de las distintas impresiones de Medina del Campo, Estella, Salamanca, Sevilla, Madrid y Lisboa; y de un manuscrito de cosa de 150 años de antigüedad[104].

Tras ello remite a los comentaristas previos y establece con claridad el modelo de imitación, que no es otro sino el del clasicismo académico de El Brocense:

> El incomparable Francisco Sánchez Brocense, Hernando de Herrera y don Tomás Tamayo de Vargas hicieron notas a las *Obras* de Garcilaso. Al primero debe mucho nuestro autor, pues sobre haber corregido cuanto pudo sus versos, anotó los pasajes de los poetas que imitó. El segundo compuso un difuso comentario, en que, conforme al gusto de los comentadores de su tiempo, dijo cuanto sabía. Y el tercero, no obstante el ejemplo de los dos anteriores, hizo de sus notas el mejor dechado de los despropósitos[105].

---

[104] Nicolás de Azara, *Las Obras,* 2015, pág. 27.
[105] Nicolás de Azara, *Las Obras,* 2015, págs. 27-28.

Debe señalarse, no obstante, que el aprecio manifestado hacia el catedrático salmantino y la mención a las ediciones impresas de Medina del Campo, Estella, Salamanca, Sevilla, Madrid y Lisboa no fueron un obstáculo para que Azara modificara sin mención explícita un elemento fundamental de la difusión de la obra garcilasiana: su *dispositio*. Y lo hizo al margen de cualquier modelo previo, pues la manera en que Azara selecciona y, sobre todo, organiza los poemas resulta ciertamente innovadora e inédita.

Su edición se abre con las tres églogas, que van seguidas de la *elegía al duque de Alba*, la *elegía a Boscán* y la *Epístola a Boscán;* se colocan después en el itinerario de la lectura las cuatro canciones junto con la *Ode ad florem Gnidi;* a las que siguen, ahora sí, los 37 sonetos, que únicamente llegan al lector tras haber transitado églogas, elegías, epístola, canciones y una *Ode* que es lira, aunque se agrupe entre las canciones. Finalmente, el volumen se cierra con los poemas octosilábicos, una traducción romance y, en último lugar, un epigrama latino dirigido a Fernando de Acuña.

Con este modelo de ordenación rompía Azara una propuesta de lectura secuencial que comenzaba en los sonetos y transitaba hacia las églogas, invirtiendo por completo la *dispositio* editorial del *textus receptus* y, por consiguiente, la manera en la que se había articulado hasta ese momento el macrotexto garcilasiano. Aunque el editor no aduce ningún motivo que justifique su propuesta, se puede atisbar entre algunas de sus palabras proemiales el ideal organizativo, de base neoclásica, que ampara esta ordenación:

> Cuando el Brocense dio a conocer estas imitaciones de nuestro autor, hubo gentes tan insensatas que lo reprehendieron, porque según ellos obscurecía la gloria del poeta declarando sus hurtos [...] por ser breve me contentaré con acordar lo que dice el gran crítico Boileau, y mucho antes había notado el Brocence: «Que el poeta que no haya imitado a los antiguos, no será imitado de nadie». Esta regla convendría que tuviesen siempre presente los que se ponen a hacer versos. Por

> no haberla observado nos hallamos ahora con tantas coplas castellanas y tan poquísimas dignas de leerse. Garcilaso se hizo poeta estudiando la docta Antigüedad. Las notas lo prueban, y *este es el modelo que presento a mis paisanos*[106].

De acuerdo con esto, el modelo ofrecido a sus paisanos se caracteriza por abrazar el ideal neoclásico, en donde el sistema de los géneros estaba sujeto a una jerarquización con valores distintos a los que funcionaban en tiempos del toledano, al menos en lo que corresponde a los modos de disposición editorial. Azara renueva el orden dispositivo de la poesía garcilasiana desde el momento en que altera la jerarquía organizativa del poemario áureo. Conforme a ello, vierte los poemas del libro aurisecular al nuevo molde de la edición dieciochesca, haciéndolos pasar por el colador de un orden de raíz neoclásica.

Algún tiempo antes, Luis José Velázquez había ofrecido los mimbres para muchas de las renovaciones futuras en sus *Orígenes de la poesía castellana,* primera historia de la literatura española, particularmente del teatro y la poesía. En su obra, de importante éxito posterior, se afanaba Velázquez en diseñar el sistema ideal de taxonomía poética partiendo del nacimiento de las categorías genéricas y de sus intrínsecas cualidades. Y conforme a ello, inicia su andadura el historiador (1754: 131-133) en las «églogas», continúa por «oda» y «elegía», y prosigue después por el terreno del idilio, la sátira, el poema didáctico y el epigrama; para hacer luego algunas consideraciones sobre la poesía octosilábica de estirpe castellana. *Mutatis mutandis,* este mismo esquema, también sancionado por Luzán, será el que utilice Azara para el corpus (macro)textual de Garcilaso, en una propuesta de sentido que va desde el género eglógico hasta el epigramático, representado por los sonetos.

A pesar de las negativas palabras que dedicó el diplomático español a Fernando de Herrera, su actitud ante el texto de Garcilaso añade innovaciones en un terreno que también ha-

---

106 Nicolás de Azara, *Las Obras,* 2015, pág. 28.

bía preocupado, y mucho, al sevillano: el de la organización del diseño macrotextual del poemario. No en balde, Herrera había logrado solventar el galimatías orquestado en la *princeps* y transmitido desde entonces sin notables alteraciones dispositivas; pues fue el primero en considerar que las secuencias de sonetos no debían interrumpirse por la inserción de una canción, como había ocurrido desde 1543 y habían continuado sus editores sucesivos.

Conforme a ello, el sevillano no había dispuesto la canción I entre los sonetos XVI y XVII, sino en un bloque posterior en que se encuadran las cuatro canciones puras y la *Ode ad florem Gnidi*. El Divino no había modificado la ordenación de este último poema. Sin embargo, alteró su titulación, de modo que ya no aparecía designada con su rótulo originario, sino con el de *canción V*. De ese modo, Herrera adscribía el poema sin ambages a la serie de las cuatro canciones anteriores, con la crucial importancia que ello tiene desde el punto de vista de la conceptualización genérica del poema[107]. Tras ellas se añadió el bloque compuesto por las dos elegías y la *Epístola a Boscán*, que no solo compartían analogías en lo referente a la *inventio*, sino también contigüidades genéricas, pues al fin no eran sino el haz y el envés de una apelación al destinatario poético, la cual está condicionada en su formalización por la dicotomía de la ausencia (elegía) y la presencia (epístola) de este. Por último, se clausuraba el poemario con las églogas, sin dejar espacio alguno para la poesía tradicional castellana, pues había eliminado cualquier atisbo de las coplas garcilasianas; igual que suprimió sin empacho tres de los nueve sonetos añadidos por El Brocense, además de alterar el orden de los seis que sí consideró que se debían al toledano.

La *dispositio* editorial, por tanto, no es algo que deba desatenderse en el análisis de los textos, ya que además de cribar las

---

[107] Véase al respecto las consideraciones de López Bueno (1994) y Núñez Rivera (1997: 133).

composiciones que se ofrecen al lector sirve para conformar un macrotexto cuyo significado rebasa el de las piezas individualizadas que son los poemas, sugiriendo así un sentido general para la obra del poeta. En el caso de las *Anotaciones,* Herrera ofrece con su ordenación un canon garcilasiano muy concreto, que concuerda con sus intereses particulares y los de su grupo de eruditos poetas; un canon, en síntesis, definido por dos características principales y definitorias de los intereses poéticos de Herrera: de un lado, la agrupación de las composiciones en géneros poéticos bien definidos que sirviesen como paradigma óptimo en la escritura de otros poemas; de otro, la negación de una parte de la escritura de Garcilaso, aquella que vinculaba al poeta con la tradición castellana de base octosilábica, de la que pretendían distanciarse Herrera y los suyos en el afán por buscar una lengua poética distintiva.

Todas las ediciones mencionadas hasta el momento forman parte de una particular y variable manera de leer y entender al poeta que tiene en cuenta, más que las particularidades históricas en las que se escriben los poemas, la coyuntura particular en la que se actualizan, interpretando entonces al toledano de acuerdo con intereses y propósito de orden muy heterogéneo, como ya se ha apuntado. Pero no son las lecturas del escritor realizadas por otros poetas o intelectuales las únicas que nos interesan, sino también aquellas que consideran a Garcilaso un objeto de estudio en sí mismo, y no el puntal, el modelo, el referente o, en fin, el atajo hasta el canon poético. Así pues, nos detendremos en las siguientes páginas en esas otras lecturas realizadas por quienes sin ser poetas ni participar institucionalmente en la planificación de la cultura en un momento histórico determinado comenzaron a asumir a Garcilaso como un objeto de trabajo inseparable de su disciplina científica; considerando entonces sus poemas, su biografía y su poética como un fin y no como el medio para cualesquiera propósitos, de carácter poético-literario, más o menos espurios.

Señalábamos anteriormente, remitiendo al juicio de Ávila (1992: 30), el enorme vacío de continuidad textual que durante más de tres centurias afectó a la propuesta de Fernando de Herrera: aquellas que van desde la publicación de las *Anotaciones* en 1580 hasta la edición de Navarro Tomás, al comienzo de la segunda década del pasado siglo. Y ello a pesar de sus incuestionables valores, tanto en el plano poético como en el filológico. Tal vez por eso, y no por casualidad, son las *Anotaciones* de Herrera las que sirvieron como soporte para la primera edición filológica emprendida por Navarro Tomás y publicada en 1911. El editor justificaba entonces su decisión apelando a la *auctoritas* herreriana:

> El texto de la presente edición se ajusta exactamente al que Fernando de Herrera dio en sus *Anotaciones;* Clásicos Castellanos prefieren reproducir este texto famoso, indiscutiblemente útil para el estudio de las letras, en vez de lanzarse a una edición nueva, semi-erudita, que, sin responder de lleno a las exigencias de la crítica filológica, pudiera resultar indigesta e ineficaz en su misión vulgarizadora (Navarro Tomás, 1911: xix).

Con este volumen, que vería diversas reediciones y habría de influir grandemente en los estudios posteriores, se inauguraba un camino no emprendido hasta el momento: el del estudio filológico desde unos postulados que trataban de alejar el impresionismo biografista y el positivismo decimonónico, para conjugar la atención a la historia con la mirada a los textos. Ello suponía, de entrada, una rigurosa fijación de los mismos y una explicación (más o menos) objetivable de los mecanismos poéticos, retóricos y significativos de su constitución. De ese modo, Navarro Tomás ofrecía, partiendo de la lección herreriana, un texto que desbordaba el horizonte de lectura e interpretación escolares, inaugurando una línea de análisis y una perspectiva de estudio que llevarían al toledano a convertirse en objeto principal y en compañero de viaje de la nueva disciplina científico-filológica que comenzaba a gestarse en los albores del pasado siglo.

Sin embargo, y a pesar de las deudas que en voz alta se reconocen con Fernando de Herrera, lo cierto es que en lo correspondiente al macrotexto se vuelve a apreciar una llamativa incoherencia entre el modelo (supuestamente) imitado y la propuesta ofrecida al lector. Navarro Tomás afirma ajustarse «exactamente», como se ha indicado, a la edición del sevillano; pero en cuanto se atiende a la organización de los poemas se aprecia que se valió, necesariamente, de otro modelo bien conocido: el de Azara. Así se deduce del hecho de que no solo añada los sonetos eliminados por Herrera en sus *Anotaciones,* sino que organice el poemario de acuerdo con la secuencia: églogas, elegías y epístola, canciones (la *Ode* es llamada, como en Herrera, *canción V),* sonetos (I-XXXVIII) y coplas castellanas (I-VIII).

Por más que afirme el insigne filólogo haberse ajustado «exactamente» a la edición de Herrera, es seguro que el sevillano no suscribiría esas palabras ni reconocería su empeño en la empresa de Navarro Tomás. De hecho, y pese a que el texto de los poemas individuales se puede ajustar, en su mayoría, a la lección herreriana, el macrotexto ofrece un sentido general del poemario distinto de las *Anotaciones* en dos aspectos fundamentales. En primer lugar, la inversión de la secuencia *soneto-canción-elegía-égloga* por la de *égloga-elegía-canción-soneto-coplas*. La alteración no es baladí, pues implica establecer, desde cada uno de los macrotextos, dos imágenes distintas del mismo escritor: específicamente culto y con una clarísima taxonomía genérico-compositiva, en el caso de Herrera, y el de un poeta neoclásico, en Navarro Tomás, cuya producción poética se ofrece *in decrescendo* desde el *summum* del canon grecolatino hasta lo más bajo y popular del numen castellano. Pero además de todo ello, Navarro Tomás incorporó en su libro los sonetos añadidos por El Brocense y desechados por El Divino, lo cual rompía con la idea de corpus textual de Garcilaso y, subsidiariamente, del paradigma estilístico garcilasiano que pretendía difundir el sevillano.

Menos de dos decenios después, en 1925, se publican al otro lado del Atlántico los trabajos de Keniston, un estudio de la vida del sujeto histórico Garcilaso (1922) y de su producción textual (1925). Para esto último recurrió al mayor cotejo llevado a cabo por un editor en casi quinientos años de difusión garcilasiana, analizando un importantísimo número de testimonios, tanto impresos como manuscritos. Así pues, estudió con detalle cuatro ediciones conjuntas, de las 29 existentes, y una decena de entre las 31 ediciones exentas.

En el primer grupo cotejó Amberes, 1544 *(N)*, Venecia, 1553 *(U)*, Estella 1555 *(S)* y Amberes, 1556 *(D)*. Para el segundo grupo fijó su atención crítica en Salamanca, 1569 *(F)*, Madrid, 1570 *(G)*, Salamanca, 1574 y 1577 *(B74* y *B77)*, Sevilla, 1580 *(H)*, Madrid, 1622 *(T)*, Lisboa, 1626 *(L)*, Madrid, 1765 *(A)*, Madrid, 1854 *(C)* y, claro está, la edición madrileña de Navarro Tomás de 1911 *(B)*.

Aunque no llevó a cabo una *collatio* completamente sistemática, en consonancia con la metodología de la crítica textual moderna, sí que realizó un examen de todas las ediciones, a excepción de Lisboa 1543 y la edición de 1543 que aparece sin lugar de impresión (aunque probablemente se estampase en Barcelona). De ese modo, colocó las ediciones examinadas en los grupos que aún hoy, cien años después, se siguen usando como patrón textual[108].

De su arduo trabajo concluyó que el texto óptimo para la edición moderna era el de la *princeps (O)*, aunque incorporó los poemas insertados por El Brocense en sus ediciones de 1574 (sonetos XXX-XXXV y coplas II-VI) y 1577 (sonetos XXXVI-XXXVIII), así como las coplas VII y VIII de *Gayangos (Mg)*, el único de entre los testimonios manuscritos al que concedió valor Keniston.

---

[108] *O* (Mediana del Campo, 1544, [Roma], 1547 y Barcelona, 1554), *N* (París, 1548, Lyon, 1549, Amberes s. a., Valladolid, 1553, Amberes, 1554, Toledo s. a., Alcalá de Henares, 1575, Amberes, 1576 y Lyon, 1658), *D* (Amberes, 1569 y 1597); *B77* (Salamanca, 1581 y 1589, Coimbra, 1600, Madrid, 1600, Nápoles, 1604 y Génova, 1765), *H* (Madrid s. a., Madrid, 1860, Madrid, 1917), *L* (Lisboa, 1632), *A* (Madrid, 1786, 1788, 1796, 1804 y 1817, Madrid y París, 1821, y París, 1828) y *C* (Madrid, 1916).

Además de ofrecer una interesante cantidad de datos de orden positivo, la edición tenía el interés de establecer un obligado diálogo con la de Navarro Tomás, pues el hispanista norteamericano construye un texto nuevo basándose, fundamentalmente, en la *princeps* de 1543; aunque recurre, para la normalización ortográfica, a la edición de Amberes de 1544.

Esta opción, vista en perspectiva, no solo tiene un sustantivo interés en lo concerniente a la constitución del texto que la crítica sancionó como el canónico de Garcilaso décadas más tarde —a partir de la edición de Rivers (1974, 2001), que comparte un criterio afín—, sino que también suponía plantear el debate implícito sobre los mediadores textuales y la necesidad o la pertinencia de minimizar sus interferencias en la transmisión.

Desde luego, la vuelta a la *princeps* implicaba la restitución de una historicidad, si no más auténtica o mejor, sí más cercana a los intereses del poeta y al posible corpus ideal que este hubiera deseado sancionar o *rubricar* (Ruiz Pérez, 2009). Cierto es que la edición impresa en 1543 por Carles Amorós en Barcelona, con la intervención de la viuda de Boscán, se distancia varios años del fallecimiento del poeta, pero es más cercana a unos intereses y referentes compartidos, además de participar de una misma comunidad de cultura. Características notablemente distintas tenían, como se ha indicado, los proyectos respectivos de El Brocense y de Herrera, intermediaciones impulsadas tres décadas después de impresa la *princeps* y gestadas en el contexto de los intereses particulares de dos autores que viven en focos culturales y económicos como son el de la Salamanca quinientista, con su importante institución educativa, y el de la pujante Sevilla de finales del XVI, puerta de todo tipo de comercio e intercambios (económicos y culturales) entre el Viejo y el Nuevo Mundo.

Las ediciones de Navarro Tomás (1911) y Keniston (1925), por sus notables diferencias, representaban de modo tangible, y vistas ahora con la suficiente distancia, el comienzo de un debate acerca de las posibles opciones del texto base sobre el que construir modernamente la edición de la poesía de Garcilaso. Un debate, claro está, en el que no participaron exclusivamente los editores, sino también estudiosos de la historia de la literatura y de los métodos de la crítica textual, ofreciendo consideraciones muy valiosas para los sucesivos proyectos de edición.

A pesar de que las virtudes y excelencias de la edición de Keniston eran notablemente superiores a la de Navarro Tomás, el trabajo del filólogo español gozó de una difusión mucho más importante que el del norteamericano, instaurándose con solvencia entre la bibliografía académica. En palabras de Alberto Blecua,

> desde 1925, en que se imprime la citada edición de Keniston, hasta 1964, en que aparece la de otro hispanista, Elías Rivers, los 'garcilasos' que se editan son de carácter escolar y divulgatorio, y se basan, por lo general, en el texto fijado por Navarro Tomás (1970: 5).

De ese modo, las capitales consideraciones textuales de Keniston pasaron prácticamente inadvertidas durante casi cuatro décadas, hasta que Rivers publicó su edición de 1964. En su trabajo justipreció las aportaciones del estudioso norteamericano y se valió de prácticamente todos los criterios utilizados por Keniston; aunque no utilizó la ortografía de Amberes (1544), sino la de la *princeps* barcelonesa, siguiendo en este punto la propuesta que Rüffler defendió en su artículo «Zur Garcilaso-Frage» (1928), pues consideraba que la ortografía de la *princeps* podría ser reflejo de autógrafos manejados en el proceso de impresión. Con esta salvedad, Rüffler apoyaba todas las demás opciones del trabajo de Keniston.

La edición de Rivers, publicada en 1964 y levantada en gran parte sobre el trabajo y hallazgos de Keniston, opta entonces por aceptar la sugerencia de Rüffler y valerse de la ortografía de *O* en lugar de *H*. Además, reduce significativamente el aparato crítico, de modo que únicamente registra las variantes de *B, H, T,* A y *Mg*.

La fortuna de este trabajo, tan pegado al de Keniston, fue radicalmente opuesta a la de su antecesor: se reimprimió muy pronto, en 1968, y solo un año después se adaptó al formato de una edición popular. Pero el éxito de difusión de esta propuesta, síntesis del trabajo de Keniston y de la perspectiva de Rüffler, es parejo al comienzo de un nuevo debate sobre la idoneidad de conceder tan gran importancia a la *princeps,* en detrimento del legado manuscrito.

Sería un trabajo de Macrí, «Recensión textual de la obra de Garcilaso» (1966), el que diese lugar a una auténtica revolución copernicana (o mejor, garcilasiana) en la fijación textual del poeta del Tajo. El erudito italiano fue el primero en poner sobre la mesa la importancia de cotejar la edición impresa con el resto de testimonios conocidos, fundamentalmente los manuscritos. Macrí barajó en su trabajo la mayoría de las ediciones utilizadas por Keniston[109] y añadió, como ya indicamos con anterioridad, dos manuscritos adicionales: *Ma* y *Mv*. Elaboró un *stemma* que, a juicio de Ávila, plantea algún error, por «considerar que *U* se deriva directamente de *O,* cuando, como Keniston había indicado [...] *U* sigue muy de cerca a *N,* con independencia de que se separe de ella en algunas lecciones singulares» (1992: 37).

Frente a lo asumido por análisis anteriores, Macrí considera que la *princeps* no parte de un original de Garcilaso, sino de una copia del manuscrito autógrafo, de lo que concluye que *O* corresponde al «único texto fidedigno, representante del original de la redacción final de la obra poética garcilasiana» (1966: 328) y, por tanto, defiende que la tradición manuscrita e impresa provienen de él. Por este motivo, sostiene que deben considerarse conjuntamente ambas vías de difusión. De acuerdo con estas consideraciones, Oreste Macrí avisa de lo siguiente a quien se afane en la tarea de editar a Garcilaso:

---

[109] Concretamente los siguientes testimonios: *H, U, S, D, F, G, B74, B77, H, T* y *A.*

> El nuevo editor deberá tener en cuenta todas las enmiendas correspondientes con uso sincrónico de las mismas, sin ninguna preferencia, juzgando el valor de cualquier cambio en el solo campo contextual del *usus scribendi,* previo un diccionario de la lengua garcilasiana, tratando de distinguir fases interiores de evolución hacia un italianismo integral castellanizado (Macrí, 1966: 328-329).

Y añade que aquellos poemas garcilasianos que, sea por el motivo que fuere, quedaron excluidos de la *princeps* barcelonesa habrían de añadirse en futuras ediciones dentro de dos apéndices, de acuerdo con la certeza de autoría que se les pueda atribuir.

Al futuro editor también aconseja Macrí que intervenga en el texto para corregir todas las irregularidades métricas que se detecten, pues considera que la escritura garcilasiana se rige por un criterio de «perfección desde el principio», por lo que apela a la «racionalización métrica» del editor para la elección de variantes o para las conjeturas sobre enmiendas[110]. Este planteamiento de regularización métrica suponía conectar la modernidad inmediata con una práctica habitual de los editores antiguos, y que en el siglo XX tuvo su refrendo en la edición de Navarro Tomás, la cual tomaba como referente el texto de Herrera.

Aunque el criterio de Macrí se plantea de modo muy razonado, no todos los estudiosos de Garcilaso han valorado su acierto. Así, por ejemplo, Ávila expresa sus reparos por creer que «se identifican los criterios métricos que hasta 1536 pudo tener Garcilaso con los del resto de los Siglos de Oro», trasladando así a un momento gestacional y, necesariamente experimental, lo que decenios más tarde se fragua en el contexto de una poética ya consolidada, de modo que se incurriría en lo que Ávila denomina como una «globalización áurea» (1992: 40). Los riesgos de esta manera de seleccionar lecturas residen en que, de acuerdo con Ávila,

---

[110] Macrí (1966: 329-330).

> las fuentes que presenten una métrica regular, tal como se ha entendido para los Siglos de Oro, ganarán en solvencia a los ojos de los editores, y ello dará lugar a que, respecto a la edición de Keniston, se acepten lecturas ajenas a la *princeps* no solo en casos de irregularidades métricas, sino en otros donde *O* no presentaba anomalías (Ávila, 1992: 40).

Sea como fuere, se puede afirmar, en síntesis, que las dos grandes aportaciones del trabajo de Macrí a la edición del texto garcilasiano estriban en la asunción de que el editor debe intervenir, de acuerdo con criterios de regularización métrica, para mejorar el texto, y también en la nueva valoración que concede a los testimonios manuscritos, lo que probablemente fue más decisivo en la orientación posterior de los estudios sobre los problemas textuales de Garcilaso.

A su zaga, el maestro Blecua (1970) legó al garcilasismo en particular, y al estudio de la transmisión áurea en general, un trabajo detallado y minucioso en el que discute pormenorizadamente todos y cada uno de los lugares problemáticos del texto del toledano, basándose para ello en la metodología de la ecdótica moderna. El análisis de Blecua prueba de modo contundente que el estudio de Keniston tenía, desde el punto de vista textual (caso distinto es la cuestión dispositiva), importantes problemas que únicamente podían subsanarse mediante el cotejo con otras fuentes, tanto de la tradición manuscrita como de las ediciones posteriores, que en ocasiones mejoraban e incluso incorporaban nuevos poemas.

Blecua transita el camino crítico mostrado por Macrí para corregir muchas de las lecciones de la *princeps (O)* de acuerdo con otras procedentes de la tradición manuscrita —tradición a la que incorporó, como se vio, el testimonio *Mz*—, así como también con *B* y *H* (en algún caso). Su trabajo no solo plantea que es posible hallar ejemplos de primeras redacciones de Garcilaso en el venero de la tradición manuscrita, sino que pone de relieve, además, que la fijación textual de Keniston, de la que se valió Rivers para su edición de 1964, presentaba problemas en alguno de sus presupuestos. Tales deficiencias venían derivadas, principalmente, del hecho de que el norteamericano estudió con profundidad la *princeps (O)*, pero no la comparó con las variantes de otras fuentes. Y justamente en eso se afanó Blecua, quien concluye (1970: 177-181), contrariamente a lo que había afirmado Rüffler (1928: 225), que la *princeps* no es el reflejo exacto de autógrafos garcilasianos. Una afirmación de esta naturaleza la sustentaba Blecua, por ejemplo, mediante la gran cantidad de problemas del soneto XIV, que son imposibles de explicar como una deturpación debida al impresor, lo que lleva a considerar que se trata del proceso de decantación de una tradición manuscrita, no autógrafa, que llegó contaminada hasta Boscán (1970: 56-63).

La segunda de las conclusiones está relacionada, justamente, con el papel de intermediación del poeta barcelonés, de quien afirma Blecua que no «existen pruebas de que Boscán no corrigiese el texto garcilasiano» (1970: 177). Concluye, en tercer lugar, que no es posible saber, «más que de un modo hipotético, la relación que unía a *Mg, M(B)* y *M(O)*». Y, por último, demuestra que «las lecturas de *Ma, Mb, Mg* y *M(B)* no son tan incorrectas como se venía suponiendo» (1970: 180).

Así las cosas, Blecua cierra su estudio advirtiendo de que lo único que puede hacer el editor de Garcilaso ante la magnitud del problema ecdótico es reproducir el texto de la *princeps (O)* «manteniendo la ortografía por *si pudiera* reflejar un original autógrafo» (1970: 180), tal y como había hecho Rivers (1964). Considera, además, que esa opción siempre será mejor que reproducir la ortografía del impreso de Amberes (1544), como hizo Keniston (1925), puesto que esa estampación «no pudo conocer ningún manuscrito autógrafo» (1970: 181). Recuerda Blecua, no obstante, que «el impreso de Amorós no es infalible y, por tanto, puede y debe ser corregido con lecturas de otros manuscritos y ediciones» (1970: 181). Y no solo eso, sino que en consonancia con la opinión de Macrí (1966), concluye el filólogo español «que hay que pretender buscar la regularidad métrica en lo posible, siempre que existan unas determinadas pruebas manuscritas, ortográficas o estilísticas que lo autoricen» (1970: 181).

De ese modo, Alberto Blecua puso los mimbres para las futuras ediciones críticas, cuyos resultados no se hicieron esperar demasiado, pues únicamente cuatro años después de publicarse *En el texto de Garcilaso* vio la luz la nueva edición de Rivers (1974), quien asumía la mayor parte de las consideraciones de Blecua, mejorando así el trabajo de 1964 y convirtiendo su volumen en la indiscutible edición canónica de la crítica durante los años sucesivos. Al margen de otras revisiones de menor calado, las dos innovaciones fundamentales de esta nueva edición estriban en la asunción casi completa de todas las lecciones de Blecua, así como también en la adopción del criterio de regularidad métrica; como el propio Elías Rivers indica en la introducción a su trabajo:

> Aunque todavía sigan discutiéndose media docena de enmiendas diferentes, el estudio de Blecua ha resuelto la mayor parte de los problemas; el texto de la presente edición crítica se apoya casi siempre en los argumentos del excelente libro titulado *En el texto de Garcilaso* [...] Esta premisa [regularidad métrica] tiene que aceptarse ya como indiscutible. (Pero, aunque indiscutible en principio, en la práctica es alguna vez difícil saber a qué sutilezas obedecía el oído de Garcilaso.) (1974: 21-22)

A estas innovaciones en relación al trabajo de 1964 se suma una leve reordenación de los poemas con respecto a la *dispositio* original de la *princeps,* pues se vale el editor de un criterio métrico, de modo que comienza por las coplas y prosigue luego la senda de los sonetos hasta finalizar en las églogas, como si se tratase de reproducir la trayectoria poética de Garcilaso (Lapesa, 1948), sugiriendo en el orden del poemario una cronología compositiva en evolución necesaria hacia las composiciones mayores. Quedaba así constituida la edición que durante decenios ha sido el santo y seña del canon Garcilaso, si es que aún no lo sigue siendo.

Sin embargo, todos los repertorios canónicos están sujetos a cuestionamiento y movilidad. Y justamente eso es lo que recordó Aldo Ruffinatto con su nuevo análisis «Garcilaso senza stemmi» (1982), traducido y actualizado en 1991. En este trabajo, el estudioso italiano cuestiona la validez plena de los criterios asumidos por Blecua-Rivers (y también por la mayor parte de la crítica garcilasiana posterior), concluyendo de su análisis que «l'edizione critica delle opere di Garcilaso è ancora tutta da fare» (1982: 44).

Naturalmente, para llegar a una aseveración como esa el estudioso italiano aduce y justifica sus motivos. Comienza por trazar un recorrido de la historia del texto, en donde va desgranando factores de especial interés. Reflexiona entonces, en primer lugar, acerca de los poemas ofrecidos por El Brocense en su edición de Garcilaso, explicando que al no existir certeza sobre el hecho de que las composiciones añadidas por el salmantino proviniesen del manuscrito de Tomás de Vega, podría ser que los tres sonetos nuevos de 1577 hubieran sido considerados apócrifos por el propio editor salmantino, motivo por el cual no los incluyó en 1574. Tres años después, y acaso guiado por un simple afán comercial de novedad, habría decidido incluirlos en su nueva edición. Ruffinatto considera factible, asimismo, que el manuscrito manejado por Boscán contuviese obras que no fueron publicadas en la *princeps (O)*, lo que explicaría que El Brocense pudiera añadir más poemas a su edición de 1574 y permitiría interpretar el *algunas* del título como indicio de una selección previa operada sobre el manuscrito que tenía el barcelonés. Además, señala los tres principales problemas que presenta la tradición manuscrita: pérdidas, fragmentarismo y lecciones muy innovadoras como para ser asumidas en la *restitutio textus*.

Aunque cita a Navarro Tomás (1911), Aldo Ruffinatto no concede demasiada importancia textual a su propuesta, pues naturalmente no es la del filólogo español una edición crítica, amén de utilizar a Herrera como si se tratase del *textus receptus:* «l'edizione di Navarro Tomás non è ovviamente un'edizione critica, ma rappresenta con fedeltà un preciso momento storico della tradizione, quello corrispondente alla herrerizzazione del materiale garcilasiano» (Ruffinatto, 1982: 31).

Repasa de igual modo la continuidad entre Keniston (1925), Rüffler (1928) y Rivers (1964, 1974), que dio lugar a la ya mencionada preponderancia de los manuscritos sobre los impresos. Y también comenta las innovaciones aportadas por Macrí (1966) y Blecua (1970) en lo referente a la importancia decisiva de la tradición manuscrita para la fijación del texto óptimo. Si Blecua utilizó el soneto XIV, como ya se indicó, para apuntalar sus conclusiones sobre el hecho de que los yerros de la *princeps* no eran imputables al oficial de la imprenta, Ruffinatto se vale de la misma composición para plantear que las enmiendas de los manuscritos, aun siendo buenas, son conjeturas o *emendationes ope ingenii*. El estudioso italiano considera que la *princeps* tiene problemas textuales incuestionables, sobre todo de orden métrico, pero no concede a los manuscritos la autoridad suficiente como para corregirlos.

Con estos condicionamientos, Ruffinatto reclama un mayor margen de intervención textual para el editor de Garcilaso, que puede (y debe) solventar los errores de la *princeps* por medio de conjeturas *(ope ingenii)* atenidas a los principios del *usus scribendi* y la *lectio difficilior*. El editor de la poesía garcilasiana debe, de acuerdo con el estudioso italiano, vencer la tentación de aceptar lecciones aparentemente correctas, pero no auténticas, provenientes de otras fuentes:

> C'è quindi, per l'editore critico di Garcilaso, uno spazio maggiore di quello concesso a un sia pur intelligente correttore di bozze. Gli errori della *princeps,* infatti, in quanto errori d'archetipo, autorizzano le operazioni connesse con la correzione congetturale, sulla base dei due principi opposti dell'usus scribendi e della *lectio difficilior* e senza cedere alla tentazione delle lezioni apparentemente buone, ma spesso fuorvianti, proposte dalle altre testimonianze. In quest'ottica, l'edizione critica delle opere di Garcilaso è ancora tutta da fare (Ruffinatto, 1982: 44).

De nuevo se abría el debate y se lanzaba un guante sobre el texto del poeta toledano, que recogió María Rosso Gallo (1990), quien basándose en las consideraciones de Ruffinatto presenta una edición alternativa a la de Rivers (1974), apoyada, a su vez, en los hallazgos cruciales de Blecua. Para su edición coteja la editora un gran número de testimonios, aunque no todos; y tras analizar las variantes más significativas confirma la tesis avanzada por Ruffinatto (1982), reconociendo en la *princeps* los caracteres del arquetipo y considerando que el resto de testimonios no son sino *textus descripti*. Concluye de su trabajo que los errores de la *princeps* únicamente se pueden solventar por medio de la *emendatio ope ingenii*.

Muy poco tiempo después sería Morros (1995) quien diera al garcilasismo la nueva Vulgata del toledano, cuya fijación textual no ha sido superada al día de hoy y será difícil de desbancar mientras no medien nuevos testimonios (y/o nuevas lecturas) que puedan ofrecer soluciones diferentes a las adoptadas en su trabajo. Morros toma como texto base la *princeps (O)*, corrigiendo con lecciones procedentes tanto de la tradición impresa como de la manuscrita, «en la convicción de que estos no son *codices descripti* de la *princeps*» (1995: cxiv). Su aparato crítico es el más completo de todos cuantos se han realizado, pues además de incluir las ediciones que se habían considerado hasta el momento como las más importantes, en la estela de lo hecho por Keniston (1925) y Rosso Gallo (1990), añade Morros, gracias al estudio de Ávila (1992), otras «que hasta la fecha se tenían por secundarias o *descripta* de otras» (1995: cxiv). En lo concerniente a la organización de los poemas sigue el modelo organizativo que comienza en las coplas y —tras los sonetos, canciones, elegías y epístola— termina con las églogas.

El axioma recurrente y muy recurrido de la crítica textual según el cual *recentiores deteriores* no parece haber resultado válido para la *princeps* barcelonesa de 1543, como sucede en muchos otros casos. Importa considerar en relación a este asunto que, cuando se analizan con detalle las enmiendas al texto de Garcilaso, se observa que todas comienzan a partir de 1550. Las primeras enmiendas, de hecho, datan de 1553. Ello puede tener dos lecturas posibles y no necesariamente excluyentes. De un lado, se puede asumir que el creciente número de ediciones convirtió al legado textual de Garcilaso en algo accesible mayoritariamente y, por ende, fácilmente maleable, deturpable y subsanable cuando así se consideraba.

Además, el éxito editorial podría favorecer la mayor atención a los testimonios manuscritos, que incluso sirvieron a Sánchez de las Brozas para ampliar el corpus textual conocido. Pero al margen de esto, resulta llamativo apreciar que la poesía del toledano comienza a corregirse y reescribirse a medida que se hace más conocida; lo que implica un aprendizaje de la nueva poética. Si uno de los criterios utilizados por la crítica textual para la fijación del texto es la atención al *usus scribendi* (autorial y epocal), al ser Garcilaso un autor que crea un lenguaje y una expresividad inéditos en castellano y en la poesía de su tiempo tal *usus* no se percibe hasta las manipulaciones posteriores.

La fijación del texto es, sin duda, el mayor cometido de toda edición anotada, y mucho más el de la edición crítica. Y en el caso de Garcilaso, como se ha visto, no se encuentran soluciones óptimas para muchos de los problemas de fijación textual. La *princeps,* sin embargo, encierra otros valores asociados a la *dispositio* que tienen que ver con los problemas de la organización editorial de la poesía garcilasiana y de sus modos de transmisión, lo que guarda especial relación con la manera en la que se construye (o no) un macrotexto cargado de valores significativos.

Si las ediciones críticas se han preocupado fundamentalmente, como es lógico, por cuestiones ecdóticas de colación, cotejo, selección de variantes y fijación del texto óptimo; las ediciones anotadas, menos preocupadas por el problema textual —que asumieron resuelto en trabajos anteriores— han podido indagar en otros problemas, como aquellos asociados con el modo en que se construye el macrotexto anteriormente citado. Es el caso, por ejemplo, de Antonio Prieto (1999), quien ve una estructura de *canzoniere* en la poesía que dejó el poeta toledano a su muerte. Para justificar esa propuesta de análisis ordena e interpreta las composiciones de acuerdo con dicha estructura, hasta el punto de que el macrotexto determina, de modo muy sustantivo, la interpretación que se hace de los textos concretos, tal y como explica el editor:

> Esta anotación mía está realizada, fundamentalmente, en atención a la disposición que llevan las poesías de Garcilaso en el texto que sigue. Respecto a todas las anteriores ediciones he pretendido ordenar la obra del poeta toledano con arreglo a las normas de un cancionero petrarquista (Prieto, 1999: 68).

La mayor parte de las ediciones posteriores a Rivers toman el trabajo del hispanista estadounidense como modelo de referencia, caso de Prieto (1999). No obstante, existen excepciones, como la ya mencionada de Rosso Gallo (1990), que actúa con el mismo criterio dispositivo de Navarro Tomás (1911) y José Manuel Blecua (1941). También Consuelo Burell (1995) sigue la herrerización iniciada por Navarro Tomás, y lo hace tanto en la fijación del texto como en la ordenación de los poemas, adoptando la secuencia: églogas, elegías, epístola, canciones, sonetos, coplas. De entre las ediciones que no toman a Rivers como guía debe destacarse asimismo la de Gallego Morell (1972), que parte de las *Anotaciones* para ir engarzando los comentarios de El Brocense (1574 y 1577), Herrera (1580), Tamayo (1622) y Azara (1765).

Es muy extenso el grupo de editores que siguen a Rivers, pero de entre ellos cabe señalar la ya citada edición de Labandeira (1981), que se ajusta escrupulosamente a la *dispositio* de la *princeps,* de modo que ubica la canción I entre los sonetos XVI y XVII, en tanto que las composiciones añadidas por El Brocense se colocan como anexo al final del volumen. También Alcina sigue el orden de Labandeira desde la primera hasta la cuarta edición de su *Poesía completa* (1989-1996), señalando con claridad lo que aparecía en la *princeps,* así como los añadidos posteriores de El Brocense (1574, 1577) y las piezas atribuidas por el Manuscrito Gayangos (soneto XXXIX, soneto XL y coplas VII-VIII). Sin embargo, en la quinta edición (1998) modifica Alcina esa *dispositio* editorial y opta por atenerse a una ordenación más convencional para la poesía castellana del poeta toledano, pues tal y como indica, «las composiciones van agrupadas por géneros: sonetos y canciones, elegías, epístolas, coplas castellanas y, por último, la poesía neolatina» (1998: 59-60).

Cabe mencionar, por último, las recientes ediciones de Núñez Rivera (2002b) y Jiménez Heffernan *et alii* (2017), seguidoras del texto de Morros tanto en la fijación como en la ordenación de las composiciones; si bien es cierto que aportan los editores, además de una esclarecedora anotación, unos criterios de modernización que acercan los poemas clásicos a la inmediata contemporaneidad como no se había hecho hasta entonces, y todo ello sin restarle un ápice de corrección y rigor al texto del poeta.

Este planteamiento modernizador, que pudiera resultar anecdótico, cobra una especial relevancia cuando se atiende a las adversas coordenadas, de cara a la lectura, en que se desenvuelven las primeras ediciones reseñables del siglo XXI, y con las que no tuvieron que lidiar ni competir los editores previos. Nos referimos al hecho incontrovertible de que en el nuevo milenio todo potencial lector de Garcilaso puede encontrar sus poemas en la red, y de seguro que no dudará en manejarlos con la rapidez y gratuidad que ofrecen el espacio virtual. Además, en caso de estar interesado, el lector virtual puede copiar y difundir los versos tantas veces como lo desee. La fijación de un texto óptimo, cuando este se desmaterializa y desenvuelve por medio de hipertextos, tiene en la red de redes a un feroz enemigo con la capacidad de multiplicar *ad infinitum* todo tipo de errores, deturpaciones y lecciones problemáticas.

Solventados muchos de los problemas de transmisión de Garcilaso, de su fijación textual y de sus dificultades interpretativas, el gran reto de nuestras ediciones futuras, o uno de los grandes retos, consistirá en poder conservar el texto garcilasiano a salvo de una desintegración que en internet es indesligable de su mismo proceso de lectura y difusión.

Como ya se ha visto en las páginas anteriores, tres décadas después de la *princeps* Garcilaso es sometido a un proceso de *abrocensamiento* por el catedrático salmantino, luego es *herrerizado* en el núcleo sevillano, en tanto que en el XVIII se optó, sin modificar grandemente la fijación textual, por nacionalizar (culturalmente) al poeta del Tajo desde una perspectiva neoclásica. Resta por saber si en el futuro los editores tendrán que vérselas con un Garcilaso globalizado y *twitteado,* alejado definitivamente de los soportes tradicionales, en cuyo caso habrá que buscar «otros montes y otros ríos» (metodológicos) con que fijar su obra hipertextual, reconstruirla y hacerla entendible para el lectoespectador del nuevo milenio.

Esta edición

La presente edición pretende poner a disposición del lector un texto moderno, pero no por ello exento de la corrección y del rigor exigibles al trabajo filológico. Se toma como base la edición crítica de Bienvenido Morros (1995), aunque se moderniza el texto de acuerdo con criterios muy similares a los utilizados por Núñez Rivera (2002: 66-67) y Jiménez Heffernan *et alii* (2017: 85): se conservan las fluctuaciones de las vocales átonas, aunque se moderniza hasta el límite impuesto por los valores fonológicos relevantes, se eliminan apóstrofos y conglomerados de preposición más artículo o demostrativo, se modernizan las grafías latinizantes, la ortografía se adecúa a la norma académica y se puntúa de manera interpretativa de acuerdo con las normas actuales. En la acentuación se conjuga la ortodoxia ortográfica con la necesidad de la escansión, de modo que se marcan las diéresis mediante el signo estandarizado para ello (¨) y las sinéresis eliminando las tildes en las palabras que así lo requieren, como, por ejemplo, *habia, mio, debria,* etc. Es importante considerar que Garcilaso aspira la *h-* que etimológicamente provenía de la *f-* inicial latina, lo que deshace la sinalefa y repercute en el cómputo silábico del verso. Para facilitar la lectura se especifican estas cuestiones en nota a pie de página.

Los poemas se anotan teniendo muy en cuenta la tradición crítica canónica (Morros, Alcina, Rivers o Lapesa), aunque en paralelo se tienden puentes con otros horizontes interpretativos y se intenta actualizar el estado de la cuestión atendiendo muy especialmente a los trabajos de autoridades en Garcilaso, como Gargano o Fosalba, entre otros. En apoyo de una mayor claridad, se inserta un breve comentario introductorio de carácter general a continuación de cada pieza, el cual se complementa con una anotación particular para aclarar lugares específicos dentro de cada poema.

Los poemas se disponen convencionalmente, de acuerdo con el criterio genérico de ordenación seguido por Morros (1995), Núñez Rivera (2001) o Jiménez Heffernan *et alii* (2017). Todo ello de acuerdo con la siguiente disposición editorial: Coplas I-VIII, Sonetos I-XL, Canciones I-IV, *Ode ad florem Gnidi,* Elegías I-II, Epístola a Boscán y Églogas I-III.

Bibliografía

ACUÑA, Hernando de, *Varias poesías,* ed. Luis F. Díaz Larios, Madrid, Cátedra, 1982.

ALCINA, Juan Francisco (ed.), *Poesía completa,* Madrid, Espasa-Calpe, 1989.

ALIGHIERI, Dante, *Vita Nuova. Rime,* ed. Domenico de Robertis y Gianfranco Contini, Milán/Nápoles, Riccardo Ricciardi Editore, 1995.

ALONSO, Dámaso, *Poesía española. Ensayo de métodos y límites estilísticos,* Madrid, Gredos, 1993.

AMANN, Elizabeth, «Petrarchism and Perspectivism in Garcilaso's Sonnets (I, X, XVIII, XXII)», *The Modern Language Review,* 108.3, 2013, págs. 863-880.

ANDREA, Monte, recogido en *Poeti del dolce stil nuovo,* ed. Gianfranco Contini, Milán, R. Ricciardi, 1960.

ARCE, Margot, *Garcilaso de la Vega. Contribución al estudio de la lírica española del siglo XVI,* Madrid, Centro de Estudios Históricos, 1930.

ARIOSTO, Ludovico, *Opere minori,* ed. Cesare Segre, Milán, R. Ricciardi, 1954.

— *Orlando furioso,* ed. bilingüe de Cesare Segre y María de las Nieves Muñiz, Madrid, Cátedra, 2002.

ARMISÉN, Antonio, *Estudios sobre la lengua poética de Boscán. La edición de 1543,* Zaragoza, Universidad de Zaragoza/Libros Pórtico, 1982.

ASENSIO, Eugenio, «El Brocense contra Fernando de Herrera y sus *Anotaciones* a Garcilaso», *El Crotalón. Anuario de Filología Española,* 1, 1984, págs. 13-24.

Ávila, Francisco Javier, *El texto de Garcilaso: Contexto literario, métrica y poética,* tesis doctoral dirigida por Isaías Lerner, Nueva York, City University of New York, 1992, 4 vols.; Ann Arbor, UMI, 1994.

— «Notas para la revisión del sistema métrico y del texto garcilasiano», en *Silva. Studia philologica in honorem Isaías Lerner,* ed. Isabel Lozano Renieblas y J. C. Mercado, Madrid, Castalia, 2001, págs. I,55-72.

Avilés, Luis, «Las asperezas de Garcilaso», *Calíope. Journal of the Society for Renaissance and Baroque Hispanic Poetry,* 11.1, 2005, págs. 21-47.

Azar, Inés, *Discurso retórico y mundo pastoral en la «Égloga segunda» de Garcilaso,* Ámsterdam, John Benjamins B. V., 1981.

— «"Tu dulce habla, ¿en cúya oreja suena?": cuerpo, intimidad y voz en la *Égloga primera* de Garcilaso», *Confluencia. Revista hispánica de cultura y literatura,* 30.3, 2015, págs. 51-59.

Balbín, Rafael, *Garcilaso de la Vega y otros poetas cortesanos,* Madrid, Castalia, 2005.

Barnard, Mary E., *Garcilaso de la Vega and the Material Culture of Renaissance Europe,* Toronto, University of Toronto Press, Scholarly Publishing Division, 2014.

Barrio Olano, José Ignacio, «Más sobre "convertido en viola" en *Oda a la Flor de Gnido,* de Garcilaso de la Vega», en *El Siglo de Oro antes y después de «El arte nuevo»,* ed. Oana Andreia Sâmbrian-Toma, Craiova, SITECH, 2009, págs. 43-48.

Béhar, Roland, «Lectura(s) de Garcilaso en el siglo xvi: el caso del Soneto V», en *Compostella Aurea. Actas del VIII Congreso de la AISO. Santiago de Compostela, 7-11 de julio de 2008,* ed. Antonio Azaustre Galiana y Santiago Fernández Mosquera, Santiago de Compostela, Universidade de Santiago de Compostela, 2011, págs. I,153-161.

— «Garcilaso de la Vega o la sugestión de la imagen», *Criticón,* 114, 2012a, págs. 9-31.

— «Garcilaso de la Vega et la hiérarchie des genres poétiques. Remarques sur l'Églogue II et l'imitation de l'Arioste», en *La Renaissance des genres. Pratiques et théories entre Italie et Espagne (xve-xviie siècles),* ed. Paloma Bravo y Giuseppe Sangirardi, Dijon, Éditions Universitaires de Dijon, 2012b, págs. 111-122.

— *Garcilaso de la Vega (c. 1499-1536) et la rhétorique de l'image,* tesis doctoral dirigida por Mercedes Blanco, París, Université de Paris-Sorbonne, 2014a.
— «"Tan lejos de mi tierra...": Nota sobre un modelo homérico de Garcilaso», *Creneida,* 2, 2014b, págs. 392-402.
— «La eternizada fuga de la ninfa: de Garcilaso a Warburg», *Calíope. Journal of the Society for Renaissance and Baroque Hispanic Poetry,* 20.2, 2015a, págs. 19-38.
— «Naples, métropole italienne et capitale espagnole: "langue mixte", toscan, castillan (1502-1600)», en *Imprimeurs et libraires de la Renaissance: le travail de la langue,* ed. E. Kammerer y J.-D. Müller, Ginebra, Droz, 2015b, págs. 222-236.
— «Multilinguisme à la cour du vice-roi de Naples Don Pedro de Toledo (1532-1553)», en *Les Cours comme lieux de rencontre et d'élaboration des langues vernaculaires (1480-1620),* ed. J. Balsamo y A. K. Bleuler, Ginebra, Droz, 2016, págs. 91-134.
— «Galatea, o la idea de la belleza garcilasiana», *Bulletin Hispanique,* 119.2, 2017a, págs. 591-620.
— «The Epigram and Definitions of the Sonnet in Sixteenth-Century Spain, from Herrera to Garcilaso: Notes on an historiographical Problem», en *Brief Forms in Medieval and Renaissance Hispanic Literature,* ed. B. Taylor y A. Coroleu, Newcastle-upon-Tyne, Cambridge Scholars Publishing, 2017b, págs. 114-131.
— «La gloria de don Fernando: el valor épico de la representación escultórica en la *Égloga II* de Garcilaso de la Vega», en *La estirpe de Pigmalión: poesía y escultura en el Siglo de Oro,* ed. Marcial Rubio Árquez y Adrián J. Sáez, Madrid, Sial, 2017c, págs. 63-99.
— «The Poetry of Garcilaso: Bucolic Tradition and the Invention of a Visual Signature», *Bulletin of Spanish Studies,* 94.10, 2017d, págs. 51-63.
— «Garcilaso de la Vega y la canción napolitana», en *Contexto latino y vulgar de Garcilaso en Nápoles. Redes de relaciones de humanistas y poetas (manuscritos, cartas, academias),* ed. Eugenia Fosalba y Gáldrick de la Torre Ávalos, Berna, Peter Lang Verlag, 2018, págs. 117-142.
Beltrán, Vicenç, «De Túnez a Cartago: propaganda política y tradiciones poéticas en la época del Emperador», *Boletín de la Real Academia Española,* 97, 2017, págs. 45-114.

Bembo, Pietro, *Prose e rime,* ed. Carlo Dionisotti, Turín, Unione Tipografico-Editrice Torinese, 1966.

Béramis, Suzy, «La métamorphose de Narcisse (Garcilaso de la Vega et Jean de la Croix)», *Bulletin Hispanique,* 117.2, 2015, págs. 577-590.

Biblia, La santa. Traducida al español de la Vulgata latina, ed. Felipe Scio de San Miguel, Madrid, Gaspar y Roig Editores, 1852-1854, 4 vols.

Blecua, Alberto, *En el texto de Garcilaso,* Madrid, Ínsula, 1970.

— «Garcilaso con Stemma», en *«Busquemos otros montes y otros ríos». Estudios de Literatura Española del Siglo de Oro dedicados a Elías L. Rivers,* ed. Brian Dutton y Victoriano Roncero López, Madrid, Castalia, 1992, págs. 22-35.

Bocchetta, Vittore, *Sannazaro en Garcilaso,* Madrid, Gredos, 1976.

Boscán, Juan, *Las obras de Boscán y algunas de Garcilaso de la Vega. Repartidas en cuatro libros,* Barcelona, Carles Amorós, 1543.

— *Poesía,* ed. Pedro Ruiz Pérez, Madrid, Akal, 1999.

Bustos, Eugenio de, «Cultismos en el léxico de Garcilaso de la Vega», en *Garcilaso. Actas de la IV Academia Literaria Renacentista,* ed. Víctor García de la Concha, Salamanca, Universidad de Salamanca, 1986, págs. 127-146.

Cacho Casal, Rodrigo, «La rosa del poeta: el soneto XXIII de Garcilaso de la Vega», en *«Hilaré tu memoria entre las gentes»: estudios de literatura áurea (en homenaje a Antonio Carreira),* ed. Alain Bègue y Antonio Pérez Lasheras, Zaragoza, Universidad de Zaragoza, 2014, págs. II,123-140.

Caldera, Ermanno, *Garcilaso e la lirica del Rinascimento,* Génova, Bozzi, 1966.

Calvo, Mariano, *Garcilaso de la Vega. Entre el verso y la espada,* Toledo, Servicio de Publicaciones de la Junta de Castilla-La Mancha, 1992.

Cammarata, Joan, *Mythological Themes in the Works of Garcilaso de la Vega,* Madrid, Porrúa Turanzas, 1983.

Caravaggi, Giovanni, «Hacia la invención de la epístola poética en España», en *La epístola poética del Renacimiento español,* ed. José Lara Garrido, Málaga, Universidad de Málaga, 2009, págs. 135-144.

Carranza, Paul, «Voice, Writing and Echo in the Structure of Garcilaso's *Égloga tercera*», *Calíope. Journal of the Society for Renaissance and Baroque Hispanic Society,* 14.1, 2008, págs. 23-46.

Carrizo Rueda, Sofía, «Otra fuente para el soneto V de Garcilaso y la suerte del culto al amor», en *La imagen del amor en la literatura española del Siglo de Oro,* ed. Teresa Herráiz de Tresca y Sofía Carrizo Rueda, Buenos Aires, Universidad Católica Argentina, 1986, págs. 53-59.

— *Las transformaciones en la poesía de Garcilaso de la Vega,* Kassel, Reichenberger, 1989.

Castillo, Hernando del, *Cancionero general,* ed. Joaquín González Cuenca, Madrid, Castalia, 2004.

Catulo, Cayo Valerio, *Poesías,* edición bilingüe de José Carlos Fernández Corte y Juan Antonio González Iglesias, Madrid, Cátedra, 2006.

Cavalcanti, Guido, *Rime,* ed. Marcello Ciccuto y Maria Corti, Milán, Rizzoli, 1987.

Chevalier, Maxime, «Fama póstuma de Garcilaso», en *Garcilaso. Actas de la IV Academia Literaria Renacentista,* ed. Víctor García de la Concha, Salamanca, Universidad de Salamanca, 1986, págs. 165-184.

Chinchilla, Rosa Helena, «Garcilaso de la Vega, Catullus and the Academy in Naples», *Calíope. Journal of the Society for Renaissance and Baroque Hispanic Poetry,* 16.2, 2010, págs. 65-82.

Ciochini, Héctor, «Una hipótesis de simbología figurada en dos obras de Garcilaso», *Revista de Filología Española,* 49, 1966, págs. 329-334.

Codoñer, Carmen, «Comentaristas de Garcilaso», en *Garcilaso. Actas de la IV Academia Literaria Renacentista,* ed. Víctor García de la Concha, Salamanca, Universidad de Salamanca, 1986, págs. 185-200.

Colón Calderón, Isabel, «La baja lira: de Masuccio Salernitano a Bernardo Tasso y Garcilaso», *Dicenda. Cuadernos de Filología Hispánica,* 34, 2016, págs. 123-136.

Contini, Gianfranco (ed.), *Poeti del duecento,* Milán, Ricciardi, 1960.

Corfiati, Claudia, «Praxis grecolatina y vulgar en Nápoles: contexto manuscrito de las odas neolatinas de Garcilaso», en *Con-*

texto latino y vulgar de Garcilaso en Nápoles. Redes de relaciones de humanistas y poetas (manuscritos, cartas, academias), ed. Eugenia Fosalba y Gáldrick de la Torre Ávalos, Berna, Peter Lang Verlag, 2018, págs. 51-77.

Coroleu, Alejandro, «Sobre la obra poética de Antonio Telesio, amigo de Garcilaso», en *Contexto latino y vulgar de Garcilaso en Nápoles. Redes de relaciones de humanistas y poetas (manuscritos, cartas, academias),* ed. Eugenia Fosalba y Gáldrick de la Torre Ávalos, Berna, Peter Lang Verlag, 2018, págs. 171-184.

Cotarelo, Emilio, «El retrato de Garcilaso», *Boletín de la Real Academia Española,* I, 1914, págs. 582-585.

Craig, Andrew F., «Garcilaso at home in Naples: on the Neolatin Muse of the Príncipe de los Poetas Castellanos», *Calíope. Journal of the Society for Renaissance and Baroque Hispanic Poetry,* 21.2, 2016, págs. 5-33.

Cristóbal, Vicente (ed.), *Virgilio. Bucólicas,* Madrid, Cátedra, 2007.

Cruz, Anne J., *Imitación y transformación. El petrarquismo en la poesía de Boscán y Garcilaso de la Vega,* Ámsterdam/Filadelfia, John Benjamins, 1988.

— «"Verme morir entre memorias tristes": Petrarch, Garcilaso, and the Poetics of Memory», *Annali d'Italianistica,* 22, 2004, págs. 221-236.

— «Boscán, Garcilaso, and the Fortunes of Friendship», *Confluencia. Revista hispánica de cultura y literatura,* 30.3, 2015, págs. 34-50.

— y Quintero, María Cristina, «Garcilaso/Góngora: Imagining the Self, Imagining Empire», en *Imaginary Matters: Realizing the Imagination in Early Modern Iberian Culture,* ed. Anne Holloway e Isabel Torres, *Bulletin of Spanish Studies,* 94.7-8, 2017, págs. 1205-1242.

Cudini, Piero (ed.), *Poesia italiana. Il trecento,* Milán, Garzanti, 1978.

Curtius, Robert Ernst, *Literatura europa y Edad Media Latina,* México, Fondo de Cultura Económica, 1999.

Darst, David H., «Garcilaso's love for Isabel Freire: the creation of a myth», *Journal of Spanish Philology,* 3, 1979, págs. 261-268.

De Armas, Frederick A., «Un pintor clásico en la poesía del Siglo de Oro: Timantes en Boscán, Garcilaso, Lope de Vega y Argensola», en *Serenísima palabra. Actas del X Congreso de la Asociación Internacional Siglo de Oro (Venecia, 14-18 de julio de 2014),* ed. Florencio del Barrio, Andrea Zinato, Anna Bognolo, Donatella Pini y Valle Ojeda Calvo, Venecia, Edizione Ca'Foscari, 2017, págs. 49-68.

Delahaye, Séverine, *La voix d'Orphée, de la musique dans la poésie du siècle d'or espagnol: Garcilaso de la Vega, Luis de León, Jean de la Croix, Góngora,* tesis doctoral dirigida por Augustin Redondo, París, Université Paris 3 Sorbonne Nouvelle, 2000.

Díez Fernández, José Ignacio, «"Esto no sé cómo lo dixo Garci Lasso": Opciones del erotismo», *AnMal Electrónica,* 32 (2012), págs. 321-352.

Dunn, Peter N., «La oda de Garcilaso *A la flor de Gnido*», en *La poesía de Garcilaso. Ensayos críticos,* ed. Elías L. Rivers, Barcelona, Ariel, 1974, págs. 127-162.

Egido, Aurora, «Sin poética hay poetas», *Criticón,* 30, 1985, págs. 43-77.

— «Garcilaso y la puerta cerrada», en *Al otro lado del espejo. Comentario lingüístico de textos literarios. Homenaje a José Manuel Blecua Perdices,* ed. Glòria Clavería Nadal y Dolors Poch, Barcelona, Ariel, 2010, págs. 63-85.

Encina, Juan del, *Poesía lírica y cancionero musical,* ed. Roy O. Jones y Carolyn R. Lee, Madrid, Castalia, 1979.

Farmer, Julia L., «The Experience of Exile in Garcilaso's Second Eclogue», *Bulletin of Hispanic Studies,* 88.2, 2011, págs. 161-178.

Fernández Álvarez, Manuel, *Carlos V. El césar y el hombre,* Madrid, Espasa-Calpe, 1999.

Fernández Conti, Santiago, *La corte de Carlos V. Los servidores de las casas reales,* Madrid, Sociedad Estatal para la Conmemoración de los Centenarios de Felipe II y Carlos V, 2000.

Fernández de Navarrete, Eustaquio, «Vida del célebre poeta Garcilaso de la Vega», en *Colección de documentos inéditos para la historia de España,* Madrid, Imprenta de la Viuda de Calero, 1850, XVI, págs. 9-287.

Fernández Morera, Darío, *The Lyre and the Oaten Flute: Garcilaso and the Pastoral,* Londres, Tamesis, 1982.

Fernández Mosquera, Santiago, *La tormenta en el Siglo de Oro. Variaciones funcionales de un tópico,* Madrid/Fráncfort del Meno, Iberoamericana/Vervuert, 2006.

Florit Durán, Francisco, «Garcilaso de la Vega: la dimensión cortesana y guerrera de un poeta del Renacimiento», *Cuadernos del Lazarillo,* 24, 2003, págs. 32-38.
Fosalba, Eugenia, «Allegoria autobiografica e universitalità poetica in Garcilaso», en *Travestimenti. Mondi immaginari e scrittura nell'Europa delle Corti,* ed. Raffaele Girardi, Bari, Edizioni di Pagina, 2009a, págs. 185-209.
— «Implicaciones teóricas del alegorismo autobiográfico en la égloga III de Garcilaso. Estancia en Nápoles», *Studia Aurea. Revista de Literatura Española y Teoría Literaria del Renacimiento y Siglo de Oro*, 3, 2009b, págs. 39-104.
— «El exordio de la Epístola a Boscán: contexto napolitano», *Studia Aurea,* 5, 2011, págs. 23-47.
— «A vueltas con el descuido en Garcilaso y Boscán», en *La escondida senda. Estudios en homenaje a Alberto Blecua,* ed. Eugenia Fosalba y Gonzalo Pontón, Barcelona, Castalia, 2012a, págs. 147-164.
— «Sobre la relación de Garcilaso con Antonio Tilesio y el círculo de los hermanos Seripando», *Cuadernos de filología italiana,* 19, 2012b, págs. 131-144.
— «El desembarco de Garcilaso en Italia», *Ínsula,* 825, 2015, págs. 6-8.
— «Más sobre Garcilaso en Nápoles: epigramas funerales a la muerte de Ariosto», *Rinascimento meridionale: Napoli e il Viceré Pedro de Toledo (1532-1553),* ed. E. Sánchez García, Nápoles, Tullio Pironti, 2016a, págs. 387-408.
— «Tracce di una precoce composizione (ca. 1525-1533) del *De Poeta* di Minturno: a proposito della sua possibile influenza su Garcilaso de la Vega», *Critica Letteraria,* 173, 2016b, págs. 627-650.
— «Ecos de la preceptiva minturniana en la concepción de las églogas de Garcilaso», *Bulletin Hispanique,* 119.2, 2017a, págs. 555-572.
— «La carta de Bembo a Garcilaso», *Ínsula,* 862, 2018a, págs. 9-13.
— «Relevo del último humanismo pontaniano a la llegada de Garcilaso a Nápoles. (A modo de prefacio)», en *Contexto latino y vulgar de Garcilaso en Nápoles. Redes de relaciones de humanistas y poetas (manuscritos, cartas, academias),* ed. Eugenia

Fosalba y Gáldrick de la Torre Ávalos, Berna, Peter Lang Verlag, 2018b, págs. 1-16.
— «Praxis grecolatina y vulgar en Nápoles: contexto manuscrito de las odas neolatinas de Garcilaso», en *Contexto latino y vulgar de Garcilaso en Nápoles. Redes de relaciones de humanistas y poetas (manuscritos, cartas, academias),* ed. Eugenia Fosalba y Gáldrick de la Torre Ávalos, Berna, Peter Lang Verlag, 2018c, págs. 17-49.
— «Descripción del Ms. XIII AA 63 de la BN de Nápoles, transmisor de dos odas neolatinas de Garcilaso», en *Contexto latino y vulgar de Garcilaso en Nápoles. Redes de relaciones de humanistas y poetas (manuscritos, cartas, academias),* ed. Eugenia Fosalba y Gáldrick de la Torre Ávalos, Berna, Peter Lang Verlag, 2018d, págs. 297-321.
— «Versión oficial de la Jornada de Túnez y desvío afectivo en el soneto XXXIII de Garcilaso», en *La poesía de ruinas en el Siglo de Oro,* ed. Antonio Sánchez Jiménez, Madrid, Visor, 2019, págs. 73-99.
— y Mallorquí-Ruscalleda, Enric, «Noticias sobre el círculo de los hermanos Seripando: estudio, edición y traducción de unos textos poéticos desconocidos», *Cincinnati Romance Review,* 43, 2017b, págs. 1-16.
— y Mallorquí-Ruscalleda, Enric, «Una égloga neolatina entre los manuscritos de los hermanos Seripando», en *Latin and Vernacular in Renaissance Iberia,* ed. B. Taylor y A. Coroleu, *Bulletin of Spanish Studies,* 94.10, 2017c, págs. 33-49.
Fucilla, Joseph G., «Sobre dos sonetos de Garcilaso», *Revista de Filología Española,* 36, 1952, págs. 113-117.
Furstenberg-Levi, Shulamit, «Garcilaso and the Post-Pontano Accademia Pontaniana», en *Contexto latino y vulgar de Garcilaso en Nápoles. Redes de relaciones de humanistas y poetas (manuscritos, cartas, academias),* ed. Eugenia Fosalba y Gáldrick de la Torre Ávalos, Berna, Peter Lang Verlag, 2018, págs. 79-96.
Galbarro, Jaime, «Garcilaso de la Vega en cifras», en *Aurea Poesis. Estudios para Begoña López Bueno,* ed. Luis Gómez Canseco, Juan Montero y Pedro Ruiz Pérez, Córdoba-Huelva-Sevilla, Universidad de Córdoba-Universidad de Huelva-Universidad de Sevilla, págs. 67-70.

GÁLVEZ, Pablo y HUERTA, David, «Garcilaso y Cervantes en la perspectiva del canon», *Acta Poetica,* 36.2, 2015, págs. 81-111.

GALLEGO MORELL, Antonio, «Bibliografía de Garcilaso», *Revista Bibliográfica y Documental,* 3, 1949, págs. 53-92.

— *En torno a Garcilaso y otros ensayos,* Madrid, Guadarrama, 1970.

— (ed.), *Garcilaso de la Vega y sus comentaristas,* Madrid, Gredos, 1972.

— *Garcilaso: documentos completos,* Barcelona, Planeta, 1976.

GARCÍA AGUILAR, Ignacio, *Poesía y edición en el Siglo de Oro,* Madrid, Calambur, 2009.

— «Lecturas garcilasianas (una historia del texto)», en Garcilaso de la Vega, *Poesía castellana,* ed. Julián Jiménez Heffernan, Ignacio García Aguilar y Pedro Ruiz Pérez, Madrid, Akal, 2017, págs. 53-83.

— «Tres versiones de Petrarca: modelos poéticos y modelos editoriales en el Siglo de Oro español», *Calíope. Journal of the Society for Renaissance and Baroque Hispanic Poetry,* 23.2, 2018, págs. 93-118.

GARCÍA CANDEIRA, Margarita, «Para leer a Garcilaso. Hacia una aproximación materialista del primer poeta castellano moderno», *Ínsula,* 874-875, 2019, págs. 15-18.

GARCÍA SANTO-TOMÁS, Enrique, «Mito en materia: Garcilaso de la Vega y el objeto encontrado», *Studia Aurea,* 9, 2015, págs. 631-640.

GARGANO, Antonio, *Fonti, miti, topoi: cinque saggi su Garcilaso,* Nápoles, Liguori, 1988a.

— «*Imago mentis:* fantasma e creatura reale nella lirica castigliana del Cinquecento», en *Capitoli per una storia del cuore. Saggi sulla lirica romanza,* ed. Francesco Bruni, Palermo, Sellerio, 1988b, págs. 191-220.

— «La oda entre Italia y España en la primera mitad del siglo XVI», en *La oda,* coord. Begoña López Bueno, Sevilla, Grupo PASO/Universidad de Sevilla, 1993, págs. 121-145.

— «Garcilaso y la *aegritudo canina:* el soneto *A la entrada de un valle, en un desierto»,* en *Studia aurea. Actas del III Congreso de la AISO (Toulouse, 1993),* coord. Ignacio Arellano Ayuso, Carmen Pinillos Salvador, Marc Vitse y Frédéric Serralta, Pamplona, GRISO/LEMSO, 1996, págs. I,339-349.

— «*"Questo nostro caduco et fragil bene"*. Forme e significati del *locus amoenus* nell'Egloga I di Garcilaso», en *Signoria di paro-*

le. Studi offerti a Mario Di Pinto, ed. Giovanna Calabrò, Nápoles, Liguori, 1998, págs. 283-298.
— «La "doppia gloria" di Alfonso D'Avalos e i poeti-soldati spagnoli (Garcilaso, Cetina, Acuña)», en *La espada y la pluma. Il mondo militare nella Lombardia spagnola cinquecentesca,* ed. Giuseppe Mazzocchi y Mario Rizzo, Viareggio-Lucca, Mauro Baroni, 2000, págs. 347-360.
— «El renacer de la égloga en vulgar en los cancioneros del siglo XV: Notas preliminares», en *Canzonieri iberici,* ed. José Ignacio Pérez Pascual, Patrizia Botta y Carmen Parrilla García, Noia/Padua/A Coruña, Toxosoutos/Università di Padova/Universidade da Coruña, 2001a, págs. II, 71-84.
— «Garcilaso de la Vega e la nuova poesia in Spagna, dal retaggio cancioneril ai modelli classici», en *Mnemosynon. Studi di letteratura e di umanità in memoria di Donato Gagliardi,* ed. Ugo Criscuolo, Nápoles, Pubblicazioni del Dipartimento di Filologia Classica «Francesco Arnaldi» dell'Università di Napoli «Federico II», 2001b, págs. 267-282.
— «La égloga en Nápoles entre Sannazaro y Garcilaso», en *La égloga,* coord. Begoña López Bueno, Sevilla, Grupo PASO/Universidad de Sevilla, 2002a, págs. 57-76.
— «Garcilaso y la nueva poesía en España: del acervo cancioneril a los modelos clásicos», *Cervantes,* 2, 2002b, págs. 129-144.
— *Con accordato canto. Studi sulla poesia tra Italia e Spagna nei secoli XV-XVII,* Nápoles, Liguori, 2005.
— «Il lugar di Garcilaso», en *Il Petrarchismo. Un modello di poesia per l'Europa,* ed. Loredana Chines, Roma, Bulzoni, 2006, págs. I,495-510.
— «Da Sannazaro a Garcilaso: traduzione e transcodificazione (a proposito dell'Egloga II)», en *La traduzione della letteratura italiana in Spagna (1300-1939). Traduzione e tradizione del testo. Dalla filologia all'informatica,* ed. María de las Nieves Muñiz Muñiz, Ursula Bedogni y Laura Calvo Valdivielso, Florencia, Cesati, 2007a, págs. 347-359.
— «"Amor en vilo", tra Garcilaso e Salinas», en *La memoria e l'invenzione. Presenza dei classici nella letteratura spagnola del Novecento,* ed. Maria D'Agostino, Alfonsina de Benedetto y Carla Perugini, Soveria Mannelli, Rubettino, 2007b, págs. 27-35.

— «“Parlar aspro”. La canción IV de Garcilaso y la tradición petrosa», en *Cánones críticos en la poesía de los Siglos de Oro,* ed. Pedro Ruiz Pérez, Vigo, Academia del Hispanismo, 2008a, págs. 19-46.

— «“Yo la lengua defiendo”: Lope y la nueva poesía», *Anuario Lope de Vega,* 14, 2008b, págs. 113-131.

— «*L'Arcadia* di Sannazaro in Spagna: l'egloga II di Garcilaso tra imitatio e modello bucolico», en *Iacopo Sannazaro. La cultura napoletana nell'Europa del Rinascimento,* ed. Pasquale Sabbatino, Florencia, Olschki Editore, 2009, págs. 287-296.

— «“Sparsae frondes” e “speranze sparte”: lettura del sonetto di Garcilaso de la Vega, “¡Oh hado secutivo en mis dolores”», *Italique,* 14, 2011a, págs. 87-100.

— «“Discutere umbram”. Immagine e simbolo della notte tra Garcilaso de la Vega e San Juan de la Cruz», en *Ogni onda si rinnova. Studi di ispanistica offerti a Giovanni Caravaggi,* ed. Andrea Baldissera, Giuseppe Mazzocchi y Paolo Pintacuda, Como-Pavía, Ibis, 2011b, págs. I,391-412.

— «“Questo nostro caduco et fragil bene”. Formas y significados del *locus amoenus* en la Égloga I de Garcilaso», en *Le milieu naturel en Espagne et Italie. Savoirs et representations* XV*e*-XVII*e* *siècle,* ed. Nathalie Perebonne y Pauline Renoux-Caron, París, Presses Sorbonne Nouvelle, 2011c.

— «Garcilaso de la Vega e la poesia a Napoli nella prima metà del Cinquecento», *Rinascimento Meridionale,* 2, 2011d, págs. 115-135.

— «Riflessione e Invenzione nell'Epístola a Boscán de Garcilaso de la Vega», en *«Però convien ch'io canti per disdegno». La satira in versi tra Italia e Spagna dal Medioevo al Seicento,* ed. Antonio Gargano, Nápoles, Liguori, 2011e, págs. 73-116.

— «Tradiciones poéticas y perspectivas ideológicas en el cancionero de Garcilaso de la Vega», en *Compostella Aurea. Actas del VIII Congreso de la AISO. Santiago de Compostela, 7-11 de julio de 2008,* ed. Antonio Azaustre Galiana y Santiago Fernández Mosquera, Santiago de Compostela, Universidade de Santiago de Compostela, 2011f, páginas I,35-55.

— «De Sannazaro a Garcilaso: traducción y transcodificación (a propósito de la Égloga II)», en *Fra Italia e Spagna: Napoli*

crocevia di culture durante il vicereame, ed. Pierre Civil, Antonio Gargano, Matteo Palumbo y Encarnación Sánchez García, Nápoles, Liguori, 2011g, págs. 117-130.
— «Las estrañas virtudes y hazañas de los hombres. Épica y panegírico en la Égloga Segunda de Garcilaso de la Vega», *Criticón,* 115, 2012a, págs. 11-43.
— *Con canto acordado. Estudios sobre la poesía entre Italia y España en los siglos XV-XVII,* Sevilla, Universidad de Sevilla, 2012b.
— «En los orígenes del moderno género bucólico: la Égloga II de Garcilaso», en *Dire, taire, masquer les origines dans la péninsule Ibérique, du Moyen Age au Siècle d'Or,* ed. Florence Raynié y Teresa Rodríguez, Toulouse, CNRS/Université de Toulouse-Le Mirail, 2013a, págs. 163-170.
— «Estatuto y lenguaje del género lírico entre Garcilaso y Góngora», en *Los géneros poéticos del Siglo de Oro: centros y periferias,* ed. Rodrigo Cacho Casal y Anne Holloway, Londres, Tamesis Books, 2013b, pp. 31-48.
— «"Tra lo stile d' moderni e'l sermon prisco". Lettura del sonetto "Illustre honor del nombre de Cardona" di Garcilaso de la Vega», en *«Deste Artife». Estudios dedicados a Aldo Ruffinatto en el IV centenario de las «Novelas Ejemplares»,* ed. Guillermo Carrascón y Daniela Capra, Alessandria, Edizioni dell'Orso, 2014a, págs. 235-248.
— «Reescrituras garcilasianas», en *El texto infinito. Tradición y reescritura en la Edad Media y el Renacimiento,* ed. Cesc Esteve, Salamanca, SEMYR, 2014b, págs. 83-111.
— «"A chi diratti antico esempi lascia": la poesia di Garcilaso tra omaggio e sfida dei modelli», en *«Y si a mudarme a dar un paso pruebo»: discontinuità, intermittenze e durate nella poesia spagnola della modernità,* ed. Antonio Gargano y Gennaro Schiano, Pisa, ETS, 2015, págs. 1-21.
— «Garcilaso en Nápoles (1532-1536), entre humanismo latino y clasicismo vulgar», en *Rinascimento meridionale: Napoli e il viceré Pedro de Toledo (1532-1553),* dir. E. Sánchez García, Nápoles, Tullio Pironti, 2016a, págs. 371-385.
— «"Puerili anni" y "caldi desii": la edad de la inocencia entre la *Arcadia* de Sannazaro y la *Égloga II* de Garcilaso de la Vega», en *«Antes se agotan la mano y la pluma que su historia»: Magis*

deficit manus et calamus quam eius hystoria (Homenaje a Carlos Alvar), ed. Constance Carta, Sarah Finci y Dora Mancheva, San Millán de la Cogolla, Editorial Cilengua, 2016b, págs. II,1385-1398.
— «El género bucólico en Nápoles: de la *Arcadia* de Sannazaro a la *Égloga segunda* de Garcilaso», *Bulletin Hispanique,* 119.2, 2017a, págs. 573-590.
— «*In vita e in morte* de don Pedro de Toledo: imágenes de la realeza, entre poesía y escultura», en *La estirpe de Pigmalión: poesía y escultura en el Siglo de Oro,* ed. Marcial Rubio Árquez y Adrián J. Sáez, Madrid, Sial, 2017b, págs. 101-127.
— «"Selvaggia dilettanza". La denuncia del mal histórico entre la *Arcadia* de Sannazaro y la Égloga II de Garcilaso», en *Tradiciones, modelos, intersecciones. Calas en la poesía castellana de los siglos* XV-XVII, ed. Isabella Tomassetti, San Millán de la Cogolla, Editorial CiLengua, 2018, págs. 169-179.
— «"Amigo de cosas nuevas". Controversias literarias y orígenes de la moderna poesía española», en *Controversias y poesía (1500-1850),* Sevilla, Grupo PASO-Secretariado de Publicaciones de la Universidad de Sevilla, 2019a, págs. 17-43.
— «Locating Garcilaso de la Vega: between Petrarchism and Vernacular Classicism», en *Companion to Early Modern Spanish Literature and Culture,* ed. Rodrigo Cacho Casal y Caroline Egan, Oxford, Routledge, 2019b. En prensa.
— «Garcilaso de la Vega e i classici latini: il motivo del *primus ego*», *Lingue antiche e moderne,* 8, 2019c, págs. 5-30.
— «"Aprite al pianto mi l'umido seno". Ninfas y mal de amor en la poesía de Garcilaso de la Vega», en *«Di qui Spagna et Italia han mostro / chiaro l'onor». Estudios para Tobia R. Toscano sobre Nápoles en tiempos de Garcilaso,* ed. Eugenia Fosalba, Carlos José Hernando y Jesús Ponce Cárdenas, 2019d. En prensa.
— y D'Agostino, Maria (ed.), «Cancioneros plurilingües en el Nápoles español: "versos de Juan de la Vega" (Mattia Cancer, 1552)», *Revista de Poética Medieval,* 28, 2014, págs. 189-210.
Gatland, Emma, «"Qué me ha de aprovechar ver la pintura de aquel que con las alas derretidas, cayendo, fama y nombre al

mar ha dado". Liminality in the Sonnets of Garcilaso de la Vega», *Forum for Modern Language Studies,* 47.1, 2011, págs. 75-91.

GHERARDI, Flavia, «"Veder tronca la speme e' l desir morto": i due Pellegrini de Tansillo en la urdimbre estilístico-temática de la *Égloga I* de Garcilaso», *Bulletin Hispanique,* 119.2, 2017, págs. 621-638.

GIANNI, Lapo, recogido en *Poeti del dolce stil nuovo,* ed. Gianfranco Contini, Milán, R. Ricciardi, 1960.

GLASER, Edward, «"Cuando me paro a contemplar mi estado": trayectoria de un *Rechenschaftssonett*», en Edward Glaser, *Estudios hispano-portugueses. Relaciones literarias del Siglo de Oro,* Valencia, Castalia, 1957, págs. 59-95.

GÓMEZ CANSECO, Luis, «De la égloga a la "epopeya trágica": Garcilaso en la *Jerusalén conquistada* de Lope de Vega», *Nueva Revista de Filología Hispánica,* 63.1, 2015, págs. 61-79.

GÓMEZ MORENO, Ángel, «La ventura de la Égloga III de Garcilaso: un planto en una bucólica», *eHumanista: Journal of Iberian Studies,* 26, 2014, págs. 667-679.

GRANJA, Agustín de la, «Garcilaso y la ninfa degollada», *Criticón,* 69, 1997, págs. 57-65.

GRAY, Andrew F., «Garcilaso at Home in Naples: On the Neo-Latin Muse of the Príncipe de los poetas castellanos», *Calíope. Journal of the Society for Renaissance and Baroque Hispanic Poetry,* 21.1, 2016, págs. 5-33.

GÜELL, Monique, *La rima en Garcilaso y Góngora,* Córdoba, Diputación Provincial de Córdoba, 2008.

GUERRERO, Gustavo, *Teorías de la lírica,* México, Fondo de Cultura Económica, 1998.

GUILLÉN, Claudio, *El primer Siglo de Oro. Estudios sobre géneros y modelos,* Barcelona, Crítica, 1988.

— «Sobre los comienzos de un género: hacia la oda en España», en *La oda,* coord. Begoña López Bueno, Sevilla, Grupo PASO/Universidad de Sevilla, 1993, págs. 149-173.

— «Para el estudio de la carta en el Renacimiento», en *La epístola,* coord. Begoña López Bueno, Sevilla, Grupo PASO/Universidad de Sevilla, 2000, págs. 101-127.

GUINIZZELLI, Guido, *Poesie,* ed. Edoardo Sanguineti, Milán, Mondadori, 2000.

Güntert, Georges, «Garcilaso, *Égloga primera:* la adopción de la distancia estética», en *De Garcilaso a Gracián. Treinta estudios sobre literatura del Siglo de Oro,* Vigo, Academia del Hispanismo, 2012, págs. 31-42.

Heiple, Daniel L., *Garcilaso de la Vega and the Italian Renaissance,* Pennsylvania, The Pennsylvania State University, 1994.

Hermida-Ruiz, Aurora, «Rafael Lapesa y la raíz hispánica de Garcilaso de la Vega cincuenta años después», *Calíope. Journal of the Society for Renaissance and Baroque Hispanic Poetry,* 5.2, 1999, págs. 5-26.

Hernando Sánchez, Carlos José, *Castilla y Nápoles en el siglo xvi: el virrey Pedro de Toledo: linaje, estado y cultura (1532-1553),* Valladolid, Junta de Castilla y León, 1994.

— *El reino de Nápoles en el imperio de Carlos V: la consolidación de la conquista,* Madrid, Sociedad Estatal para la Conmemoración de los Centenarios de Felipe II y Carlos V, 2001.

— «El banquete de damas y caballeros: la corte galante de Carlos V en Nápoles», *Bulletin Hispanique,* 119.2, 2017, págs. 427-458.

Herraiz de Tresca, Teresa, «Garcilaso, linaje y corte: Deberes y conflictos», *Lemir. Revista de Literatura Española Medieval y del Renacimiento,* 12, 2008, págs. 31-38.

Horacio Flaco, Quinto, *Odas y Epodos,* ed. Manuel Fernández-Galiano y Vicente Cristóbal, Madrid, Cátedra, 1990.

— *Sátiras. Epístolas. Arte poética,* ed. Horacio Silvestre, Madrid, Cátedra, 1996.

Hurtado de Mendoza, Diego, *Poesía,* ed. Luis F. Díaz Larios y Olga Gete Carpio, Madrid, Cátedra, 1990.

Iglesias, Cécile, «La palette de Garcilaso: un chromatisme paradoxale», en *Les couleurs dans l'Espagne du Siècle d'Or. Écriture et symbolique,* ed. Yves Germain y Araceli Guillaume Alonso, París, PUPS, 2012, págs. 53-81.

Iglesias Feijoo, Luis, «Lectura de la Égloga I», en *Garcilaso. Actas de la IV Academia Literaria Renacentista,* ed. Víctor García de la Concha, Salamanca, Universidad de Salamanca, 1986, págs. 61-82.

Jiménez Heffernan, Julián, «Pequeño, claro y libre: una poética para el poema lírico en la España del siglo xvi», *Studi Ispanici,* 5, 2002, págs. 61-79.

— García Aguilar, Ignacio y Ruiz Pérez, Pedro (eds.), *Garcilaso de la Vega. Poesía castellana,* Madrid, Akal, 2017.

Jones, Royston O., «Ariosto and Garcilaso», *Bulletin of Spanish Studies,* 39, 1962, págs. 153-164.

— «Bembo, Gil Polo, Garcilaso», *Revue de Littérature Comparée,* 40, 1966, págs. 526-540.

Keniston, Hayward, *Garcilaso de la Vega: A Critical Study of His Life and Works,* Nueva York, Hispanic Society of America, 1922.

— (ed.), *Works: A Critical Text with a Bibliography,* Nueva York, Hispanic Society of America, 1925.

— *Francisco de los Cobos, secretario de Carlos V,* Madrid, Castalia, 1980.

Knapp, William (ed.), *Las obras de Juan Boscán: repartidas en tres libros,* Madrid, Aribau y C.ª, 1875.

Lapesa, Rafael, *La trayectoria poética de Garcilaso,* Madrid, Istmo, 1985.

Laurencín, Marqués de, *Documentos inéditos referentes al poeta Garcilaso de la Vega,* Madrid, Establecimiento tipográfico de Fortanet, 1915.

Lázaro Carreter, Fernando, «La 'Ode ad florem Gnidi' de Garcilaso de la Vega», en *Garcilaso. Actas de la IV Academia Literaria Renacentista,* ed. Víctor García de la Concha, Salamanca, Universidad de Salamanca, 1986, págs. 109-126.

Lefèvre, Matteo, «Garcilaso vs. Petrarca: heterodoxia lingüística, ética y hermenéutica ante el *Cancionero*», *Calíope. Journal of the Society for Renaissance and Baroque Hispanic Poetry,* 15.2, 2009, págs. 5-32.

Lida, María Rosa, *La tradición clásica en España,* Madrid, Ariel, 1975.

Lokaj, Rodney, «Garcilaso's Debt to Mantuan Humanism», en *Contexto latino y vulgar de Garcilaso en Nápoles. Redes de relaciones de humanistas y poetas (manuscritos, cartas, academias),* ed. Eugenia Fosalba y Gáldrick de la Torre Ávalos, Berna, Peter Lang Verlag, 2018, págs. 97-115.

López Bueno, Begoña, *La poética cultista de Herrera a Góngora,* Sevilla, Alfar, 1987.

— «El Brocense atacado y Garcilaso defendido. (Un primer episodio en las polémicas de los comentaristas)», en Begoña López Bueno, *Templada lira. Cinco estudios sobre poesía del Siglo de Oro,* Granada, Don Quijote, 1990, págs. 101-129.

— (coord.), *La silva,* Sevilla, Grupo PASO/Universidad de Sevilla, 1991.

— «La implicación género-estrofa en el sistema poético del siglo XVI», *Edad de Oro,* 11, 1992, págs. 99-112.

— (coord.), *La oda,* Sevilla, Grupo PASO/Universidad de Sevilla, 1993.

— «De poesía lírica y poesía mélica. Sobre el género 'canción' en Fernando de Herrera», en *Hommage à Robert Jammes,* ed. Francis Cerdán, Toulouse, Presses Universitè du Mirail, 1994, págs. II,721-738.

— (coord.), *La elegía,* Sevilla, Grupo PASO/Universidad de Sevilla, 1996.

— (coord.), *Las «Anotaciones» de Fernando de Herrera. Doce estudios,* Sevilla, Grupo PASO/Universidad de Sevilla, 1997.

— (coord.), *La epístola,* Sevilla, Grupo PASO/Universidad de Sevilla, 2000.

— (coord.), *La égloga,* Sevilla, Grupo PASO/Universidad de Sevilla, 2002.

— «Algunas curiosidades en torno a la recepción de los grandes (Garcilaso, Herrera, Góngora)», en *Entre sombras y luces: la recepción de la poesía del Siglo de Oro de 1700 a 1850,* coord. Begoña López Bueno, Sevilla, Grupo PASO/Universidad de Sevilla, 2015, págs. 181-206.

— y MONTERO DELGADO, Juan (coords.), *Las anotaciones de Garcilaso de Fernando de Herrera* (CD-Rom+libreto), Sevilla, Universidad de Sevilla, 2012.

LÓPEZ DE LA FUENTE, Juan José y VAQUERO SERRANO, María del Carmen, «¿Garcilaso traicionado? María de Jesús, hija de Guiomar Carrillo», *Lemir. Revista de Literatura Española Medieval y del Renacimiento,* 14, 2010, págs. 57-68.

LÓPEZ ESTRADA, Francisco, «La epístola entre la teoría y la práctica de la comunicación», en *La epístola,* coord. Begoña López Bueno, Sevilla, Grupo PASO/Universidad de Sevilla, 2000, págs. 27-60.

LÓPEZ GRIGERA, Luisa, «Notas sobre las amistades italianas de Garcilaso: un nuevo manuscrito de Pietro Bembo», en *Homenaje a Eugenio Asensio,* Madrid, Gredos, 1988, págs. 219-310.

LÓPEZ SUÁREZ, Mercedes, «Aproximación al paratexto de las ediciones de *Las obras de Boscán y algunas de Garcilaso», Studia Aurea,* 7, 2013, págs. 29-60.

LORENZO, Javier, «Cortesanía, ética y pedagogía: la huella cívica de *Il Cortegiano* en la *Égloga II* de Garcilaso de la Vega», *Calíope. Journal of the Society for Renaissance and Baroque Hispanic Poetry,* 22.1, 2017, págs. 54-64.

LUCRECIO CARO, Tito, *De la naturaleza. I-II,* ed. bilingüe de Eduardo Valentí, Barcelona, Alma Mater, 1961-1963.

LUJÁN ATIENZA, Ángel Luis, «La epístola de Garcilaso a Boscán: entre el *sermo* y la *oratio*», *Bulletin of Hispanic Studies,* 80.2, 2003, págs. 161-181.

LY, Nadine, «Garcilaso: une autre trajectoire poétique», *Bulletin Hispanique,* 83.3-4, 1981, págs. 263-329.

— «La reescritura del soneto primero de Garcilaso», *Criticón,* 74, 1998, págs. 9-29.

— «El trabajo de la rima en los sonetos de Garcilaso de la Vega», en *Studia aurea. Actas del III Congreso de la AISO (Toulouse, 1993),* coord. Ignacio Arellano Ayuso, Carmen Pinillos Salvador, Marc Vitse y Frédéric Serralta, Pamplona, GRISO/LEMSO, 1996, págs. I,387-394.

MACRÍ, Oreste, «Recensión textual de la obra de Garcilaso», en *Homenaje. Estudios de filología e historia literaria lusohispanas e iberoamericanas publicados para celebrar el tercer lustro del Instituto de Estudios Hispánicos, Portugueses e Iberoamericanos de la Universidad Estatal de Utrecht,* La Haya, 1966, págs. 305-330.

MADELPUECH-TOUCHERON, Florence, «La inmediatez paradójica o la relación amorosa imposible en las églogas de Garcilaso de la Vega», *Criticón,* 97-98, 2006, págs. 123-136.

— «El abismo de la duración infinita y el acontecimiento: la *Elegía II* de Garcilaso de la Vega», *Alfinge,* 19, 2007, págs. 147-158.

— «De la marge dans les églogues de Garcilaso de la Vega: dédicaces et paradoxes», *Pandora. Revue d'etudes hispaniques,* 9, 2009, págs. 299-314.

— *Temporalité à la Renaissance. L'écriture du temps dans les «Églogues» et les «Élégies» de Garcilaso de la Vega,* París, Publibook, 2012.

MANERO SOROLLA, Pilar, *Imágenes petrarquistas en la lírica española del Renacimiento,* Barcelona, PPU, 1990.

MANRIQUE, Jorge, *Poesía,* ed. Vicente Beltrán y Pierre Le Gentil, Barcelona, Crítica, 2000.

MARCH, Ausiàs, *Obra poética completa,* ed. Rafael Ferreres, Madrid, Castalia, 1979, 2 vols.

Marcial, Marco Valerio, *Epigramas I-II,* ed. Rosario Moreno Soldevila, Juan Fernández Valverde y Enrique Montero Cartelle, Madrid, CSIC, 2004-2005.

Márquez, Miguel Ángel, «Ritmo y tipología del endecasílabo garcilasiano», *Revista de literatura,* 71, 2009, págs. 11-38.

Martín Puya, Ana Isabel, «El Garcilaso de Carlos III: ideas poéticas de Azara», en *Entre sombras y luces: la recepción de la poesía del Siglo de Oro de 1700 a 1850,* coord. Begoña López Bueno, Sevilla, Grupo PASO/Universidad de Sevilla, 2015, págs. 151-180.

— *Las «Obras de Garcilaso de la Vega, ilustradas con notas» (1765) por José Nicolás de Azara,* Vigo, Editorial Academia del Hispanismo, 2016.

Martínez, Miguel, *Front Lines. Soldiers' Writing in the Early Modern Hispanic World,* Filadelfia, University of Pennsylvania Press, 2016.

Martínez Mata, Emilio, «La concepción atormentada del amor en Garcilaso: una lectura del soneto I ("Cuando me paro a contemplar mi "stado")», *Boletín de la Real Academia Española,* 95.311, 2016, págs. 167-178.

Mele, Eugenio, «Las poesías latinas de Garcilaso de la Vega y su permanencia en Italia», *Bulletin Hispanique,* 25.2, 1923, págs. 108-148 y 361-370.

— «Las poesías latinas de Garcilaso de la Vega y su permanencia en Italia (suite et fin)», *Bulletin Hispanique,* 261, 1924, págs. 35-51.

— «In margine alle poesie di Garcilaso», *Bulletin Hispanique,* 32.3, 1930, págs. 218-225.

Mellado Rodríguez, Joaquín, «De Ovidio a Garcilaso: Apolo y Dafne en el soneto XIII», en *Humanismo y pervivencia del mundo clásico, V: homenaje al profesor Juan Gil,* coord. José María Maestre, Alcañiz, Instituto de Estudios Humanísticos, 2015, págs. V,2275-2304.

Menéndez Pelayo, Marcelino, *Horacio en España* [1885], Madrid, CSIC, 1951.

Menéndez Pidal, Ramón, *Manual de gramática histórica española* [1904], Madrid, Espasa, 1999.

Merino Jerez, Luis, «En torno al soneto VII de Garcilaso, sus fuentes (Horacio, carm. 1, 5; y B. Tasso) y sus comentaristas (El Brocense y Fernando de Herrera)», *Cuadernos de filología clásica. Estudios latinos,* 25.2, 2005, págs. 101-122.

Montero, Juan, *La controversia sobre las «Anotaciones» herrerianas,* Sevilla, Ayuntamiento de Sevilla/Alfar, 1987.
— (ed.), *Obras de Garcilaso de la Vega con anotaciones de Fernando de Herrera,* Sevilla, Universidad de Sevilla, 1998.
Morros, Bienvenido (ed.), *Garcilaso de la Vega. Obra poética y textos en prosa,* Barcelona, Crítica, 1995.
— «La canción IV de Garcilaso como un infierno de amor: de Garci Sánchez de Badajoz y el Cariteo a Bernardo Tasso», *Criticón,* 80, 2000, págs. 1-47.
— «El *Tirant lo Blanch* y la *Égloga II* de Garcilaso», *Voz y Letra,* 12.1, 2001, págs. 3-22.
— «Boscán, el duque de Alba y el villancico a don Luis de la Cueva», *Salina. Revista de lletres,* 21, 2007a, págs. 71-76.
— «Nota sobre Boscán a propósito de Petrarca y Plinio el viejo», *Voz y letra. Revista de literatura,* 18.2, 2007b, págs. 29-42.
— «Albanio como don Fernando de Toledo en la Égloga II de Garcilaso», *Analecta Malacitana,* 31, 2008a, págs. 7-29.
— «El soneto XXVIII y la 'Perfeta edad': Algunas notas sobre el petrarquismo de Garcilaso», *Rivista di filologia e letterature ispaniche,* 11, 2008b, págs. 9-38.
— «Fuentes, fechas, orden y sentido del Libro I de las *Obras* de Boscán», *Revista de Filología Española,* 88.1, 2008c, págs. 89-123.
— «Garcilaso y Propercio: a propósito del soneto XXIV», *Voz y letra,* 19, 2008d, págs. 101-111.
— «Vida y poesía de Boscán y Garcilaso. A propósito del Gran Duque de Alba», *Boletín de la Biblioteca de Menéndez Pelayo,* 84, 2008e, págs. 15-58.
— «La muerte de Isabel Freyre y el amor napolitano de Garcilaso. Para una cronología de sus églogas y de otros poemas», *Criticón,* 105, 2009, págs. 5-35.
— «Cuatro notas inéditas sobre el clasicismo de Garcilaso en sus sonetos», *Studia Aurea,* 4, 2010, págs. 73-80.
— «La elegía I de Garcilaso en el entorno napolitano», en *Contexto latino y vulgar de Garcilaso en Nápoles. Redes de relaciones de humanistas y poetas (manuscritos, cartas, academias),* ed. Eugenia Fosalba y Gáldrick de la Torre Ávalos, Berna, Peter Lang Verlag, 2018, págs. 143-156.
Moya, Francisca, «El manuscrito de Garcilaso de D. Diego Hurtado de Mendoza», *Criticón,* 70, 1997, págs. 27-29.

Muñiz Muñiz, María de las Nieves, «Sannazaro nelle Eglog-he di Garcilaso: la trama delle fonti e la crisi della bucólica rinascimentale», *Strumenti Critici,* 111, 2006, páginas 171-189.

— «“¿Do están agora aquellos claros ojos? (Garcilaso Eg. I) y la referencia del Brocense a “un antiguo” poeta», *Revista de filología española,* 93.1, 2013, págs. 193-204.

— «El sueño y el llanto: caminos de la bucólica entre Italia y España (de Sannazaro y Garcilaso a Cervantes)», *Bulletin Hispanique,* 119.2, 2017, págs. 673-690.

Navarrete, Ignacio, *Los huérfanos de Petrarca. Poesía y teoría en la España renacentista,* versión española de Antonio Cortijo, Madrid, Gredos, 1997.

Navarro Tomás, Tomás (ed.), *Obras,* Madrid, Ediciones de La Lectura, 1911.

— «La musicalidad de Garcilaso», *Boletín de la Real Academia Española,* 49, 1969, págs. 417-430.

— (ed.), *Obras,* Madrid, Espasa-Calpe, 1970.

Nider, Valentina, «Il commento del Brocense a Garcilaso (con uno sguardo alle *Anotaciones* di Herrera)», *Studi Ispanici,* 1989, págs. 27-64.

Núñez Rivera, Valentín, «Los poemarios líricos en el Siglo de Oro: disposición y sentido», *Philologia hispalensis,* 11.1, 1996-1997, págs. 153-166.

— «Garcilaso según Herrera. Aspectos de crítica textual en las *Anotaciones»,* en *Las «Anotaciones» de Fernando de Herrera. Doce estudios,* coord. Begoña López Bueno, Sevilla, Grupo PASO/Universidad de Sevilla, 1997, págs. 107-134.

— «Garcilaso, del petrarquismo al clasicismo. A vueltas con la trayectoria poética y su interpretación», *Alfinge,* 14, 2002a, págs. 87-102.

— (ed.), *Poesía,* Barcelona, Edebé, 2002b.

— «Garcilaso en mejor orden (1543-1765)», en *Aurea poesis. Estudios para Begoña López Bueno,* ed. Luis Gómez Canseco, Juan Montero y Pedro Ruiz Pérez, Córdoba-Huelva-Sevilla, Universidad de Córdoba-Universidad de Huelva-Universidad de Sevilla, 2014, págs. 61-66.

Orobitg, Christine, *Garcilaso et la mélancolie,* Toulouse, Presses Universitaires du Mirail, 1997.

— «Fable et autoreprésentation dans la *Troisième églogue* de Garcilaso (v. 53-272)», *Tigre,* 11, 2000-2001, págs. 25-53.
Ovidio Nasón, Publio, *Metamorfosis,* edición bilingüe de Antonio Ruiz de Elvira, Barcelona, Alma Mater, 1964-1969.
— *Las tristes,* ed. José Quiñones Melgoza, México, Universidad Nacional Autónoma de México, 1974.
— *Heroidas,* edición bilingüe de Francisca Moya del Baño, Madrid, CSIC, 1986.
— *Obra amatoria. I, Amores,* ed. Antonio Ramírez de Verger y Francisco Socas, Madrid, CSIC, 1991.
Parker, Alexander A., «Tema e imagen de la Égloga I de Garcilaso», en *La poesía de Garcilaso,* ed. Elías L. Rivers, Barcelona, Ariel, 1974, págs. 199-208.
— *La filosofía del amor en la literatura española 1480-1680,* Madrid, Cátedra, 1986.
Pérez López, José Luis, «La fecha de nacimiento de Garcilaso de la Vega a la luz de un nuevo documento biográfico», *Criticón,* 78, 2000, págs. 45-57.
Pérez-Abadín Barro, Soledad, «Diálogo, *responsio,* imitación. Claves estructurales de la égloga I de Garcilaso», *Lectura y signo. Revista de literatura,* 6.1, 2011, págs. 31-62.
Petrarca, Francesco, *Triunfos,* ed. bilingüe de Guido M. Cappelli, Madrid, Cátedra, 2003.
— *Cancionero I,* ed. bilingüe de Jacobo Cortines, texto italiano de Gianfranco Contini, estudio introductorio de Nicholas Mann, Madrid, Cátedra, 2006.
— *Cancionero II,* ed. bilingüe de Jacobo Cortines, texto italiano de Gianfranco Contini, estudio introductorio de Nicholas Mann, Madrid, Cátedra, 2012.
Pistoia, Cino da, recogido en *Poeti del dolce stil nuovo,* ed. Mario Marti, Florencia, Le Monnier, 1969.
Ponce Cárdenas, Jesús, «El epitafio hispánico en el Renacimiento: textos y contextos», *e-Spania,* 17, 2014, s/p.
Pons, Joseph-Sébastien, «Note sur la *Canción IV* de Garcilaso de la Vega», *Bulletin Hispanique,* 35.2, 1933, páginas 168-171.
Pozuelo Yvancos, José María, *La invención literaria (Garcilaso, Góngora, Cervantes, Quevedo y Gracián),* Salamanca, Universidad de Salamanca, 2014.

Prieto, Antonio, *La poesía española del siglo xvi,* Madrid, Cátedra, 1984-1987.
— «La *Oda XXII* de Horacio en la interpretación petrarquista», en *Los clásicos como pretexto,* ed. Ignacio Rodríguez Alfageme, Madrid, Editorial Coloquio, 1988, págs. 106-121.
Propercio, *Elegías,* edición bilingüe de Antonio Tovar y María T. Belfiore, Barcelona, Alma Mater, 1963.
Ramajo Caño, Antonio, «*Munus Mariae:* Garcilaso, Égloga III», *Boletín de la Real Academia Española,* 88, 2008, págs. 133-193.
— «"No las francesas armas...": la huella clásica en un epitafio de Garcilaso», *Criticón,* 113, 2011, págs. 19-33.
Rico, Francisco, «Cuatro palabras sobre Petrarca en España (siglos xv y xvi)», en *Atti dei convegni Lincei,* Roma, Academia Nazionale dei Lincei, 1976, págs. 49-58.
— «De Garcilaso y otros petrarquismos», *Revue de Littérature Comparée,* 52, 1978, págs. 325-338.
— *Breve biblioteca de autores españoles,* Barcelona, Seix Barral, 1990.
— *El sueño del humanismo. De Petrarca a Erasmo,* Madrid, Alianza, 1993.
Rivers, Elias L., «The Pastoral Paradox of Natural Art», *Modern Language Notes,* 77.2, 1962, págs. 130-144.
— (ed.), *Obras completas,* Valencia, Castalia, 1964.
— «Garcilaso divorciado de Boscán», en *Homenaje a Rodríguez Moñino,* Madrid, Castalia, 1966, págs. 121-129.
— «El problema de los géneros neoclásicos y la poesía de Garcilaso», en *Garcilaso. Actas de la IV Academia Literaria Renacentista,* ed. Víctor García de la Concha, Salamanca, Universidad de Salamanca, 1986, págs. 49-60.
— «Garcilaso leído por Lapesa», en *Studia aurea. Actas del III Congreso de la AISO (Toulouse, 1993),* coord. Ignacio Arellano Ayuso, Carmen Pinillos Salvador, Marc Vitse y Frédéric Serralta, Pamplona, GRISO/LEMSO, 1996, págs. III,467-474.
— «Garcilaso's Poetry: Between Love Affairs and Annotations», *Modern Language Notes,* 115.2, 2000a, págs. 355-366.
— «Interplay of Syntax and metrics in Garcilaso's sonnets», *Calíope. Journal of the Society for Renaissance and Baroque Hispanic Poetry,* 6.1-2, 2000b, págs. 199-215.
— (ed.), *Obras completas con comentario,* Madrid, Castalia, 1974, 2001.

— *Boscán y Garcilaso: su amistad y el Renacimiento en España,* Sevilla, Sibilina, 2010.
— «On Appreciating the Other Garcilaso», *Modern Language Notes,* 126, 2011, págs. 390-393.
RODRÍGUEZ, Juan Carlos, *Teoría y práctica de la producción ideológica. Las primeras literaturas burguesas (siglo XVI),* Madrid, Akal, 1990.
RODRÍGUEZ PEQUEÑO, Javier, «Las *Anotaciones* de Herrera a la poesía de Garcilaso como una moderna Teoría del lenguaje literario», en *Estudios literarios in honorem Esteban Torre,* ed. María Victoria Utrera, Sevilla, Universidad de Sevilla, 2007, págs. 105-118.
ROSSO GALLO, María (ed.), *La poesía de Garcilaso de la Vega. Análisis filológico y texto crítico,* Madrid, Anejos del Boletín de la Real Academia Española, XLVII, 1990.
ROZAS, Juan Manuel, «Petrarquismo y rima en *–ento*», en *Filología y crítica hispánica. Homenaje al prof. F. Sánchez Escribano,* Madrid, Alcalá, 1969, págs. 67-86.
RUBIO ÁRQUEZ, Marcial, «Garcilaso, égloga I: entre conflicto sentimental y escritura poética», en *Scrittura e conflitto,* coord. Antonella Cancellier, Caterina Ruta y Laura Silvestri, Associazione Ispanisti Italiani/Instituto Cervantes, 2006, págs. I,367-378.
RUFFINATTO, Aldo, «Garcilaso senza stemmi», *Ecdotica e testi ispanici. Atti del Convegno di Verona, 18-20 giugno 1981,* Verona, Grafiche Fiorini, 1982, págs. 25-44.
— «Garcilaso no quiere estemas», *Estudios Románicos,* 7, 1991, págs. 209-225.
RUIZ PÉREZ, Pedro, «Las *Anotaciones* del Brocense. Retórica e ideas poéticas renacentistas», *Rilce,* 4.2, 1988, págs. 73-98.
— «Estudio preliminar», en Juan Boscán, *Poesía,* ed. Pedro Ruiz Pérez, Madrid, Akal, 1999, págs. 5-66.
— «Las *Obras* de Boscán y Garcilaso: modelo editorial y modelo poético», *Calíope. Journal of the Society for Renaissance and Baroque Hispanic Poetry,* 13.1, 2007a, págs. 15-44.
— *Entre Narciso y Proteo. Lírica y escritura de Garcilaso a Góngora,* Vigo, Academia del Hispanismo, 2007b.
— *La rúbrica del poeta. La expresión de la autoconciencia poética de Boscán a Góngora,* Valladolid, Universidad de Valladolid, 2009a.

— «Garcilaso y Góngora. Las dedicatorias insertas y las puertas del texto», en *Paratextos en la literatura española (siglos XV-XVIII)*, ed. Soledad Arredondo, Pierre Civil y Michel Moner, Madrid, Casa de Velázquez, 2009b, págs. 49-70.
— «“No siendo sino para mujeres”: modelos poéticos, filografía y lectura en Boscán», *Studia Aurea*, 7, 2013, págs. 61-82.
— «Lecturas de Garcilaso», en Garcilaso de la Vega, *Poesía castellana*, ed. Julián Jiménez Heffernan, Ignacio García Aguilar y Pedro Ruiz Pérez, Madrid, Akal, 2017, págs. 7-51.
Rüffler, Alfred, «Zur Garcilaso-Frage», *Archiv für das Studium des neueren Sprachen und Literaturen*, 153, 1928, págs. 219-230.
San Agustín, *Obras de San Agustín. II Las confesiones*, edición bilingüe de Ángel Custodio Vega, Madrid, BAC, 1979.
Sanabria, Alonso de, *Comentarios y Guerra de Túnez;* ms. 1937, Biblioteca Nacional de Madrid.
Sánchez de Badajoz, Garci, *Cancionero*, ed. Julia Castillo, Madrid, Editora Nacional, 1980.
Sánchez de las Brozas, Francisco, en *Garcilaso de la Vega y sus comentaristas*, ed. Antonio Gallego Morell, Madrid, Gredos, 1972.
Sánchez García, Encarnación, «Un cenáculo napolitano para Juan de Valdés: la villa de Leucopetra de Bernardino Martirano y el *Diálogo de la lengua*», en *Contexto latino y vulgar de Garcilaso en Nápoles. Redes de relaciones de humanistas y poetas (manuscritos, cartas, academias)*, ed. Eugenia Fosalba y Gáldrick de la Torre Ávalos, Berna, Peter Lang Verlag, 2018, págs. 249-272.
Sanjuán, Nuria, «Friendship in Exile: Garcilaso de la Vega's Verse Epistle to Boscán», *eHumanista*, 31, 2015, págs. 651-661.
Sannazaro, Iacopo, *Sonetti e canzoni*, recogido en *Opere volgari*, ed. Alfredo Mauro, Bari, Laterza, 1961.
— *Arcadia*, ed. Francesco Erspamer, Milán, Mursia, 1990.
Santagata, Marco, *I frammenti dell'anima. Storia e racconto nel Canzoniere di Petrarca*, Bolonia, Il Mulino, 1992.
— *Amate e amanti. Figure della lirica amorosa fra Dante e Petrarca*, Bolonia, Il Mulino, 1999.
Santillana, Marqués de, *Comedieta de Ponza, Sonetos, Serranillas y otras obras*, ed. Regula Rohland de Langbehn, Barcelona, Crítica, 1997.

SEBOLD, Russell P., *Lírica y poética en España, 1536-1870,* Madrid, Cátedra, 2003.
— *Garcilaso de la Vega en su entorno poético,* Salamanca, Universidad de Salamanca, 2014.
SEGARRA AÑÓN, María Isabel, «Garcilaso en Nápoles y sus damas: reflexiones sobre las poetas, las académicas, las mecenas y las reformadas», en *Contexto latino y vulgar de Garcilaso en Nápoles. Redes de relaciones de humanistas y poetas (manuscritos, cartas, academias),* ed. Eugenia Fosalba y Gáldrick de la Torre Ávalos, Berna, Peter Lang Verlag, 2018, págs. 274-293.
SEGRE, Cesare, «Analisi concettuale della prima egloga di Garcilaso», en *Le strutture e il tempo,* Turín, Einaudi, 1974, págs. 161-182.
SERÉS, Guillermo, *La transformación de los amantes. Imágenes del amor de la Antigüedad al Siglo de Oro,* Barcelona, Crítica, 1996.
SIMÓN DÍAZ, José, «Garcilaso de la Vega», en *Bibliografía de la Literatura Hispánica,* Madrid, CSIC, 1972, págs. X,553-579.
SLIWA, Krzysztof, *Cartas, documentos y escrituras de Garcilaso de la Vega y sus familiares,* Alcalá de Henares, Centro de Estudios Cervantinos, 2006.
SUÁREZ QUEVEDO, Diego, «Los *Huomini Famosi* de Paolo Giovio. Alberti en el primer *Museo*», *Anales de Historia del Arte,* 20, 2010, págs. 427-458.
TAMAYO DE VARGAS, Tomás, en *Garcilaso de la Vega y sus comentaristas,* ed. Antonio Gallego Morell, Madrid, Gredos, 1972.
TANSILLO, Luigi, *Rime,* ed. Tobia Toscano, Roma, Bulzoni Editore, 2011, 2 vols.
TASSO, Bernardo, *Rime,* ed. Domenico Chiodo y Vercingetorige Martignone, Turín, RES, 1995.
TATEO, Francesco, «Andrea Matteo Acquaviva e la tipografia del Frezza», en *Contexto latino y vulgar de Garcilaso en Nápoles. Redes de relaciones de humanistas y poetas (manuscritos, cartas, academias),* ed. Eugenia Fosalba y Gáldrick de la Torre Ávalos, Berna, Peter Lang Verlag, 2018, págs. 157-169.
THOMPSON, Colin P., «Las transformaciones de Virgilio en las Églogas de Garcilaso», en *Autoridad y poder en el Siglo de Oro,* ed. Ignacio Arellano, Christoph Strosetzki y Edwin Williamson, Madrid, Iberoamericana/Vervuert, 2009, págs. 189-202.

TIBULO, *Elegías,* edición bilingüe de Hugo Francisco Bauzá, Madrid, CSIC, 1990.

TORRE ÁVALOS, Gáldrick de la, «Garcilaso y Alfonso d'Avalos, marqués del Vasto», en *Contexto latino y vulgar de Garcilaso en Nápoles. Redes de relaciones de humanistas y poetas (manuscritos, cartas, academias),* ed. Eugenia Fosalba y Gáldrick de la Torre Ávalos, Berna, Peter Lang Verlag, 2018, págs. 221-247.

— «Garcilaso de la Vega lettore di Vittoria Colonna: per una interpretazione del sonetto *Clarísimo marqués, en quien derrama», Critica Letteraria,* 182.1, 2019, págs. 13-39.

TORRES, Isabel, «Neo-Parkerism: An Approach to Reading Garcilaso de la Vega, Eclogue 1», *Bulletin of Spanish Studies,* 85, 2008, págs. 93-105.

— «Sites of Speculation: Water/Mirror Poetics in Garcilaso de la Vega, Eclogue II», *Bulletin of Hispanic Studies,* 86, 2009, págs. 877-892.

— *Love Poetry in the Spanish Golden Age: Eros, Eris and Empire,* Woodbridge, Tamesis, 2013.

— «Moving in... Garcilaso de la Vega's "Dulces prendas por mi mal halladas"», en *Spanish Golden Age Poetry in Motion: The Dynamics of Creation and Conversation,* ed. J. Andrews e I. Torres, Woodbridge, Tamesis, 2014, págs. 41-57.

TORRES NAHARRO, Bartolomé de, *Obra completa,* ed. Miguel Ángel Pérez Priego, Madrid, Biblioteca Castro, 1994.

TORRES SALINAS, Ginés, «La poética de la luz en las *Anotaciones a la poesía de Garcilaso,* de Fernando de Herrera: historiografía y arte», en *Prosa española del siglo XVI: conceptos e ideas,* ed. A. Soria Olmedo, J. Varo Zafra y G. Torres Salinas, Madrid, Biblioteca Nueva, 2016, págs. 295-326.

TOSCANO, Tobia R., «Tra corti e campi di battaglia: Alfonso d'Avalos, Luigi Tansillo e le affinità elettive tra petrarchisti napoletani e spagnoli», *e-Spania,* 13, 2012, s/p. <http://journals.openedition.org/e-spania/21383>; DOI: 10.4000/e-spania.21383.

— «Onorato Fascitelli "alma de verdadero poeta": dall'amicizia possibile con Garcilaso all'invettiva contro l'hispana avaritia», en *Contexto latino y vulgar de Garcilaso en Nápoles. Redes de relaciones de humanistas y poetas (manuscritos, cartas, acade-*

mias), ed. Eugenia Fosalba y Gáldrick de la Torre Ávalos, Berna, Peter Lang Verlag, 2018, págs. 185-219.

VANNOZZO, Francesco, *Le rime di Francesco di Vannozzo*, ed. Antonio Medin, Bologna, Commissione per i testi di lingua, 1928.

VAQUERO SERRANO, María del Carmen, *Garcilaso: apuntes para una nueva biografía. Los Ribadeneira y Lorenzo Suárez de Figueroa*, Ciudad Real, Oretania Ediciones, 1999.

— *Garcilaso, poeta del amor, caballero de la guerra*, Madrid, Espasa-Calpe, 2002.

— «Doña Beatriz de Sá, la Elisa posible de Garcilaso», *Lemir. Revista de Literatura Española Medieval y del Renacimiento*, 7, 2003, 1-48.

— «Dos sonetos para dos Sás: Garcilaso y Góngora», *Lemir. Revista de Literatura Española Medieval y del Renacimiento*, 11, 2007, págs. 37-44.

— «Garcilaso traicionado. Vida de Guiomar Carrillo: sus hijos Lorenzo Laso, María Jesús y de Guzmán y María Ponce de León», *Lemir. Revista de Literatura Española Medieval y del Renacimiento*, 14, 2010, págs. 121-203.

— «"El desdichado [poeta] Don Lorenzo Laso". Vida del primogénito de Garcilaso de la Vega», *Lemir. Revista de Literatura Española Medieval y del Renacimiento*, 15, 2011, págs. 59-134.

— «Doña Mencía de la Cerda, ¿dama que suscitó una copla de Garcilaso?», *Lemir. Revista de Literatura Española Medieval y del Renacimiento*, 17, 2013a, págs. 23-36.

— *Garcilaso, príncipe de poetas. Una biografía*, Madrid, Marcial Pons, 2013b.

VEGA, Garcilaso de la, *Las obras de Boscán y algunas de Garcilaso de la Vega. Repartidas en cuatro libros, Barcelona*, Carles Amorós, 1543, fols. CLXIIIV-CCXXXVII.

— *Las obras del excelente poeta Garcilaso de la Vega*, Salamanca, Matías Gast, 1569.

— *Las obras de Juan Boscán: repartidas en tres libros*, ed. William Knapp, Madrid, Librería de M. Murillo, 1875.

— *Obras*, ed. Tomás Navarro Tomás, Madrid, Ediciones de La Lectura, 1911.

— *Works: A Critical Text with a Bibliography*, ed. Hayward Keniston, Nueva York, Hispanic Society of America, 1925.

— *Poesía,* ed. José Manuel Blecua, Zaragoza, Ebro, 1941.
— *Obras completas,* ed. Elías L. Rivers, Valencia, Castalia, 1964.
— *Obras,* ed. Tomás Navarro Tomás, Madrid, Espasa-Calpe, 1970.
— *Garcilaso de la Vega y sus comentaristas,* ed. Antonio Gallego Morell, Madrid, Gredos, 1972.
— *Obras,* ed. Elías L. Rivers, Madrid, Castalia, 1974.
— *Obras completas,* ed. Amancio Labandeira, Madrid, Fundación Universitaria Española, 1981.
— *Poesía completa,* ed. Juan Francisco Alcina, Madrid, Espasa-Calpe, 1989.
— *La poesía de Garcilaso de la Vega. Análisis filológico y texto crítico,* ed. María Rosso Gallo, Madrid, Anejos del Boletín de la Real Academia Española, XLVII, 1990.
— *Poesía castellana completa,* ed. Consuelo Burell, Madrid, Cátedra, 1995a.
— *Obra poética y textos en prosa,* ed. Bienvenido Morros, Barcelona, Crítica, 1995b.
— *Poesía castellana completa,* ed. Antonio Prieto, Madrid, Biblioteca Nueva, 1999.
— *Anotaciones a la poesía de Garcilaso,* ed. Inoria Pepe y José María Reyes, Madrid, Cátedra, 2001a.
— *Obras completas con comentario,* ed. Elías L. Rivers, Madrid, Castalia, 2001b.
— *Poesía,* ed. Valentín Núñez Rivera, Barcelona, Edebé, 2002.
— *Sonetos,* ed. Aldo Ruffinatto, Madrid, Clásicos Hispánicos, 2015.
— *Las «Obras de Garcilaso de la Vega, ilustradas con notas» (1765) por José Nicolás de Azara,* ed. Ana Isabel Martín Puya, Vigo, Editorial Academia del Hispanismo, 2016.
— *Poesía castellana,* ed. Julián Jiménez Heffernan, Ignacio García Aguilar y Pedro Ruiz Pérez, Madrid, Akal, 2017.
— *Poesías II,* ed. Maria Rosso, Würzburg/Madrid, Clásicos Hispánicos, 2018.
Vega Ramos, María José, *El secreto artificio. Maronolatría y tradición pontaniana en la poética del renacimiento,* Madrid, CSIC/ Universidad de Extremadura, 1992.
Velázquez, Luis José, *Orígenes de la poesía castellana,* Málaga, Francisco Martínez Aguilar, 1754.

VICENTE GARCÍA, Luis Miguel, «La Venus Urania de Garcilaso frente a la Venus Pandemo de Aldana y de otros petrarquistas españoles», *Edad de Oro,* 26, 2007, págs. 315-345.

VIRGILIO, Publio, *Bucólicas. Geórgicas. Apéndice Virgiliano,* ed. Tomás de la Ascensión Recio García y Arturo Soler Ruiz, Madrid, Gredos, 1990.

— *Bucólicas,* ed. Vicente Cristóbal, Madrid, Cátedra, 2007.

— *Eneida,* ed. Luis Rivero García *et alii,* Madrid, CSIC, 2009-2011.

— *Geórgicas,* ed. Jaime Velázquez, Madrid, Cátedra, 2012.

WHINNOM, Keith, *La poesía amatoria de la época de los Reyes Católicos,* Durham, University of Durham, 1981.

WYSZYNSKI, Matthew A., «Friendship in Garcilaso's second eclogue: thematic unity and philosophical inquiry», *Hispanic Review,* 68, 2000, págs. 397-414.

YNDURÁIN, Domingo, *Humanismo y Renacimiento en España,* Madrid, Cátedra, 1994.

[illegible] García, Luis Miguel, [illegible] Orozco de Covarrubias [illegible] Alcalá y de otros [illegible], [illegible] 75, 2007, págs. 419-449.

[illegible], ed. [illegible], 1990.

— [illegible], 2007.

— [illegible], Madrid, [illegible], 2010-2011.

— [illegible] Velázquez, Madrid, [illegible], 2018.

[illegible], Durham, University of Durham, 1981.

[illegible] philosophical [illegible], 58, [illegible], págs. 152-1[illegible].

[illegible] Cátedra, 199[illegible].

Poesía

Copla I

Villancico del mismo Boscán y de Garcilaso de la Vega a don Luis de la Cueva porque bailó en palacio con una dama que llamaban «La Pájara»

¿Qué testimonios son estos
que le queréis levantar?
¡Que no fue sino bailar!
....

Garcilaso

¿Esta tienen por gran culpa?
No lo fue, a mi parecer, 5
porque tiene por desculpa
que lo hizo la mujer.
Esta le hizo caer
mucho más que no el saltar
que hizo con el bailar. 10
....

Copla I. Es probable, de acuerdo con Keniston (1922: 63-64, 186 y 470; 1925: 282), que esta copla o fragmento de una glosa colectiva se redactara hacia 1526-1527, ya que aparece junto con los versos de otros autores pertenecientes a la familia de los Toledo, entre los que se encuentra el segundo duque de Alba, fallecido en 1531. Impresa inicialmente entre las composiciones poéticas de Boscán, no será hasta la edición de Azara cuando se incluya en el corpus textual garcilasiano (Rivers, 2001: 51; Martín Puya, 2016: 244). El mencionado *don Luis de la Cueva* fue el menor de los hijos del duque de Alburquerque, quien se dedicó a la milicia y llegó a ser capitán de la Guardia Española de Carlos I, además de gentilhombre de su casa y de su Consejo, entre otras distinciones (Morros, 2007a). El término *pájara* tenía en la época connotaciones peyorativas asociadas al mundo de la prostitución (Morros, 1995: 359).

8 Se utiliza *caer* en su doble sentido de 'perder el equilibrio hasta dar en el suelo' e 'incurrir en un error'. En ambos casos se responsabiliza a La Pájara de los pasos errados de don Luis.

Copla II

Canción, habiéndose casado su dama

Culpa debe ser quereros,
según lo que en mí hacéis;
mas allá lo pagaréis
do no sabrán conoceros,
por mal que me conocéis. 5

Por quereros, ser perdido
pensaba, que no culpado;
mas que todo lo haya sido,
así me lo habéis mostrado
que lo tengo bien sabido. 10
¡Quién pudiese no quereros
tanto como vos sabéis,
por holgarme que paguéis
lo que no han de conoceros
por mal que me conocéis! 15

Copla II. Existe un cierto consenso crítico en fechar la composición hacia finales de 1528 o inicios de 1529, interpretando que pudiera haberse escrito con ocasión de la boda entre Isabel Freyre y Antonio de Fonseca (Keniston, 1922: 79-82; Lapesa, 1985: 179; Rivers, 2001: 53). Tal interpretación se basa, fundamentalmente, en el epígrafe que encabeza los versos en el manuscrito Gayangos: «A doña Isabel Freyre, porque se casó con un hombre fuera de su condición». Sin embargo, no hay nada en el poema que indique tal circunstancia, como advierte Morros (1995: 4).

2 *lo que en mi hacéis:* 'el modo en que me tratáis'.

4-5 *no sabrán conoceros... conocéis:* 'no sabrán valoraros, por el mismo motivo que no me valoráis'. El plural de la enunciación remite al sujeto o sujetos de los que la dama podría esperar correspondencia en los afectos.

6 *perdido:* 'loco'.

7 *culpado:* 'culpable'.

8 La voz lírica asume haber sido ambas cosas *(todo):* tanto 'loco' como 'culpable'.

12 *sabéis:* 'sabéis no querer'.

13 *holgarme:* 'alegrarme'.

14-15 *no han... me conocéis:* 'no han de amaros por lo mal que me habéis tratado'.

Copla III

Otra

Yo dejaré desde aquí
de ofenderos más hablando,
porque mi morir callando
os ha de hablar por mí.

Gran ofensa os tengo hecha 5
hasta aquí en haber hablado,
pues en cosa os he enojado
que tan poco me aprovecha.
Derramaré desde aquí
mis lágrimas no hablando, 10
porque quien muere callando
tiene quien hable por sí.

Copla III. Se ha conjeturado que es una composición escrita en fecha temprana, en virtud de criterios estéticos y estilísticos, y se ha relacionado con los versos 31-36 de la canción IX de Boscán (Lapesa, 1985: 82,48-49, 83). Los tópicos cancioneriles del silencio del amante y la expresividad de la muerte se concilian en el poema con unas *lágrimas* cuya elocuencia anticipa muchas de las imágenes de animismo neoplatónico caracterizadoras de buena parte de los poemas garcilasianos (Jiménez Heffernan, 2017: 91).

1 *desde aquí:* 'desde este momento en adelante'.

2 *más hablando:* 'más por hablar'.

4 Garcilaso, igual que fray Luis de León y otros muchos escritores del siglo XVI, aspiraba comúnmente la *h-* inicial procedente de *f-* inicial latina, impidiendo la sinalefa en *de hablar* y con ello la hipometría del verso (Menéndez Pidal, 1904: 121). Ocurre lo mismo en el verso 10.

Copla IV

A una partida

Acaso supo, a mi ver,
y por acierto quereros
quien tal yerro fue a hacer
como partirse de veros
donde os dejase de ver. 5

Imposible es que este tal,
pensando que os conocía,
supiese lo que hacía
cuando su bien y su mal
junto os entregó en un día. 10
Acertó acaso a hacer
lo que, si por conoceros
hiciera, no podía ser:
partirse y, con solo veros,
dejaros siempre de ver. 15

Copla IV. Presumiblemente redactado antes de 1533 (Lapesa, 1985: 182), el poema participa del género de las coplas de partida, subtipo menor de la poesía amorosa del siglo xv. La tópica cancioneril propicia el juego conceptual con las nociones asociadas al verbo *partir* y el consiguiente sufrimiento producido por la separación. Garcilaso ensayó variaciones análogas en torno a la *partida* en el soneto XIX y en los versos 25-30 de la égloga II, como señala Morros (1995: 6), quien además aduce interesantes concomitancias entre este poema y una canción del comendador Escrivá recogida en el *Cancionero general:* «Parte el cuerpo d'os mirar, / queda el alma sin os ver, / qu'el que os pudo conoscer / ni parte de desear, / ni se parte de querer». Se plantea una paradoja de compleja resolución, explicada por Núñez Rivera (2002: 76) en su paráfrasis del poema: «quien se ha alejado definitivamente, tras veros una sola vez por azar, ha cometido un acierto (el veros) y un yerro (el dejar de veros para siempre); mientras que si os hubiera conocido en verdad, no habría podido marcharse, por lo cual la partida también es un acierto».

1 *acaso supo, a mi ver:* 'por casualidad supo, según mi parecer'.

2 *por acierto quereros:* 'por cordura y prudencia quereros'.

3 *tal yerro fue a hacer:* 'tal error cometió'. Debe pronunciarse *hacer* con *h-* aspirada, igual que *hacía* en el verso 8 y *hacer* en el verso 11, lo que elimina la sinalefa y deshace la aparente hipometría.

4-5 *partirse... ver:* 'cesar (físicamente) de veros cuando todavía podría dejar (espiritualmente) de veros', en acertada interpretación de Rivers (2001: 57-58).

9 *su bien y su mal:* 'el placer de contemplar a la dama y la desgracia de no verla más'.

11 *acaso:* 'por casualidad'.

12-13 *si por conoceros hiciera, no podía ser:* 'si hiciera por conoceros mejor, no podría haber hecho'.

14 *con solo veros:* 'habiéndoos visto únicamente una vez'.

Copla V

Traduciendo cuatro versos de Ovidio

Pues este nombre perdí,
«Dido, mujer de Siqueo»,
en mi muerte esto deseo
que se escriba sobre mí:

«El peor de los troyanos 5
dio la causa y el espada;
Dido, a tal punto llegada,
no puso más de las manos».

Copla V. Esta traducción, seguramente realizada en fecha temprana (Keniston, 1922: 185-186; Lapesa, 1985: 182), se atribuye también a Diego Hurtado de Mendoza. Los versos trasladan el final de la epístola ovidiana de Dido a Eneas de *Heroidas* VII, 193-196: «Nec consumpta rogis inscribar "Elissa Sychaei": / Hoc tamen in tumuli marmore carmen erit: / "Praebuit Aeneas et causam mortis et ensem; / Ipsa sua Dido concidit usa manu"» («Y una vez consumida por el fuego no sea intitulada: "Elisa de Siqueo"; por el contrario, en el mármol del túmulo habrá este epigrama: "Ofreció Eneas motivo de muerte y espada. Sirviéndose de su mano, Dido misma murió"», *Heroidas,* 1986, pág. 53).

1-2 Después de caer en los brazos de Eneas, Dido pierde para siempre su condición como *mujer de Siqueo,* pues la infidelidad cometida con el troyano impide que pueda seguir siendo esposa del antiguo rey de Cartago.

5-8 Dido, reina de Cartago y viuda de Siqueo, fue amada primero y abandonada después por Eneas, quien marchó para cumplir su designio de fundar Roma. El abatimiento por el abandono y la pérdida de su amor es la *causa* que la impulsa a suicidarse, para lo que se sirve de la *espada* que el troyano había dejado olvidada. Similares figuraciones de la muerte de Dido aparecen en los sonetos X y XXXIII.

Copla VI

Del mismo a doña Mencía de la Cerda, que le dio una red y díjole que aquello había hilado aquel día

De la red y del hilado
hemos de tomar, señora,
que echáis de vos en un hora
todo el trabajo pasado;

y si el vuestro se ha de dar 5
a los que se pasearen,
lo que por vos trabajaren
¿dónde lo pensáis echar?

Copla VI. Esta copla, considerada de la primera época (Keniston, 1922: 185-186; Lapesa, 1985: 182), recrea una situación relativamente común en el *Cancionero general:* un lance lírico en el que la dama regala al poeta un hilo, que será interpretado como «símbolo de su cautiverio o sufrimiento amoroso» (Morros, 1995: 9). El título del poema en la edición de El Brocense aclara el sentido de la situación: «A una señora que, andando él y otro paseando, les echó una red empezada y un huso comenzado a hilar en él, y dijo que aquello había trabajado todo el día». La dama, por tanto, entrega una red y un hilado al caballero o poeta, quien no puede por menos que albergar un sentimiento de paradójica desazón: si la mujer se deshace con tanta liberalidad del trabajo propio, qué no hará con el esfuerzo ajeno empeñado en conseguir su amor. La copla, además, soporta una interpretación en clave metapoética: dado que la dama se desprende tan fácilmente de sus propias redes e hilados, cabe esperar que con mucha mayor ligereza desechará las composiciones (tejidos, textos) que el poeta elabore para ella (Jiménez Heffernan, 2017: 94-95). En relación al nombre propio del título del poema, Fernández Conti (2000: 90) menciona a una *Mencía de la Cerda* que fue dama de cámara de la corte de Carlos V en torno a los años 1530-1539. Vaquero Serrano (2013) argumenta que se trata de doña *Mencía* de Mendoza y *de la Cerda,* nieta del gran cardenal Pedro González de Mendoza e hija de don Diego Hurtado de Mendoza, conde de Mélito.

1 *de la red y del hilado:* 'la red y el hilado', pues se trata de preposiciones partitivas (Rivers, 2001: 61).

3 *que echáis de vos en un hora:* 'porque os quitáis de encima en un momento'.

5 *el vuestro:* 'vuestro trabajo', esto es, 'vuestra red e hilado'.

7 *lo que por vos trabajaren:* 'la red e hilado que trabajaran para vos'.

Copla VII

Del mismo Garcilaso a Boscán, porque, estando en Alemaña, danzó en unas bodas

La gente se espanta toda,
que hablar a todos distes,
que un milagro que hecistes
hubo de ser en la boda;

pienso que habéis de venir, 5
si vais por ese camino,
a tornar el agua en vino,
como el danzar en reír.

Copla VII. La itinerante corte imperial de Carlos V estuvo radicada en Alemania y los Países Bajos desde junio de 1530 hasta septiembre de 1532. Esta circunstancia pudo propiciar el encuentro entre Boscán y Garcilaso durante el verano de 1530 (Keniston, 1922: 186; 1925: 283) o, como parece más probable, entre febrero y julio de 1532, cuando el toledano viaja a Ratisbona con el duque de Alba para reunirse allí con el ejército del emperador (Martín de Riquer, 1945: 14-16; Lapesa, 1985: 180; Morros, 2008c: 93). Según indica el título, Boscán se animó a bailar en la fiesta posterior a unos esponsales, algo que pareció tan milagroso a ojos de su amigo como lo obrado por Jesús en las bodas de Caná cuando transformó el agua en vino. Todo apunta a que no debió de danzar con gran destreza, a tenor de las risas que provocó su actuación. Los versos ofrecen un retrato informal y desenfadado de la relación entre Garcilaso y Boscán, salpicado aquí con una referencia bíblica, no exenta de irreverencia, que se conjuga con la burla al amigo en el contexto de unas relaciones personales no siempre encorsetadas por el protocolo cortesano (Jiménez Heffernan, 2017: 96).

1 *se espanta:* 'se admira'.

2 Se debe pronunciar *hablar* con la *h-* aspirada, igual que *hecistes,* en el verso siguiente, para deshacer la sinalefa y evitar la posible hipometría.

7-8 En las bodas de Caná, Jesús transformó *el agua en vino* para alegrar a los comensales cuando la celebración declinaba, dejando lo mejor para el final (Juan, 2, 1-11); de igual modo, Boscán habría reavivado la fiesta haciendo *reír* a los asistentes con su particular manera de *danzar,* lo que motiva la comparación burlesca de Garcilaso.

Copla VIII

Villancico de Garcilaso

Nadi puede ser dichoso,
señora, ni desdichado,
sino que os haya mirado.

Porque la gloria de veros
en ese punto se quita 5
que se piensa mereceros;
así que, sin conoceros,
nadi puede ser dichoso,
señora, ni desdichado,
sino que os haya mirado. 10

Copla VIII. Escrita seguramente con anterioridad a 1533 (Lapesa, 1948: 3), los tópicos ortodoxos del amor cortés sirven aquí para justificar la paradójica contradicción entre la felicidad y la desdicha que genera la contemplación de la amada: felicidad por la *gloria* de su mera visión; desdicha por la absoluta imposibilidad de ser correspondido, en consonancia con la tópica cancioneril. Rivers (2001: 62) señaló su parecido con el villancico que empieza «No puede el que os ha mirado», del *Cancionero de Barbieri*, y Morros (1995: 11) destaca la similitud conceptista con respecto a la copla IV.

1 *nadi:* 'nadie'.

3 *sino que:* 'a menos que'.

4-6 Justo 'en el preciso momento' *(en ese punto)* en que el amante contempla a la amada, *la gloria* o 'alegría' provocada por esta visión *se quita* y desaparece de su cabeza, pues repara en el imposible que supone siquiera imaginar merecerla *(se piensa mereceros).*

Soneto I

Cuando me paro a contemplar mi estado
y a ver los pasos por dó me han traído,
hallo, según por do anduve perdido,
que a mayor mal pudiera haber llegado;

mas cuando del camino estó olvidado, 5
a tanto mal no sé por dó he venido;
sé que me acabo, y más he yo sentido
ver acabar comigo mi cuidado.

Yo acabaré, que me entregué sin arte
a quien sabrá perderme y acabarme 10
si quisïere, y aún sabrá querello;

que pues mi voluntad puede matarme,
la suya, que no es tanto de mi parte,
pudiendo, ¿qué hará sino hacello?

Soneto I. El uso que se hace en los tercetos de recursos propiamente cancioneriles como el políptoton *(acabo-acabar-acabarme)* y la reiteración conceptista de palabras clave *(acabar-morir)* intensificadoras del deseo de morir permiten sugerir una datación temprana para el soneto, en torno a los años 1526-1532 (Lapesa, 1948: 44-45). La decisión de girarse para contemplar lo pretérito en el transcurso del camino introduce en el soneto la dualidad temporal presente-pasado y una cierta dosis de arrepentimiento en el yo poético, causada por los desaciertos del ayer que tanta aflicción provocan hoy. Aunque en la tradición poética española se contaba con las advertencias de Jorge Manrique dirigidas a los caminantes desorientados *(Coplas,* vv. 49-54), la idea del error en el itinerario vital está en consonancia con el tropo cristiano del desvío y la mirada arrepentida, que en las *Confesiones* de san Agustín se conjugan con una insistente recurrencia a la noción del «camino torcido» (Jiménez Heffernan, 2017: 99-100). Todo ello cristaliza en un poema que es modelo de *Rechenschaftssonett* o 'soneto de rendición de cuentas' (Glaser, 1957). Son muchas las fuentes señaladas como antecedentes del primer cuarteto, desde Plutarco a Dante, pero sin duda Garcilaso acudió a Petrarca CCXCVIII, 1: «Quando io mi volgo indietro a mirar gli anni» *(Cancionero* II, pág. 862). El poeta toledano conocería también la carta proemial de las *Familiarum Rerum Libri* de Petrarca, en donde se plasma el mismo giro retrospectivo del caminante que da pie al aretino para la construcción de su propia autobiografía (Santagata, 1992: 46). Se ha aducido asimismo la posible influencia de Ovidio, *Tristia,* IV (Rico, 1978) y se podría sumar a lo antedicho la de Propercio *(Elegías* I, VII, 8) cuando confiesa «cogor et aetatis tempora dura queri» («lamentar las amargas horas de mi juventud», *Elegías,* 1963, pág. 16). Cabría considerar también el inicio del soneto XL de Cino da Pistoia: «Omo smarruto che pensoso vai» *(Poesie,* 1969, pág. 40) o el primer verso del soneto VIII de Francesco di Vannozzo: «Quand' io mi volgo atorno e pongo mente» *(Le rime,* 1928, pág. 220). Este soneto fue imitado y reescrito incansablemente en el Siglo de Oro por autores como Lope de Vega, Quevedo o Camões, entre muchos otros (Ly, 1998).

1 *estado:* 'situación actual', pero también 'estatus' o 'condición presente'. El escritor tenía un doble *estado,* el privado y el público, asociado este segundo a su carrera militar y cortesana, que le reportó no pocas insatisfacciones personales (Jiménez Heffernan, 2017: 101).

2 *y a ver... traído:* 'y a ver por dónde me han traído los pasos míos'. Los anfibológicos *pasos* se pueden interpretar como el 'movimiento de los pies al caminar', pero también como *pasos honrosos,* lo que en la cultura caballeresca remitía a las 'luchas o combates que en determinados lugares mantenían uno o más caballeros contra todos los que acudieran a su reto'.

5 *estó:* 'estoy'. El *camino* como metáfora de la vida está muy presente en la poesía cancioneril y es constante en Ausiàs March, que colma sus versos de nociones similares («carrer», «via», «camí») y de sujetos que, a consecuencia del amor, «han perdut carrer» *(Obra poética* I, 1979, pág. 162).

8 *cuidado:* 'preocupación amorosa', pero también 'aflicción personal'.

9 *sin arte:* 'sin malas artes, sin engaño', esto es, 'con toda honestidad'.

10 *acabarme:* 'matarme'.

11 *querello:* 'quererlo', con asimilación de la *r-* del infinitivo a la *l-* del pronombre enclítico. Ocurre lo mismo en el verso 14 con *hacello.*

13 *no es... mi parte:* 'no está de mi parte tanto como la mía'.

Soneto II

En fin a vuestras manos he venido,
do sé que he de morir tan apretado
que aun aliviar con quejas mi cuidado
como remedio me es ya defendido;

mi vida no sé en qué se ha sostenido, 5
si no es en haber sido yo guardado
para que solo en mí fuese probado
cuánto corta una espada en un rendido.

Mis lágrimas han sido derramadas
donde la sequedad y el aspereza 10
dieron mal fruto de ellas, y mi suerte.

¡Basten las que por vos tengo lloradas!
¡No os venguéis más de mí con mi flaqueza;
allá os vengad, señora, con mi muerte!

Soneto II. No existen datos que permitan ofrecer una hipótesis razonable de datación del texto. Partiendo del tópico de la *militia amoris,* en donde el amante es soldado y el proceso que sufre una batalla, este soneto presenta al sujeto de la enunciación como un prisionero vencido a manos de su amada enemiga.

1 *en fin:* 'finalmente'. Morros (1995: 13) advierte que el inusual comienzo del soneto, mediante una partícula que indica finalidad, tiene a Tibulo como antecedente y a Aldana como continuador.

2 *apretado:* 'angustiado'.

4 *defendido:* 'prohibido'.

6 *guardado:* 'resguardado de la muerte'.

8 *rendido:* 'vencido, prisionero de guerra'. Existía entre algunos soldados españoles la costumbre de probar las espadas en los cadáveres de los enemigos (Bataillon, 1964: 24-26).

9-11 Las *lágrimas,* que resultan tan fecundas en el soneto 13, caen aquí en tierra yerma sin producir fruto alguno, de acuerdo con la metáfora agrícola que tanto celebró Herrera *(Anotaciones,* pág. 290). Pero además, debe considerase que la teoría humoral relacionaba la *sequedad* del cerebro con la *aspereza* de la persona, lo que redundaba en un comportamiento exasperante y cruel, que explica el desmesurado castigo infligido al enamorado (Avilés, 2005: 29-30).

Soneto III

La mar en medio y tierras he dejado
de cuanto bien, cuitado, yo tenía;
y, yéndome alejando cada día,
gentes, costumbres, lenguas he pasado.

Ya de volver estoy desconfiado; 5
pienso remedios en mi fantasía,
y el que más cierto espero es aquel día
que acabará la vida y el cuidado.

De cualquier mal pudiera socorrerme
con veros yo, señora, o esperallo, 10
si esperallo pudiera sin perdello;

mas de no veros ya para valerme,
si no es morir, ningún remedio hallo;
y, si este lo es, tampoco podré habello.

Soneto III. Aunque se ha puesto en relación con algunos de los viajes reales de Garcilaso (Keniston, 1922: 195, 113; Lapesa, 1985: 126), desde su primera estancia italiana (1529-1530) hasta su prisión en el Danubio o su aventura tunecina (1535), lo cierto es que el poema se construye a partir de una experiencia literaria y no histórica. El mar como imagen de separación y distancia es, desde antiguo, marco idóneo para la expresión del dolor por la falta del ser amado (Núñez Rivera, 2002: 83). Además, la tematización de la ausencia se encauza en el soneto por medio de imágenes médicas *(remedio, valerme)* que enlazan con la tradición del amor como enfermedad (Morros, 1995: 14). Y a ello deben sumarse los estrechos vínculos de la composición con el poema *Leandro* de Boscán (Jiménez Heffernan, 2017: 104).

1-2 En los versos iniciales se ha observado tradicionalmente, desde El Brocense, la influencia de la *Arcadia,* VII, 22 de Sannazaro y el *Canzoniere,* XXXVII, 41-43 de Petrarca (Morros, 1995: 14); aunque también se puede vislumbrar la presencia del verso inicial del epigrama funerario 101, 1 de Catulo: «Multas per gentes et multas per aequora vectus» («Muchos países he atravesado y muchos mares», *Poesías,* 2006, págs. 468-469); así como un eco de la elegía I, I, 29 de Propercio: «Ferte per extremas gentis et ferte per undas» («Llevadme por lejanos países, llevadme a través de los mares», *Elegías,* 1963, pág. 5). Se advierte en la escritura garcilasiana una «ansiedad de desplazado, un dolor de desterrado que recorre mares y pueblos» (Jiménez Heffernan, 2017: 105).

5 *desconfiado:* 'desesperanzado', igual que en *Arcadia,* VII, 17 de Sannazaro (Morros, 1995: 14).

6 *fantasía:* 'imaginacion'.

9 *socorrerme:* 'curarme'.

10-11 *o esperallo... sin perdello:* 'o esperar veros, si pudiera esperarlo sin perder la esperanza de veros' (Morros, 1995: 14).

12-14 *si no... podré habello:* 'pero no hallo más remedio que la muerte para curarme *(valerme);* y si la muerte es el remedio, tampoco es remedio válido, porque una vez muerto no os veré'. Azara entendió que «los seis últimos versos forman una antítesis ridícula» cuyo sentido es «que morirá si ve o no ve a su dama» *(Obras,* 2016, pág. 196).

Soneto IV

Un rato se levanta mi esperanza,
mas, cansada de haberse levantado,
torna a caer, que deja, a mal mi grado,
libre el lugar a la desconfianza.

¿Quién sufrirá tan áspera mudanza 5
del bien al mal? ¡Oh corazón cansado,
esfuerza en la miseria de tu estado,
que tras fortuna suele haber bonanza!

Yo mesmo emprenderé a fuerza de brazos
romper un monte que otro no rompiera, 10
de mil inconvenientes muy espeso;

muerte, prisión no pueden, ni embarazos,
quitarme de ir a veros como quiera,
desnudo espirtu o hombre en carne y hueso.

Soneto IV. El poema se construye en torno a la contraposición de dos actitudes irreconciliables: la rendición frente a lo adverso (cuartetos) y la superación de cualquier obstáculo mediante la voluntad de acción individual o *fuerza de brazos* (tercetos). Garcilaso toma como modelo la canción XXXVII de Petrarca (Lapesa, 1985: 79), pero la mirada melancólica y resignada del original, que acepta la imposibilidad de ver nuevamente al ser amado, se supera en Garcilaso con una activa determinación del sujeto poético por eliminar todo lo que se interponga entre sí mismo y el objeto de su deseo. La tradición crítica ha interpretado los *mil inconvenientes* sufridos por el yo enunciativo como correlato de los infortunios del escritor histórico, lo que ha llevado a identificar la *cárcel* del poema con la prisión real sufrida por Garcilaso en 1532, cuando fue apresado en Tolosa y desterrado en el Danubio (Lapesa, 1985: 180; Morros, 1995: 15).

3 *que:* 'de tal modo que'. *a mal mi grado:* 'a mi pesar', es italianismo.

4 La figuración de una esperanza que asciende y se precipita procede de Petrarca (Lapesa, 1985: 79), que emplea la imagen en su *Canzoniere,* XXXVII, 107-110*:* «però ch'ad ora ad ora / s'erge la speme, et poi non sa star ferma, / ma ricadendo afferma / di mai non veder lei che 'l ciel honora» *(Cancionero* I, 2006, pág. 230).

7 *esfuerza:* 'anímate'.

8 *fortuna:* 'borrasca, tempestad del mar'. Es una idea proverbial que la calma sigue a la tormenta, muy extendida en la literatura desde Teócrito y Horacio (Morros, 1995: 367; Fernández Mosquera, 2006: 17-30). El verso pudiera provenir del *Canzoniere,* XXXVII, 11-13 de Petrarca: «mantienti, anima trista; / che sai s'a miglior tempo ancho ritorni» *(Cancionero* I, 2006, pág. 224).

9-11 Parece que hay en estos versos un eco ovidiano de *Amores* I, IX, 1 (Jiménez Heffernan, 2017: 107-108)*:* «Militis officium longa est via: mitte puellam, / strenuus exempto fine sequetur amans; / ibit in aduersos montes duplicataque nimbo / flumina, congestas exteret ille niues» («Larga marcha es el deber del soldado: haz que la niña se vaya, sin conocer fronteras la seguirá el enamorado diligente; marchará contra montes que le cierran el paso y ríos que la lluvia redobla, hollará nieves él amontonadas», *Obra amatoria,* 1991, pág. 26).

12 *embarazos:* 'obstáculos'.

13 *como quiera:* 'de cualquier modo'.

14 *espirtu:* 'espíritu', italianismo que podría remitir al verso último de la canción XXXVII de Petrarca: «o spirto ignudo od uom di carne et d'ossa» *(Cancionero* I, 2006, pág. 230). Aquí *hombre* se debe pronunciar con la *h-* aspirada. El terceto final reivindica la libertad individual de acción y decisión frente a los límites impuestos por el poder de la naturaleza *(muerte)* y del Estado *(prisión).*

Soneto V

Escrito está en mi alma vuestro gesto
y cuanto yo escribir de vos deseo:
vos sola lo escribistes; yo lo leo,
tan solo que aun de vos me guardo en esto.

En esto estoy y estaré siempre puesto, 5
que aunque no cabe en mí cuanto en vos veo,
de tanto bien lo que no entiendo creo,
tomando ya la fe por presupuesto.

Yo no nascí sino para quereros;
mi alma os ha cortado a su medida; 10
por hábito del alma misma os quiero;

cuanto tengo confieso yo deberos;
por vos nací, por vos tengo la vida,
por vos he de morir y por vos muero.

Soneto V. Redactado en una fecha difícil de precisar, todo el poema se sustenta sobre la noción de escritura y sus vínculos con un concepto de amor neoplatónico en donde la dama es una suerte de divinidad que imprime su rostro inmutable e indeleble en el alma del enamorado (Serés, 1994: 207-211). En el soneto, los vínculos entre la *donna angelicata* (Ciochini, 1966: 329-331) y el ejercicio de la escritura conforman un programa enunciativo emulador del espacio monacal del *scriptorium*

(Carrizo, 1986: 54-57), en donde el sujeto lírico es fiel y devoto lector de un objeto amoroso que se presenta de acuerdo con los tópicos de la *religio amoris*. Interpretado como posible soneto-prólogo de un cancionero *in fieri* (Prieto, 1984-1987), en su realización son perceptibles ecos de Ausiàs March y de las *Rime,* 19-27 de Lentini (Morros, 1995: 17). La heterogeneidad conceptual del poema genera un «espesor semántico» que permite interpretaciones paralelas en clave petrarquista, cancioneril, cristiana y clasicista (Béhar, 2011: 156-160).

1 *escrito:* 'impreso'. *gesto:* 'rostro'. La metáfora sobre la impresión del rostro de la enamorada en el alma del amante procede de la cultura neoplatónica, cuyas fuentes han sido extensa y rigurosamente explicadas por Morros (1995: 368-373), quien considera como influencia más directa del primer verso las *Rime,* VIII, 7 de Bembo («O volto, che mi stai ne l'alma impresso»). Béhar (2011: 155) señala la deuda con Ausiàs March, CXIX y Jiménez Heffernan (2017: 110) aduce paralelos con el soneto XIX A de Bonagiunta a Guinizzelli y el soneto IX, 12-14 de Guinizzelli, donde se acude a las mismas nociones garcilasianas: «e chi ne vol aver ferma certanza, / riguardimi, se sa legger d'amore, / ch'i' porto norte scritta ne la faccia» (2000: 52).

3-4 Se utiliza *leo* en su acepción literal pero también genérica, con el significado de 'veo, contemplo'. De ese modo, el sujeto lírico descifra simultáneamente la poesía y la imagen que la amada imprime en su alma *(escribiste).* Esta acción debe realizarla en absoluta soledad (*tan solo*), por un doble motivo: de acuerdo con la teoría de las sensaciones que regía en la época, no era posible imaginar un objeto sensible a la par que se contemplaba; además, el secreto amoroso obligaba al amante a la solitaria recepción de imagen y palabra poética, para que no fuesen conocidas por nadie más. Véase soneto VIII, 9.

5 *puesto:* 'dedicado'.

6-8 *aunque... presupuesto:* 'pese a que no entiendo toda la magnificencia que veo en vos, la creo como dogma de fe'.

11 *hábito del alma:* con el doble sentido de 'vestido imaginativo' y 'costumbre del amor', de modo que puede entenderse como que 'el alma ha confeccionado un vestido a la justa medida de la amada', o bien que se ha 'habituado a ella'. Pero además, este sintagma era un término técnico con el que una larga tradición de pensamiento (Sinesio di Cirene, Ugo di San Vitore, Marsilio Ficino o Giordano Bruno) designaba al elemento intermedio que existía entre alma y cuerpo (Gargano, 1988a: 142).

Soneto VI

Por ásperos caminos he llegado
a parte que de miedo no me muevo,
y si a mudarme a dar un paso pruebo,
allí por los cabellos soy tornado;

mas tal estoy que, con la muerte al lado, 5
busco de mi vivir consejo nuevo,
y conozco el mejor y el peor apruebo,
o por costumbre mala o por mi hado.

Por otra parte, el breve tiempo mío
y el errado proceso de mis años, 10
en su primer principio y en su medio,

mi inclinación, con quien ya no porfío,
la cierta muerte, fin de tantos daños,
me hacen descuidar de mi remedio.

Soneto VI. Aunque se percibe el eco clasicista del adagio latino «ad astra per aspera» (Jiménez Heffernan, 2017: 112), los vínculos temáticos con el soneto I y la canción IV permiten suponer una redacción coetánea a estos poemas, escritos hacia 1529-1532 (Lapesa, 1985: 78,184). Tras errar sin dirección, el sujeto poético se encuentra inmóvil al final de un camino alegórico con la sola compañía de la muerte, imagen tomada de Ausiàs March. Esta situación propicia la mirada autorreflexiva de quien asume los errores propios con el ánimo de una posible enmienda, en clara evocación petrarquista (Morros, 1995: 19).

2 *a parte:* 'a lugar'.

3 *y si... pruebo:* 'y si intento dar un paso para moverme'.

4 *tornado:* 'vuelto a mi lugar de origen'. Herrera acudió al adagio o refrán «traer por los cabellos» (2001: 312) para explicar el verso; Lapesa (1985: 66) detectó las huellas de Ausiàs March CXVI, 45-50 y XVIII, 37; y Jiménez Heffernan (2017: 113) recuerda que Dante empleó el verbo «tirare» para evocar la irrefrenable violencia del sentimiento amoroso en *Rime* L, 4-5 —«e 'l disio amoroso, che mi *tira* / ver' lo dolce paese c'ho lasciato»— o *Rime* LIX, 1 —«Volgete li occhi a veder chi mi *tira*» *(Vita Nuova. Rime,* 1995, págs. 318, 334).

5 El sintagma *tal estoy* retoma la temática del «estado», presentada ya en el soneto I y con notable presencia en la escritura garcilasiana, lo que contrasta con el recurrente motivo de la «errancia» (Jiménez Heffernan, 2017: 113).

6-7 *consejo:* 'rumbo'. 'El Brocense' *(Comentaristas,* 1972, pág. 267) detectó tanto la alusión ovidiana de *Metamorfosis* VII, 20-21 como la reformulación del poema CCLXIV, 135-137 del *Canzoniere* petrarquista: «ché co la morte a lato / cerco del viver mio novo consigilio, / et veggio 'l meglio, et al peggior m'appiglio» *(Cancionero* II, 2012, pág. 784).

8 La percepción del error como *costumbre* o *hábito* (soneto V) cuenta con antecedentes en Petrarca (Morros, 1995: 20).

10 *errado proceso:* 'transcurso equivocado'. La asunción de la vida como *errancia errada* había sido explorada poéticamente, entre otros, por Dante y Sannazaro, quien acuñó el término «erronico» para expresar el problema a través de sus pastores-poetas (Jiménez Heffernan, 2017: 114).

Soneto VII

No pierda más quien ha tanto perdido;
bástate, Amor, lo que ha por mí pasado;
válgame ora jamás haber probado
a defenderme de lo que has querido.

Tu templo y sus paredes he vestido 5
de mis mojadas ropas y adornado,
como acontece a quien ha ya escapado
libre de la tormenta en que se vido.

Yo habia jurado nunca más meterme,
a poder mio y a mi consentimiento, 10
en otro tal peligro como vano;

mas del que viene no podré valerme,
y en esto no voy contra el juramento,
que ni es como los otros ni en mi mano.

Soneto VII. Existía entre los marineros la costumbre de colgar ropas y restos del naufragio en el templo de Neptuno para agradecerle al dios del mar que los hubiese librado de un trance tan peligroso. Esta imagen pagana sirve de soporte a la voz lírica para expresar su peripecia amorosa en términos de pérdida, desastre y desposesión. Tras encontrarse *libre de la tormenta,* y después de hacer las debidas ofrendas en el santuario del Amor, el yo enunciativo recuerda su juramento de no aventurarse nuevamente en semejante peligro. No obstante, se expone otra vez a la errónea contingencia de un nuevo amor, que es sin embargo distinto de todos los anteriores y ajeno al control de su propia voluntad, por lo que no incumple la palabra dada.

1 Jiménez Heffernan (2017: 116) señala que la expresión de una pérdida doblemente aumentada por medio de la paronomasia *(pierda, perdido)* cuenta con un notable antecedente en la ovidiana epístola VII, 61 de Dido a Eneas: «Perdita ne perdam, timeo, noceamue nocenti» («Tengo miedo, perdida yo, de perder o hacer daño al que daño me hace» *(Heroidas,* 1986, pág. 47), que Hernando de Acuña tradujo en su *Carta de Dido a Eneas,* 91 como «De perder lo perdido estoy temiendo» *(Varias poesías,* 1982, pág. 85).

5-8 La traslación figurativa al templo de Amor o Venus se soporta en base a la identificación entre naufragio y vivencia amorosa. Ya Sánchez de las Brozas *(Comentaristas,* 1972, pág. 267) detectó la deuda de Garcilaso con la oda I, v, 13-16 de Horacio —«Me tabula sacer / votiva paries indicat uvida / suspendisse potenti / vestimenta maris deo» («En el sacro / muro una tablilla votiva dice que mis ropas / húmedas se ofrendaron / al potente dios del mar», *Odas y Epodos,* 1990, págs. 98-99)— y con Bernardo Tasso en su oda «Al Signor Lelio Capilupo», 82-84: «giunto al fin del viaggio / appende su le sponde / l'umide vesti al Dio de le sals'onde» *(Rime,* 2003: 18). Morros (1995: 377-378) ha descrito y analizado rigurosamente el tópico en la tradición del epigrama votivo en la *Antología Palatina* y Jiménez Heffernan (2017: 117) compara la misma imagen de las ropas mojadas después de la tormenta, unida a la idea del juramento, con el soneto LXVI, 12-14 de Boscán: «Ya comenzamos a enjugar la ropa / y a encarecer del mar la brava guerra / y a recontar los votos que hecimos» *(Poesía,* 1999, pág. 280).

9-11 *como vano:* 'vanamente'. Es necesario hacer sinéresis en *habia* y *mio* para evitar la hipermetría del verso. Herrera denunció la confusa construcción de un hipérbaton «que perturba el sentido de la oración» y aclara por ello su significado: «'yo, como vano, había jurado a poder y consentimiento mío no meterme más en otro semejante peligro'» *(Anotaciones,* 2001, págs. 330-331). Jiménez Heffernan (2017: 117) señala la proximidad con los versos 5-9 del soneto LXV de las *Rime* de Dante: «e de' suoi razzi sovra 'l meo cor piove / tanta paura che mi fa tremare / e dicer: "Qui non voglio mai tornare"; / ma poscia perdo tutte le mie prove: / e tornomi colà dov'io son vinto» *(Vita Nuova. Rime,* 1995: 345).

14 'que ni es como los otros peligros ni está en mi mano evitarlo'.

Soneto VIII

De aquella vista pura y excelente
salen espirtus vivos y encendidos,
y, siendo por mis ojos recebidos,
me pasan hasta donde el mal se siente;

éntranse en el camino fácilmente 5
por do los mios, de tal calor movidos,
salen fuera de mí como perdidos,
llamados de aquel bien que está presente.

Ausente, en la memoria la imagino;
mis espirtus, pensando que la vían, 10
se mueven y se encienden sin medida;

mas no hallando fácil el camino,
que los suyos entrando derretían,
revientan por salir do no hay salida.

Soneto VIII. El poema analiza los efectos de la presencia y ausencia de la amada sobre el yo lírico, tomando para ello como referente la traducción boscaniana de *Il Cortegiano,* IV, 65-66 (Rivers, 2001: 86; Gargano, 1988a: 55-81). Garcilaso revisó en 1533 la versión castellana que su amigo Boscán preparó de esta obra, circunstancia que no solamente sirve para fijar la escritura del soneto en torno a 1533-1535 (Lapesa, 1985: 185; Rivers, 2001: 86), sino fundamentalmente para determinar la fuente directa de la que beben los versos. Aunque las ideas y conceptos que aquí se aglutinan acerca de la visión y el funcionamiento de los sentidos proceden de la medicina y la filosofía antiguas, con raíz en Platón y floraciones posteriores en Aristóteles, Plotino o el neoplatonismo renacentista, Castiglione depuró estas nociones apoyándose fuertemente en las formulaciones estilnovistas. Garcilaso posiblemente fusionó en este texto ambas vías (Jiménez Heffernan, 2017: 118-119): la de Castiglione y la del doscientos italiano, que en el soneto garcilasiano se sigue con nitidez rastreando las huellas dejadas por Cavalcanti —«Pegli occhi fere un spirito sottile»; «Voi che per li occhi mi passaste 'l core»; «Gli occhi di quella gentil foresetta» *(Rime,* 1987, págs. 123,93,128)—, Dante —«Donne ch'avete intelletto d'amore» *(Vita Nuova. Rime,* 1995, pág. 117)—, Cino da Pistoia —«O voi che siete ver' me sì giudei» *(Poesie,* 2003, pág. 101)— o Lapo Gianni —«Angelica figura novamente» *(Poeti del duecento,* IV, 1, 2003).

2 *espirtus vivos:* 'espíritus encendidos', en consonancia con la condición ígnea que le atribuyeron los médicos y filósofos clásicos.

4 Es en el corazón y en los sentidos interiores *donde el mal se siente.* Blecua (1970: 38) adujo el verso 54 de *Vita Nuova,* XIX, XII «e passan sì che'l cor ciascun retrova» para confirmar la lección *pasan* frente a la variante *paran,* fijada en ediciones como la de Azara *(Obras,* 2016, pág. 204). En la obra de Dante existen otros paralelos intertextuales como los de *Rime,* XCI, 17-23 (Jiménez Heffernan, 2017: 119).

5 Una imagen similar del camino se encuentra ya en Lapo Gianni: «e fe' il camin pe' miei sì fero e snello» *(Poeti del duecento,* 2003, IV, 8).

6 Para no incurrir en hipermetría *mios* debe ser monosílabo.

7 *perdidos:* 'locos'.

8 Se define a la dama como el *bien que está presente.*

9 Véase nota 3-4 del soneto V.

11 El sintagma *sin medida* parece proceder de la *Vita Nuova* XIX, 48 de Dante (Jiménez Heffernan, 2017: 120-121): «convene a donna aver, non *for misura» (Vita Nuova. Rime,* 1995, pág. 125).

14 *revientan:* 'estallan en lágrimas o en suspiros'. La presión de las lágrimas reprimidas evoca la imagen petrarquista de *Canzoniere,* LXXXIII, 9: «Lagrime ommai dagli occhi uscir non ponno» (*Cancionero* I, 2006, pág. 352), conjugada aquí con la violencia de una fuga imposible que presenta ecos de las *Rime,* VII, 13, VIII, 2 y IX, 14 de Cavalcanti (Jiménez Heffernan, 2017: 119): «se vedesse li spirti fuggir via», «che l'anima si briga di partire» y «ruppe tutte miei spiriti a fuggire» *(Rime,* 1987: 82, 83, 85).

Soneto IX

Señora mia, si yo de vos ausente
en esta vida turo y no me muero,
paréceme que ofendo a lo que os quiero
y al bien de que gozaba en ser presente;

tras este luego siento otro acidente, 5
que es ver que si de vida desespero,
yo pierdo cuanto bien de vos espero
y ansí ando en lo que siento diferente.

En esta diferencia mis sentidos
están, en vuestra ausencia, y en porfía; 10
no sé ya qué hacerme en mal tamaño;

nunca entre sí los veo sino reñidos;
de tal arte pelean noche y día
que solo se conciertan en mi daño.

Soneto IX. Vuelve a describirse el conflicto interno que provoca la ausencia de la amada, debatiéndose el sujeto lírico entre dos posturas irreconciliables: por un lado, la muerte es la mejor solución al dolor que produce la ausencia de la dama; sin embargo, muriendo perdería toda posibilidad de volverla a ver. El motivo de la ausencia literaria de este poema se ha relacionado con el suceso histórico del destierro garcilasiano en el Danubio, aunque no existen datos fiables que permitan datar la escritura del soneto ni vincularlo con este hecho.

1 *señora:* Herrera ya detectó la impronta cancioneril y provenzal de esta invocación a la dama, «tirana y poseedora» de la libertad del enamorado *(Anotaciones,* 2001, pág. 341). Morros (1995: 384-385) identificó los antecedentes trovadorescos de esta apelación inicial en los versos de Berenguer de Palou, Raimbaut de Vaqueiras, Andreu Feber, Jordi de Sant Jordi y Ausiàs March, que se continúan en precursores estilnovistas como Monte Andrea —«Donna, di voi si rancura» *(Poeti del Duecento,* 2003, II, 1)— o Cavalcanti —«O donna mia, non vedestù colui», XXI, 1 *(Rime,* 1987, pág. 106)»— y llegan hasta las *Rime,* XIX, 1-2 de Ariosto. Para evitar la hipermetría del verso, *mia* debe ser monosílabo.

2 *turo:* 'duro', 'permanezco'.

4 *en ser presente:* 'en vuestra presencia'.

5 *acidente:* 'indisposición del ánimo sobrevenida'.

6 *de vida desespero:* 'pierdo la esperanza en la vida'.

7 El *bien* que se espera no es otro sino volver a contemplar a la dama.

8 *en lo que siento diferente:* 'con mis sentidos divididos'.

9-10 *diferencia:* 'controversia'. Es eco del poema CXV, 65-70 de Ausiàs March (Morros, 1995: 24).

11 *mal tamaño:* 'tan gran mal'.

12 *reñidos:* 'enemistados', 'enfrentados'.

13 *noche y día:* 'continuamente'.

14 *se conciertan en mi daño:* 'se ponen de acuerdo para causarme dolor'.

Soneto X

¡Oh dulces prendas por mi mal halladas,
dulces y alegres cuando Dios quería,
juntas estáis en la memoria mía
y con ella en mi muerte conjuradas!

¿Quién me dijera, cuando las pasadas 5
horas que en tanto bien por vos me vía,
que me habiades de ser en algún día
con tan grave dolor representadas?

Pues en una hora junto me llevastes
todo el bien que por términos me distes, 10
llevame junto el mal que me dejastes;

si no, sospecharé que me pusistes
en tantos bienes porque deseastes
verme morir entre memorias tristes.

Soneto X. El encuentro casual de un objeto relativo a la amada trae a la memoria de la voz enunciativa los felices momentos vividos en el pasado y propicia la escritura poética (Cruz, 2004). En el poema parecen fusionarse sincréticamente elementos procedentes del *Canzoniere,* CCCXXIX de Petrarca (Lapesa 1985: 127-128) y del pasaje de *Eneida,* IV, 647-660, en donde Dido se duele por la partida de Eneas frente a sus *prendas* (Morros, 2010). Las *prendas* que despiertan la evocación del yo poemático han sido interpretadas habitualmente como un mechón de pelo de la amada. Sin embargo, se podrían entender también con el significado de 'adorno', lo que permitiría una lectura del poema en clave metapoética, asimilándolas a figuras retóricas que la contemplación de la amada deposita en la imaginación del enamorado, lo que propicia la expresión de sus lamentos (Jiménez Heffernan, 2017: 124-125). Desde antiguo, la crítica ha percibido en estos versos el llanto por la muerte de una mujer real sucedida hacia 1533-1534 (Keniston, 1922: 122-123; 1925: 265; Navarro Tomás, 1970: 212; Prieto, 1984-1987: III), aunque no hay ninguna referencia textual explícita que apunte hacia esta interpretación (Morros, 1995: 25).

1 *prendas:* 'objetos', probablemente cabellos, como en la égloga I, 352-365. *por mi mal:* 'para mi desgracia'. El verso está vinculado con las «Dulces exuviae, dum fata deusque sinebat» de *Eneida* IV, 651 (Morros, 2010). También puede relacionarse con similares imprecaciones formuladas en las *Rime,* XXXII, 1 de Dante o en su *Convivio,* III, IX, donde la apelación se dirige a la propia obra, lo que permite una lectura en clave metapoética (Jiménez Heffernan, 2017: 125-126).

4 *en mi muerte conjuradas:* 'conspirando para matarme'; posible eco de *Canzoniere,* CCCXXIX, 2: «O stelle congiurate a 'mpoverirmi» (Lapesa, 1985: 123).

5-6 *cuando... vía:* 'cuando en las pasadas horas me veía en tanto bien a causa de vuestra presencia'.

7 Debe hacerse sinéresis en *habiades* para no incurrir en hipermetría.

8 *representadas:* con el doble valor de 'manifestadas' y 'presentadas de nuevo'.

9 *en una hora:* 'en un momento'. *llevastes:* 'quitastes'.

10 *por términos:* 'poco a poco'.

11 *llevame:* 'llevadme'.

Soneto XI

Hermosas ninfas que, en el rio metidas,
contentas habitáis en las moradas
de relucientes piedras fabricadas
y en columnas de vidrio sostenidas;

agora estéis labrando embebescidas 5
o tejendo las telas delicadas,
agora unas con otras apartadas
contándoos los amores y las vidas;

dejad un rato la labor, alzando
vuestras rubias cabezas a mirarme, 10
y no os detendréis mucho según ando,

que o no podréis de lástima escucharme
o, convertido en agua aquí llorando,
podréis allá despacio consolarme.

Soneto XI. En el poema se recrea el espacio bucólico de un río mítico habitado por ninfas, a quienes se solicita que interrumpan su labor creativa y escuchen las quejas de la voz lírica, que se deshace en lágrimas y se transforma en líquido para unirse al agua en que ellas moran. Las concomitancias de este soneto con la escritura de Sannazaro y la égloga III del propio Garcilaso permiten suponer una tardía fecha de escritura, que se podría situar en torno a 1533-1536 (Keniston 1922: 205; Lapesa 1985: 186).

1-4 Debe leerse *rio* como monosílabo para no incurrir en hipermetría. La invocación a las ninfas cuenta con precedentes en la *Ilíada,* XVIII, 52-65 de Homero y las *Metamorfosis,* XIII, 786 de Ovidio (Morros, 1995: 387). Sin embargo, en estos lugares se evoca un espacio que no será descrito en términos similares a los aquí expuestos hasta las *Geórgicas* IV, 333 y 374 de Virgilio, donde se alude a los «thalamo sub fluminis» («lecho en el fondo del río»), «thalami pendentia pumice tecta» («cámara abovedada de esponjosa piedra») y a los «uitreisque sedilibus» o «sitiales cristalinos» *(Geórgicas,* 2012, págs. 264-267). La formulación virgiliana la asume Sannazaro en *Arcadia,* VIII y XII para la evocación de sus ninfas —«O Naiadi, abitatrici de' correnti fiumi»— y para la descripción de una «grotta» de «scabrose pomici», con «stille di congelato cristallo» y «colonne di translucido vetro» (Lapesa, 1985: 156).

5 *labrando embebescidas:* 'tejiendo y bordando embelesadas'. A la compostura de telas delicadas y artificiosas se alude en la *Arcadia* XII de Sannazaro —«intessevano in una tela di meraviglioso artificio»—, quien lo había leído en Virgilio —«carpebant hyali saturo fucata colore» («cardaban vellones milesios, teñidos de color verde subido») (Jiménez Heffernan, 2017: 129).

7-8 También las ninfas de Virgilio se contaban unas a otras sus *vidas* y *amores* en *Geórgicas,* IV, 345-347 (Lapesa, 1985: 156). En *Arcadia,* XII, 16 la tela presenta un «argomento» que es, igual que en el soneto, «augurio infelicissimo di future lacrime» (Jiménez Heffernan, 2017: 129).

9-10 Aunque el modo en que las ninfas elevan sus cabezas parece estar tomado de *Geórgicas* IV, 352, no son descartables las influencias de Bernardo Tasso (Herrera, *Anotaciones,* 2001, pág. 353) y de la *Vita Nuova,* VII, III, 2-4 de Dante (Jiménez Heffernan, 2017: 130).

11 *según ando:* 'según me encuentro', en evocación de una cercana muerte, como en la imprecación a las ninfas de *Arcadia,* VIII, 47 (Morros, 1995: 26).

14 *allá:* 'dentro del agua', fluido en que se ha transformado la voz lírica, deshecho en sus propias lágrimas, siguiendo la imagen ovidiana de *Metamorfosis,* IX, 635-665 y la similar evocación de *Geórgicas,* IV, 355-356. Es un motivo de fuerte raigambre en la tradición petrarquista.

Soneto XII

Si para refrenar este deseo
loco, imposible, vano, temeroso,
y guarecer de un mal tan peligroso,
que es darme a entender yo lo que no creo,

no me aprovecha verme cual me veo, 5
o muy aventurado o muy medroso,
en tanta confusión que nunca oso
fiar el mal de mí que lo poseo,

¿qué me ha de aprovechar ver la pintura
de aquel que con las alas derretidas, 10
cayendo, fama y nombre al mar ha dado,

y la del que su fuego y su locura
llora entre aquellas plantas conocidas,
apenas en el agua resfrïado?

Soneto XII. Para expresar el estado de encrucijada (Gatland, 2011) en que se encuentra el sujeto lírico, debatiéndose entre el atrevimiento y el temor, se aducen los ejemplos de Ícaro y Faetón, emblemas renacentistas de una osadía que conduce al desastre y a la propia muerte, cuyas historias se evocan a partir de la contemplación de una *pintura.* Sin embargo, el conocimiento de estos antecedentes mítico-literarios y la certeza de una destrucción segura no serán obstáculo para dar rienda suelta al *deseo* y sufrir el *mal tan peligroso* que este implica. Existe un amplio consenso crítico en datar este poema hacia 1533-1535. Garcilaso podría haberse inspirado para la escritura de este soneto en la oda IV, XI, 21-31 de Horacio (Morros, 2010: 75).

3 *guarecer:* 'curar'.

4 *darme a entender:* 'convencerme', igual que en la égloga II, 29.

6 *aventurado:* 'atrevido'. *medroso:* 'temeroso'.

8 *fiar... poseo:* 'creerme que poseo el mal, que lo tengo' (Morros, 1995: 27).

10-11 El personaje aludido es Ícaro, quien se fabricó unas *alas* de cera para escapar volando del presidio de Minos; ensoberbecido por su logro y desoyendo el consejo de su padre Dédalo, ascendió tanto que el sol derritió las alas y este cayó en el *mar,* que adoptó el nombre de Icario en su memoria.

12-13 Faetón tomó las riendas del carro del sol y ocasionó graves daños con su incapacidad o *locura* para conducirlo adecuadamente, lo que motivó que Júpiter lo detuviese con un rayo que lo hizo caer al río Erídano (Po), donde se ahogó. Sus hermanas las Helíades fueron transformadas en álamos negros *(plantas conocidas)* mientras lloraban su cadáver.

14 *resfrïado:* 'refrescado'.

Soneto XIII

A Dafne ya los brazos le crecían
y en luengos ramos vueltos se mostraban;
en verdes hojas vi que se tornaban
los cabellos que el oro escurecían;

de áspera corteza se cubrían 5
los tiernos miembros que aun bullendo estaban;
los blancos pies en tierra se hincaban
y en torcidas raíces se volvían.

Aquel que fue la causa de tal daño,
a fuerza de llorar, crecer hacía 10
este árbol, que con lágrimas regaba.

¡Oh miserable estado, oh mal tamaño,
que con llorarla crezca cada día
la causa y la razón por que lloraba!

Soneto XIII. En los cuartetos se presenta la huida de Dafne, que se transforma en laurel cuando Apolo está a punto de alcanzarla. Los tercetos describen al dios de la poesía vertiendo lágrimas sobre el árbol y haciéndolo crecer con su propio llanto, lo que es imagen circular del sufrimiento amoroso y de la propia escritura poética (Rivers: 2001: 102; Jiménez Heffernan, 2017: 135-137), la cual aumenta por la expresión sufriente de quien aspira al inalcanzable laurel, signo distintivo de gloria y fama, identificable con la conversión del yo poético petrarquista (Santagata, 1992: 134-135). El Brocense *(Comentaristas,* 1972, pág. 268) señaló como pilares textuales del soneto a Ovidio *(Metamorfosis,* I, 452-567) y Petrarca *(Canzoniere,* XXIII, 36-49). Los paralelos con la égloga III, 153-168 y la utilización del tema mitológico son los únicos argumentos que se pueden aducir para situar la escritura del poema en el período napolitano (Keniston, 1922: 206-207; Lapesa, 1985: 186).

1 *Dafne* es la ninfa convertida en laurel para evitar el acoso de Apolo, según *Metamorfosis,* I, 452-567.

2 *luengos:* 'largos'. *vueltos:* 'transformados'. El verso es fusión sincrética de *Metamorfosis,* I, 550 —«in ramos bracchia crescunt» («crecen en ramas sus brazos»)— y del *Canzoniere,* XXIII, 49: «e 'n duo rami mutarsi ambe le braccia» (Jiménez Heffernan, 2017: 137).

3 *vi:* La recurrencia a este verbo de visión parece indicar que el sujeto lírico observa el episodio mitológico en una representación pictórica, como ocurría en el soneto XII. Tal vez provenga de *Canzoniere,* XXIII, 43 de Petrarca: «e i capei *vidi* far di quella fronde» (Jiménez Heffernan, 2017: 137).

4 Tanto era el brillo de *los cabellos* de la ninfa que *escurecían,* por contraste, al resplandor del oro.

6 *bullendo:* 'moviéndose'.

7 Se debe pronunciar *hincaban* con la *h-* aspirada para deshacer la sinalefa y evitar la posible hipometría.

8 La transformación de Dafne se apoya textualmente en *Metamorfosis,* I, 549-555 de Ovidio (Morros, 1995: 28).

9 Quien *causa* el *daño* es *Apolo,* que persiguió a la ninfa hasta el momento de su metamorfosis.

12 *mal tamaño:* 'tan gran mal'.

14 Paradójicamente, cuantas más lágrimas vierte Apolo sobre el laurel, más crece el árbol, aumentando así *la causa y la razón* de su llanto.

Soneto XIV

Como la tierna madre que el doliente
hijo con lágrimas le está pidiendo
alguna cosa de la cual comiendo
sabe que ha de doblarse el mal que siente,

y aquel piadoso amor no le consiente 5
que considere el daño que haciendo
lo que le pide hace, va corriendo
y aplaca el llanto y dobla el acidente,

así a mi enfermo y loco pensamiento,
que en su daño os me pide, yo querría 10
quitalle este mortal mantenimiento;

mas pídemele y llora cada día
tanto que cuanto quiere le consiento,
olvidando su muerte y aun la mía.

Soneto XIV. La madre irresponsable que consiente al hijo enfermo el alimento nocivo que este le pide es aquí comparada con el yo poético, que se hace daño a sí mismo cuando proporciona al pensamiento anhelante la imagen de la amada, sin importarle el terrible mal que ello produce. La medicina de la época consideraba que la permanente fijación de la amada en la memoria del enfermo de amor podía desencadenar la locura y hasta la muerte (Morros, 1995: 30). El poema parece paráfrasis de

Ausiàs March, I, III, 19-24, pero también se ha apuntado el soneto LXXII, 12-14 de Boscán como fuente intermedia (Rivers, 2001: 103). Aunque la cronología es incierta, la fuerte impronta de March, detectada por El Brocense, sugiere una escritura temprana, que aún conserva ciertos rasgos medievales, como el conceptismo cancioneril y la sintaxis silogística (Alcina, 1989: 62).

1 *que el:* 'a quien el'. Rivers (2001: 103) relaciona este comienzo con el del soneto CCLXXXV de Petrarca: «Né mai pietosa madre al caro figlio». Jiménez Heffernan (2017: 140) sugiere un eco del *Orlando Furioso* X, XII-XIII: «che sopra il padre morto lei dolente».

5 *piadoso:* 'maternal', como en elegía I, 157.

8 *dobla el acidente:* 'aumenta la enfermedad'. Es imagen que está en Ausiàs March, I, IV, 30 y LV, I, 8 (Morros, 1995: 30).

11 *mantenimiento:* 'representación de la imagen de la amada en el pensamiento del amante', 'memoria de la mujer querida en el enamorado'. La imagen visual de la amada alimentando a la voz lírica es idea recurrente de la poesía estilnovista. Así, por ejemplo, en Cino da Pistoia: «Poi che saziar non posso il occhi miei / di guardare a madonna suo bel viso». Los efectos destructores de esa visión están presentes tanto en Cino —«Lo imaginar dolente che m'ancide»— como en Petrarca: «Se 'l pensier che mi strugge» (Jiménez Heffernan, 2017: 140).

14 *su muerte y aun la mía:* 'la muerte del pensamiento, que es la del yo lírico'.

Soneto XV

Si quejas y lamentos pueden tanto
que enfrenaron el curso de los ríos
y en los diversos montes y sombríos
los árboles movieron con su canto;

si convertieron a escuchar su llanto 5
los fieros tigres y peñascos fríos;
si, en fin, con menos casos que los míos
bajaron a los reinos del espanto,

¿por qué no ablandará mi trabajosa
vida, en miseria y lágrimas pasada, 10
un corazón conmigo endurecido?

Con más piedad debria ser escuchada
la voz del que se llora por perdido
que la del que perdió y llora otra cosa.

Soneto XV. En el poema se parangonan los padecimientos de Orfeo con los sufrimientos del yo poético. Si aquel conmovió a los seres del infierno templando su lira, la voz enunciativa aspira a enternecer la dureza de la dama expresando su aflicción amorosa. En el último terceto el sujeto lírico reclama más piedad para sí que para Orfeo, justificando tal merecimiento en el hecho de que su llanto canta la muerte propia y no la de alguien ajeno a uno mismo (Eurídice). A partir de una amalgama de fuentes clásicas diversas, procedentes de Virgilio (*Geórgicas* IV), Horacio (*Odas* I, 12; I, 24; III, 11) o Propercio (*Elegías,* I, 20; II, 13), compone Garcilaso un poema que se cree escrito durante el período napolitano, atendiendo a su temática mitológica y al estilo sobreabundante en epítetos (Keniston, 1922: 206; Lapesa, 1985: 186).

1 Esta apertura condicional imita estructuralmente a la del soneto CCLXXIX, 13 de Petrarca —«Se lamentar augelli, o verdi fronde / mover soavemente a l'aura estiva, / o roco mormorar di lucide onde» (*Cancionero* II, 2012, pág. 824)— y a la del LIX, 1-2 de Boscán: «Si sospiros bastasen a moveros / o lágrimas pudiesen ablandaros» (*Poesía,* 1999, pág. 270).

2 *enfrenaron:* 'refrenaron', 'detuvieron'. Se ha aducido en este verso la influencia de *Bucólicas,* VIII, 4 de Virgilio —«Et mutata suos requierunt flumina cursus»—, aunque cabría considerar, con Jiménez Heffernan (2017: 143), la de odas I, xii, 9-12 de Horacio: «arte materna rapidos morantem / fluminum...» («con las artes maternas supo detener a los ríos en sus rápidos cursos», *Bucólicas,* 1990, págs. 114-115).

3 *diversos:* 'alejados'.

4 *movieron:* 'conmovieron'.

5 *convertieron:* 'atrajeron', 'conmovieron'; como en la canción I, 44: «mover en vos que baste a convertiros».

6 La referencia a los tigres está en *Geórgicas* IV, 510 de Virgilio: «mulcentem tigris et agentem carmine quercus» («amansando tigres y arrastrando encinas con su doliente canto» (*Geórgicas,* 2012, págs. 280-281). Los *peñascos fríos* están en *Elegías* I, xx, 13 de Propercio, donde se alude a las «frígida saxa» o «frías peñas» (*Elegías,* 1963, pág. 41).

7 *casos:* 'desgracias'.

8 *reinos del espanto:* 'infierno', adonde tuvo que descender Orfeo para rescatar a su amada Eurídice.

12 Es necesario hacer sinéresis en *debria* ('debería') para evitar la hipermetría del verso.

Soneto XVI

Para la sepultura de don Hernando de Guzmán

No las francesas armas odïosas,
en contra puestas del airado pecho,
ni en los guardados muros con pertrecho
los tiros y saetas ponzoñosas;

no las escaramuzas peligrosas, 5
ni aquel fiero rüido contrahecho
de aquel que para Júpiter fue hecho
por manos de Vulcano artificiosas

pudieron, aunque más yo me ofrecía
a los peligros de la dura guerra, 10
quitar una hora sola de mi hado;

mas infición de aire en solo un día
me quitó al mundo y me ha en ti sepultado,
Parténope, tan lejos de mi tierra.

Soneto XVI. El poema es un epitafio poético en lengua vernácula (Ponce Cárdenas, 2014) sobre la defunción del hermano menor del poeta, don Fernando de Guzmán, que falleció en Nápoles en 1528 durante el asedio de la ciudad por el ejército francés de Lautrec. La enunciación del soneto parte de la voz del propio difunto, quien explica que su muerte no se produjo en el campo de batalla, sino a consecuencia de la enfermedad provocada por la peste *(infición de aire)*. La circunstancia concreta referida en los versos permitiría suponer que el poema fue escrito en fecha próxima al deceso (Keniston, 1922: 214); sin embargo, la perfección y el clasicismo de su factura han llevado a parte de la crítica a considerar una redacción más tardía, hacia 1533-1536, cuando viviendo en Nápoles tuvo ocasión Garcilaso de visitar el sepulcro de su hermano (Lapesa, 1985: 182; Morros, 1995: 33). Sin embargo, Fosalba (2015: 7) explica con lucidez que no era necesario estar en la ciudad partenopea para escribir el poema y que, en todo caso, Garcilaso vivió casi íntegramente en Italia desde 1529, por lo que los versos pudieron ser redactados en fechas próximas al deceso.

1 La estructuración inicial del poema mediante cláusulas negativas *(no, ni, no, ni)* tiene antecedentes en epigramas latinos como el de Marullo I, xxv, 1-2: «non ego tela, non ego enses, / non incendia pestilentiasve» (Morros 1995: 33); aunque también se encuentran estructuras similares en varios poemas de Petrarca (CXLVIII, CCLI, CX, CCXXXVII), como en el soneto CLV: «Non fur ma' Giove et Cesare sí mossi» (Jiménez Heffernan, 2017: 144-145).

3 *pertrecho:* 'armas'.

6-8 El *fiero rüido* de la pólvora utilizada por la artillería parece imitado *(contrahecho)* del sonido del rayo que Vulcano, herrero de los dioses, forjó para Júpiter. El Brocense *(Comentaristas,* 1972, pág. 268) identificó en esta comparación las huellas del *Orlando Furioso* IX, LXXXVIII, 8 de Ariosto: «ch'al fulmine assimiglia in ogni effetto» *(Orlando furioso,* 2002, pág. 552). Dentro de la tradición castellana se puede aducir el precedente del soneto IV, 1 del Marqués de Santillana —«Sitio de amor con grand artillería»—, que elabora figurativamente la noción del cerco urbano y las armas de fuego (Jiménez Heffernan, 2017: 145).

9 *me ofrecía:* 'me exponía'.

11 'restar una hora de la vida que el destino me asignó'.

12 *infición de aire:* 'la peste'.

14 A Nápoles se la conocía por ser la ciudad de *Parténope,* sirena mitológica que, incapaz de hallar a Ulises, se arrojó al fondo del mar, siendo su cuerpo arrastrado por las olas hasta el golfo de Nápoles, en donde fue sepultada; pasado el tiempo se erigió un templo en su honor y, posteriormente, toda una ciudad. La referencia implícita a la fórmula tópica del epitafio «tan longe a patria» («tan lejos de su patria») podría ser evocación de Homero *(Ilíada,* I, 30; *Ilíada,* IX, 246; *Odisea,* II, 365-366), del epitafio de Virgilio o de Catulo, LXVIIIa, 97 (Ramajo Caño, 2011: 26-30; Béhar, 2014b).

Soneto XVII

Pensando que el camino iba derecho,
vine a parar en tanta desventura
que imaginar no puedo, aun con locura,
algo de que esté un rato satisfecho;

el ancho campo me parece estrecho, 5
la noche clara para mí es escura,
la dulce compañía amarga y dura,
y duro campo de batalla el lecho.

Del sueño, si hay alguno, aquella parte
sola que es imagen de la muerte 10
se aviene con el alma fatigada.

En fin, que, como quiera, estoy de arte
que juzgo ya por hora menos fuerte,
aunque en ella me vi, la que es pasada.

Soneto XVII. La voz lírica muestra aquí una tristeza sin remedio, de posible inspiración petrarquista (Keniston, 1922: 209), que solo se apacigua con el sueño, por la semejanza de este con la muerte. El yo poético concluye el soneto con la certeza de que su situación empeora con cada hora que pasa. De cronología incierta, parece escrito por Garcilaso en su primera época (Lapesa, 1985: 186-187; Morros, 1995: 34), dada la claridad del estilo, tan elogiada por Herrera *(Anotaciones,* 2001, págs. 399-400) y Tamayo de Vargas *(Comentaristas,* 1972, pág. 603).

1 La imagen inicial de un caminante que se para a reflexionar sobre el sinsentido del camino de su vida es tópico común que se encuentra en precedentes como *Vita Nuova* IX, IX, 1-2 de Dante, Francesco di Vannozzo *(Le rime,* 1928, pág. 201) o el soneto XL, 1-4 de Cino da Pistoia; aunque aquí parece imitación clara del soneto LXIX de Boscán (Jiménez Heffernan, 2017: 148).

5-8 El Brocense *(Comentaristas,* 1972, pág. 268) identificó la deuda del cuarteto con el soneto CCXXVI, 7-8 de Petrarca: «la notte affanno, e 'l ciel seren m'è fosco, / et duro campo di battaglia il letto» *(Cancionero* II, 2012, pág. 694). Morros (1995: 34) aduce también el precedente castellano en las *Lecciones de Job* 374-376 de Garci Sánchez de Badajoz: «y el día cuando no [o]s vía / [...] / noche escura se boluía» *(Cancionero,* 1980, pág. 393).

9-10 La idea del sueño como imagen de la muerte procede, de acuerdo con El Brocense *(Comentaristas,* 1972, pág. 268), de *Amores* II, IX, 41 de Ovidio: «stulte, quid est somnus gelidae nisi mortis imago?» («tonto, ¿qué es el sueño sino imagen de la muerte helada?», *Amores,* 1991, pág. 62). También está en el soneto CCXXVI, 9-10 de Petrarca: «Il sonno è veramente qual uom dice, / parente de la morte» *(Cancionero* II, 2012, pág. 694).

11 *se aviene:* 'se corresponde'.

12-14 *estoy de arte... pasada:* 'estoy tan mal que ya considero que es una hora menos dolorosa, aunque en ella también me vi dolorido, la que se acaba de pasar'.

Soneto XVIII

Si a vuestra voluntad yo soy de cera
y por sol tengo solo vuestra vista,
la cual a quien no inflama o no conquista
con su mirar es de sentido fuera,

¿de dó viene una cosa que, si fuera 5
menos veces de mí probada y vista,
según parece que a razón resista,
a mi sentido mismo no creyera?

Y es que yo soy de lejos inflamado
de vuestra ardiente vista y encendido 10
tanto que en vida me sostengo apenas;

mas si de cerca soy acometido
de vuestros ojos, luego siento helado
cuajárseme la sangre por las venas.

Soneto XVIII. El sujeto del problema aquí planteado es la vista, como precisó Herrera *(Anotaciones,* 2001, pág. 404). La voz enunciativa se queja de que los ojos de la amada le queman y derriten el alma en la distancia, pero le hielan la sangre cuando está cerca. La imagen del alma *inflamada* por la mujer es motivo común de la poesía amorosa desde la Antigüedad clásica, que Garcilaso formula apoyándose mayoritariamente en Petrarca *(Canzoniere,* CXXXIII; CXCIV, 14; CCVII, 32), aunque también muestra analogías conceptuales y retóricas con el soneto VIII del Marqués de Santillana (Jiménez Heffernan, 2017: 150). Resulta imposible establecer una datación precisa para el poema, cuyas características temáticas y formales permitirían adscribirlo a cualquier momento del itinerario creativo del poeta.

1 *de cera:* 'blando', 'fácil de derretir'; como en *Canzoniere,* CCVII, 32: «et io, che son di cera, al foco torno» *(Cancionero* II, 2012, pág. 650). La metáfora de la cera como alma del poeta proviene de la tradición griega (Asclepiades, Meleagro) y es un referente cultural de gran fortuna en la poesía áurea (Manero Sorolla, 1990: 574-579).

4 *es de sentido fuera:* 'está fuera de sentido', 'es un loco'.

5-8 '¿de dónde procede un fenómeno que, si fuera probado y visto por mí menos veces, según parece que se opone a la razón, yo no creyera a mi mismo sentido?'. Herrera *(Anotaciones,* 2001, pág. 405) advirtió que aquí el *sentido* aludiría al sentido común o *sensus communis,* una de las potencias del alma, identificada también con la fantasía o la memoria.

9 El Brocense *(Comentaristas,* 1972, pág. 268) adujo el verso final del soneto CXCIV de Petrarca: «ché da lunge mi struggo et da presso ardo». La oposición de hielo y fuego está análogamente formulada en Marullo, Juan Segundo, Ariosto o Boscán (Morros, 1995: 35, 395).

11 *en vida... apenas:* 'apenas me sostengo con vida'

13 *luego:* 'de inmediato'.

Soneto XIX

Julio, después que me partí llorando
de quien jamás mi pensamiento parte
y dejé de mi alma aquella parte
que al cuerpo vida y fuerza estaba dando,

de mi bien a mí mesmo voy tomando 5
estrecha cuenta, y siento de tal arte
faltarme todo el bien que temo en parte
que ha de faltarme el aire sospirando.

Y con este temor mi lengua prueba
a razonar con vos, oh dulce amigo, 10
del amarga memoria de aquel día

en que yo comencé como testigo
a poder dar del alma vuestra nueva
y a sabella de vos del alma mía.

Soneto XIX. El poema está dirigido a Giulio Cesare Caracciolo, poeta de Nápoles amigo de Garcilaso, lo que permite situar su escritura durante la estancia en esta ciudad italiana. El yo lírico recuerda a su interlocutor poético el día en que ambos tuvieron que separarse de sus amadas y comenzaron a intercambiarse noticias de ellas debido a que la dama de uno vivía en el mismo lugar del otro y viceversa. Se configura así un soporte textual que podría servir como estímulo y excusa literaria para el envío recíproco de composiciones que prosiguiesen con el motivo enunciado. Era frecuente en la tradición estilnovista que los poetas se intercambiasen sonetos en los que se tematizaba la aflicción de una ausencia. Tales composiciones se caracterizaban por su naturaleza metapoética y por funcionar como acicate para la escritura en un contexto de sociabilidad literaria marcado por ciertas dosis de competición y rivalidad técnica entre los creadores. En este sentido, Dante, por ejemplo, intercambió poemas con Cino da Pistoia, Dante da Maiano, Guido Cavalcanti, Chiaro Davanzati o Puccio di Bellundi (Jiménez Heffernan, 2017: 155).

1-2 Morros (1995: 36) ha puesto de relieve las deudas del soneto con los poemas «A una partida» que están en Petrarca y abundan en la poesía castellana. Así ocurre en *Canzoniere,* XXXVII, 51-52 «che nacque il giorno ch'io / lassai di me la miglior parte a dietro» *(Cancionero* I, 2006, pág. 226). El Brocense *(Comentaristas,* 1972, pág. 268) advirtió que el políptoton entre *partí* y *parte* también procede de Petrarca *(Canzoniere,* CCIX, 1-2): «I dolci colli ov'io lasciai me stesso, / partendo onde partir già mai non posso» *(Cancionero* II, 2012, pág. 658); Morros añade (1995: 36) que dicho juego se halla también en *Rime,* LXII de Sannazaro y en la copla 31, 4-5 de Garci Sánchez de Badajoz. Jiménez Heffernan (2017: 155) subraya las concomitancias del poema con el soneto CCCXXIX, 4-7 del *Canzoniere:* «partend'io per non esser mai contento? / [...] / perder parte, non tutto, al dipartirme» *(Cancionero* II, 2012, pág. 934).

3-4 Se puede entender que el yo poético abandona a la amada, definida como la parte del alma que alimentaba la vida en su cuerpo, igual que Petrarca en *Canzoniere,* XXXVII, 51-52. Pero también se puede interpretar, como hizo Herrera *(Anotaciones,* 2001, pág. 408), que *de mi alma aquella parte* no alude a la amada, sino al corazón del enamorado, órgano que acogía a los espíritus vitales encargados de la respiración, a los que parece referirse en el verso 8. De acuerdo con esta segunda posibilidad interpretativa, el corazón del amante permaneció con la amada cuando él se marchó, careciendo su cuerpo desde entonces del órgano necesario para la vida.

5 *a mí mesmo:* 'para mí mismo'.

6 *estrecha cuenta:* 'ajustada razón', 'conciencia'. *de tal arte:* 'de tal manera'.

11 *de aquel día:* se refiere al día de la separación.

13 *del alma vuestra nueva:* 'noticia de vuestra amada'.

14 'y a tener noticia por vuestra parte de mi amada'. Según explicó El Brocense, «Garcilaso llegó donde estaba el alma (que es la dama) de Julio, y Julio quedó donde estaba la de Garcilaso» *(Comentaristas,* 1972, pág. 268).

Soneto XX

Con tal fuerza y vigor son concertados
para mi perdición los duros vientos
que cortaron mis tiernos pensamientos
luego que sobre mí fueron mostrados.

El mal es que me quedan los cuidados 5
en salvo de estos acontecimientos,
que son duros y tienen fundamientos
en todos mis sentidos bien echados.

Aunque por otra parte no me duelo,
ya que el bien me dejó, con su partida, 10
del grave mal que en mí está de contino;

antes con él me abrazo y me consuelo,
porque en proceso de tan dura vida
ataje la largueza del camino.

Soneto XX. Se parangona el estado del yo lírico con el de un edificio que es azotado por vientos fuertes y adversos. Estos arrastran consigo los *tiernos pensamientos,* pero no pueden llevarse los *cuidados,* pues las penas hunden sus cimientos sobre lo más profundo del alma, por lo que resultan demasiado sólidos como para ser derribados. Se concluye con la típica imagen petrarquista del enamorado que se aferra al dolor de la partida de su amada como único consuelo hasta el fin de los días. No existen datos que permitan fecharlo.

1 *son concertados:* 'se han puesto de acuerdo'; es habitual en la poesía petrarquista la imagen de los vientos contrarios, que aquí adapta Garcilaso desde la perspectiva del *Tractado de Arnalte y Lucenda* de Diego de San Pedro (Morros, 1995: 38).

4 *luego que:* 'cuando'.

5 *el mal:* 'lo malo'. *cuidados:* 'penas', 'sufrimientos'.

6 'a salvo de los destructivos vientos'.

7 *que:* 'los cuales', en referencia a los *cuidados. fundamientos:* 'cimientos'.

10-11 *el bien... de contino:* Se trata de una paradoja tópica: el mal que se instala dentro del alma del sujeto lo tiene próximo a la muerte, lo que supone un bien, pues muriendo se acabarán los padecimientos y el dolor. Se puede interpetar en clave amorosa, como se ha hecho habitualmente, entendiendo que es la *dama* quien con su *partida* deja el *bien.* Sin embargo, considerando que Garcilaso era *contino* de la guardia de Carlos V, es posible vincular el *mal de contino* ('mal como contino') a la difícil situación soportada por quienes desempeñan un oficio militar de esta naturaleza (Jiménez Heffernan, 2017: 159).

13 *porque:* 'para que'.

14 Es de la muerte de quien espera el yo lírico que acorte *(ataje)* el largo camino de su vida, idea que ya está en Ausiàs March, XXVII, 39-40 (Morros, 1995: 396).

Soneto XXI

Clarísimo marqués, en quien derrama
el cielo cuanto bien conoce el mundo,
si al gran valor en que el sujeto fundo
y al claro resplandor de vuestra llama

arribare mi pluma y do la llama 5
la voz de vuestro nombre alto y profundo,
seréis vos solo eterno y sin segundo,
y por vos inmortal quien tanto os ama.

Cuanto del largo cielo se desea,
cuanto sobre la tierra se procura, 10
todo se halla en vos de parte a parte;

y, en fin, de solo vos formó natura
una estraña y no vista al mundo idea
y hizo igual al pensamiento el arte.

Soneto XXI. El personaje histórico ensalzado en este poema panegírico seguramente es Alfonso de Ávalos, marqués del Vasto, y probablemente fue escrito hacia 1534 (Heiple, 1994: 267-275; Torre Ávalos, 2018 y 2019). El encomio se construye a partir del modelo tópico del encarecimiento de la dama como obra perfecta de la naturaleza o de Dios (Alcina, 1989: 72). El soneto tiene dos partes bien diferenciadas: una primera de carácter metapoético, en la que la exaltación de la figura del marqués corre en paralelo al propio acto de componer (Gargano, 2014b: 354-355), y una segunda, en la que se elogia al noble en clave neoplatónica acudiendo al binomio de *natura* y *ars* (Gargano, 2000), en cuya caracterización se perciben ecos de la poesía de Vittoria Colonna (Torre Ávalos, 2019). En la exaltación se apela al tópico clásico sobre la capacidad de la poesía para inmortalizar tanto a la persona objeto del poema como al propio escritor (vv. 7-8).

1 *clarísimo:* 'ilustrísimo', en referencia a su alta dignidad nobiliaria, pero también 'luminosísimo', en relacion con la semántica de la luz que se desarrolla en el poema. Pietro Aretino utilizaba el epíteto «chiaro marquese del Vasto» para referirse a Alfonso de Ávalos (Torre Ávalos, 2019: 21-22).

1-2 *en quien... conoce el mundo:* El origen celestial del linaje era motivo caracterizador recurrente en las composiciones escritas por los poetas que frecuentaban a Ávalos en su corte de Ischia (Torre Ávalos, 2019: 22-23).

3 *en que el sujeto fundo:* 'en el cual baso el tema de este soneto' (Rivers, 2001: 120). El *gran valor* del conde de Ávalos no era simple retórica cortesana, sino que se ajustaba a la realidad de sus gestas guerreras, lo que le valió un rápido ascenso en la carrera militar (Torre Ávalos, 2019: 26-27).

4 *llama:* 'espíritu', 'alma'.

5 *arribare mi pluma:* 'alcanzara mi poder expresivo' (Rivers, 2001: 120).

7 *sin segundo:* 'sin igual', 'único'.

9 *largo:* 'dadivoso', 'generoso'.

12-14 *de... arte:* Herrera explicó el significado neoplatónico de la *idea,* en tanto que «forma, figura y representación primera de las cosas» *(Anotaciones,* 2001, págs. 412-413). De acuerdo con ello, la naturaleza formó primero la imagen de un individuo ideal que luego se concretó en la persona del marqués. Estos versos, que podrían ser deudores de *Canzoniere,* CLIX, 1-4 (Morros, 1995: 397), tienen eco en el pasaje encomiástico que dirige Garcilaso al fallecido duque de Alba en la elegía I, 118-120 (Jiménez Heffernan, 2017: 161).

Soneto XXII

Con ansia estrema de mirar qué tiene
vuestro pecho escondido allá en su centro
y ver si a lo de fuera lo de dentro
en aparencia y ser igual conviene,

en él puse la vista, mas detiene 5
de vuestra hermosura el duro encuentro
mis ojos; y no pasan tan adentro
que miren lo que el alma en sí contiene.

Y así se quedan tristes en la puerta,
hecha, por mi dolor, con esa mano 10
que aun a su mismo pecho no perdona;

donde vi claro mi esperanza muerta
y el golpe, que en vos hizo amor en vano,
non esservi passato oltra la gona.

Soneto XXII. El poema desarrolla una sucinta disquisición sobre la belleza exterior e interior a partir de una imagen ambigua (Gargano, 1988a: 36-37): el descubrimiento del *pecho* desnudo de la amada, que no puede verse completamente porque esta lo tapa con su *hermosura* física. La ambigüedad de la palabra *pecho* se puede interpretar aquí como 'seno femenino' o como 'corazón', aunque en cualquiera de los casos el rigor de la dama detiene toda posibilidad de que el sujeto lírico goce de una contemplación íntima del objeto deseado, que en última instancia es el *alma.*

A pesar de que no hay datos ciertos sobre su fecha de composición, el cierre con un verso original de Petrarca ha llevado a la crítica a considerar que fue escrito durante alguna de las dos estancias italianas de Garcilaso, hacia 1529-1530 o 1532-1536 (Lapesa, 1985: 187).

2 *centro:* 'pezón' o 'interior del corazón', como en égloga II, 1641-1642 (Morros, 1995: 41).

4 *conviene:* 'se corresponde'.

5-7 *mas... ojos:* 'pero el duro encuentro con vuestra hermosura detiene a mis ojos'. La *hermosura* física que obstaculiza la mirada es la mano de la dama (Gargano, 1988a: 39-40).

9-10 Se puede entender que la *mano* de la dama se extiende y actúa como *puerta* que obstaculiza la visión del seno desnudo, para disgusto del amante *(por mi dolor).* Por otro lado, la *puerta* era un accesorio del vestido que estaba a la altura del pecho, de modo que también podría interpretarse que la mano de la mujer se coloca en ese lugar para evitar la contemplación de esta prenda. Es imagen petrarquista que está en *Canzoniere,* XXXVIII, 12-14 (Gargano, 1988a: 38-39).

11 Al ser más bella que el pecho, la mano detiene la mirada, lo que provoca frustración y dolor (Jiménez Heffernan, 2017: 163).

13 *golpe:* 'golpe de vista', con el que no ha conseguido, sin embargo, traspasar el pecho de la amada para hacerle llegar su amor y su alma por medio de los ojos, de acuerdo con la tópica neoplatónica. Es imagen petrarquista que está en *Canzoniere,* XXIII, 33, 72-73 (Morros, 1995: 42), XXXVIII, LXXII y CCLVII (Gargano, 1988a: 48).

14 Es verso de Petrarca procedente de *Canzoniere,* XXIII, 34, traducible como «no traspasaba más que los vestidos» *(Cancionero* I, 2006, pág. 179).

Soneto XXIII

En tanto que de rosa y de azucena
se muestra la color en vuestro gesto,
y que vuestro mirar ardiente, honesto,
con clara luz la tempestad serena;

y en tanto que el cabello, que en la vena 5
del oro se escogió, con vuelo presto
por el hermoso cuello blanco, enhiesto,
el viento mueve, esparce y desordena,

coged de vuestra alegre primavera
el dulce fruto, antes que el tiempo airado 10
cubra de nieve la hermosa cumbre.

Marchitará la rosa el viento helado,
todo lo mudará la edad ligera
por no hacer mudanza en su costumbre.

Soneto XXIII. Garcilaso compuso el poema a partir del soneto de Bernardo Tasso que comienza «Mentre che l'aureo crin v'ondeggia intorno» *(Rime,* 2003, II, 73). Desarrolla los tópicos renacentitas del *collige, virgo, rosas* y del *carpe diem,* exhortando a una muchacha para que goce de los bienes de la juventud antes de que los destructores efectos del paso del tiempo acaben con todo atisbo de lozanía. Probablemente escrito durante la época napolitana del poeta (Keniston, 1992: 207; Lapesa, 1985: 186), presenta fuertes analogías con la elegía I, 121-126.

2 *gesto:* 'rostro'.

3 El *mirar* es a la vez *ardiente* y *honesto,* en correlación semántica con la *rosa* y la *azucena,* símbolos respectivos de sensualidad y recato. Parece eco de *Idilios,* IV de Teócrito (Morros, 1995: 43).

5-6 *que en la vena del oro se escogió:* 'que de un filón de oro se tomó', siendo así más rubio que el propio metal.

8 La imagen de los cabellos esparcidos al viento cuenta con precedentes clásicos en las descripciones de la Venus virgiliana de *Eneida,* I, 319 o la Dafne ovidiana de *Metamorfosis,* I, 529; y es motivo que está muy presente en Petrarca: *Bucolicum Carmen,* III, 15; *Canzoniere,* XC, 1-4; CXXVII, 83; CXLIII, 9 y CLIX, 6 (Morros, 1995: 402). Cabría considerar una variación menos estilizada en Boscán III, I *Leandro,* 1183-1184 (Jiménez Heffernan, 2017: 169): «allí estaban, con los cabellos sueltos / ondeando por sus blancos pescuezos» *(Poesía,* 1999, pág. 353).

9 La imprecación al goce de la efímera juventud *(alegre primavera)* se expresa siguiendo los modelos de Ausonio en *De rosae,* 49 («collige, virgo, rosas...») y del verso sexto del soneto de Bernardo Tasso de sus *Gli amori:* «cogliete, o giovenette, il vago fiore» *(Rime,* 2003, II, 73). También podría haber influencia de Bembo *(Rime,* V).

10 *airado:* Con el doble sentido de 'enfadado' y 'desapacible' (Morros, 1995: 43).

11 La *hermosa cumbre* es tanto la 'cima' que se cubrirá de nieve al llegar el invierno (la vejez), como la 'cabeza' que se volverá canosa con el transcurrir de los años.

13 El sintagma *edad ligera* ('tiempo fugaz') proviene de la «invida aetas» de Horacio *(Odas* I, XI, 7-8), pasada por el tamiz de Bernardo Tasso: «che fugaci son l'ore, e'l tempo lieve, / e veloce a la fin corre ogni cosa» *(Rime,* II, 75, 13-14, 2003). Hay también un fuerte eco de *Bucólicas* IX, 51 de Virgilio: «Omnia fert aetas, animum quoque» («Todo lo roba la edad, la memoria también», *Bucólicas,* 2007, págs. 228-229).

Soneto XXIV

Illustre honor del nombre de Cardona,
décima moradora de Parnaso,
a Tansillo, a Minturno, al culto Tasso
sujeto noble de imortal corona,

si en medio del camino no abandona 5
la fuerza y el espirtu a vuestro Laso,
por vos me llevará mi osado paso
a la cumbre difícil de Elicona.

Podré llevar entonces sin trabajo,
con dulce son que el curso al agua enfrena, 10
por un camino hasta agora enjuto,

el patrio, celebrado y rico Tajo,
que del valor de su luciente arena
a vuestro nombre pague el gran tributo.

Soneto XXIV. La marquesa de Padula y condesa de Avellino doña María de Cardona, a la que se dirige el soneto, participaba junto con los mencionados Tansillo, Minturno o Tasso en los mismos cenáculos literarios que frecuentó Garcilaso durante su estancia en Nápoles (Heiple, 1994: 275-278; Segarra Añón, 2018). La crítica coincide en el sentido metapoético del soneto (Gargano, 2002b: 138; Gargano, 2005; Morros, 2008d: 109; Fosalba, 2009b: 92-94), entendido como un encomio a la dedicataria poética con la esperanza de que los versos castellanos puedan acceder al Parnaso y formar parte del canon instituido en compañía de autores como Tansillo, Minturno y Tasso. Gargano (2014a; 2014d: 89-98) aclara el sentido programático del soneto señalando que enuncia la ruptura con los caminos poéticos antiguos de la tradición española y proclama la necesidad de adentrarse en nuevas vías discursivas no exploradas aún por la lengua española *(camino hasta agora enjuto)*. Para ello acude Garcilaso al motivo clásico del *primus ego* (Gargano, 2019c).

2 Se la celebra como una más de entre las nueve *musas* que *moraban* en el monte *Parnaso,* igual que había hecho también Giovan Battista Pino, en consonancia con una tradición galante que se remonta a la *Antología palatina* (1995: 403).

3-4 'materia poética *(sujeto)* noble que es merecedora de la corona inmortal de la fama para *(a)* Tansillo, Minturno y el culto Bernardo Tasso', tres escritores que también elogiaron a María de Cardona.

5 Dado el carácter metaliterario del poema, el sintagma *en medio del camino* significa aquí 'a mitad del soneto' o 'a lo largo de la composición' (Gargano, 2014d: 90-91).

6 *espirtu:* 'espíritu'; es italianismo. Se establece un doble sentido con la abreviatura del apellido del poeta, *Laso,* que en latín e italiano significa 'cansado', 'debilitado'. Antes que el toledano se había valido del mismo juego Tansillo: «Così soleva far Garzilasso / Mentre fra noi si stette, e non si vide / Fastidito del mondo, non già lasso» (Mele, 1923: 131). También su amigo Boscán acude a este recurso en II, soneto XCI, 9-12: «Si la fortuna de un tal hombre es gloria, / con gloria quedarás tú, Garcilaso, / pues con la de él tu gloria va medida. / Tu esfuerzo nunca fue flaco ni laso» (1999: 316).

8 *Elicona:* 'Helicón', monte griego en donde vivían las musas; es italianismo.

10 *enfrena:* 'refrena'; como Orfeo, que detuvo con su música el curso de los ríos.

11-14 Cantando a doña María conseguirá que el río *patrio* que pasa por Toledo, considerado como un *rico* portador de oro en sus aguas y en su *luciente arena,* discurra por un cauce que hasta el momento era seco *(enjuto)* para pagar así con su riqueza el debido *tributo* a la dedicataria del poema. Jiménez Heffernan (2017: 173) sugiere una posible influencia ovidiana de *Amores,* I, xv, 33-34: «Cedant carminibus reges regumque triumphi, / cedat et auriferi ripa benigna Tagi» («cedan a los versos los reyes y las procesiones triunfales de los reyes, / ceda también la ribera generosa del aurífero Tajo» *(Obra amatoria,* 1991, pág. 41). Se trata de un contexto análogo, pues el texto ovidiano alude después a las aguas de Castalia *(Amores,* I, xv, 37), fuente que brotaba en el Parnaso. Gargano (2014d: 91) explica que el afán por «torcer el curso del río Tajo» supone afirmar «que con su canto, pretende desviar la poesía española del recorrido seguido hasta entonces para imponerle un rumbo absolutamente nuevo»; motivo por el que Garcilaso «ha decidido seguir las huellas de los tres poetas italianos llamados en causa y merecer así —al igual que ellos— la *inmortal corona* de poeta laureado».

Soneto XXV

¡Oh hado secutivo en mis dolores,
cómo sentí tus leyes rigurosas!
Cortaste el árbol con manos dañosas
y esparciste por tierra fruta y flores.

En poco espacio yacen los amores 5
y toda la esperanza de mis cosas,
tornados en cenizas desdeñosas
y sordas a mis quejas y clamores.

Las lágrimas, que en esta sepultura
se vierten hoy en día y se vertieron, 10
recibe, aunque sin fruto allá te sean,

hasta que aquella eterna noche escura
me cierre aquestos ojos que te vieron,
dejándome con otros que te vean.

Soneto XXV. El sujeto lírico llora ante la tumba de su amada, de cuya muerte se responsabiliza al destino implacable. Tradicionalmente se ha interpretado en clave autobiográfica y se ha datado hacia 1533-1534 (Keniston, 1922: 200-201; Lapesa, 1985: 180-181). No obstante, el poema carece de referencias extratextuales explícitas para apoyar esta hipótesis. En el lado opuesto, son claras las referencias literarias a Sannazaro y Petrarca, fundamentalmente, junto con evocaciones de Virgilio (Lapesa, 1985: 120-122), Tansillo (Fucilla, 1952: 116) y el trasfondo de la alegoría medieval del *árbol del amor* (Jiménez Heffernan, 2017: 174). Tras el minucioso examen de las fuentes del poema, Gargano (2014b: 98) concluye que es ejemplo «de la poesía de Garcilaso como exploración de su propia tradición poética, porque hace de este asunto el tema mismo del soneto».

1 *secutivo:* 'ejecutor'.

3-4 La imagen de la muerte como taladora de árboles parece deudora de *Arcadia,* XII, 7-8 de Sannazaro: «mi parea trovare tronco da le radici, con le frondi e i fiori e i frutti sparsi per terra [...] le inique Parche con le violente securi averlo tagliato» (Lapesa, 1985: 120). Herrera *(Anotaciones,* 2001, pág. 441) señaló reminiscencias petrarquistas de *Canzoniere,* CCXCVI, 5-7: «Invide Parche, sí repente il fuso / troncaste, ch'attorcea soave et chiaro» *(Cancionero* II, 2012, pág. 858). Mele (1930: 242) adujo unos versos de la *Eneida* IV, 443-444 de Virgilio y *Canzoniere,* CCCXVIII, 1-3 de Petrarca. Jiménez Heffernan (2017: XX) sugiere que el escenario de las hierbas esparcidas *(spargeret)* que configura Petrarca y que sigue Garcilaso a imitación suya podría reproducir el de la *Bucólica* IX, 19-20 de Virgilio.

5 El *poco espacio* alude a la 'sepultura' en que yace la amada, cuya descripción parece tomada de *Canzoniere,* CCCXXXI, 46-47 de Petrarca: «or mie speranze sparte / à Morte, et poca terra il mio ben preme»; sin descartar algún eco del poema «A una sepultura» de Cartagena: «Cárcel que tiene escondida / mi esperanza dentro en ella» (Morros, 1995: 47).

7 Herrera *(Anotaciones,* 2001, pág. 442) explica que la mención a las *cenizas* podría aludir a la tradición clásica de quemar a los difuntos, plasmada en autores como Tibulo *(Elegías,* II, VI, 33-34) o Propercio *(Elegías,* II, XIII, 31).

11 La exhortación a la difunta para que tome *(recibe)* las lágrimas del amado podría estar relacionada con la antigua costumbre de colocar «en los sepulcros de los que amaban redomillas de lágrimas» (Tamayo de Vargas, *Comentaristas,* 1972, pág. 605).

13-14 El yo enunciativo espera que al fallecer sus ojos mortales se tornen en otros que le permitan ver de nuevo a la amada en una realidad ultraterrena. Keniston (1922: 279) lo interpretó en términos de trascendencia cristiana, pero Lapesa paganizó adecuadamente dicha eternidad vinculándola a «la visión perdurable de la belleza femenil glorificada» (1985: 127). Es razonable asumir que estos ojos últimos y definitivos fuesen los de la mirada interior del alma o *cogitatio* (opuesta a la *visio),* en donde se porta impresa la imagen de la amada y puede contemplarse siempre, aunque ella esté ausente (Gargano, 1988: 130). Podría ser eco virgiliano de *Eneida,* X, 746: «in aeternam clauduntur lumina noctem» (Tamayo de Vargas, *Comentaristas,* 1972, pág. 605).

Soneto XXVI

Echado está por tierra el fundamento
que mi vivir cansado sostenía.
¡Oh cuánto bien se acaba en solo un día!
¡Oh cuántas esperanzas lleva el viento!

¡Oh cuán ocioso está mi pensamiento 5
cuando se ocupa en bien de cosa mía!
A mi esperanza, así como a baldía,
mil veces la castiga mi tormento.

Las más veces me entrego, otras resisto
con tal furor, con una fuerza nueva, 10
que un monte puesto encima rompería.

Aqueste es el deseo que me lleva
a que desee tornar a ver un día
a quien fuera mejor nunca haber visto.

Soneto XXVI. Se trata de un poema que presenta estrechas analogías con la canción III y el soneto IV, lo que ha facilitado que exista cierto consenso crítico en fechar su redacción entre febrero y julio de 1532 (Keniston, 1922: 199-200; 1925: 273; Lapesa, 1985, 13, 49, 185). Pero la idea de una construcción derribada o de un fruto esparcido, planteada en el primer verso, permite también emparentarlo con los sonetos XX y XXV (Jiménez Heffernan, 2017: 179-180). Aunque no queda claro, parece que es el menosprecio de la dama y no su muerte lo que genera en el yo poético la duda interna que le hace debatirse entre la desesperanza y el deseo de volver a ver a la amada.

1 *fundamento:* 'cimiento'.

3 El súbito acabamiento de los bienes es imagen petrarquista (*Canzoniere,* CCLXIX, 13-14 y CCCXVII, 7-8) que cuenta con un antecedente clásico en la silva, II, 54 de Estacio: «cuncta in cineres gravis intulit hora» (Morros, 1995: 49). Garcilaso utiliza una imagen similar en la canción III, 52: «que el bien y el miedo me quitó en un día».

4 El Brocense *(Comentaristas,* pág. 271) detectó lo que parece un calco de *Canzoniere,* CCCXXIX, 8 de Petrarca: «quante speranze se ne porta il vento» *(Cancionero* II, 2012, pág. 934); aunque la imagen se constata en la literatura clásica desde Ovidio a Plinio (Morros, 1995: 49; Jiménez Heffernan, 2017: 180).

7 *como a baldía:* 'como a tierra estéril'; la comparación con la *esperanza* se sustenta en el hecho de que esta no da ningún fruto, por más que se la roture y trabaje con el arado del *tormento* (Rivers, 2001: 136). Morros (1995: 49) indica que podría ser eco de la elegía II, XI, 2 de Propercio: «laudet, qui sterili semina ponit humo» («Que te alabe quien siembra en tierra estéril», *Elegías,* 1963, pág. 69).

11 La imagen del amante que vence a todo un monte, usada por Garcilaso en el soneto IV, 10, estaba en *Amores* I, IX, 9 de Ovidio (Jiménez Heffernan, 2017: 181)

12-14 Herrera *(Anotaciones,* 2001, pág. 446) señala que para expresar las ansias por ver nuevamente a la amada, Garcilaso se inspiró en *Canzoniere,* CCCXII, 13-14 de Petrarca: «ch'i' chiamo il fine, per lo gran desire / di riveder cui non veder fu 'l meglio» *(Cancionero* II, 2012, pág. 890).

Soneto XXVII

Amor, amor, un hábito vestí,
el cual de vuestro paño fue cortado;
al vestir ancho fue, mas apretado
y estrecho cuando estuvo sobre mí.

Después acá de lo que consentí, 5
tal arrepentimiento me ha tomado
que pruebo alguna vez, de congojado,
a romper esto en que yo me metí;

mas ¿quién podrá de este hábito librarse,
teniendo tan contraria su natura 10
que con él ha venido a conformarse?

Si alguna parte queda, por ventura,
de mi razón, por mí no osa mostrarse,
que en tal contradición no está segura.

Soneto XXVII. El estilo marcadamente cancioneril del poema sugiere que fue escrito en una fecha temprana (Lapesa, 1985: 183-184). Compuesto en diálogo intertextual con Ausiàs March, el sentido del soneto se construye a partir del valor anfibológico del término *hábito,* que valdría como imagen del amor concebido a la manera de un 'vestido' que encorseta y oprime al amante, pero también representaría a la propia 'costumbre' amorosa que subyuga la voluntad del que ama. Incluso es posible asimilarlo al tecnicismo escolástico *habitus* (Rivers, 2001: 139; Morros, 1995: 406-407) o vincularlo con la alegoría de la imaginación como *vestimentum animae* o *indumentum animae* (Jiménez Heffernan, 2017: 182-185).

1 *hábito:* Con el doble sentido de 'vestido' y 'costumbre'. También se puede relacionar con el *habitus,* tecnicismo que, desde Aristóteles, alude a una cualidad del alma o segunda naturaleza que adquiere el individuo y que no es fácil modificar (Rivers, 2001: 139; Morros, 1995: 406-407). Jiménez Heffernan (2017: 183) señala que Garcilaso expande una metáfora de origen neoplatónico que ya estaba en la fuente original: la de la imaginación como *vestimentum animae* o *indumentum animae* ('vestido del alma'). Desde esta perspectiva sugiere una lectura en clave metaliteraria del soneto, «como un lamento sobre la acción violenta y deformante que la imaginación poética, la escritura, tiene sobre el alma del poeta» (Jiménez Heffernan, 2017: 184).

3 *al vestir:* 'al ponérmelo'.

4 Tanto El Brocense *(Comentaristas,* 1972, pág. 271) como Herrera *(Anotaciones,* 2001, págs. 447-448) identificaron que el poema LXXVII, IV, 25-28 de Ausiàs March fue la fuente en que se inspiró Garcilaso para el comienzo de su soneto: «Amor, Amor, un hàbit m'he tallat / de vostre drap, vestint-me l'espirit; / en lo vestir, ample molt l'he sentit, / e fort estret, quant sobre mi·s posat» *(Obra poética I,* 1979, pág. 394).

5 'desde el momento en que lo consentí hasta ahora'.

6 *tomado:* 'sobrevenido'.

8 La voz lírica intenta infructuosamente *romper el hábito* y librarse así del 'vestido', de la 'costumbre amorosa', del *habitus* o de la asfixiante tortura de la 'imaginación poética'.

11 *conformarse:* 'adaptarse perfectamente a su forma'. Los tercetos pudieran ser eco de Ausiàs March, II, IV, 33-36 (Morros, 1995: 51).

13 *mi razón:* 'mi naturaleza racional'.

14 *contradición:* 'actitud contraria a la naturaleza propia del individuo'. La originaria *natura* racional del yo poético no se siente *segura* para mostrarse, pues este se ha amoldado al *hábito* del *amor,* con los valores y sentidos que tal concepto adopta en el poema.

Soneto XXVIII

Boscán, vengado estáis, con mengua mía,
de mi rigor pasado y mi aspereza,
con que reprehenderos la terneza
de vuestro blando corazón solía;

agora me castigo cada día 5
de tal selvatiquez y tal torpeza,
mas es a tiempo que de mi bajeza
correrme y castigarme bien podría.

Sabed que en mi perfeta edad y armado,
con mis ojos abiertos, me he rendido 10
al niño que sabéis, ciego y desnudo.

De tan hermoso fuego consumido
nunca fue corazón; si preguntado
soy lo demás, en lo demás soy mudo.

Soneto XXVIII. La voz enunciativa del poema interpela a Boscán para comunicarle que está prendado de una dama. La confesión del yo poético se realiza con algo de vergüenza, porque solía recriminar el enamoramiento de su amigo, y con mucho de discreción, de acuerdo con el preceptivo silencio de los códigos amorosos corteses. Todo el poema se articula por medio de antítesis léxicas y conceptuales, oponiendo *pasado* (v. 2) y *agora* (v. 5), *aspereza* (v. 2) y *terneza* (v. 3), *rigor* (v. 2) y *blando* (v. 4), *armado* (v. 9) y *desnudo* (v. 11), *ojos abiertos* (v. 10) y *ciego* (v. 11), *preguntado* (v. 13) y *mudo* (v. 14). Aunque los versos no explicitan nada al respecto, tradicionalmente se ha interpretado como expresión de una vivencia real del escritor histórico ocurrida en la Nápoles de 1535-1536 (Keniston, 1922: 127, 209; Lapesa, 1985: 181).

1 *mengua:* 'descrédito', 'vergüenza'.

6 *selvatiquez:* 'rudeza', 'tosquedad'; Herrera *(Anotaciones,* 2001, pág. 449) notó que procede del italiano «selvatichezza», cualidad del hombre rústico que se opone a las virtudes que debe mostrar el culto cortesano (Rivers, 2001: 140).

8 *correrme:* 'avergonzarme'.

9 *en mi perfeta edad:* 'en la plenitud de mi vida'; oponiendo la condición adulta que legitima para empuñar armas y ver el mundo *(armado... ojos abiertos)* a la juventud de Cupido, *ciego* porque hasta que no se llega a la *perfeta edad,* «non puote perfettamente la razionale parte discernere», según explica Dante en *Convivio* IV, 24 (Jiménez Heffernan, 2017: 188). La crítica tradicional ha querido ver aquí una referencia a la edad biológica del escritor histórico, al que se le suponen treinta y cinco años en el momento de la escritura (Keniston, 1922: 127, 209; Lapesa, 1985: 181).

11 El *niño* es Cupido, dios del amor.

12 La del *hermoso fuego* que consume el *corazón* enamorado es imagen clásica presente en elegía II, 151-153.

13-14 *si... mudo:* 'si se me pregunta por el resto *(lo demás),* en lo que es excesivo *(lo demás)* soy mudo', pues nada debe decirse sobre la identidad de la amada, de acuerdo con las convenciones del amor cortés.

Soneto XXIX

Pasando el mar Leandro el animoso,
en amoroso fuego todo ardiendo,
esforzó el viento y fuese embraveciendo
el agua con un ímpetu furioso.

Vencido del trabajo presuroso, 5
contrastar a las ondas no pudiendo,
y más del bien que allí perdia muriendo
que de su propia vida congojoso,

como pudo esforzó su voz cansada
y a las ondas habló de esta manera, 10
mas nunca fue su voz de ellas oída:

«Ondas, pues no se escusa que yo muera,
dejadme allá llegar y a la tornada
vuestro furor esecutá en mi vida».

Soneto XXIX. Se poetizan los amores míticos desarrollados por autores como Marcial, Virgilio y, principalmente, Ovidio en las *Heroidas* XVIII y XIX. Leandro nadaba cada noche hasta el otro lado del Helesponto para reunirse con su amada Hero, quien lo esperaba con una lámpara encendida a fin de que no se perdiese en la oscuridad. Pero una noche de tormenta se apaga la lámpara y Leandro, incapaz de guiarse hasta tierra firme, muere ahogado entre las aguas. La temática mitológica permite suponer que fue escrito durante la época napolitana, igual que los sonetos XI, XIII y XXIII (Keniston, 1922: 207; Lapesa, 1985: 186).

2 El Brocense *(Comentaristas,* 1972, pág. 271) supo ver cómo Garcilaso acudió para el arranque de su soneto a un conocido epigrama de Marcial de su *Liber Spectacvlorvm* 29(25b), 1-4: «Cum peteret dulces audax Leandros amores, / et fessus tumidis iam premeretur aquis, / sic miser instantes affatus dicitur undas: / "Parcite dum propero, mergite dum redeo"» («Cuando el temerario Leandro iba en busca de su dulce amor / y, agotado ya, era tragado por las alborotadas aguas, / se dice que en su desgracia habló así a las olas que lo amenazaban: / "Perdonadme ahora que voy con prisa, tragadme a la vuelta"» *(Epigramas* I, 2004, pág. 12). Herrera *(Anotaciones,* 2001, págs. 454-455) sumó la posible influencia de los versos virgilianos de *Geórgicas,* III, 258-263, en los que el episodio mítico sirve para demostrar la fuerza del amor: «quid iuvenis, magnum cui uersat in ossibus ignem / durus amor? Nempe abruptis turbata procellis / nocte natat caeca serus freta, quem super ingens / porta tonat caeli, et scopulis inlisa reclamant / aequora; nec miseri possunt reuocare parentes, / nec moritura super crudeli funere uirgo» («¿Qué decir de aquel joven cuyas entrañas se abrasan con un fuego apasionado? Pues que va a atravesar a nado, a última hora, al abrigo de la ciega noche, el estrecho perturbado por la tempestad desencadenada» *(Geórgicas,* 2012, págs. 196-197). El legado virgiliano llega hasta Ariosto, quien en su *Orlando Furioso* XIX, XXVI, 8 lo trasvasa al italiano mediante un verso —«tutto infiammato d'amoroso fuoco» *(Orlando furioso,* 2002, pág. 1206)— que evocará Garcilaso en la égloga II, 1702.

3 *esforzó:* 'se desató'.

6 *contrastar:* 'resistir', 'hacer frente'.

7 Es necesario hacer sinéresis en *perdia* para evitar la hipermetría del verso

8 *congojoso:* 'angustiado', 'afligido'; esto es, más preocupado por dejar de ver a la amada *(el bien que allí perdia)* que por morir él mismo.

12 La imprecación a las olas *(Ondas)* parece evocación del epigrama XIV, CLXXXI, 2 de Marcial: «Mergite me, fluctus, cum rediturus ero» (Tamayo de Vargas, *Comentaristas,* 1972, pág. 607).

13 *tornada:* 'vuelta'.

14 *esecutá:* 'ejecutad'.

Soneto XXX

Sospechas que, en mi triste fantasía
puestas, hacéis la guerra a mi sentido,
volviendo y revolviendo el afligido
pecho con dura mano noche y día,

ya se acabó la resistencia mía 5
y la fuerza del alma; ya rendido
vencer de vos me dejo, arrepentido
de haberos contrastado en tal porfía.

Llevadme a aquel lugar tan espantable
que, por no ver mi muerte allí esculpida, 10
cerrados hasta aquí tuve los ojos.

Las armas pongo ya, que concedida
no es tan larga defensa al miserable;
colgad en vuestro carro mis despojos.

Soneto XXX. En este soneto, de fecha incierta, el sujeto lírico expresa su inquietud y desconfianza por las *sospechas* que atacan a su razón *(sentido),* las cuales le infunden la idea de que ha sido traicionado. Incapaz de sortear las dudas a las que había hecho frente hasta el momento, solicita ser llevado hasta aquel *lugar tan espantable* en donde se confirmen todas estas *sospechas,* para rendirse definitivamente ante ellas.

1 *fantasía:* 'imaginación'. Morros (1995: 409) señala los paralelos del primer cuarteto con los versos del poema CI, 33-34 de Ausiàs March: «Dormint, vetlant, yo tinch la fantasia / en contemplar qui am, qui és, qué val» *(Obra poética,* II, 1979, pág. 88).

2 *sentido:* 'razón'.

8 *contrastado:* 'hecho frente', 'opuesto resistencia'. Mele (1930: 243) identificó un uso análogo del término en *Canzoniere,* LXXIII, 25-26 de Petrarca: «et la ragione è morta, / che tenea 'l freno, et contrastar nol pote» *(Cancionero* I, 2006, pág. 326). *porfía:* 'lucha'.

9 El *lugar tan espantable* será aquel en que el sujeto lírico constate que ha sido traicionado y se dé por vencido.

12 *pongo:* 'depongo', 'entrego'.

13 *miserable:* 'vencido', 'abatido'.

14 Una vez que deponga las armas y acepte su derrota ante las *sospechas,* estas podrán desfilar triunfantes con los despojos del vencido en su carro, igual que hacían los antiguos romanos. Aunque hay imágenes similares, dentro de un contexto bélico-amoroso, en los ovidianos *Amores* I, x, 29-30 o I, II, 22-26, Garcilaso evoca aquí la imaginería del *triumphus cupidinis* que actualiza Petrarca en los *Trionfi,* cuya figuración comienza con un «triumphal carro» y un «carro di foco» *(Triunfos,* 2003, pág. 92) guiado por Cupido.

Soneto XXXI

Dentro en mi alma fue de mí engendrado
un dulce amor, y de mi sentimiento
tan aprobado fue su nacimiento
como de un solo hijo deseado;

mas luego de él nació quien ha estragado 5
del todo el amoroso pensamiento;
en áspero rigor y en gran tormento
los primeros deleites ha tornado.

¡Oh crudo nieto, que das vida al padre
y matas al agüelo!, ¿por qué creces 10
tan desconforme a aquel de que has nacido?

¡Oh celoso temor!, ¿a quién pareces?,
que aun la invidia, tu propia y fiera madre,
se espanta en ver el monstruo que ha parido.

Soneto XXXI. Herrera *(Anotaciones,* 2001, pág. 462) aclaró que el soneto trata sobre el monstruo de los celos, cuyo padre es *amor* y tiene por madre a la *envidia,* de modo que «naciendo el celo, crece el amor con daño de quien lo tiene», hasta que finalmente los celos terminan por matar al mismo amor que los engendró. Herrera esgrimió como fuente previa de esta «alegoría parricida» (Jiménez Heffernan, 2017: 198) un «bellísimo soneto» de Sannazaro, que fue localizado por Keniston (1922: 217) en los *Sonetti e canzoni,* XXVII, 1 («O gelosia, d'amanti orribil freno»). Se trata del mismo poema que supuestamente tradujo Garcilaso en su soneto XXXIX y que inspiró a Tansillo la escritura de los sonetos XXXIII y LII (1930: 243). Morros (1995: 409-410) detecta semejanzas con un pasaje de Ariosto *(Orlando furioso,* XXXI, I, 6-8) en que se describe la sensación que provocan los celos en el ánimo del individuo: «da quel sospetto rio, da quel timore, / da quel martìr, da quella frenesia, / da quella rabbia detta gelosia». Además, apunta Morros (1995: 55) que la base alegórica del poema podría ser inspiración de las *Lecciones de Job,* 388-393 de Garci Sánchez de Badajoz. Justamente por este sustrato alegórico parece razonable pensar que el poema fue escrito en una etapa anterior al período napolitano (Morros, 1995: 55).

1-4 El yo lírico engendra en su alma al *dulce amor* con tanto afecto como el que se invierte en concebir a un hijo único muy querido *(solo hijo deseado).*

5-6 Quien 'daña' y 'vicia' *(estragado)* el *amoroso pensamiento* es el monstruo de los celos, hijo del propio afecto y de la envidia. Parece eco de *Rime,* XXIII, 5-6 de Sannazaro: «O serpente nascosto in dolce seno / di lieti fior...» (Morros, 1995: 55).

9-10 Como explicó Herrera *(Anotaciones,* 2001, pág. 462), el nieto cruel *(crudo)* es imagen de los celos, que vivifican al amor *(padre)* y acaban así con el yo poético *(agüelo).*

11 *desconforme:* 'distinto', pues los celos crecen con unas características radicalmente diferentes de las de su padre, el amor.

12 *pareces:* 'te pareces', 'te asemejas'.

14 La equiparación de los celos con un *monstruo* estaba ya en Virgilio *(Eneida,* VII, 327-328), como señala Herrera *(Anotaciones,* pág. 463), y la utiliza Sannazaro en *Rime,* XXIII, 10: «o crudel mostro» (Morros, 1995: XX).

Soneto XXXII

Mi lengua va por do el dolor la guía;
ya yo con mi dolor sin guia camino;
entrambos hemos de ir con puro tino;
cada uno va a parar do no querría:

yo porque voy sin otra compañía 5
sino la que me hace el desatino;
ella porque la lleve aquel que vino
a hacella decir más que querría.

Y es para mí la ley tan desigual
que, aunque inocencia siempre en mí conoce, 10
siempre yo pago el yerro ajeno y mío.

¿Qué culpa tengo yo del desvarío
de mi lengua, si estoy en tanto mal
que el sufrimiento ya me desconoce?

Soneto XXXII. El insoportable dolor que sufre el yo poético le lleva a romper los límites del silencio debido y excederse en su locuacidad. Partiendo de una personificación de la lengua, se desarrolla una comparación alegórica entre los caminos paralelos que transitan tanto la lengua como el sujeto poético, que en ambos casos conducen a un error *(yerro)* imputable a la voz enunciativa. De acuerdo con esto, Jiménez Heffernan (2017: 200-201) sugiere que «Garcilaso está elaborando la temática del discurso errado, de la lengua como espacio de pérdida, así como una clara identificación entre sujeto y lengua, persona y escritura», de modo que «la pérdida de la escritura implica el yerro del sujeto». Desde esta perspectiva, el final del soneto podría interpretarse en clave metapoética, entendiendo que «si la lengua yerra en desvarío, si la canción es excesiva», se llega a tal «perdición que ni el poema reconoce a su autor, ni la palabra conoce su lengua».

1 *lengua:* 'habla', 'discurso'; igual que en el soneto XIX y en varios lugares de la égloga II (Jiménez Heffernan, 2017: 201). Con tal significado se documenta en la poesía cancioneril y el Marqués de Santillana lo emplea con este sentido en sus sonetos VII, IX y XI.

2 Se debe hacer sinéresis en *guia* para mantener la medida del verso. Parece eco de *Canzoniere,* LXXI, 46-47 de Petrarca: «Dolor, perché mi meni / fuor di camin a dir quel ch'i non voglio?» (Morros, 1995: 56).

3 *entrambos:* 'ambos'. *con puro tino:* 'a tientas'.

6 *desatino:* 'locura'.

7-8 *aquel... querría:* Se refiere al dolor, que guía a la lengua por caminos que esta no desearía transitar, haciéndola hablar más de lo debido. Debe pronunciarse *hacelle* con *h-* aspirada.

9 *desigual:* 'injusta'.

10 *inocencia... conoce:* 'siempre sabe de mi inocencia'.

11 El *yerro ajeno* es el de la *lengua.*

14 *desconoce:* 'no me reconoce'; *tanto* es su *mal* que ni siquiera el *sufrimiento,* compañero inseparable del yo lírico, puede reconocerlo ahora, debido al estado en que se encuentra.

Soneto XXXIII

A Boscán desde La Goleta

Boscán, las armas y el furor de Marte,
que, con su propia fuerza el africano
suelo regando, hacen que el romano
imperio reverdezca en esta parte,

han reducido a la memoria el arte 5
y el antiguo valor italïano,
por cuya fuerza y valerosa mano
África se aterró de parte a parte.

Aquí donde el romano encendimiento,
donde el fuego y la llama licenciosa 10
solo el nombre dejaron a Cartago,

vuelve y revuelve amor mi pensamiento,
hiere y enciende el alma temerosa,
y en llanto y en ceniza me deshago.

Soneto XXXIII. Garcilaso escribió este poema a Boscán con motivo de la toma de La Goleta (Túnez) por los soldados de Carlos V, que tuvo lugar el 14 de julio de 1535. Fosalba (2019) sugiere que su redacción definitiva probablemente tuviera lugar en la primavera de 1536 durante la entrada triunfal de Carlos V en Roma. En el soneto se parangona el éxito del ejército español en África con la gesta de las tropas de Escipión al rendir Cartago, lo que permite evocar una suerte de *Roma renovata* o renacimiento del Imperio romano del pasado en la España del presente; todo ello en consonancia con los intereses del monarca por construir una versión oficial literaturizada y ensalzadora de los acontecimientos, de cara a sus intereses propagandísticos (Fosalba, 2019). La reflexión poética emanada de la contemplación de edificios destruidos está en *Canzoniere,* LII de Petrarca, en el *De Roma* de Piccolomini o en *Elegías* II, IX de Sannazaro, como señala Morros (1995: 410). Sin embargo, el enriquecimiento de esta imagen petrarquista por medio de una meditación amorosa a partir de las ruinas, como hace aquí Garcilaso, se debe al soneto de Castiglione que comienza «Superbi colli, e voi sacre ruine / che'l nome sol di Roma achor tenete». Herrera *(Anotaciones,* 2001, pág. 473) aduce los versos de Castiglione como antecedente literario del soneto, aunque el toledano también podría haberse inspirado, de acuerdo con Morros (1995: 57), en similares composiciones de Bernardo Tasso («Sacra ruina che 'l gran cerchio giri») o de Bembo («Tomaso, i' venni, ove l'un duce mauro / fece del sangue suo vermiglio il piano»). Jiménez Heffernan (2017: 203-204) lo pone en relación con la elegía I, 85-92 e interpreta que en los versos de Garcilaso existe una velada crítica a la guerra, a modo de *querella pacis.* Fosalba (2019: 82) pone de relieve las estrechas coincidencias con los *Comentarios* del cronista franciscano Alonso de Sanabria, presente en la jornada, y cuyas descripciones y comparaciones son idénticas a las de Garcilaso, lo que permite suponer que ambos «debieron de compartir impresiones sobre aquel espectacular paisaje de ruinas».

1 *furor de Marte:* 'locura del dios de la guerra'. Podría ser eco del inicio de la *Eneida* de Virgilio: «at nunc horrentia Martis / Arma uirumque cano» (Alcina, 1989: 212).

4 Se evoca la victoria de Escipión sobre Cartago a propósito de la presencia de Carlos V en el norte de África.

5 *reducido a la memoria:* 'vuelto a traer a la memoria'. *arte:* 'habilidad'.

6 *italïano:* 'romano', en referencia al imperio que acabó con los cartagineses.

8 *se aterró:* con el doble sentido de 'fue abatida' o 'pulverizada en tierra' y 'se aterrorizó' (Jiménez Heffernan, 2017: 202-206).

9 *encendimiento:* 'ardor guerrero', 'vehemencia bélica'.

10 *llama licenciosa:* 'llama impetuosa'. Herrera *(Anotaciones,* 2001, pág. 472) señaló el paralelo con el *Orlando,* XXVII, XXIV, 3 de Ariosto: «licenziosa fiamma arde e camina». Como explicó Alcina (1989: 212), la llama apela a un doble horizonte referencial: el incendio y destrucción de Cartago por Escipión, pero también el fuego amoroso en que se consume Dido por la imposibilidad de su amor hacia Eneas, como describe Virgilio en *Eneida,* IV, 66: «et... flamma medullas». Advierte Jiménez Heffernan (2017: 205) que no debe desatenderse la literalidad histórica de la

referencia, pues de acuerdo con Fernández Álvarez (1999: 504), durante la conquista de La Goleta, «se iba endureciendo la guerra, al tiempo que el calor era cada vez más intenso», de modo que los soldados «se abrasaban de día, la sed les aquejaba constantemente, las molestas armaduras se ponían de tal modo calientes que derretían a los caballeros».

12 *vuelve:* 'daña'. *revuelve:* 'perturba'. El verso es muy similar al soneto XXX, 3 («volviendo y revolviendo al afligido»); podría ser, como ha señalado Morros (1995: 411), un homenaje literario a Boscán I, canción I, 416: «vuelve y revuelve amor la fantasía» *(Poesía,* 1999, pág. 202).

Soneto XXXIV

Gracias al cielo doy que ya del cuello
del todo el grave yugo he desasido,
y que del viento el mar embravecido
veré desde lo alto sin temello;

veré colgada de un sutil cabello 5
la vida del amante embebecido
en error, en engaño adormecido,
sordo a las voces que le avisan de ello.

Alegrarame el mal de los mortales,
y yo en aquesto no tan inhumano 10
seré contra mi ser cuanto parece:

alegrareme, como hace el sano,
no de ver a los otros en los males,
sino de ver que de ellos él carece.

Soneto XXXIV. En este poema el yo lírico se congratula por haberse desprendido del *yugo* del amor, lo que le hace sentirse gozoso con su propio bien cuando lo parangona con el mal que sufren todos los enamorados. Esto propicia una reflexión sobre los beneficios de saberse libre de la esclavitud amorosa, que se apoya en Horacio y Lucrecio. Del primero se toma la imagen del amante sometido al yugo de la amada *(Odas,* III, IX, 154), del segundo la idea del individuo que extrae una enseñanza moral del desastre ajeno. Aunque no es fácil determinar su posible fecha de escritura, todo apunta a que se trata de un poema de madurez (Keniston, 1922: 213; Lapesa, 1985: 187).

2 El yugo pesado *(grave)* del que se desprende *(desasido)* el yo poético es metáfora de sometimiento al amor desde la Antigüedad clásica (Rivers, 2001: 154), con precedentes como los versos de la oda III, IX, 17-18 de Horacio: «quid si prisca redit Venus / diductosque iugo cogit aeneo?» («¿Y si volviera la antigua / Venus a reunirnos con yugo broncíneo?», *Odas y epodos,* 1990, págs. 264-265). Morros (1995: 411-412) ha indagado en la presencia trovadoresca y petrarquista de la metáfora del yugo, aduciendo ejemplos de la canción LI, 12 de Petrarca —«et sarei fuor del grave giogo et aspro»— y de los *Sonetti e canzone* XIII, 9 de Sannazaro —«Oh felice quel dì, che 'l grave giogo».

3-4 Herrera *(Anotaciones,* 2001, pág. 468) adujo como fuente del pasaje los cuatro versos iniciales del segundo libro del *De rerum natura* de Lucrecio, que iluminan tanto el sentido del primer cuarteto como el del último terceto del soneto: «Suave, mari magno turbantibus aequora uentis, / e terra magnum alterius spectare laborem; / non quia uexari quemquamst iocunda uoluptas, / sed quibus ipse malis careas quia cernere suaue est» («Es dulce, cuando sobre el vasto mar los vientos revuelven las olas, contemplar desde la tierra el penoso trabajo de otro; no porque ver a uno sufrir nos dé placer y contento, sino porque es dulce considerar de qué males te eximes») *(De la naturaleza,* 1961, pág. 64).

5-6 *embebecido:* 'concentrado', 'absorto'; reforzando aquí la idea del sujeto amoroso embelesado en su error y condenado por ello. Herrera *(Anotaciones,* 2001, págs. 468-469) interpretó el pasaje como una reescritura de la leyenda de Damocles, pero Morros (1995: 58) ha mostrado la influencia indudable de dos versos de Ausiàs March (LVI, 9-10): «Amor no·l cal gemechs ne sospirs fènyer, / veent penjar sont estat prim en l'ayre».

10-11 *no tan... parece:* 'no seré tan inhumano, en contra de mi naturaleza habitual, como parece'.

13-14 Esta consideración sobre la alegría de la propia curación en relación a la enfermedad ajena se inspira en *De rerum natura,* II, 3-4 de Lucrecio (véase nota vv. 3-4).

Soneto XXXV

A Mario, estando, según algunos dicen, herido en la lengua y en el brazo

Mario, el ingrato amor, como testigo
de mi fe pura y de mi gran firmeza,
usando en mí su vil naturaleza,
que es hacer más ofensa al más amigo,

teniendo miedo que, si escribo y digo 5
su condición, abato su grandeza,
no bastando su esfuerzo a su crüeza,
ha esforzado la mano a mi enemigo;

y ansí, en la parte que la diestra mano
gobierna y en aquella que declara 10
los concetos del alma, fui herido.

Mas yo haré que aquesta ofensa cara
le cueste al ofensor, ya que estoy sano,
libre, desesperado y ofendido.

Soneto XXXV. Dirigido al poeta napolitano Mario Galeota, a quien también podría haber dedicado la *Ode ad florem Gnidi* el soneto seguramente fue escrito durante la campaña de Túnez del verano de 1535, igual que el XXXIII. Keniston (1922: 134) recoge una carta de Enrique Enríquez de Guzmán a su padre el conde de Alba, fechada el 22 de junio de 1535, en la que se informa de dos heridas de lanza recibidas por Garcilaso: una en la boca, de poca gravedad, y otra más preocupante en el brazo. La existencia de documentación histórica sobre este suceso permite suponer que la anécdota del poema parte de una experiencia real que se vierte a la literatura para empaparse de sentidos ficcionales y alegóricos. De ese modo, la voz enunciativa se queja de que el amor se ha aliado con sus otros enemigos, los turcos, para poderlo herir. Conforme a todo ello, la milicia real del escritor histórico, *contino*-soldado de Carlos V, se transforma en la *militia amoris* de un yo poético enfrentado al amor, traslación figurativa que ya sobrevolaba el soneto XXXIII (Jiménez Heffernan, 2017: 209-210).

6 *abato:* 'echo por tierra'.

7 *crüeza:* 'crueldad'.

8 *ha esforzado la mano:* 'ha ayudado'. El *enemigo* a quien ayuda el *ingrato amor* del primer verso no es otro sino Barbarroja.

9-11 *en la parte... del alma:* 'en el brazo derecho y en la boca'.

13-14 El *ofensor* es el *ingrato amor,* de quien el yo poético, una vez recuperado de sus heridas *(sano, libre),* se vengará escribiendo con la mayor virulencia de que sea capaz, ya que por su culpa se siente *desesperado y ofendido*.

Soneto XXXVI

Siento el dolor menguarme poco a poco,
no porque ser le sienta más sencillo,
mas fallece el sentir para sentillo,
después que de sentillo estoy tan loco;

ni en sello pienso que en locura toco, 5
antes voy tan ufano con oíllo
que no dejaré el sello y el sufrillo,
que si dejo de sello el seso apoco.

Todo me empece: el seso y la locura;
prívame este de sí por ser tan mío, 10
mátame estotra por ser yo tan suyo.

Parecerá a la gente desvarío
preciarme de este mal do me destruyo,
yo lo tengo por única ventura.

Soneto XXXVI. A fuerza de soportar el padecimiento por el *mal* que sufre, el yo poético ha perdido el juicio por completo y se ha insensibilizado al *dolor,* de modo que se entrega gozoso a esa locura que le daña y que le conduce hacia su propia *destrucción.* Es de autoría dudosa y no lo recogen en sus ediciones ni Herrera ni Azara. Lapesa (1985: 207) lo considera de «autenticidad problemática», ya que es una de las composiciones que El Brocense «tomó de un libro de mano» asegurando que «se tenían por de Garcilaso». No obstante, sus analogías estilísticas con el soneto III y su cercanía a algunos poemas del *Cancionero general* de 1511 permiten suponer que pudiera haber sido escrito por el toledano en una época temprana (Morros, 1995: 60).

1 *menguarme:* 'consumirme'.

2-4 'no porque lo sienta ser menos intenso *(más sencillo),* sino porque falta la capacidad sensitiva *(fallece el sentir)* para percibirlo, después de que por sentirlo con tanta intensidad me he vuelto loco'. Morros (1995: 60) señala concomitancias con Boscán, I, xv, 46-50: «Que el amor, / cuando hiere, es muy mejor / que sea su mal crecido, / porque se pierda el sentido / con la fuerza del dolor» *(Poesía,* 1999, pág. 121).

5-8 'no pienso que soy loco *(ni en sello pienso)* por estar loco *(en locura toco),* antes bien me enorgullezco tanto de oír decir que lo estoy *(antes voy tan ufano con oíllo)* que nunca dejaré de estarlo y de padecer locura *(que no dejaré el sello y el sufrillo),* pues si dejo de estarlo reduzco mi intelecto *(que si dejo de sello el seso apoco)'.* La paradójica existencia de una locura no carente de juicio invita a pensar en una enajenación provechosa que mantiene activa a la razón. De acuerdo con ello, parece que «la locura se presenta como condición de la escritura lírica: solo la enajenación provocada por el dolor, solo el desvarío, conduce a la dicción poética. De ahí quizá esta sentida defensa de la demencia» (Jiménez Heffernan, 2017: 213).

9 *empece:* 'daña'.

10-11 'el intelecto *(seso)* me priva de juicio *(seso)* por ser este juicio *(seso)* tan loco como yo *(tan mío),* la locura me mata por estar yo enajenado y entregado a ella *(ser tan suyo)'.*

12 Igual que ocurría en la copla VII, la *gente* encarna la cordura y el orden, actuando como contraste discursivo para enfatizar el *desvarío* del protagonista poético, conformando así una dialéctica conflictiva entre las convenciones o *pareceres* del espacio público social y los comportamientos libres de lo privado individual.

14 *ventura:* 'felicidad'. Explica Morros (1995: 60) que «la complacencia en el dolor y en la pérdida de juicio (el mal que destruye al poeta) es un motivo muy característico de la poesía amorosa del siglo xv», como queda de manifiesto en los versos que aduce de March y de Garci Sánchez de Badajoz (1995: 412-413).

Soneto XXXVII

A la entrada de un valle, en un desierto
do nadie atravesaba ni se vía,
vi que con estrañeza un can hacía
estremos de dolor con desconcierto;

ahora suelta el llanto al cielo abierto, 5
ora va rastreando por la vía;
camina, vuelve, para y todavía
quedaba desmayado como muerto.

Y fue que se apartó de su presencia
su amo, y no le hallaba, y esto siente: 10
mirad hasta dó llega el mal de ausencia.

Moviome a compasión ver su accidente;
díjele, lastimado: «Ten paciencia,
que yo alcanzo razón y estoy ausente».

Soneto XXXVII. El sujeto de la enunciación contempla los gemidos y el desconcierto de un perro dejado a su suerte, del que se compadece y con el que se identifica, pues a pesar de que el yo lírico se declara racional, sufre el mismo *mal de ausencia.* Aunque se ha encarecido su fidelidad proverbial, la imagen del perro abandonado por su amo como representación del sufrimiento humano no cuenta con antecedentes literarios (Morros, 1995: 61; Jiménez Heffernan, 2017: 215-216). Gargano (1996) aclara que existe una fuerte asociación entre el perro y la melancolía (o *mal de ausencia)* en la tradición astrológica, médico-filosófica y jeroglífica de la época, lo que explica su uso en el soneto como elemento de contraste con el yo poético. Herrera no lo creía escrito por Garcilaso y lo excluyó de sus *Anotaciones.* No obstante, parece razonable asumir que fuese redactado por el toledano en fecha temprana, dado el andamiaje alegórico sobre el que se sustenta (Lapesa, 1985: 187; Morros, 1995: 61).

2 *vía:* 'veía'.

3-4 *hacía... desconcierto:* 'daba exageradas muestras de dolor con desorientación y perplejidad'.

6 *vía:* 'camino'.

7 *y todavía:* 'y siempre'.

12 *accidente:* con el doble sentido de 'mal, enfermedad' y, en terminología médica, 'dolor, daño' (Morros, 1995: 61).

13 *lastimado:* 'dolido de su mal'.

14 El verso plantea dificultades interpretativas debido a la ambigüedad del sintagma *estoy ausente,* que puede interpretarse como 'sufro por la ausencia de alguien' o 'está ausente la razón en mí, estoy loco'. De acuerdo con ello, podría interpretarse como 'que yo soy racional y, sin embargo, siento la ausencia' o 'que soy racional y, sin embargo, estoy loco por el dolor de la ausencia'.

Soneto XXXVIII

Estoy contino en lágrimas bañado,
rompiendo siempre el aire con sospiros,
y más me dụele el no osar deciros
que he llegado por vos a tal estado;

que viéndome do estoy y en lo que he andado 5
por el camino estrecho de seguiros,
si me quiero tornar para hüiros,
desmayo, viendo atrás lo que he dejado;

y si quiero subir a la alta cumbre,
a cada paso espántanme en la vía 10
ejemplos tristes de los que han caído;

sobre todo, me falta ya la lumbre
de la esperanza, con que andar solía
por la oscura región de vuestro olvido.

Soneto XXXVIII. Tradicionalmente se ha señalado la coincidencia temática y cronológica con los sonetos I y IV: la duda del yo poético sobre el seguimiento o no de los sentimientos que le suscita la amada. Para expresar esta incertidumbre se acude a la imagen de un caminante indeciso que coincide con la del soneto VI y que procede de Ausiàs March, CXXI, VI, 41-47 (Morros, 1995: 413). Pero a estas concomitancias deben sumarse las que comparte este soneto con el anterior, pues ambos tienen una similar «atmósfera escénica» (Jiménez Heffernan, 2017: 218): el *can* del XXXVII es como la voz enunciativa de este, y en ambos existe una *vía* o *camino estrecho;* además, en uno y otro se reiteran tanto el lamento como la incertidumbre que paraliza: si el perro del poema precedente *camina, vuelve, para,* aquí el yo poético no sabe si *tornar para hüiros.* Y ambos participan de una misma recurrencia al «desmayo»: en el poema anterior el perro *quedaba desmayado como muerto,* en este el yo confiesa un *desmayo, viendo atrás lo que he dejado.* Los dos, por último, reformulan «la aporía dantesca *(Inferno* I), la incertidumbre del caminante que está por ingresar en un escenario fatal» (Jiménez Heffernan, 2017: 218).

1 *contino:* 'continuamente'. Recuerda Jiménez Heffernan (2017: 219) que Garcilaso sirvió como *contino* a Carlos V, por lo que estima «poco probable que al poeta, amigo de equivocidades y riquezas léxicas, le pasara inadvertida la coincidencia entre su profesión y esta variedad morfológica de un adverbio temporal muy común en castellano».

3-4 El silencio autoimpuesto forma parte de los códigos de la lírica provenzal, como recuerda Morros (1995: 413-414). Sin descartar la influencia de este lugar común, Jiménez Heffernan considera que «pese a la presión del *topos,* Garcilaso lo rehace al insinuarse una ambigüedad semántica en el término *estado:* tanto situación anímica como posición estamental, profesional, social», lo que conectaría con el soneto I y reforzaría las posibilidades anfibológicas de *contino* en el inicio del poema. Mele (1930) reveló aquí la huella clara de *Canzoniere,* CXXXIV, 14 de Petrarca: «in questo stato son, Donna, per voi».

7 'si me quiero volver para huir de vos'.

13-14 La espacialización del olvido como *oscura región* transitable es una figuración original de Garcilaso, pues lo habitual era espacializar la memoria, en consonancia con la tradición ciceroniana que potenció el ramismo (Jiménez Heffernan, 2017: 219-220). Herrera ponderó la excelencia de los tres últimos versos: «Hermosísima alegoría por todo el terceto; y no sé si se hallará en la lengua latina otra más ilustre y bien tratada que esta» *(Anotaciones,* 2001, pág. 464).

Soneto XXXIX

¡Oh celos, de amor terrible freno,
que en un punto me vuelve y tiene fuerte;
hermanos de crueldad, amarga muerte
que, con tu vista, torbas el cielo sereno!

¡Oh serpiente nacida en dulce seno 5
de hermosas flores, que mi esperanza es muerte:
tras próspero comienzo, adversa suerte,
tras süave manjar, recio veneno!

¿De cuál furia infernal acá saliste,
oh crüel monstruo, oh peste de mortales, 10
que tan tristes, crudos mis dias heciste?

Torna ya sin aumentar mis males;
desdichado miedo, ¿a qué veniste?,
que bien bastaba amor con sus pesares.

Soneto XXXIX. Resulta dudosa la atribución a Garcilaso de este poema sobre los celos, que es traducción prácticamente literal de un soneto de Sannazaro *(Sonetti e canzoni,* XXIII): «O gelosia, d'amanti orribil freno, / che in un punto mi volgi e tien sì forte / o sorella de l'empia amara morte, / che con tua vista turbi il ciel sereno; / o serpente nascosto in dolce seno / di lieti fior, che mie speranze hai morte, / tra prosperi successi avversa sòrte, / tra soavi vivande aspro veneno; / da qual valle infernal nel mondo uscisti, / o crudel mostro, o pèste de' mortali, / che fai li giorni miei sì oscuri e tristi? / Tòrnati giù, non raddoppiar miei mali! / Infelice paura, a che venisti? / Or non bastava Amor con li suoi strali?» *(Sonetti e canzoni,* 2003, XXVII). Aunque es fiable la fuente que ha conservado y transmitido esta composición, por un lado se ha puesto en cuestión su autenticidad debido a los problemas formales que presentan sus versos: hipermetría e hipometría (vv. 1, 4, 6, 10), rimas agudas y sintaxis primitiva (Keniston, 1922: 203-204; Lapesa, 1985: 198). Por otro lado, importa considerar que presenta similitudes con los sonetos XXX y XXXI (Jiménez Heffernan, 2017: 222).

2 *vuelve:* 'revuelve'. *fuerte:* 'aprisionado'. Los *celos* causan en el amor el mismo efecto que el *freno* en el caballo, pues sirven tanto para incitarlo a un movimiento abrupto como para detenerlo de súbito.

4 *torbas:* 'turbas', 'oscureces'.

8 *recio:* 'duro'.

9 Las *furias* eran en la mitología romana las tres divinidades del *infierno* que insuflaban remordimientos en el alma de quienes cometían acciones reprobables, fundamentalmente crímenes.

11 *crudos:* 'crueles'. Debe hacerse sinéresis en *dias* para evitar la hipermetría del verso.

Soneto XL

El mal en mí ha hecho su cimiento
y sobre él de tal arte ha labrado
que amuestra bien estar determinado
de querer para siempre este aposiento;

trátame ansí que a mil habría muerto, 5
mas yo para más mal estoy guardado;
estó ya tal que todos me han dejado,
sino el dolor que en sí me tiene vuelto.

Ya todo mi ser se ha vuelto en dolor
y ansí para siempre ha de turar, 10
pues la muerte no viene a quien no es vivo;

en tanto mal, turar es el mayor,
y el mayor bien que tengo es el llorar:
¡cuál será el mal do el bien es el que digo!

Soneto XL. Igual que ocurría en el poema anterior, también este soneto resulta de atribución dudosa por los problemas estilísticos que presenta, especialmente en las rimas, con alteración de consonantes en los cuartetos (Keniston, 1922: 216; Blecua, 1992; Morros, 1995: 64). No obstante, se perciben ciertas concomitancias con algunas de las composiciones iniciales de Garcilaso, como el soneto XX o la canción IV, en donde el mal se presenta ora como construcción arquitectónica que se cimienta en el sujeto hasta confundirse con él mismo, ora como agente que echa raíces; perseverando así, tanto en uno como en otro caso, en las imágenes de verticalidad y afianzamiento de la acción discursiva (Jiménez Heffernan, 2017: 223).

2 *labrado:* 'edificado'.

3 *amuestra:* 'muestra'.

6 *guardado:* 'protegido', se entiende, de la muerte.

7 *estó:* 'estoy'.

8 *sino:* 'salvo', 'a excepción de'. Es tan intenso el dolor que ha transformado al propio sujeto en dolor mismo, vinculando esta conversión con la que se presenta en el primer cuarteto. Un proceso similar observa Morros (1995: 64) en Ausiàs March, XVII, XXIX, 220: «reconegut, en dol me converteixen».

10 *turar:* 'durar'; permaneciendo *siempre,* en la medida en que persiste el dolor.

12 'en tanto mal, el mayor de los males es permanecer vivo *(turar)*', anticipando tal vez la fórmula mística «muero porque no muero» (Jiménez Heffernan, 2017: 224).

Canción I

Si a la región desierta, inhabitable,
por el hervor del sol demasïado
y sequedad de aquella arena ardiente,
o a la que por el hielo congelado
y rigurosa nieve es intractable, 5
del todo inhabitada de la gente,
por algún accidente
o caso de fortuna desastrada,
me fuésedes llevada,
y supiese que allá vuestra dureza 10
estaba en su crüeza,
allá os iria a buscar, como perdido,
hasta morir a vuestros pies tendido.

Vuestra soberbia y condición esquiva
acabe ya, pues es tan acabada 15
la fuerza de en quien ha de esecutarse;
mirá bien que el amor se desagrada
de eso, pues quiere que el amante viva
y se convierta ado piense salvarse.
El tiempo ha de pasarse, 20
y de mis males arrepentimiento,
confusión y tormento
sé que os ha de quedar, y esto recelo,

que aun de esto yo me duelo:
como en mí vuestros males son de otra arte, 25
duélenme en más sensible y tierna parte.

Así paso la vida acrecentando
materia de dolor a mis sentidos,
como si la que tengo no bastase,
los cuales para todo están perdidos 30
sino para mostrarme a mí cuál ando.
Pluguiese a Dios que aquesto aprovechase
para que yo pensase
un rato en mi remedio, pues os veo
siempre ir con un deseo 35
de perseguir al triste y al caído:
yo estoy aquí tendido,
mostrándoos de mi muerte las señales,
y vos viviendo solo de mis males.

Si aquella amarillez y los sospiros, 40
salidos sin licencia de su dueño,
si aquel hondo silencio no han podido
un sentimiento grande ni pequeño
mover en vos que baste a convertiros
a siquiera saber que soy nacido, 45
baste ya haber sufrido
tanto tiempo, a pesar de lo que basto,
que a mí mismo contrasto,
dándome a entender que mi flaqueza
me tiene en la tristeza 50
en que estoy puesto, y no lo que yo entiendo:
así que con flaqueza me defiendo.

Canción, no has de tener
conmigo que ver más en malo o en bueno;
trátame como ajeno, 55
que no te faltará de quien lo aprendas.

Si has miedo que me ofendas,
no quieras hacer más por mi derecho
de lo que hice yo, que el mal me he hecho.

Canción I. El Brocense *(Comentaristas,* 1972, pág. 271) subrayó la deuda de este poema con la oda I, xx de Horacio, ratificando así la certeza comúnmente asumida en la época acerca de que el género canción procedía de la oda latina. Idéntica opinión expresaría pocos años después Herrera *(Anotaciones,* 2001, págs. 477-485); e igual de contudente se mostró Alesandro Guarini, en su *Lezione sopra il soneto* de 1599, cuando afirma «che I Toscani poeti formarono la canzone a somiglianza dell'Oda» (Guerrero, 1998: 110; Jiménez Heffernan, 2017: 227). Pero junto a la influencia de Horacio debe señalarse, como advirtió El Brocense *(Comentaristas,* 1972, pág. 271), el importante influjo que ejerció en estos versos el soneto horaciano de Petrarca que comienza: «Ponmi ove 'l sole occide i fiori et l'erba» *(Canzoniere,* CXLV). A todo ello se suman no pocos ecos castellanos de la poesía cancioneril procedentes de Torres Naharro, Boscán o Garci Sánchez de Badajoz; lo que unido al empleo del verso agudo (v. 53) permite suponer que sería escrita antes del período napolitano (Keniston, 1922: 193-194; Lapesa, 1985: 13, 184; Ly, 1981: 269-270). Existen, además, apreciables analogías entre el poema, la canción II y los sonetos I, IV y XXVI (Lapesa, 1985: 54). Se compone con toda esta amalgama discursiva un texto en el que las imágenes petrarquistas de la geografía distante, el fuego y el hielo dialogan con la estética cancioneril para forjar un poema de resonancias horacianas en donde el yo poético expresa el dolor que le produce la esquivez de la amada.

1 Para Herrera *(Anotaciones,* 2001, págs. 485-487) el inicio condicional parece inspirado por Sannazaro *(Rime,* LXXIII, 14-15): «Se al freddo Tanai, a le cocenti arene / di Libia io vo, se dove nasce il sole» (2003: LXXXIII). Lapesa (1985: 210) añade que la *región desierta* es evocación de Horacio (I, xxii, 6 y 22): «sive facturus per inhospitalem» y «solis in terra domibus negata» («Sirtes o el Cáucaso inhospitalario» y «el sol en carro demasiado próximo», *Odas,* 1990, págs. 136-139).

4 La referencia a la región de hielo congelado parece tomada de *Canzoniere,* CXLV, 2 de Petrarca («o dova vince lui il ghiaccio et la neve», *Cancionero* I, 2006 pág. 520); Morros (1995: 65) sugiere la posible influencia de Virgilio *(Bucólicas* X, 65-69) y Jiménez Heffernan (2017: 228) apunta ciertas resonancias de las *Rime* 43 y 45 de Dante.

7 *accidente:* 'imprevisto'.

8 *caso:* 'suceso'. *desastrada:* 'desgraciada'. La alusión a la fortuna parece evocar el petrarquista *Canzoniere,* CXLV, 5: «ponmi in humil fortuna, od in superba» *(Cancionero* I, 2006, pág. 520).

9 *fuésedes:* 'fueseis'.

11 *en su crüeza:* 'en la crueldad de la región', sea esta la desértica o la polar.

12 Se debe hacer sinéresis en *iria* para que sea bisílabo y no haya hipermetría en el verso. La determinación de ir como un loco o un desesperado *(perdido)* tras la amada *esquiva* hasta las más recónditas regiones es imagen que procede de Horacio *(Odas,* I, XXII) y que Garcilaso adopta de la reformulación de Petrarca *(Canzoniere,* CXLV) y Sannazaro *(Rime,* LXXXIII, 14-16), como señala Morros (1995: 65-66).

14 La proverbial naturaleza *esquiva* de la amada es una característica definitoria de la lírica amorosa cancioneril.

16 *esecutarse:* 'aplicarse'.

17 *mirá:* 'mirad'.

19 'y se dirija adonde piense que puede salvarse'. Era habitual en la lírica cancioneril que se adaptase el lenguaje religioso a la retórica amorosa, pues la imagen procede, como advierte Morros (1995: 66), de Ezequiel 33, 11: «nolo mortem impii, sed ut convertatur impius a via sua, et vivat» («no quiero la muerte del impío, sino que se convierta el impío de su camino y viva»). Existen precedentes castellanos que pudieron servir como inspiración directa de Garcilaso. Así, por ejemplo, Lapesa (1985: 58) señaló las *Epístolas familiares* VI, 67-71 de Torres Naharro: «Sabéis que nuestro Señor / no quiere la gente altiva / ni que muera el pecador, / mas que se convierta y viva. / No me seáis tan esquiva» *(Obra completa,* 1994, pág. 75). Rivers (2001: 170) adujo la posible influencia del poema que comienza «Pues amor quiere que muera» de Garci Sánchez de Badajoz.

20-26 'sé que pasará el tiempo y sé que os quedará arrepentimiento, confusión y tormento por mis males; y temo *(recelo)* que esto suceda, porque incluso yo sufro por lo siguiente: como en mí vuestros sufrimientos *(males)* son de otra manera *(arte),* me duelen más en el corazón *(sensible y terna parte)* de lo que a vos os duelen los míos'. Lapesa (1985: 21-22) explica que «le causa nuevo dolor la idea de que la dama sufra un día, arrepentida de su actual dureza», recordando que estas paradojas eran habituales en la poesía cancioneril y evoca una formulación similar en Ausiàs March (XXXVI, 39-40): «e, donchs, enug de mi no·us ne atanga: / ma fort dolor serà menys sens la vostra» (1979: I, 252).

27-29 Morros (1995: 66) señala una posible coincidencia con Terencio *(Eunuco,* I, I, 76-78).

31 *sino:* 'salvo'. *cuál:* 'de qué modo'.

32 *Pluguiese:* 'agradaría'.

36 *perseguir:* 'hacer sufrir', con posibles connotaciones bíblicas de las bienaventuranzas (Mateo 5, 10), como señala Morros (1995: 67): «Beati qui persecutionem patituntur propter justitiam: quoniam ipsorum est regnum coelorum» («Bienaventurados los que padecen persecución por la justicia: porque de ellos es el reino de los cielos»).

40 Tanto los suspiros como el tono amarillo de la piel eran síntomas propios del melancólico o enfermo de amor.

44 *convertiros:* 'conmoveros', 'atraer vuestra atención', de acuerdo con el sentido latino etimológico del verbo, como en soneto XV, 5-6: «si convertieron a escuchar su llanto / los fieros tigres y peñascos fríos».

45 *soy nacido:* 'existo'.

46 *baste:* 'sea suficiente'.

47 *basto:* 'resisto', 'soporto'; igual que la égloga I, 133-134: «No hay corazón que *baste,* / aunque fuese de piedra».

48 'que conmigo mismo lucho' (Morros, 1995: 67).

49 *flaqueza:* 'debilidad'.

51 *estoy... entiendo:* 'estoy sumido, y no lo que sé que es verdad'.

52 'así que me defiendo engañándome con un argumento nada convincente *(con flaqueza)'.*

55 *ajeno:* 'extraño'; se refiere al trato esquivo recibido (vv. 44-45), en la estela de *Lecciones de Job,* 251-253 de Garci Sánchez de Badajoz: «sequeme porque me di / a quien más como ajeno / me tracta que en darme a mí» (Lázaro Carreter, 1986: 122).

58 *por mi derecho:* 'a mi favor'.

59 Herrera *(Anotaciones,* 2001, pág. 490) señala un posible eco de Ovidio *(Heroidas* II, 48): «Heu!, patior telis uulnera facta meis» («¡Ay, sufro heridas producidas por dardos propios!», *Heroidas,* 1986, pág. 10).

Canción II

La soledad siguiendo,
rendido a mi fortuna,
me voy por los caminos que se ofrecen,
por ellos esparciendo
mis quejas de una en una 5
al viento, que las lleva do perecen.
Puesto que no merecen
ser de vos escuchadas
ni sola un hora oídas,
he lástima de ver que van perdidas 10
por donde suelen ir las remediadas;
a mí se han de tornar,
adonde para siempre habrán de estar.

Mas ¿qué haré, señora,
en tanta desventura? 15
¿Adónde iré si a vos no voy con ella?
¿De quién podré yo ahora
valerme en mi tristura,
si en vos no halla abrigo mi querella?
Vos sola sois aquella 20
con quien mi voluntad
recibe tal engaño
que, viéndoos holgar siempre con mi daño,
me quejo a vos como si en la verdad

vuestra condición fuerte 25
tuviese alguna cuenta con mi muerte.

Los árboles presento,
entre las duras peñas,
por testigo de cuanto os he encubierto;
de lo que entre ellas cuento 30
podrán dar buenas señas,
si señas pueden dar del desconcierto.
Mas ¿quién tendrá concierto
en contar el dolor,
que es de orden enemigo? 35
No me den pena por lo que ora digo,
que ya no me refrenará el temor:
¡quién pudiese hartarse
de no esperar remedio y de quejarse!

Mas esto me es vedado 40
con unas obras tales,
con que nunca fue a nadie defendido,
que si otros han dejado
de publicar sus males,
llorando el mal estado a que han venido, 45
señora, no habrá sido
sino con mejoría
y alivio en su tormento;
mas ha venido en mí a ser lo que siento
de tal arte que ya en mi fantasía 50
no cabe, y así quedo
sufriendo aquello que decir no puedo.

Si por ventura estiendo
alguna vez mis ojos
por el proceso luengo de mis daños, 55
con lo que me defiendo
de tan grandes enojos

solamente es, allí, con mis engaños;
mas vuestros desengaños
vencen mi desvarío 60
y apocan mis defensas,
sin yo poder dar otras recompensas
sino que, siendo vuestro más que mío,
quise perderme así
por vengarme de vos, señora, en mí. 65

Canción, yo he dicho más que me mandaron
y menos que pensé;
no me pregunten más, que lo diré.

Canción II. Aunque imposible de ubicar cronológicamente con exactitud, el uso de hasta diez versos agudos induce a pensar que pudiera haber sido escrita, igual que la anterior, durante el período prenapolitano de Garcilaso (Lapesa, 1985: 184). Existe un importante consenso crítico en atisbar una «actitud general» en el poema que resulta «esencialmente petrarquista» (Lapesa, 1985: 75). Sin desdeñar las evidentes resonancias del *Canzoniere,* Jiménez Heffernan (2017: 237) considera que «el tono dominante es cancioneril castellano», pues «se reproducen las paradojas psicológicas, y toda la canción gira en torno al problema de la *viabilidad de la poesía* misma, las condiciones de producción, presentación e interpretación de la canción».

6 El sujeto poético esparce sus lamentaciones por el viento y este las lleva hasta la amada, donde mueren las quejas del amante, debido a que la destinataria no les presta ninguna atención. La imagen del viento como portador y mensajero de las quejas es lugar común de la poesía clásica, como señaló Herrera *(Anotaciones,* 2001, pág. 495), ofreciendo lugares paralelos de Virgilio *(Bucólicas* III, 73; *Eneida* XI, 794-798), Tibulo *(Elegías* I, v, 35-36) y Horacio *(Epodos* XI, 16-17).

9-10 Lapesa (1985: 90) encontró un precedente de las quejas *perdidas* en Boscán (II, canción I, 59-60): «Oyo llamar de lejos mis gemidos / y he lástima de ver que van perdidos» *(Poesía,* 1999, pág. 192).

12-13 Lapesa (1985: 59) halló en Hernán Mexía *(Cancionero general,* CXVI, 19-27) un antecedente poético de las quejas que retornan a su emisor: «Mas adonde, ·triste, van / estos sospiros que · dó, / tan poco remedio dan / que no los acogerán / por no ver quál quedo yo, / que quien los haze salir / nunca se querrá vengar, / aun con ·hazellos venir, / sino con vellos tornar» *(Cancionero general,* I, 2004, pág. 798).

17 Es necesario que *ahora* sea trisílabo para no incurrir en hipometría.
18 *tristura:* 'tristeza'.
19 *querella:* 'lamento'.
20 *Vos sola:* 'solamente vos'.
23 *holgar:* 'alegrar'.
24 *en la verdad:* 'verdaderamente'.
25 *fuerte:* 'dura'.
26 *tuviese alguna cuenta con:* 'tuviese algún cuidado de', 'tuviese alguna atención hacia'.

27-29 Herrera *(Anotaciones,* 2001, pág. 497) detectó las analogías de estos versos con el comienzo de la elegía, I, XVIII de Propercio, donde se encarece la capacidad que tienen las piedras para guardar los secretos que les confiesa el amante: «Haec certe deserta loca et taciturna querenti, / et uacuum Zephyri possidet aura nemus. / Hic licet occultos proferre impune dolores, / si modo sola queant saxa tenere fidem» («Estos lugares ciertamente desiertos y silenciosos para el que se lamenta, y el bosque abandonado, los posee el soplo del céfiro. Aquí se pueden exhibir sin recelo los dolores guardados, si solo las rocas solitarias pueden guardar el secreto», *Elegías,* 1963, pág. 37). Seguidamente serán los árboles los testigos de su aflicción amorosa *(Elegías* I, XVIII, 19): «Vos eritis testes, si quos habet arbor amores» («Vosotros seréis testigos si algún árbol guarda amores» *(Elegías,* 1963, pág. 37). Lapesa (1985: 76) adujo la mediación petrarquista de *Canzoniere,* LXXI, 37-39: «O poggi, o valli, o fiumi, o selve, o campi, / o testimon' de la mia grave vita, / quante volte m'udiste chiamar morte!» *(Cancionero* I, 2006, pág. 314).

33-35 Se plantea una aparente paradoja, pues si no se puede *contar el dolor,* la escritura de la canción resulta imposible y fallida. Jiménez Heffernan (2017: 240) explica los versos desde una perspectiva metapoética, interpretando que «*concierto* y *orden* son términos que no solo aluden a la organización gramatical y sintáctica del discurso, sino que se refieren asimismo a la *compositio* poética, a las *reglas del trobar* en todo su alcance».

38-39 Lapesa (1985: 65) iluminó la huella de Ausiàs March (XCV, 41) en estos dos versos: «No·m dolré tant qu·en dolor sia fart» *(Obra poética,* 1979, pág. II, 52).
42 *defendido:* 'prohibido'.
44 *publicar:* 'difundir'.

45-54 Morros (1995: 71) detecta una posible analogía con Manrique (XX, 7-12): «Porque alguna vez hablé, / halleme de ello tan mal / que sin dubda más valiera / callar; mas también callé, / y pené tan desigual / que más callando muriera» *(Poesía,* 2000, pág. 107). La insistencia en la imposibilidad de la queja enfatiza la desgracia de la voz poética, de resonancias metaliterarias, pues «no logra jamás verbalizar lo que siente» (Jiménez Heffernan, 2017: 240).

53 *estiendo:* 'dirijo'.

55 *luengo:* 'largo'.

56-58 El autoengaño *(mis engaños)* es lo que protege al yo poético de su dolor *(grandes enojos),* igual que en canción I, 53: «así que con flaqueza me defiendo».

62 *recompensas:* 'compensaciones'.

63-65 Como el yo poético se siente enajenado e identifica su ser con el de la dama *(vuestro más que mío),* hasta el punto de haberse transformado en ella por efecto del amor (Serés, 1996), entiende que su propia destrucción *(perderme)* redunda más en la persona de la amada que en sí mismo; circunstancia esta que le ofrece una posibilidad de revancha *(vengarme de vos en mí).*

66-68 Herrera identificó fuertes concomitancias entre estos versos y otros de Antonio Castriota: «Canzon, detto hai via più ch'io non vorrei, / bastiti dunque questo, / poi che nulla rilieva a dir il resto» *(Anotaciones,* 2001, pág. 498). Rivers (2001: 180) señaló concordancias con Boscán (IV, 98-100): «Pues del dolor que consiento / más de lo que entiendo digo / y menos de lo que siento» *(Poesía,* 1999, pág. 502). Jiménez Heffernan (2017: 242) advierte que la «enigmática» referencia a los indeterminados *que me mandaron* plantea una polaridad tópica entre pensamiento y dicción, al tiempo que «parece jugar con la proverbial discreción del cortesano y el caballero», en estrecha relación con el verso final del soneto XXVIII: «si preguntado / soy lo demás, en lo demás soy mudo».

Canción III

Con un manso rüido
de agua corriente y clara
cerca el Danubio una isla que pudiera
ser lugar escogido
para que descansara 5
quien, como estó yo agora, no estuviera;
do siempre primavera
parece en la verdura
sembrada de las flores,
hacen los ruiseñores 10
renovar el placer o la tristura
con sus blandas querellas,
que nunca, dia ni noche, cesan de ellas.

Aquí estuve yo puesto
o, por mejor decillo, 15
preso y forzado y solo en tierra ajena;
bien pueden hacer esto
en quien puede sufrillo
y en quien él a sí mismo se condena.
Tengo sola una pena, 20
si muero desterrado
y en tanta desventura:
que piensen por ventura
que juntos tantos males me han llevado,

y sé yo bien que muero 25
por solo aquello que morir espero.

El cuerpo está en poder
y en mano de quien puede
hacer a su placer lo que quisiere;
mas no podrá hacer 30
que mal librado quede
mientras de mí otra prenda no tuviere;
cuando ya el mal viniere
y la postrera suerte,
aquí me ha de hallar 35
en el mismo lugar,
que otra cosa más dura que la muerte
me halla y me ha hallado,
y esto sabe muy bien quien lo ha probado.

No es necesario agora 40
hablar más sin provecho,
que es mi necesidad muy apretada,
pues ha sido en un hora
todo aquello deshecho
en que toda mi vida fue gastada. 45
¿Y al fin de tal jornada
presumen de espantarme?
Sepan que ya no puedo
morir sino sin miedo,
que aun nunca qué temer quiso dejarme 50
la desventura mía,
que el bien y el miedo me quitó en un día.

Danubio, rio divino,
que por fieras naciones
vas con tus claras ondas discurriendo, 55
pues no hay otro camino
por donde mis razones

vayan fuera de aquí, sino corriendo
por tus aguas y siendo
en ellas anegadas, 60
si en tierra tan ajena,
en la desierta arena,
de alguno fueren a la fin halladas,
entiérrelas siquiera
porque su error se acabe en tu ribera. 65

Aunque en el agua mueras,
canción, no has de quejarte,
que yo he mirado bien lo que te toca;
menos vida tuvieras
si hubiera de igualarte 70
con otras que se me han muerto en la boca.
Quién tiene culpa en esto
allá lo entenderás de mí muy presto.

Canción III. Frente a la indeterminación extratextual de las dos canciones anteriores, este poema presenta explícitamente una toponimia bien reconocible *(Danubio).* Esta característica distintiva permite suponer que muy probablemente se redactase, como ya indicó Herrera *(Anotaciones,* 2001, págs. 504-505), durante el destierro que sufrió Garcilaso en una isla del Danubio cercana a Ratisbona, entre marzo y julio de 1532. Se contraponen en los versos dos aflicciones bien distintas: la física, producida por el confinamiento material, y la emotiva, originada por lo que se considera un tratamiento injusto. De entre las dos, el yo poético manifiesta que la más dolorosa y destructiva es la segunda, sin extenderse en detalles, pues acalla su propia confesión en el envío final del poema, pidiendo a la canción que ahogue las quejas en lo más profundo de sus aguas, igual que otros muchos lamentos que ni siquiera ha sido capaz de proferir. De acuerdo con todo ello, resulta inevitable una lectura en clave histórico-vivencial, asumiendo que las penas tienen una razón política y no amorosa (Jiménez Heffernan, 2017: 245-246). No en balde, la *relegatio ad insulam* que suscita el poema se debe seguramente a la participación de Garcilaso en la boda de su sobrino, que no era bien vista por Carlos V, lo que realza el poder omnímodo del monarca sobre el súbdito, al que puede desposeer de todo cuanto tuviere y desterrar a su antojo: «El cuerpo está en poder / y en mano de quien puede / hacer a su placer lo que quisiere». Morros (1995: 72) ha subrayado que la imagen del poeta desterrado lamentándose de su suerte parece evocación del salmo 136, 1-5: «Super flumina Babylonis ibi sedimus, et flevimus: quum recordaremur Sion [...] ¿Quamodo cantabimus canticum Domini, in terra aliena?» («Sentados a las márgenes de los ríos de la Caldea y Babilonia, y vertiendo un mar de lágrimas, nos acordamos de ti, oh Sion amable [...] ¿cómo, pues, cantaremos en tierra estraña?»).

1 *ruïdo:* 'sonido'. La descripción del paisaje como un *locus amoenus* ideal parece influencia petrarquista de *Canzoniere,* CCLXXIX, 1-4: «Se lamentar augelli, o verdi fronde / mover soavemente a l'aura estiva, / o roco mormorar di lucide onde / s'ode d'una fiorita et fresca riva» (*Cancionero* II, 2012, pág. 824).

3 *cerca:* 'rodea'.

6 Jiménez Heffernan (2017: 246) ha detectado en el uso de *quien* un rasgo distintivo de esta composición, por el «desdoblamiento alienante que ejecuta el poeta constantemente, al proyectarse en un *quien* genérico que sirve para apuntalar comparativamente muchas emociones o rasgos identitarios». Con idéntica función reaparece el pronombre en los versos 18-19, 27-28 y 39. Y algo similar ocurre al final con la propia canción, que se parangona con «otras que se me han muerto en la boca».

8 *parece:* 'se muestra'. *la verdura:* 'el verdor'.

10 La referencia a los ruiseñores es prototípica del *locus amoenus* pastoril desde Virgilio *(Geórgicas,* IV, 515-516) y está presente asimismo en la leyenda mítica de Filomela, transformada en esta ave, que Garcilaso retoma en égloga I, 23-24 y égloga II, 1147-1148.

11 *tristura:* 'tristeza'.

12 *blandas querellas:* 'suaves quejas'.

13 Se debe hacer sinéresis en *dia* para no romper el endecasílabo. *cesan:* 'se apartan'.

14 Morros (1995: 421) ha señalado acertadamente las similitudes entre el *yo puesto* de Garcilaso y el «pone me» de Horacio *(Odas* I, XXII, 17), que actualizó Petrarca en el «ponmi» inicial de verso que articula el soneto de *Canzoniere,* CXLV, 1, 3, 5, 7, 9 y 12. Fosalba (2015: 7) subraya la «distancia entre recuerdo y composición efectiva del poema» que verbalizan estos versos y que pudiera ser una característica habitual en la poesía garcilasiana aplicable a otros de sus poemas, pensados o iniciados en un determinado momento y concluidos en su redacción definitiva tiempo después, caso de la égloga II.

16 *ajena:* 'extranjera'.

17-19 Keniston (1922: 112) interpretó estos versos como clara asunción de culpabilidad, en tanto que Rivers (2001: 184) sugiere justamente el sentido contrario: «que bien podrían hacerle esto a persona que lo pudiera sufrir y se condenara a sí misma, pero no a él, a Garcilaso, quien no lo aguanta ni se reconoce culpable». La ambigüedad generada por los pronombres equívocos confirma la ambivalencia del lenguaje garcilasiano, que soporta tanto interpretaciones en clave convencionalmente amorosa como lecturas vinculadas a problemas de orden político y social que atañían directamente al escritor histórico en su desempeño como *contino* y cortesano.

24 La voz poética se lamenta de que pueda haber una interpretación errónea del hecho que genera su muerte, que no reside en las condiciones materiales de su castigo, sino en la pena y la aflicción de sentirse despreciado e injustamente tratado.

26 *que:* 'por lo que'.

27-29 Probablemente sea una referencia extratextual a los condicionamientos materiales del encierro impuesto por Carlos V.

31 *librado:* 'parado'.

32 Con la *otra prenda* se refiere 'al alma', contraponiendo así la dimensión material del presidio con la intangible e intocable libertad del pensamiento individual, que escapa al dominio del señor.

34 *postrera suerte:* 'muerte'.

39 Rivers (2001: 185) señaló el carácter tópico de la experiencia como validadora del sufrimiento amoroso. Morros (1995: 74) aduce un posible eco de Sannazaro *(Arcadia,* VII, 25-26): «che simile vita sostegno, noiosa a riguardare, colui solamente sel può pensare che lo ha pruovato o pruova».

43-45 Parece una referencia a su vida de servicio al emperador Carlos V, aunque la rapidez con que se pierde el favor real y el estatus se expresa, como advirtió Keniston (1925: 278), de un modo muy similar a Petrarca, *Canzoniere,* CCLXIX, 13-14: «com perde agevolmente in un matino / quel che 'n molti anni a gran pena s'acquista!» *(Cancionero* II, 2012, pág. 798).

46 *jornada:* 'expedición'.

52 Parece referirse al favor del emperador. La desgracia desesperanzadora que termina con cualquier miedo pudiera ser evocación de Estacio o de Niccolò Amanio (Herrera, *Anotaciones,* 2001, págs. 505-506).

53 Es necesaria la sinéresis en *rio* para mantener el heptasílabo.

54 Las *fieras naciones* remite a las 'tierras bárbaras' por las que *discurre* el Danubio, de acuerdo con una descripción prototípica de aquellos lugares perpetuada desde la historiografía latina (Herrera, *Anotaciones,* 2001, pág. 506).

57 *razones:* 'palabras'.

60 *anegadas:* 'ahogadas'.

63 *de alguno:* 'por alguien'.

65 *error:* con el doble sentido de 'vagar' y 'yerro' (Rivers, 2001: 187).

68 *toca:* 'conviene'.

71 Se admite la dificultad insalvable de formalizar otras muchas aflicciones similares, *muertas en la boca* por la imposibilidad de expresar y verbalizar libremente la complejidad de su difícil situación.

72-73 'en el más *allá* entenderás por mí muy pronto *(presto)* quién tiene la culpa de esto', del silencio.

Canción IV

El aspereza de mis males quiero
que se muestre también en mis razones,
como ya en los efetos se ha mostrado;
lloraré de mi mal las ocasiones;
sabrá el mundo la causa por que muero 5
y moriré a lo menos confesado,
pues soy por los cabellos arrastrado
de un tan desatinado pensamiento
que por agudas peñas peligrosas,
por matas espinosas, 10
corre con ligereza más que el viento,
bañando de mi sangre la carrera.
Y para más despacio atormentarme,
llévame alguna vez por entre flores,
ado de mis tormentos y dolores 15
descanso y de ellos vengo a no acordarme;
mas él a más descanso no me espera;
antes, como me ve de esta manera,
con un nuevo furor y desatino
torna a seguir el áspero camino. 20

No vine por mis pies a tantos daños:
fuerzas de mi destino me trujeron
y a la que me atormenta me entregaron.

Mi razón y jüicio bien creyeron
guardarme como en los pasados años 25
de otros graves peligros me guardaron,
mas cuando los pasados compararon
con los que venir vieron, no sabían
lo que hacer de sí ni dó meterse,
que luego empezó a verse 30
la fuerza y el rigor con que venían.
Mas de pura vergüenza costreñida,
con tardo paso y corazón medroso,
al fin ya mi razón salió al camino;
cuanto era el enemigo más vecino, 35
tanto más el recelo temeroso
le mostraba el peligro de su vida;
pensar en el dolor de ser vencida
la sangre alguna vez le callentaba,
mas el mismo temor se la enfrïaba. 40

Estaba yo a mirar y, peleando
en mi defensa, mi razón estaba
cansada y en mil partes ya herida;
y, sin ver yo quien dentro me incitaba
ni saber cómo, estaba deseando 45
que allí quedase mi razón vencida:
nunca en todo el proceso de mi vida
cosa se me cumplió que desease
tan presto como aquesta, que a la hora
se rindió la señora 50
y al siervo consintió que gobernase
y usase de la ley del vencimiento.
Entonces yo sentime salteado
de una vergüenza libre y generosa;
corrime gravemente que una cosa 55
tan sin razón hubiese así pasado;
luego siguió el dolor al corrimiento
de ver mi reino en mano de quien cuento,

que me da vida y muerte cada día,
y es la más moderada tiranía. 60

Los ojos, cuya lumbre bien pudiera
tornar clara la noche tenebrosa
y escurecer el sol a mediodía,
me convertieron luego en otra cosa,
en volviéndose a mí la vez primera 65
con la calor del rayo que salía
de su vista, que en mí se difundía;
y de mis ojos la abundante vena
de lágrimas, al sol que me inflamaba,
no menos ayudaba 70
a hacer mi natura en todo ajena
de lo que era primero. Corromperse
sentí el sosiego y libertad pasada,
y el mal de que muriendo estó engendrarse,
y en tierra sus raíces ahondarse 75
tanto cuanto su cima levantada
sobre cualquier altura hace verse;
el fruto que de aquí suele cogerse
mil es amargo, alguna vez sabroso,
mas mortífero siempre y ponzoñoso. 80

De mí agora huyendo, voy buscando
a quien huye de mí como enemiga,
que al un error añado el otro yerro,
y en medio del trabajo y la fatiga
estoy cantando yo, y está sonando 85
de mis atados pies el grave hierro.
Mas poco dura el canto si me encierro
acá dentro de mí, porque allí veo
un campo lleno de desconfianza:
muéstrame la esperanza 90
de lejos su vestido y su meneo,
mas ver su rostro nunca me consiente.

Torno a llorar mis daños, porque entiendo
que es un crudo linaje de tormento,
para matar aquel que está sediento 95
mostralle el agua por que está muriendo,
de la cual el cuitado juntamente
la claridad contempla, el ruido siente,
mas cuando llega ya para bebella,
gran espacio se halla lejos de ella. 100

De los cabellos de oro fue tejida
la red que fabricó mi sentimiento,
do mi razón, revuelta y enredada,
con gran vergüenza suya y corrimiento,
sujeta al apetito y sometida, 105
en público adulterio fue tomada,
del cielo y de la tierra contemplada.
Mas ya no es tiempo de mirar yo en esto,
pues no tengo con qué considerallo,
y en tal punto me hallo 110
que estoy sin armas en el campo puesto,
y el paso ya cerrado y la hüida.
¿Quién no se espantará de lo que digo?
Que es cierto que he venido a tal estremo
que del grave dolor que huyo y temo 115
me hallo algunas veces tan amigo
que en medio de él, si vuelvo a ver la vida
de libertad, la juzgo por perdida
y maldigo las horas y momentos
gastadas mal en libres pensamientos. 120

No reina siempre aquesta fantasía,
que en imaginación tan varïable
no se reposa un hora el pensamiento:
viene con un rigor tan intratable
a tiempos el dolor que al alma mía 125
desampara, huyendo, el sufrimiento.

Lo que dura la furia del tormento,
no hay parte en mí que no se me trastorne
y que en torno de mí no esté llorando,
de nuevo protestando 130
que de la via espantosa atrás me torne.
Esto ya por razón no va fundado,
ni le dan parte de ello a mi jüicio,
que este discurso todo es ya perdido;
mas es en tanto daño del sentido 135
este dolor y en tanto perjüicio
que todo lo sensible atormentado
del bien, si alguno tuvo, ya olvidado
está de todo punto y solo siente
la furia y el rigor del mal presente. 140

En medio de la fuerza del tormento
una sombra de bien se me presenta,
do el fiero ardor un poco se mitiga:
figúraseme cierto a mí que sienta
alguna parte de lo que yo siento 145
aquella tan amada mi enemiga.
Es tan incomportable la fatiga
que, si con algo yo no me engañase
para poder llevalla, moriría
y así me acabaría 150
sin que de mí en el mundo se hablase;
así que del estado más perdido
saco algún bien; mas luego en mí la suerte
trueca y revuelve el orden, que, algún hora
si el mal acaso un poco en mí mejora, 155
aquel descanso luego se convierte
en un temor que me ha puesto en olvido
aquella por quien sola me he perdido.
Y así, del bien que un rato satisface
nace el dolor que el alma me deshace. 160

Canción, si quien te viere se espantare
de la instabilidad y ligereza
y revuelta del vago pensamiento,
estable, grave y firme es el tormento,
le di que es causa cuya fortaleza 165
es tal que cualquier parte en que tocare
la hará revolver hasta que pare
en aquel fin de lo terrible y fuerte
que todo el mundo afirma que es la muerte.

Canción IV. Herrera encareció el «ingenio, erudición y grandeza de espíritu» de la canción, juntamente con su «dulzura y belleza de lengua y suavidad de números» *(Anotaciones,* 2001, pág. 514). En tiempos más recientes, sin embargo, los juicios y valoraciones críticos han sido menos benévolos hacia un poema al que Lapesa (1985: 77) afeó su «tono exasperado» y situó como espacio de transición artística entre las construcciones alegóricas de Ausiàs March y las técnicas petrarquescas más estilizadoras (1985: 81). Tales características hacen imposible una datación precisa. En esta misma línea de análisis, Morros (1995: 76) subrayó que el poema «plantea una serie de situaciones subordinadas a una trama alegórica que las une no siempre con perfecta coherencia»; aunque análisis posteriores le permitieron concluir que «Garcilaso utilizó el tema del infierno de amor como eje vertebrador de su canción» (Morros, 2000: 80). Gargano (2008a) aclaró que esta posible incoherencia resulta lógica si se explica, como hace el crítico italiano, a la luz de la tradición petrosa y como resultado de aplicar una poética de la aspereza en la factura de la canción. A la zaga de Gargano, más recientemente Jiménez Heffernan (2017: 258) ha planteado que «urge destacar la decisiva dimensión metapoética que recorre todo el poema, en una constante aceptación de su dureza», pues entiende que términos como *aspereza, amargura, inestabilidad, revolución, ligereza* o *vaguedad* son ambiguos y soportan una lectura en clave metaliteraria, lo que le lleva a afirmar que con todos ellos «Garcilaso está describiendo su poema».

1 Jiménez Heffernan (2017: 258) recuerda los precedentes estilnovistas de la *aspereza* referida a la amada, aduciendo versos de Lapo Gianni: «mentre che in lei sarà tanta ferezza / vestuta d'un'*asprezza* / che par che sia nemica di pietate» *(Poeti,* 2003, VIII, 12-14). Esgrime, asimismo, una definición del amor como ente perverso de pensamiento áspero o «aspre pensament» que procede de Ausiàs March (X, 20). Finalmente, destaca con Gargano (2008a) la relación entre los sentimientos generados por

una amada áspera y la aspereza expresiva a que ello puede dar lugar, partiendo del comienzo de la canción 46 de Dante: «Così nel mio parlar voglio esser *aspro* / com'è ne li atti questa bella petra» *(Vita Nuova. Rime,* 1995, pág. 447). Estos versos del poeta florentino fueron explicados por Contini, en su edición de las *Rime* (1995, pág. 445), aclarando que se produce en ellos «la conversione del contenuto nella forma». Apoyándose en la autoridad del crítico italiano y en las explicaciones de Gargano (2008: 42-43), afirma Jiménez Heffernan (2017: 258) que también en Garcilaso existe una relación entre la aspereza temática y la aspereza formal, lo que permitiría asumir que «todos los contenidos (descriptivos, emocionales, morales, alegóricos) se reinscriben en la forma, esto es, acaban por designar el estilo» de la propia canción, en un ejercicio de escritura metapoética.

2 *razones:* 'palabras'.

4-6 Herrera *(Anotaciones,* 2001, pág. 514) afeó la imagen de morir *confesado,* al considerar que Garcilaso «humilló mucho la grandeza de esta estanza» introduciendo un término religioso. Lapesa (1985: 90) aduce similitudes con Boscán (I, XVII, 141-144): «Conozco que me desmando / con el dolor que me hiere, / mas el triste que se muere / en público confesando / puede decir lo que quiere» *(Poesía,* 1999, págs. 128-129).

8 *desatinado:* 'loco'.

10 Lapesa (1985: 63) detectó en el comportamiento de este enamorado ecos de Ausiàs March (XCVIII, 3-4 y 37-38): «casi guiat per les falses ensenyes, / só avengut a perillosa riba / [...] / Per los cabells a mi sembla que·m porten / a fer los fets que Amor me comana» *(Obra poética,* 1979, págs. II, 62-64).

12 *de mi sangre la carrera:* 'con mi sangre el recorrido'. Morros (1995: 77) sugiere una posible influencia de Virgilio *(Eneida,* IV, 69-73) en los versos 9-12, correspondiente a la imagen de una Dido que recorre los bosques desesperada y herida.

17 *él:* 'el pensamiento'.

18 *antes:* 'antes bien', 'sino que'.

22 *trujeron:* 'trajeron'.

29 La *h-* inicial de *hacer* se aspira, eliminando así la sinalefa y la posible hipometría del verso.

30 *luego:* 'de inmediato'.

32 *costreñida:* 'obligada'.

33 *medroso:* 'temeroso'.

34 *al camino:* 'al encuentro'.

38-40 Herrera *(Anotaciones,* 2001, pág. 516) ofreció a propósito de estos versos una digresión fisiológica sobre la sangre y sus mociones, ofreciendo ejemplos de Virgilio *(Eneida* X, 452) y Pietro Bembo *(Rime* LXXIX, 12-13) que pudieron inspirar a Garcilaso.

41 *a mirar:* 'mirando'. Dentro del sujeto poético la razón entabla batalla contra una fuerza desconocida, pero que se desea que salga victoriosa. Jiménez Heffernan (2017: 262) relaciona esta «compulsión visiva» con *Infierno,* VII, 109 de Dante: «E io, che di mirare stava inteso (1999: 96)»; y atisba, asimismo, una implícita expresión de «vergüenza o pudor» que es eco de Ausiàs March XVIII, 9 y 22.

43 La *h-* inicial de *herida* se aspira, con lo que se elimina la sinalefa y la aparente hipometría del verso.

49 *a la hora:* 'al momento'.

50-51 La identificación del 'apetito' como *siervo* y la 'razón' como *señora* tiene antecedentes en Cicerón y es utilizada por una amplia nómina de autores, entre los que se cuentan Filón de Alejandría o san Agustín (Morros, 1995: 425). Pero además, debe recordarse que la dialéctica entre *señora* y *siervo* es consustancial a la lógica social feudal que reproduce el discurso amoroso de la lírica provenzal y que Garcilaso pudo tomar de Ausiàs March, LXXX, 5-6; XXII, 28 («He fet senyor del seny a mon voler, / veent Amor de mon seny mal servit»; «he fet d'Amor cativa ma raó») o del *Canzoniere,* CXL, 12 de Petrarca, donde el amor que vence a la razón se define como «il mio signore» (Jiménez Heffernan, 2017: 263).

52 Se desea la victoria del apetito *(quien dentro me incitaba)* sobre la razón. La explícita voluntad de ser derrotado tal vez provenga, como sugirió Lapesa (1985: 64), de Ausiàs March, X, 29-30: «Jamés vençó fon plaer del vençut, / sinó de mi que·m plau qu·Amor me vença» *(Obra poética,* 1979, pág. I, 168). La *ley del vencimiento* es una perífrasis alegórica que aludiría, según Jiménez Heffernan (2017: 263), a «un episodio de sensualidad incontrolada (el acto sexual)».

53 *salteado:* 'asaltado'.

55 *corrime... que:* 'avergonceme de que'.

57 *al corrimiento:* 'a la vergüenza'.

59 El acto de dar *vida y muerte cada día* «podría tolerar —según Jiménez Heffernan (2017: 263)— una lectura en clave sexual», pues la muerte encubre figurativamente al orgasmo (Whinnom, 1981), como sabía Juan del Encina (L, 4-5): «siendo vos la causadora / de la muerte que yo muero» *(Poesía,* 1979, pág. 112).

60 La 'razón' *(señora)* está dominada por el 'apetito' *(siervo),* lo que justifica que esta relación sea una *tiranía;* sin embargo, es *moderada* porque el poder no se ejerce mediante la fuerza que impone el apetito, sino por la aquiescencia del poeta (Morros, 1995: 78).

61-63 El encarecimiento de la mirada luminosa de la amada y sus efectos es clara imitación petrarquista *(Canzoniere* CCXV, 12-13), como señaló Mele (1930: 218): «et non so che nelli occhi, che 'n un punto / pò far chiara la notte, oscuro il giorno» *(Cancionero* II, 2012, pág. 672). El Brocense *(Comentaristas,* 1972, pág. 273) quiso ver la huella de Bembo

(Rime V, 3-4): «occhi soavi e più chiari che'l sole, / da far giorno seren la notte oscura» *(Prose e rime,* 1966, pág. 510).

64 El Brocense *(Comentaristas,* 1972, pág. 273) señaló que esta conversión del amante *en otra cosa* procede de una de las «varias transformaciones» hiladas por Petrarca en *Canzoniere,* XXIII. Jiménez Heffernan (2017: 264) precisa que «de las diversas metamorfosis» del poema petrarquista (laurel, piedra, fuente o ciervo) apuntado por El Brocense, es la del laurel «la que con más fuerza determina la figuración del toledano».

65 *en volviéndose:* 'dirigiéndose'.

66 El *rayo* equivale aquí a los *espirtus vivos y encendidos* del soneto VIII, 2.

68 *vena:* 'venero', 'fuente'.

71 La *h-* inicial de *hacer* se aspira, con lo que se elimina la sinalefa y la aparente hipometría del verso.

75 La *h-* de *ahondarse* debe aspirarse para que el vocablo sea tetrasílabo y el verso no resulte hipométrico.

76-77 El Brocense descubrió una posible deuda con Ariosto *(Orlando Furioso* XXI, XVI, 5-6) en los versos que describen la altura de la cima frente a la profundidad de las raíces: «che quanto appar fuor de lo scoglio alpino, / tanto sotterra ha le radici; come» *(Orlando furioso,* 2002, pág. 1346). Morros (1995: 79) añade la influencia virgiliana de *Geórgicas,* II, 291-292, junto con la intertextualidad interna de égloga II, 1433-1435. La *h-* de *hace* se aspira para mantener la medida del endecasílabo.

78-80 Herrera *(Anotaciones,* 2001, pág. 518) apuntó que la *amargura* del *fruto* estaba ya en *Canzoniere* VI, 12-14 de Petrarca: «sol per venir al lauro onde si coglie / acerbo frutto [...]» *(Cancionero* I, 2006, pág. 140). El soneto II, 9-11 reúne la tríada de elementos aquí reproducidos: *lágrimas, el aspereza* y el *mal fruto. mil:* 'mil veces'.

82 La que *huye de mí como enemiga* es la razón, pues esa es la única señora que aparece en el poema.

83 'al error de huir de mí mismo sumo el error de perseguir a quien huye de mí'. Morros (1995: 80, 426) recuerda que existe una tradición en la que se deplora la fuga de uno mismo, con referentes destacados en *Strambotti,* XV, 1-4 de Serafino Aquilano o en *De rerum natura* III, 1068 de Lucrecio: «Hoc se quisque modo fugit» («es así como cada uno huye de sí mismo», *De la naturaleza,* 1961, pág. 164). Jiménez Heffernan (2017: 265) señala que donde mejor se expresa esta idea es en las *Confesiones* IV, VII, 5-7 de san Agustín: «Quo enim cor meum fugeret a corde meo? Quo a me ipso fugerem? Quo non me sequerer?» («¿Y adónde podía huir mi corazón que huyese de mi corazón? ¿Adónde huir de mí mismo? ¿Adónde no me seguiría yo a mí mismo?», *Obras,* 1979, pág. 170).

86 *hierro:* 'grillete'. El Brocense advirtió la huella de Tibulo *(Elegías* II, IV, 25-26), quien empleó una imagen similar en una elegía dedicada a la Esperanza: «Spes etiam ualida solatur compede uinctum: / Crura sonant ferro, sed canit inter opus» («la Esperanza consuela también al atado con

fuerte grillo: / sus piernas resuenan con el hierro, mas él canta durante su faena», *Elegías,* 1990, pág. 89).

95-100 Se alude al mito de Tántalo, que fue condenado a estar recluido dentro del agua hasta el cuello, pero sin poder beber nunca de lo que tenía alrededor. Morros (1995: 427) ha rastreado en la filografía y la literatura precedentes el *topos* del amante sediento.

101-107 Se hace referencia al mítico adulterio de Venus y Marte, quienes fueron atrapados en una red fabricada por Vulcano, el marido burlado, y mostrados a todos los dioses para dejar al descubierto la infidelidad. Análogamente, la *razón* se ha visto atrapada en *la red* que forman *los cabellos de oro* de la dama y puesta al descubierto mientras cometía *público adulterio* con el *apetito.* El Brocense advirtió la resonancia clásica de estos versos *(Comentaristas,* 1972, pág. 273) y Herrera *(Anotaciones,* 2001, pág. 522) concretó algunas fuentes: Homero *(Odisea,* VII, 266-330), Ovidio *(Metamorfosis,* IV, 171-192) y Ariosto *(Orlando Furioso,* XV, LVI). La imagen de la razón capturada en la red fabricada por el sentimiento y tejida por los cabellos de oro podría tener antecedentes petrarquistas en *Canzoniere,* CLXXXI, 1-2; LIX, 4-5 (Herrera, *Anotaciones,* 2001, pág. 521; Lapesa, 1985: 79).

111 Tamayo de Vargas *(Comentaristas,* 1972, pág. 613) apuntó un eco de Petronio, *Satiricón,* 130: «paratus miles arma non habuit».

115 La *h-* de *huyo* se aspira para evitar la sinalefa y mantener la medida del endecasílabo.

118 *la juzgo por perdida:* 'me alegro de haberla perdido', 'la considero bien perdida' (Rivers, 2001: 199).

114-120 Lapesa (1985: 64) detectó en esta complacencia en el dolor la huella de Ausiàs March, LXIII, 1-2: «¿Qui·m tornarà lo temps de ma dolor / e·m furtarà la mia llibertat?» *(Obra poética,* 1979, pág. I, 340).

125 *a tiempos:* 'a veces'.

126 *el sufrimiento:* 'la resistencia'. La *h-* de *huyendo* se aspira para evitar la hipometría del verso.

127 *lo que dura:* 'durante el tiempo que dura'.

131 'que me haga retroceder en este espantoso camino' (Morros, 1995: 82). Se debe hacer sinéresis en *via* para no incurrir en hipermetría.

132 *por razón no va fundado:* 'no tiene un fundamento racional'. Según Morros (1995: 82) es imitación de Ausiàs March, XCVIII, IX, 69-71.

132-140 El sufrimiento no solo daña a la *razón* y al juicio, sino también al *sentido.* Jiménez Heffernan (2017: 268) interpreta los versos desde una perspectiva metapoética, entendiendo que en *esto ya por razón no va fundado* el pronombre neutro *esto* equivale a «la canción misma, que ha perdido fundamento y va extraviada» *(que este discurso todo es ya perdido).*

146 El Brocense *(Comentaristas,* 1972, pág. 273) advirtió el posible linaje petrarquista *(Canzoniere,* CCLIV, 2) del oxímoron: «de la dolce et amata mia nemica».

147 *incomportable:* 'insoportable'

149 *llevalla:* 'sobrellevarla'.

151 Se aspira la *h-* inicial de *hablase,* manteniendo así la medida del verso.

154 *hora:* 'momento'.

147-160 Para sobrellevar su dolor, la voz poética concibe otro engaño: imaginar que su aflicción es compartida por la amada en alguna medida. La farsa, no obstante, dura muy poco, pues las vueltas de la fortuna originan que el poco bien que el sujeto enunciativo pudiera obtener de su mentira se convierta en un insuperable miedo a que la dama lo haya olvidado. De esa manera, el bien produce un mal y el *alma* se *deshace,* igual que ocurre al final del soneto XXXIII: «y en llanto y en ceniza me deshago». Jiménez Heffernan (2017: 268) señala antecedentes de esta imagen en *Rime* XIII, 9 de Cavalcanti («Questa vertù d'amor che m'ha disfatto») y en *Rime* XXIV, 14 de Dante («non pianger più, tu se' già tutto sfatto»).

162 *instabilidad:* 'inestabilidad'.

163 *revuelta:* 'vuelta a andar lo andado', 'giro'.

165 *le di:* 'dile'.

167 Se aspira la *h-* inicial de *hará* para evitar la hipometría del verso. *revolver:* 'girar'.

169 Pons (1933: 168-171) y Lapesa (1985: 63) interpretaron que Garcilaso imitaba aquí a Ausiàs March (LXX, 49-50): «Si mon dictat veu algú variar, / en ira stich rebolt e·n bon voler» *(Obra poética,* 1979, pág. I, 364). Jiménez Heffernan (2017: 269) recuerda que era habitual en la poesía provenzal y estilnovista dirigirse a la canción para destacar sus defectos compositivos, las más de las veces derivados de padecimientos y trastornos amorosos. De acuerdo con ello, interpreta que aquí «el lector no es instado a derivar una moraleja de la peripecia amorosa, de la que solo quedan harapos alegóricos, sino a inferir un juicio estético sobre la propiedad de la canción misma, transida de *inestabilidad, ligereza* y *revuelta de vago pensamiento*».

Ode ad florem Gnidi

Si de mi baja lira
tanto pudiese el son que en un momento
aplacase la ira
del animoso viento
y la furia del mar y el movimiento, 5

y en ásperas montañas
con el süave canto enterneciese
las fieras alimañas,
los árboles moviese
y al son confusamente los trujiese, 10

no pienses que cantado
seria de mí, hermosa flor de Gnido,
el fiero Marte airado,
a muerte convertido,
de polvo y sangre y de sudor teñido, 15

ni aquellos capitanes
en las sublimes ruedas colocados,
por quien los alemanes,
el fiero cuello atados,
y los franceses van domesticados; 20

mas solamente aquella
fuerza de tu beldad seria cantada,

y alguna vez con ella
también seria notada
el aspereza de que estás armada, 25

y cómo por ti sola
y por tu gran valor y hermosura,
convertido en vïola,
llora su desventura
el miserable amante en tu figura. 30

Hablo de aquel cativo,
de quien tener se debe más cuidado,
que está muriendo vivo,
al remo condenado,
en la concha de Venus amarrado. 35

Por ti, como solía,
del áspero caballo no corrige
la furia y gallardía,
ni con freno la rige,
ni con vivas espuelas ya la aflige. 40

Por ti con diestra mano
no revuelve la espada presurosa,
y en el dudoso llano
huye la polvorosa
palestra como sierpe ponzoñosa. 45

Por ti su blanda musa,
en lugar de la cítera sonante,
tristes querellas usa,
que con llanto abundante
hacen bañar el rostro del amante. 50

Por ti el mayor amigo
le es importuno, grave y enojoso:

yo puedo ser testigo,
que ya del peligroso
naufragio fui su puerto y su reposo; 55

y agora en tal manera
vence el dolor a la razón perdida
que ponzoñosa fiera
nunca fue aborrecida
tanto como yo de él, ni tan temida. 60

No fuiste tú engendrada
ni producida de la dura tierra;
no debe ser notada
—que ingratamente yerra—
quien todo el otro error de sí destierra. 65

Hágate temerosa
el caso de Anajárete y cobarde,
que de ser desdeñosa
se arrepintió muy tarde,
y así su alma con su mármol arde. 70

Estábase alegrando
del mal ajeno el pecho empedernido,
cuando, abajo mirando,
el cuerpo muerto vido
del miserable amante allí tendido; 75

y al cuello el lazo atado
con que desenlazó de la cadena
el corazón cuitado,
y con su breve pena
compró la eterna punición ajena. 80

Sentió allí convertirse
en piedad amorosa el aspereza.

¡Oh tarde arrepentirse!
¡Oh última terneza!
¿Cómo te sucedió mayor dureza? 85

Los ojos se enclavaron
en el tendido cuerpo que allí vieron;
los huesos se tornaron
más duros y crecieron
y en sí toda la carne convertieron; 90

las entrañas heladas
tornaron poco a poco en piedra dura;
por las venas cuitadas
la sangre su figura
iba desconociendo y su natura, 95

hasta que, finalmente,
en duro mármol vuelta y transformada,
hizo de sí la gente
no tan maravillada
cuanto de aquella ingratitud vengada. 100

No quieras tú, señora,
de Némesis airada las saetas
probar, por Dios, agora;
baste que tus perfetas
obras y hermosura a los poetas 105

den inmortal materia,
sin que también en verso lamentable
celebren la miseria
de algún caso notable
que por ti pase, triste, miserable. 110

Ode ad florem Gnidi. Atendiendo a su título, El Brocense *(Comentaristas,* 1972, pág. 271) la consideró en la estela de la oda I, xxii de Horacio. Herrera, por su parte, eliminó la designación latina *ode* y la aglutinó junto a las otras cuatro canciones anteriores bajo el marbete de «lírica» *(Anotaciones,* 2001, págs. 477, 526). En tiempos de Garcilaso, la poesía lírica en lengua vernácula estaba huérfana de preceptiva y carecía de teorización, lo que generaba dificultades designativas como las que afectan a este poema. Uno de los aspectos más originales de la composición estriba en la forma estrófica empleada, pues Garcilaso, igual que había hecho Bernardo Tasso, intenta adaptar la oda latina al castellano, dando lugar a un modelo genérico-estrófico *(lira)* que tendría grandísima trascendencia en la poesía futura de autores como fray Luis de León o san Juan de la Cruz. La crítica tradicional ha interpretado el poema como una herramienta de intermediación textual entre la dama histórica Violante Sanseverino y su pretendiente Mario Galeota, como ha sintetizado Morros (1995: 429-431). Más recientemente, Jiménez Heffernan (2017: 274) ha explicado el texto «como una reflexión metapoética: como una apología de la poesía lírica». Esta lira, probablemente escrita en el período napolitano (1533-1536), se construye a partir de la contraposición entre el mundo del amor (o escritura lírica) y el mundo de la guerra (o escritura épica); en el centro de ambos polos se sitúa el amante, que renuncia a todo lo relacionado con la milicia para arrojarse a los brazos de una amada tan desdeñosa como la mítica Anajárete.

1 *baja lira:* Alude a una consideración de carácter genérico vinculada con la teoría de los tres estilos o *tria genera* (grave, mediocre y humilde). De acuerdo con ello, la *lira* o composición es *baja* por tres razones: está escrita en romance y no en latín, no canta a la materia elevada de las armas y, en tercer lugar, el estado (anímico y social) de quien escribe es bajo (Jiménez Heffernan, 2017: 275). Aunque los epítetos negativos hacia la *baja lira* cuentan con los antecedentes de Bernardo Tasso y Masuccio Salernitano (Colón, 2016), la justificación condicional por utilizar un registro menor había sido utilizada en la tradicción castellana por el Marqués de Santillana *(Defunsión de don Enrique de Villena,* 77): «Si mi baxo estillo aún non es tan plano» (Jiménez Heffernan, 2017: 282).

8 *alimañas:* 'animales'.

9 *moviese:* 'conmoviese'. Se trata de una referencia a Orfeo, igual que en soneto XV o en égloga II, 942-945.

10 *trujiese:* 'trajese'.

12 La *flor de Gnido* aludiría, según El Brocense *(Comentaristas,* 1972, pág. 273), a Violante Sanseverino, hija del duque de Soma. La toponimia *Gnido* remite tanto a un barrio de Nápoles en el que residiría la amada *(Comentaristas,* 1972, pág. 273) como a la ciudad en que se erigía un templo en honor a Venus, diosa del amor (1974: 146-152). Apunta Jiménez Heffernan (2017: 282) que Catulo menciona Cnido en *Carmina* XXXVI, 13

como uno de los lugares en los que se venera a la diosa del amor, en el marco de un poema escrito para ensalzar la nueva lírica. Es necesario hacer sinéreis en *seria* para evitar la hipermetría del verso.

14 'dirigido hacia la muerte'; es construcción latinizante («convertere ad»), igual que en soneto XV, 5 o canción I, 44.

15 *teñido:* 'bañado'. Dunn (1974: 131-143) subraya la importancia de un intertexto horaciano *(Odas* I, VI, 13) y sugiere que la mención al dios *Marte* es una alusión a Carlos V, a quien se le erigió una estatua en la puerta de Nido para su entrada triunfal en Nápoles, que tuvo lugar en noviembre de 1535.

17 En el sintagma *sublimes ruedas colocados* se concentra, como explicó Lázaro Carreter (1986: 118), una «latinización entreverada», pues cada uno de los términos está cargado de una semántica latina que sirve para encarecer el pasaje con la grandeza que requiere. Conforme a ello, *sublime* es 'alto, elevado' y 'supremo, máximo en dignidad'; *ruedas* equivale a 'carro triunfal', por metonimia común en latín, como vio Herrera *(Anotaciones,* 2001, pág. 535); *colocados* vale tanto 'aposentados' como, en sentido arcaico, 'puestos en alto rango'. De ese modo, los *capitanes* designan a los oficiales del ejército español, a los que se parangona con los ilustres romanos.

19 'atados por el fiero cuello'; es acusativo griego. Se describe una imagen propia de los desfiles militares romanos, en los que los vencedores arrastraban a los vencidos, que eran encadenados del cuello al carro victorioso. El desfile podría aludir a la entrada triunfal de Carlos V en Nápoles (Morros, 1995: 86).

22 Se plantea aquí la *recusatio* en la que se desdeñan los temas épicos en favor de los asuntos amorosos, en la estela de autores clásicos como Horacio, Tibulo, Propercio y Ovidio (Jiménez Heffernan, 2017: 278-280). Es necesario hacer sinéreis en *seria* para mantener la medida del verso.

24 Se debe hacer sinéresis en *seria* para no incurrir en hipermetría.

25 *armada:* 'provista'. Lázaro Carreter (1986: 119) encuentra un precedente al encomio de la *aspereza* femenina en Castiglione, para quien no valía nada la hermosura si no venía acompañada de una buena dosis de carácter áspero. Jiménez Heffernan (2017: 285) añade que Garcilaso imita aquí a Dante, reformulando la canción XLVI, 1-14, en la que trata el florentino de la la *dictio aspera* en la lírica de la *militia amoris.*

27 Debe pronunciarse *hermosura* con *h-* aspirada, lo que elimina la sinalefa y deshace la aparente hipometría.

28-30 'transformado en viola (flor pálida e instrumento musical), llora su desventura el desdichado amante convertido en la figura de la amada'. Esta metamorfosis tiene un triple significado: la aflicción amorosa produce palidez, de acuerdo con el tópico horaciano *(Odas* III, x, 14) que identificó El Brocense *(Comentaristas,* 1972, pág. 274); el amante se transforma en la amada (Serés, 1996), de acuerdo con un principio neoplatónico de conversión que está claramente formulado por Petrarca en *Can-*

zoniere XXIII, 39: «facendomi d'uom vivo un lauro verde» *(Cancionero* I, 2006, pág. 39); por último, el amante se torna en queja y se transmuta en el instrumento musical que acompaña el lamento, en una imagen de fuerte valor metapoético (Barrio Olano, 2009; Jiménez Heffernan, 2017).

31-34 *aquel cativo... al remo condenado:* El Brocense *(Comentaristas,* 1972, pág. 273) consideró que la perífrasis nominal *aquel cativo* alude a Galeoto, mediante el juego con galeote o cautivo *al remo condenado.*

35 Morros (1995: 87) señala la importancia de Tibulo (III, III, 34) en la iconografía de Venus navegando sobre una concha a modo de barco. Alcina (1989: 95) aduce la pintura *Marte encadenado por Venus* de Francesco del Cossa, que refleja paradigmáticamente la imagen del guerrero que deja las armas para hacerse esclavo del amor. La influencia más notable del pasaje es la oda I, VIII, 1-3 de Horacio, donde se cuestiona que Lidia capture a Sibaris en una relación amorosa y lo haga abandonar el deporte. La *concha* es tanto el bivalvo mitológico que alumbra a Venus, diosa del amor, como el órgano sexual de la amante. Aquí «Garcilaso recurre a un erotismo oscuro, juguetón, dilógico y es obvio que resulta excepcional en su producción» (Díez Fernández, 2012: 346).

37 *corrige:* 'templa', 'aminora'.

40 *aflige:* 'castiga'. El pronombre *la* remite a *la furia y gallardía del áspero caballo* (vv. 37-38).

45 *palestra:* 'lugar en el que se desarrollan combates'. El enamorado ha dejado de realizar las actividades bélicas que solía, de modo que no ejerce ya ni la equitación ni la esgrima. En los versos 36-45 el modelo utilizado en la descripción del abandono de las obligaciones deportivas y militares para entregarse al amor continúa siendo la oda I, VIII de Horacio, como apuntó El Brocense *(Comentaristas,* 1972, pág. 274).

46 La *blanda musa* es la *baja lira* del primer verso; «blanda por la dulzura de sus sones y blanda porque enternece a quien la escucha» (Jiménez Heffernan, 2017: 288).

47 *cítera:* 'cítara', 'lira'.

52 *importuno:* 'inoportuno', 'molesto'. El malestar que transforma en odio el afecto que se tenía hacia un ser muy querido es eco de Garci Sánchez de Badajoz *(Lecciones de Job,* 99-100): «A mí mismo me soy hecho / grave, importuno, enojoso» *(Cancionero,* 1980, pág. 385).

54 *que ya:* 'que antes'.

56-60 Herrera *(Anotaciones,* 2001, pág. 537) ve un posible remedo de Marcial *(Epigramas* III, XLIV, 6-8) en la expresión de un odio tan inmenso hacia una persona. La derrota de la razón ante el mal de amores y el consiguiente dolor es motivo común en las canciones de Garcilaso, especialmente en la cuarta.

61-62 Alcina (1989: 96) aclaró el sentido de los versos: «Quiere decir que doña Violante no es un duro guerrero nacido de la tierra. Alude al nacimiento de la tierra de terribles guerreros en el mito de Cadmo, al lanzar los dientes de una serpiente; también nacen gigantes guerreros de la tierra en el mito de Jasón, cuando en una de sus pruebas es obligado a arar el campo de Ares».

63-65 'no debe ser elogiada *(notada)*, pues yerra por ingratitud, quien se cree libre de errores ajenos'.

66-67 La fábula mitológica de *Anajárete* e Ifis relata el suicidio de este último por los desdenes de la primera, quien se convierte súbitamente en una estatua de mármol cuando observa el cadáver de su enamorado.

72 El vocablo *empedernido* significa 'cruel' y procede del término «pedernal», que etimológicamente se relaciona con la «piedra» («petrinus»). Así pues, «la dureza emocional de la amada anticipa su petrificación» (Jiménez Heffernan, 2017: 291).

74 *vido:* 'vio'. Se enfatiza la naturaleza de contemplación ejemplarizante de la fábula (Jiménez Heffernan, 2017: 290), pues en el texto latino no se alcanza la lección hasta que Anajárete contempla el cuerpo muerto del enamorado, tal y como lo planea el propio Ifis en *Metamorfosis* XIV, 728: «corpore ut exanimi crudelia lumina pascas» («para que con mi cuerpo sin vida alimentes tus ojos empedernidos», *Metamorfosis,* 1969, pág. 157).

76-80 La imagen del ahorcamiento con *el lazo al cuello* procede de Ovidio *(Metamorfosis,* XIV, 732-735). El sucidio libera al amante, pues *desenlaza las cadenas de su corazón lleno de cuitas* y, además, el breve dolor del suicidio reporta un eterno castigo *(punición)* a Anajárete: su transformación en mármol.

86-87 En estos *ojos* que *se enclavan* en el cuerpo inerte se percibe un eco de *Metamorfosis* XIV, 754: «deriguere oculi» («los ojos se le quedaron yertos», *Metamorfosis,* 1969, pág. 158).

88-92 Desde el marco teórico de la *material culture,* Mary E. Bernard (2014) ha analizado este fragmento en que se describe poéticamente el cuerpo abierto de Anajárete poniéndolo en relación con las más relevantes ilustraciones anatómicas coetáneas: los *Commentaria* (1521) e *Isagogae breves* (1522) de Berengario da Carpi o el *De humani corporis fabrica* (1543) de Andrea Vesalio. Estos conocimientos especializados pudo alcanzarlos Garcilaso con facilidad desde Nápoles, que era el principal centro anatómico de la Europoa del momento, lo que estimularía en el poeta una «discursive vivisection, like the actual dissection in anatomy theatres, trod on forbidden ground» (2014: 76).

93-95 Igual que en *Metamorfosis* XIV, 754-755, la sangre se esfuma del cuerpo: «calidusque a corpore sanguis / inducto pallore fugit» («la sangre caliente huye de su cuerpo, que adquiere tinte pálido», *Metamorfosis,* 1969, pág. 158). A medida que desaparece, la sangre desdibuja la identidad del rostro *(figura)* con la palidez, alterando también su naturaleza *(natura).* Jiménez Heffernan (2017: 291) señala que la petrificación femenina tiene antecedentes en la *donna petrosa* de Dante y en *Rime,* VIII de Cavalcanti.

98-100 La petrificación de Anajárete no provocó tanto la admiración entre *la gente* como una gran satisfacción por la *venganza* cumplida contra la ingratitud de la protagonista.

102 La mención a *Némesis,* diosa de la venganza, aparece también en Ovidio, como recuerda Morros (1995: 90).

107 *lamentable:* 'lacrimoso', 'penoso'.

Elegía I

Al duque de Alba, en la muerte de don Bernaldino de Toledo

Aunque este grave caso haya tocado
con tanto sentimiento el alma mía
que de consuelo estoy necesitado,
con que de su dolor mi fantasía
se descargase un poco y se acabase 5
de mi continuo llanto la porfía,
quise, pero, probar si me bastase
el ingenio a escribirte algún consuelo,
estando cual estoy, que aprovechase
para que tu reciente desconsuelo 10
la furia mitigase, si las musas
pueden un corazón alzar del suelo
y poner fin a las querellas que usas,
con que de Pindo ya las moradoras
se muestran lastimadas y confusas; 15
que, según he sabido, ni a las horas
que el sol se muestra ni en el mar se asconde,
de tu lloroso estado no mejoras,
antes, en él permaneciendo dondequiera que estás, tus ojos siempre bañas, 20
y el llanto a tu dolor así responde,
que temo ver deshechas tus entrañas
en lágrimas, como al lluvioso viento
se derrite la nieve en las montañas.

Si acaso el trabajado pensamiento 25
en el común reposo se adormece,
por tornar al dolor con nuevo aliento,
en aquel breve sueño te aparece
la imagen amarilla del hermano
que de la dulce vida desfallece, 30
y tú tendiendo la piadosa mano,
probando a levantar el cuerpo amado,
levantas solamente el aire vano;
y, del dolor el sueño desterrado,
con ansia vas buscando el que partido 35
era ya con el sueño y alongado.
Así desfalleciendo en tu sentido,
como fuera de ti, por la ribera
de Trápana, con llanto y con gemido
el caro hermano buscas, que solo era 40
la mitad de tu alma; el cual muriendo,
quedará ya sin la otra parte entera.
Y no de otra manera repitiendo
vas el amado nombre, en desusada
figura a todas partes revolviendo, 45
que, cerca del Erídano aquejada,
lloró y llamó Lampetia el nombre en vano,
con la fraterna muerte lastimada:
«¡Ondas, tornadme ya mi dulce hermano
Faetón; si no, aquí veréis mi muerte, 50
regando con mis ojos este llano!».
¡Oh cuántas veces, con el dolor fuerte
avivadas las fuerzas, renovaba
las quejas de su cruda y dura suerte;
y cuántas otras, cuando se acababa 55
aquel furor, en la ribera umbrosa,
muerta, cansada, el cuerpo reclinaba!
Bien te confieso que si alguna cosa
entre la humana puede y mortal gente
entristecer un alma generosa, 60

con gran razón podrá ser la presente,
pues te ha privado de un tan dulce amigo,
no solamente hermano, un acidente;
el cual no solo siempre fue testigo
de tus consejos y íntimos secretos, 65
mas de cuanto lo fuiste tú contigo:
en él se reclinaban tus discretos
y honestos pareceres y hacían
conformes al asiento sus efetos;
en él ya se mostraban y leían 70
tus gracias y virtudes una a una
y con hermosa luz resplandecían,
como en luciente de cristal coluna
que no encubre, de cuanto se avecina
a su viva pureza, cosa alguna. 75
¡Oh miserables hados, oh mezquina
suerte, la del estado humano, y dura,
do por tantos trabajos se camina,
y agora muy mayor la desventura
de aquesta nuestra edad cuyo progreso 80
muda de un mal en otro su figura!
¿A quién ya de nosotros el eceso
de guerras, de peligros y destierro
no toca y no ha cansado el gran proceso?
¿Quién no vio desparcir su sangre al hierro 85
del enemigo? ¿Quién no vio su vida
perder mil veces y escapar por yerro?
¡De cuántos queda y quedará perdida
la casa, la mujer y la memoria,
y de otros la hacienda despendida! 90
¿Qué se saca de aquesto? ¿Alguna gloria?
¿Algunos premios? ¿O agradecimiento?
Sabralo quien leyere nuestra historia:
verase allí que como polvo al viento,
así se deshará nuestra fatiga, 95
ante quien se endereza nuestro intento.

No contenta con esto, la enemiga
del humano linaje, que envidiosa
coge sin tiempo el grano de la espiga,
nos ha querido ser tan rigurosa 100
que ni a tu juventud, don Bernaldino,
ni ha sido a nuestra pérdida piadosa.
¿Quién pudiera de tal ser adevino?
¿A quién no le engañara la esperanza,
viéndote caminar por tal camino? 105
¿Quién no se prometiera, en abastanza,
seguridad entera de tus años
sin temer de natura tal mudanza?
Nunca los tuyos, mas los propios daños
dolernos deben, que la muerte amarga 110
nos muestra claros ya mil desengaños;
hanos mostrado ya que en vida larga,
apenas de tormentos y de enojos
llevar podemos la pesada carga;
hanos mostrado en ti que claros ojos 115
y juventud y gracia y hermosura
son también, cuando quiere, sus despojos.
Mas no puede hacer que tu figura,
después de ser de vida ya privada,
no muestre el artefìcio de natura; 120
bien es verdad que no está acompañada
de la color de rosa que solía
con la blanca azucena ser mezclada,
porque el calor templado, que encendía
la blanca nieve de tu rostro puro, 125
robado ya la muerte te lo había;
en todo lo demás, como en seguro
y reposado sueño descansabas,
indicio dando del vivir futuro.
Mas ¿qué hará la madre que tú amabas, 130
de quien perdidamente eras amado,
a quien la vida con la tuya dabas?

Aquí se me figura que ha llegado
de su lamento el son, que con su fuerza
rompe el aire vecino y apartado, 135
tras el cual a venir también se esfuerza
el de las cuatro hermanas, que teniendo
va con el de la madre a viva fuerza;
a todas las contemplo desparciendo
de su cabello luengo el fino oro, 140
al cual ultraje y daño están haciendo.
El viejo Tormes, con el blanco coro
de sus hermosas ninfas, seca el río
y humedece la tierra con su lloro,
no recostado en urna al dulce frío 145
de su caverna umbrosa, mas tendido
por el arena en el ardiente estío,
con ronco son de llanto y de gemido,
los cabellos y barbas mal paradas
se despedaza y el sotil vestido; 150
en torno de él sus ninfas desmayadas
llorando en tierra están, sin ornamento,
con las cabezas de oro despeinadas.
Cese ya del dolor el sentimiento,
hermosas moradoras del undoso 155
Tormes; tened más provechoso intento:
consolad a la madre, que el piadoso
dolor la tiene puesta en tal estado
que es menester socorro presuroso.
Presto será que el cuerpo, sepultado 160
en un perpetuo mármol, de las ondas
podrá de vuestro Tormes ser bañado;
y tú, hermoso coro, allá en las hondas
aguas metido, podrá ser que al llanto
de mi dolor te muevas y respondas. 165
Vos, altos promontorios, entretanto,
con toda la Trinacria entristecida,
buscad alivio en desconsuelo tanto.

Sátiros, faunos, ninfas, cuya vida
sin enojo se pasa, moradores 170
de la parte repuesta y escondida,
con luenga esperïencia sabidores,
buscad para consuelo de Fernando
hierbas de propriedad oculta y flores:
así, en el ascondido bosque, cuando 175
ardiendo en vivo y agradable fuego
las fugitivas ninfas vais buscando,
ellas se inclinen al piadoso ruego
y en recíproco lazo estén ligadas,
sin esquivar el amoroso juego. 180
Tú, gran Fernando, que entre tus pasadas
y tus presentes obras resplandeces,
y a mayor fama están por ti obligadas,
contempla dónde estás, que si falleces
al nombre que has ganado entre la gente, 185
de tu virtud en algo te enflaqueces,
porque al fuerte varón no se consiente
no resistir los casos de Fortuna
con firme rostro y corazón valiente;
y no tan solamente esta importuna, 190
con proceso crüel y riguroso,
con revolver de sol, de cielo y luna,
mover no debe un pecho generoso
ni entristecello con funesto vuelo,
turbando con molestia su reposo, 195
mas si toda la máquina del cielo
con espantable son y con rüido,
hecha pedazos, se viniere al suelo,
debe ser aterrado y oprimido
del grave peso y de la gran rüina, 200
primero que espantado y comovido.
Por estas asperezas se camina
de la inmortalidad al alto asiento,
do nunca arriba quien de aquí declina.

Y en fin, señor, tornando al movimiento 205
de la humana natura, bien permito
a nuestra flaca parte un sentimiento,
mas el eceso en esto vedo y quito,
si alguna cosa puedo, que parece
que quiere proceder en infinito. 210
A lo menos el tiempo, que descrece
y muda de las cosas el estado,
debe bastar, si la razón fallece.
No fue el troyano príncipe llorado
siempre del viejo padre dolorido, 215
ni siempre de la madre lamentado,
antes, después del cuerpo redemido
con lágrimas humildes y con oro,
que fue del fiero Aquiles concedido,
y reprimiendo el lamentable coro 220
del frigio llanto, dieron fin al vano
y sin provecho sentimiento y lloro.
El tierno pecho, en esta parte humano,
de Venus, ¿qué sintió, su Adonis viendo
de su sangre regar el verde llano? 225
Mas desque vido bien que, corrompiendo
con lágrimas sus ojos, no hacía
sino en su llanto estarse deshaciendo,
y que tornar llorando no podía
su caro y dulce amigo de la escura 230
y tenebrosa noche al claro día,
los ojos enjugó y la frente pura
mostró con algo más contentamiento,
dejando con el muerto la tristura;
y luego con gracioso movimiento 235
se fue su paso por el verde suelo,
con su guirlanda usada y su ornamento;
desordenaba con lascivo vuelo
el viento su cabello; y con su vista
se alegraban la tierra, el mar y el cielo. 240

Con discurso y razón, que es tan prevista,
con fortaleza y ser, que en ti contemplo,
a la flaca tristeza se resista.
Tu ardiente gana de subir al templo
donde la muerte pierde su derecho 245
te basta, sin mostrarte yo otro enjemplo;
allí verás cuán poco mal ha hecho
la muerte en la memoria y clara fama
de los famosos hombres que ha deshecho.
Vuelve los ojos donde al fin te llama 250
la suprema esperanza, do perfeta
sube y purgada el alma en pura llama;
¿piensas que es otro el fuego que en Oeta
de Alcides consumió la mortal parte
cuando voló el espirtu a la alta meta? 255
De esta manera aquel, por quien reparte,
tu corazón sospiros mil al día
y resuena tu llanto en cada parte
subió por la difícil y alta vía,
de la carne mortal purgado y puro, 260
en la dulce región del alegría,
do con discurso libre ya y seguro
mira la vanidad de los mortales,
ciegos, errados en el aire escuro,
y viendo y contemplando nuestros males, 265
alégrase de haber alzado el vuelo
y gozar de las horas immortales.
Pisa el immenso y cristalino cielo,
teniendo puestos de una y de otra mano
el claro padre y el sublime agüelo: 270
el uno ve de su proceso humano
sus virtudes estar allí presentes,
que el áspero camino hacen llano;
el otro, que acá hizo entre las gentes
en la vida mortal menor tardanza, 275
sus llagas muestra allá resplandecientes.

De ellas aqueste premio allá se alcanza,
porque del enemigo no conviene
procurar en el cielo otra venganza.
Mira la tierra, el mar que la contiene, 280
todo lo cual por un pequeño punto
a respeto del cielo juzga y tiene;
puesta la vista en aquel gran trasunto
y espejo do se muestra lo pasado
con lo futuro y lo presente junto, 285
el tiempo que a tu vida limitado
de allá arriba te está, Fernando, mira,
y allí ve tu lugar ya deputado.
¡Oh bienaventurado, que, sin ira,
sin odio, en paz estás, sin amor ciego, 290
con quien acá se muere y se sospira,
y en eterna holganza y en sosiego
vives y vivirás cuanto encendiere
las almas del divino amor el fuego!
Y si el cielo piadoso y largo diere 295
luenga vida a la voz de este mi llanto,
lo cual tú sabes que pretiende y quiere,
yo te prometo, amigo, que entretanto
que el sol al mundo alumbre y que la escura
noche cubra la tierra con su manto, 300
y en tanto que los peces la hondura
húmida habitarán del mar profundo
y las fieras del monte la espesura,
se cantará de ti por todo el mundo,
que en cuanto se discurre, nunca visto 305
de tus años jamás otro segundo
será, desde el Antártico a Calisto.

Elegía I. Según se indica en los primeros versos, el poema se redacta como un *jeu d'esprit* o reto con que probar *si bastase el ingenio* para *escribir algún consuelo* que calmase la aflicción de don Fernando de Toledo, duque de Alba (Jiménez Heffernan, 2017: 301). El motivo para ello es que su hermano *don Bernaldino* acaba de fallecer en Trápani, ciudad del oeste de Sicilia, mientras acompañaba al ejército español tras la jornada de Túnez, en donde coincidió con el mismo Garcilaso. De acuerdo con estas circunstancias, la elegía, que se hibrida con la epístola al dirigirse al hermano del difunto en tercetos encadenados, debió de ser compuesta entre agosto y noviembre de 1535. Como ha visto la crítica, es traslado imitativo de cuatro elegías anteriores que se aderezan con reelaboraciones de varias fuentes clásicas. Las cuatro composiciones que sirven de soporte fundamental al poema son la elegía latina de Girolamo Fracastoro dirigida a Giovanni Battista Turriano por la muerte de su hermano, la *Consolatio ad Liviam* en que se basa la anterior, y dos poemas italianos de Bernardo Tasso y Pietro Bembo. Del análisis de esta urdimbre intertextual, Rico (1990: 286) concluyó que «la elegía primera se vuelve una indagación de su propia genealogía, de su posición en la serie literaria: es a un tiempo poesía e historia de la poesía; y el genio de Garcilaso se desarrolla al devanar la madeja de esa historia, en un doble impulso de homenaje y desafío a los modelos».

4 *con que:* 'con el que', en alusión al *consuelo.* La fantasía remite aquí a la 'facultad del alma sensitiva encargada de formar las imágenes de las cosas' (Morros, 1995: 92), igual que en soneto III, 6. El comienzo del poema imita fielmente a Fracastoro, como vio El Brocense *(Comentaristas,* 1972, pág. 275).

7 *pero:* 'sin embargo'.

11 *furia mitigase:* 'perdiese la vehemencia producida por el dolor de la pérdida'.

13 *querellas:* 'quejas', 'lamentos'; es cultismo etimológico del término latino homónimo.

14 Explica Herrera *(Anotaciones,* 2001, pág. 572) que el *Pindo* es un «monte de Tesalia, consagrado a Febo y a las musas».

19-20 La división de una palabra compuesta a final de verso *(donde- / quiera)* que da lugar a encabalgamiento era práctica habitual en la poesía clásica grecolatina.

23-24 La imagen aparece en la *Consolatio ad Liviam* y en Fracastoro, aunque es tópico que atraviesa la literatura desde Ovidio hasta Petrarca (Morros, 1995: 93, 440).

25 *acaso:* 'por casualidad'. *trabajado:* 'afligido'.

29 Morros (1995: 93) señala la tópica figuración *amarilla* de la muerte aduciendo las deudas con la oda I, IV, 14 de Horacio y la *Eneida* IV, 644 de Virgilio. Aun señalando que era imitación de la *Consolatio ad Liviam,* Herrera afeó a Garcilaso su inverosímil indagación en los sueños del duque: «¿Cómo le cuenta esto? ¿Quién se lo dijo?» *(Anotaciones,* 2001, pág. 574). La escena del hermano que se afana por abrazar una imagen onírica pudiera ser imitación de Virgilio *(Eneida* II, 773-795), en opinión de Herrera *(Anotaciones,* 2001, pág. 576). El Brocense *(Comentaris-*

tas, 1972, pág. 275) detectó claras similitudes con Ariosto (*Orlando Furioso* X, xx, 7-8) y las hizo derivar de Ovidio *(Heroidas* X, 12).

31 Explica Lapesa (1985: 251) que *piadosa* se usa aquí en su sentido etimológico, pues «pío» es en latín aquel que «ama, defiende y honra a sus padres, antepasados y familiares».

33 *vano:* 'vacío'.

36 *alongado:* 'alejado'.

39 *Trápana* o Trápani es la ciudad siciliana en donde desembarca el ejército español y fallece don Bernaldino.

41-42 Se utiliza la imagen platónica *(El Banquete,* 190c-191e) del amor y la amistad como un alma escindida que busca su otra mitad para completarse, igual que en el soneto XIX. El Brocense *(Comentaristas,* 1972, pág. 276) adujo como fuente *Odas* I, III, 8 de Horacio: «et serves *animae dimidium* meae» («y a la otra mitad de mi alma preserva», *Odas y epodos,* 1990, págs. 92-93).

46-47 *Lampetia,* junto al resto de las Helíades, lloraba a la orilla del río *Erídano* (actual Po), la muerte de su hermano Faetón *(Metamorfosis,* II, 332-366). Garcilaso imita aquí a Fracastoro (Morros, 1995: 441).

57 *muerta, cansada:* 'afligida, fatigada' (Herrera, *Anotaciones,* 2001, pág. 580).

60 *generosa:* 'noble'; es latinismo, como recuerda Morros (1995: 95).

62-63 El Brocense *(Comentaristas,* 1972, pág. 276) y Herrera *(Anotaciones,* 2001, pág. 581) señalan ecos de Fracastoro y Albinovano al ponderar esta concepción de la amistad entre hermanos como algo superior al mero parentesco, que resulta aquí accesorio *(acidente).*

67-69 'tus opiniones *(pareceres)* se transmitían *(reclinaban)* a tu hermano, y sus respuestas y acciones derivadas *(hacían sus efetos)* eran acordes con el valor de su persona *(conformes al asiento)*'. La *h-* inicial de *hacían* se pronuncia con aspiración para evitar la hipometría.

70-75 El Brocense *(Comentaristas,* 1972, pág. 277) señaló las concomitancias de estos versos con la canción de Bembo a la muerte de su hermano *(Rime* CXLII, 51-54): «color non mostrò mai vetro, né fonte / così puro il suo vago erboso fondo, / com'io negli occhi tuoi leggeva espressa / ogni mia voglia sempre, ogni sospetto» *(Prose e rime,* 1966, pág. 624).

77 El lamento sobre la inconsistencia del *estado humano* es imitación de Fracastoro, como advirtió El Brocense *(Comentaristas,* 1972, pág. 277); aunque tal preocupación por el *estado* está muy presente en otros lugares de la escritura garcilasiana, como el soneto I.

78 *trabajos:* 'sufrimientos', 'impedimentos'.

85 *desparcir:* 'esparcir', 'verter'.

87 Herrera *(Anotaciones,* 2001, pág. 584) señaló que esta crítica de la vida militar procede de *Odas* II, I, 29-32 de Horacio. Jiménez Heffernan (2017: 305-306) sugiere un trasfondo biográfico y lo relaciona con el soneto XXXV.

90 *despendida:* 'malgastada'.

94 La del *polvo al viento* es imagen bíblica de la muerte.

96 Pudiera ser alusión a Carlos V.

97-98 La *enemiga del humano linaje* es «perífrasis de la muerte» (Herrera, *Anotaciones,* 2001, pág. 585).

99 *sin tiempo:* 'fuera de tiempo'.

106 *abastanza:* 'abundancia'.

118 *figura:* 'rostro'. Se debe aspirar la *h-* inicial de *hacer* para mantener el endecasílabo.

119-126 Se describe el rostro de don Bernaldino como si de una dama ideal se tratase. Morros (1995: 98) aduce el *Triumphus mortis,* 166-172 de Petrarca como posible fuente de estos versos.

129 Herrera *(Anotaciones,* 2001, pág. 587) explica que el *rostro puro,* al mostrar todavía el *arteficio de natura,* daba *indicio* de lo que habría sido su vida futura.

137-141 *teniendo:* 'compitiendo'. El lamento conjunto de madre y hermanas estaba ya en *Consolatio ad Liviam* y en Ovidio *(Amores,* III, IX, 51-52). El Brocense *(Comentaristas,* 1972, pág. 277) recuerda que la imagen del cabello dañado por las manos procede del *Orlando,* V, LX, 3-4 de Ariosto: «Percosse il seno, e si stracciò la stola, / e fece all'aureo crin danno e dispetto» *(Orlando furioso,* 2002, pág. 320).

142-144 En la *Consolatio al Liviam* y en la elegía de Fracastoro aparecen el dios fluvial y las ninfas, que sirvieron de inspiración a Garcilaso. Se escoge el río *Tormes* «por estar el ducado de la familia de don Bernardino en Alba de Tormes (Salamanca)» (Morros, 1995: 99).

145 Era habitual representar a los ríos como dioses recostados sobre una urna de la que manaba el agua, aunque en esta figuración Garcilaso sigue en concreto la *Arcadia,* XII, 37-38 de Sannazaro (Morros, 1995: 99).

149 *mal paradas:* 'despeinadas'.

150 *sotil:* 'fino'.

153 El pelo despeinado es símbolo de dolor, como en égloga III, 225.

157 *piadoso:* 'maternal', como en soneto XVI, 5.

166-167 Recuerda Herrera *(Anotaciones,* 2001, pág. 592) que los *altos promontorios* son los tres cabos (Passaro, Boco y Faro) que conforman el triángulo *(Trinacria)* que es la isla de Sicilia.

169-180 Garcilaso sigue a Fracastoro en esta solicitud de consuelo, pero incorpora en el apóstrofe a *sátiros* y *faunos.* A estas criaturas de los bosques, mitad hombres, mitad animales, se les promete la recompensa del amor carnal de las ninfas si son capaces de consolar a don Fernando. Jiménez Heffernan (2017: 308) ha subrayado la importancia de este escenario, apuntando que «Garcilaso no concibe otra trascendencia (si es que concibe alguna trascendencia) que este desbordante paganismo imaginativo». *repuesta:* 'apartada'. *vais:* 'vayáis'.

184 *falleces:* 'faltas', 'no haces honor'.

188 Los *casos de Fortuna* son las caídas y desgracias provocadas por la diosa homónima. El contraste entre la imperturbable firmeza del noble y los avatares del destino supone un problema capital del pensamiento renacentista. Aclara Jiménez Heffernan (2017: 308) que «desde *Il Principe* de Maquiavelo hasta *The Mirror of Magistrates* y *The Fall of Princes* de la tradición inglesa, la idea estoica de la firmeza personal constituía el único antídoto contra el evento trágico, y era por ello la base de una política eficaz para los nuevos imperios europeos».

190-195 El sintagma *esta importuna* define a la diosa Fortuna, a la que se solía representar con alas. La combinación de esta imagen con la del *funesto vuelo turbando* recuerda, como señala Jiménez Heffernan, los versos de Ovidio en *Amores* 1, XII, 19-20, en los que se insiste en las razones del vuelo funesto, aplicado por Garcilaso al hado adverso.

196 El Brocense *(Comentaristas,* 1972, pág. 278) adujo como fuente unos versos de Horacio *(Odas* III, III, 7-8) que ensalzan la constancia del varón justo e imperturbable: «si fractus illabatur orbis / impavidum ferient ruinae» («si el orbe se cayera roto / le cubriría la ruina impávido», *Odas y epodos,* 1990, págs. 238-239).

197 *espantable:* 'admirable', 'asombroso'.

199 *aterrado:* 'echado a tierra'.

204 *declina:* 'se desvía'.

205-206 Tras hablar del *alto asiento de la inmortalidad,* se vuelven ahora a plantear cuestiones mortales y dinámicas *(tornando al movimiento de la humana natura).*

211-213 Herrera *(Anotaciones,* 2001, pág. 603) señala la deuda con *Agamenón,* 130 de Séneca: «Quod ratio nequit, saepe sanavit mora» («Lo que a menudo la razón no pudo, lo curó el tiempo o la paciencia»).

214-215 Héctor es *el troyano príncipe,* asesinado por Aquiles y *llorado* por su padre Príamo.

217 *redemido:* 'liberado'.

223-225 Se alude al lamento de Venus por la muerte de Adonis, asesinado por un jabalí. El Brocense *(Comentaristas,* 1972, pág. 278) señala la fuente ovidiana de *Metamorfosis* (X, 708-740), aunque detecta que el modelo más directo es el de la elegía a Bernardino Rota de Bernardo Tasso *(Rime* II, CXII, 52-64).

226 *desque vido:* 'una vez que vio'. *corrompiendo:* 'echando a perder'.

227 Hay que pronunciar con aspiración la *h-* de *hacía* para mantener la medida del verso.

237 *guirlanda usada:* 'guirnalda habitual'.

238 *lascivo:* 'alegre'.

241 *prevista:* 'prudente'.

244 *templo:* 'cielo', como señaló Herrera *(Anotaciones,* 2001, pág. 610).

252 Tras ser incinerado en la pira funeraria, el cuerpo purificado permite la ascensión del alma al cielo.

253-255 Se alude a la inmortalidad alcanzada por Hércules *(Alcides)* en el monte Oeta.

261 La *dulce región del alegría* son los Campos Elíseos, donde moraban los bienaventurados (Alcina, 1989: 107).

270 Alude al encuentro en el cielo tanto con el *agüelo* como con el *padre,* don Fadrique y don García Álvarez de Toledo, respectivamente.

273 Se debe aspirar la *h-* inicial de *hacen* para no incurrir en hipometría.

280-282 La reflexión sobre la pequeñez de la Tierra en relación *(a respeto del)* al universo es paráfrasis del *Somnium Scipionis,* VI, XVI de Cicerón, como señala El Brocense *(Comentaristas,* 1972, pág. 279).

283 *trasunto:* 'figura'.

284-285 Morros (1995: 104-105) aprecia en esta mención al *pasado, presente* y *futuro* una alusión a las tres ruedas de la Fortuna o a la Providencia cristiana. Jiménez Heffernan (2017: 312) señala que la visión del pasado y del futuro tiene el antecedente virgiliano de *Eneida,* VI.

288 *deputado:* 'asignado'.

289-294 Como bienaventurado, libre de las pasiones humanas, vivirá en eterna placidez celestial. Se debe aspirar la *h-* inicial de *holganza* para mantener la medida del endecasílabo.

301-304 El Brocense *(Anotaciones,* 1972, pág. 279) atisbó ecos de la bucólica V, 76-78 de Virgilio, que desarrolla el llanto por la muerte de Adonis. Es necesario que se pronuncie *hondura* con *h-* aspirada para no incurrir en hipometría.

307 El Brocense *(Comentaristas,* 1972, pág. 280) aclara el sentido, «Desde el un polo al otro», y señala que es verso de Ariosto *(Orlando Furioso* III, XVII, 6): «tra quanto è 'n mezzo Antartico e Calisto». *Calisto* era una doncella que Zeus transformó en la constelación de la Osa Mayor.

Elegía II

A Boscán

Aquí, Boscán, donde del buen troyano
Anquises con eterno nombre y vida
conserva la ceniza el Mantüano,
debajo de la seña esclarecida
de César africano nos hallamos 5
la vencedora gente recogida:
diversos en estudio, que unos vamos
muriendo por coger de la fatiga
el fruto que con el sudor sembramos;
otros, que hacen la virtud amiga 10
y premio de sus obras y así quieren
que la gente lo piense y que lo diga,
destotros en lo público difieren,
y en lo secreto sabe Dios en cuánto
se contradicen en lo que profieren. 15
Yo voy por medio, porque nunca tanto
quise obligarme a procurar hacienda,
que un poco más que aquellos me levanto;
ni voy tampoco por la estrecha senda
de los que cierto sé que a la otra vía 20
vuelven, de noche al caminar, la rienda.
Mas ¿dónde me llevó la pluma mía,
que a sátira me voy mi paso a paso,
y aquesta que os escribo es elegía?

Yo enderezo, señor, en fin mi paso 25
por donde vos sabéis que su proceso
siempre ha llevado y lleva Garcilaso;
y así, en mitad de aqueste monte espeso,
de las diversidades me sostengo,
no sin dificultad, mas no por eso 30
dejo las musas, antes torno y vengo
de ellas al negociar, y, varïando,
con ellas dulcemente me entretengo.
Así se van las horas engañando;
así del duro afán y grave pena 35
estamos algún hora descansando.
De aquí iremos a ver de la Serena
la patria, que bien muestra haber ya sido
de ocio y de amor antiguamente llena.
Allí mi corazón tuvo su nido 40
un tiempo ya; mas no sé, triste, agora
o si estará ocupado o desparcido.
De aquesto un frío temor así a deshora
por mis huesos discurre en tal manera
que no puedo vivir con él un hora. 45
Si, triste, de mi bien yo estado hubiera
un breve tiempo ausente, no lo niego
que con mayor seguridad viviera.
La breve ausencia hace el mismo juego
en la fragua de amor que en fragua ardiente 50
el agua moderada hace al fuego,
la cual verás que no tan solamente
no le suele matar, mas le refuerza
con ardor más intenso y eminente,
porque un contrario, con la poca fuerza 55
de su contrario, por vencer la lucha
su brazo aviva y su valor esfuerza.
Pero si el agua en abundancia mucha
sobre el fuego se esparce y se derrama,
el humo sube al cielo, el son se escucha 60

y el claro resplandor de viva llama,
en polvo y en ceniza convertido,
apenas queda de él sino la fama;
así el ausencia larga, que ha esparcido
en abundancia su licor que amata 65
el fuego que el amor tenía encendido,
de tal suerte lo deja que lo trata
la mano sin peligro en el momento
que en aparencia y son se desbarata.
Yo solo fuera voy de aqueste cuento, 70
porque el amor me aflige y me atormenta,
y en el ausencia crece el mal que siento;
y pienso yo que la razón consienta
y permita la causa de este efeto,
que a mí solo entre todos se presenta, 75
porque como del cielo yo sujeto
estaba eternamente y diputado
al amoroso fuego en que me meto,
así, para poder ser amatado,
el ausencia sin término, infinita 80
debe ser, y sin tiempo limitado;
lo cual no habrá razón que lo permita,
porque por más y más que ausencia dure,
con la vida se acaba, que es finita.
Mas a mí ¿quién habrá que me asegure 85
que mi mala fortuna con mudanza
y olvido contra mí no se conjure?
Este temor persigue la esperanza
y oprime y enflaquece el gran deseo
con que mis ojos van de su holganza; 90
con ellos solamente agora veo
este dolor que el corazón me parte,
y con él y comigo aquí peleo.
¡Oh crudo, oh riguroso, oh fiero Marte,
de túnica cubierto de diamante 95
y endurecido siempre en toda parte!

¿Qué tiene que hacer el tierno amante
con tu dureza y áspero ejercicio,
llevado siempre del furor delante?
Ejercitando por mi mal tu oficio, 100
soy reducido a términos que muerte
será mi postrimero beneficio;
y esta no permitió mi dura suerte
que me sobreviniese peleando,
de hierro traspasado agudo y fuerte, 105
porque me consumiese contemplando
mi amado y dulce fruto en mano ajena,
y el duro posesor de mí burlando.
Mas ¿dónde me trasporta y enajena
de mi propio sentido el triste miedo? 110
A parte de vergüenza y dolor llena,
donde, si el mal yo viese, ya no puedo,
según con esperalle estoy perdido,
acrecentar en la miseria un dedo.
Así lo pienso agora, y si él venido 115
fuese en su misma forma y su figura,
ternia el presente por mejor partido,
y agradeceria siempre a la ventura
mostrarme de mi mal solo el retrato
que pintan mi temor y mi tristura. 120
Yo sé qué cosa es esperar un rato
el bien del propio engaño y solamente
tener con él inteligencia y trato,
como acontece al mísero doliente
que, del un cabo, el cierto amigo y sano 125
le muestra el grave mal de su acidente,
y le amonesta que del cuerpo humano
comience a levantar a mejor parte
el alma, suelta con volar liviano;
mas la tierna mujer, de la otra parte, 130
no se puede entregar al desengaño
y encúbrele del mal la mayor parte;

él, abrazado con su dulce engaño,
vuelve los ojos a la voz piadosa
y alégrase muriendo con su daño. 135

Así los quito yo de toda cosa
y póngolos en solo el pensamiento
de la esperanza, cierta o mentirosa;

en este dulce error muero contento,
porque ver claro y conocer mi estado 140
no puede ya curar el mal que siento,

y acabo como aquel que en un templado
baño metido, sin sentillo muere,
las venas dulcemente desatado.

Tú, que en la patria, entre quien bien te quiere, 145
la deleitosa playa estás mirando
y oyendo el son del mar que en ella hiere,

y sin impedimiento contemplando
la misma a quien tú vas eterna fama
en tus vivos escritos procurando, 150

alégrate, que más hermosa llama
que aquella que el troyano encendimiento
pudo causar el corazón te inflama;

no tienes que temer el movimiento
de la fortuna, con soplar contrario, 155
que el puro resplandor serena el viento.

Yo, como conducido mercenario,
voy do fortuna a mi pesar me envía,
si no a morir, que aqueste es voluntario;

solo sostiene la esperanza mía 160
un tan débil engaño que, de nuevo,
es menester hacelle cada día;

y si no le fabrico y le renuevo,
da consigo en el suelo mi esperanza
tanto que en vano a levantalla pruebo. 165

Aqueste premio mi servir alcanza,
que en sola la miseria de mi vida
negó fortuna su común mudanza.

¿Dónde podré hüir que sacudida
un rato sea de mí la grave carga 170
que oprime mi cerviz enflaquecida?
Mas ¡ay!, que la distancia no descarga
el triste corazón, y el mal, doquiera
que estoy, para alcanzarme el brazo alarga.
Si donde el sol ardiente reverbera 175
en la arenosa Libia, engendradora
de toda cosa ponzoñosa y fiera,
o adonde él es vencido a cualquier hora
de la rígida nieve y viento frío,
parte do no se vive ni se mora; 180
si en esta o en aquella el desvarío
o la fortuna me llevase un día
y allí gastase todo el tiempo mío,
el celoso temor con mano fría,
en medio del calor y ardiente arena, 185
el triste corazón me apretaría;
y en el rigor del hielo, en la serena
noche, soplando el viento agudo y puro
que el veloce correr del agua enfrena,
de aqueste vivo fuego, en que me apuro 190
y consumirme poco a poco espero,
sé que aun allí no podré estar seguro,
y así diverso entre contrarios muero.

Elegía II. Los versos iniciales indican que fue escrita en Trápani, Sicilia. Probablemente se redactó, igual que la elegía anterior, entre septiembre y finales de octubre de 1535 (Lapesa, 1985: 181; Morros, 1995: 447). Y también como el anterior poema, parece provenir del entrenamiento literario en un género poco fatigado por la escritura garcilasiana. La voz lírica asegura que no desatiende a las musas, pese a encontrarse incursa en un contexto bélico, de modo que los versos se convierten en un medio óptimo para distraerse y aliviar el peso del tiempo (*así se van las horas engañando,* v. 34). Pero lo que aflige a la voz lírica no es nada relacionado con las armas, sino la sospecha de infidelidad de un amor que se quedó en Nápoles. Esta circunstancia propicia una reflexión conceptista sobre el mal de ausencia, en la que a medida que aumenta el dolor, se acrecienta en igual medida el autoengaño del yo lírico, que necesita crear una mentira diaria para mantener su esperanza. Se condensan en el texto diversas tonalidades, temas y registros de la modalidad elegíaca: lamento de ausencia en la estela de las elegías ovidianas de las *Heroidas* y de las elegías amorosas de Propercio, junto con la influencia de los *capitoli* o epístolas de Ariosto en donde se expresa el dolor por una ausencia temporal de la amada (Jiménez Heffernan, 2017: 318-319).

1-3 La voz enunciativa localiza la escritura del texto *(aquí)* en Trápani, donde fue enterrado Anquises, padre de Eneas, de acuerdo con Virgilio *(el Mantüano).*

4 *seña:* 'bandera'.

5 El *César africano* es Carlos V.

7 *diversos en estudio:* 'distintos en empeño y afanes'.

10 Se debe aspirar la *h-* de *hacen* para deshacer la sinalefa y la posible hipometría.

13 *destotros:* 'de estos otros'; los mencionados anteriormente.

16 El yo poético se declara en un justo *medio* aristotélico entre los excesos de los vencedores hipócritas que dicen buscar únicamente la *virtud amiga* y los codiciosos que solo piensan en *procurar hacienda.* Herrera *(Anotaciones,* 2001, pág. 639) detectó aquí la imitación de Horacio, quien, en sus *Sátiras* I, I, 106, recomendaba la mesura entre los vicios de la avaricia y la liberalidad: «est modus in rebus» («hay una medida en las cosas», *Sátiras,* 1996, págs. 78-79).

23-27 Se plantea una consideración de carácter metapoético: la voz lírica sabe que lo dicho anteriormente pertenece más a la crítica de estados y a la *sátira* que al lamento *elegíaco* que se ha propuesto enunciar. Ello obliga a corregir *(enderezo)* el discurso para proseguir el avance *(proceso)* de la escritura por la vía del modelo genérico más idóneo, como es habitual en quien compone el poema *(siempre ha llevado y lleva Garcilaso).* Guillén explica que «de repente, el poema mismo —o, según veremos, el género poético— es una senda, es decir, una pluralidad de rutas y direcciones entre las cuales hay que escoger. Extraviado, Garcilaso abandonará la ruta de la sátira y regresará a la *diritta via,* tanto ética como literariamente» (1988: 19). Así pues, la pluma lo lleva a la *sátira,* pero quien escribe endereza hacia la *elegía.* La decisión no solo implica una opción genérica, sino que supone «una confirmación más de una preocupación capital de Garcilaso: la autonomía de la escritura y del peligro de disipación del sujeto en la escritura» (Jiménez Heffernan, 2017: 322-323).

31-33 'antes dejo las musas por mis negocios y ocupaciones, y viceversa, dejo las ocupaciones por entretenerme con ellas'.

37 *la Serena:* 'la sirena Parténope', en referencia a Nápoles, como en soneto XVI, 14.

40 *nido:* 'habitación', 'hogar'. Herrera *(Anotaciones,* 2001, pág. 647) señala imitación horaciana de *Odas* III, IV, 14 y *Epístolas* X, VI. Morros (1995: 108) aduce testimonios más próximos del mismo uso en Firenzuola y Luigi Alamanni. Jiménez Heffernan (2017: 325) subraya que «esta imagen del *nido ocupado o desparcido* insiste en la noción de confiscaciones de bienes patrimoniales y matrimoniales que tan presente está en la escritura del toledano».

42 *desparcido:* 'con esparcimiento', 'despejado y ocioso'. Aquí se manifiestan las sospechas de infidelidad de un amor dejado en Nápoles, lo que da lugar a todas las consideraciones subsiguientes sobre el mal de ausencia.

50 La *fragua de amor* es explicada por Herrera *(Anotaciones,* 2001, pág. 647) mediante el *De rebus coelestibus* de Pontano. Morros (1995: 109) subraya los precedentes de Garci Sánchez de Badajoz, Boscán y de la propia escritura de Garcilaso (soneto XXVIII, 12).

51 Se debe pronunciar *hace* con *h-* aspirada para no cometer hipometría.

55 El Brocense *(Comentaristas,* 1972, pág. 280) encuentra la fuente precisa de imitación en Ariosto *(Capitoli,* XII, 52): «or non m'ama né apprezza, ed odia forse» *(Opere minori,* 1954, pág. 193).

65 *licor que amata:* 'líquido que mata', 'agua que apaga'.

70 *cuento:* 'relato', 'exposición'.

77 *diputado:* 'predestinado'.

79-84 'así, para poder ser apagado el fuego del amor *(amatado),* la ausencia debería ser infinita; pero esto no es así, pues por mucho que dure la ausencia, se termina con la vida, que es finita'.

88 *persigue:* 'ahuyenta'.

89 *oprime:* 'reduce'.

90 El Brocense explica el sentido del pasaje: «Este temor persigue la esperanza, y oprime el gran deseo de su holganza, con el cual deseo van mis ojos» *(Comentaristas,* 1972, pág. 280). Hay que aspirar la *h-* de *holganza* para mantener la medida del verso.

97 Se aspira la *h-* inicial de *hacer* para mantener la medida del verso.

94-99 La contraposición entre Marte y Venus, la guerra *(fiero Marte)* y el amor *(tierno amante)* es tópico renacentista habitual en la poesía de Garcilaso. El Brocense *(Comentaristas,* 1972, pág. 280) detectó la influencia de Horacio *(Odas* I, VI, 13-14) en la descripción de la túnica: «Quis Martem tunica adamantina / digne scripserit» («¿Quién de modo digno celebrará a Marte / con su férrea túnica?», *Odas y epodos,* 1990, págs. 100-101).

100-102 El sintagma *por mi mal* se usa con el sentido de 'para mi mal', como en soneto X, 1. Una buena parte de la crítica ha visto aquí una suerte de presentimiento de la muerte del poeta. Pero más que la especulación premonitoria importa considerar, como señala Jiménez Heffernan (2017: 327), «la aceptación estoica de un destino profesional: el poeta conoce su *oficio* de *contino* y soldado, y no ignora el término normal de este ejercicio profesional, la muerte».

106 *porque:* 'para que'.

109 *enajena:* 'me desposee', 'me priva'.

113 *según con esperalle:* 'pues únicamente por el hecho de esperarle'.

114 'aumentar una mínima parte *(un dedo)* el sufrimiento *(la miseria)*'.

116 'tal cual es'.

117 'tendría por más provechosa *(mejor partido)* la situación actual *(presente)*'.

123 *inteligencia:* 'conocimiento'.

125 *del un cabo:* 'de una parte', 'de un extremo'.

127 *amonesta:* 'aconseja'.

124-135 La voz lírica se parangona con un enfermo terminal que descree de las verdades de su amigo para abrazarse a las falsas esperanzas que le procura su esposa.

142-144 Se establece ahora una comparación con el suicida que se corta las venas para desangrarse dentro de la bañera, como hizo Séneca.

145 *patria:* 'ciudad'.

146 Tratándose de Boscán, la *playa* es la de Barcelona.

149-150 Se refiere a Ana Girón de Rebolledo, esposa de Boscán y su albacea literaria; además de la protagonista lírica de todas las 'famosas composiciones' *(vivos escritos)* en donde el escritor barcelonés tematiza poéticamente la felicidad matrimonial (Ruiz Pérez, 1999: 31).

152-153 Se parangona el fuego del amor con el devastador incendio de Troya, con el que se concluye la guerra originada por el amor de Paris hacia Helena. El Brocense *(Comentaristas,* 1972, pág. 280) atisbó ecos del epodo XIV, 13-14 de Horacio. Jiménez Heffernan (2017: 328) apunta la similitud con los versos 9-10 del soneto XXXIII.

155 *fortuna:* 'tormenta'.

157 *conducido:* 'contratado', del latín «conductus». Jiménez Heffernan (2017: 328) interpreta el verso señalando que «Garcilaso está obsesionado con la inesencialidad de su estado o profesión, su condición doble de *contino* y soldado mercenario, posiciones transitorias, accidentales, y siempre de subordinación a otro».

160-162 El autoengaño esperanzador es tan débil que debe reformularse discursivamente, reescribiéndose y actualizándose diariamente *(hacelle cada día)* para que pueda tener alguna efectividad.

163-164 Herrera *(Anotaciones,* 2001, pág. 655) advierte los parecidos con el soneto IV.

168 Por lo *común,* la fortuna cambia su estado continuamente, pero esta norma no se cumple en el caso de la suerte del yo lírico, que siempre es desfavorable y nunca *muda* su condición adversa.

179 *rígida:* 'helada'.

186 *apretaría:* 'oprimiría angustiosamente'.

189 *veloce:* 'veloz'.

190 *apuro:* 'hago puro', 'purifico'. Es muy similar al verso 78 *(al amoroso fuego en que me meto).*

193 El yo lírico termina asumiendo que morirá vacilante y perplejo *(diverso)* en la encrucijada de *contrarios* representada por el desierto de *la arenosa Libia* o *la rígida nieve y viento frío* donde es imposible vivir. Herrera *(Anotaciones,* 2001, pág. 661) señala el carácter tópico de este razonamiento aduciendo versos de Garci Sánchez de Badajoz, extraídos de su *Pregunta* que comienza «Como ya mejor sabés»: «Pues si los fríos humores / se curan con el calor, / su adversario, / ¿cómo muero yo de amores / curado con desamor, / su contrario?» *(Cancionero,* 1980, pág. 100). La idea expresada proviene de la escritura petrarquista, donde la dicotomía frío-calor es una productiva fórmula para expresar las emociones contradictorias, como ocurre en *Canzoniere,* CLXXXII.

Epístola a Boscán

Señor Boscán, quien tanto gusto tiene
de daros cuenta de los pensamientos,
hasta las cosas que no tienen nombre,
no le podrá faltar con vos materia,
ni será menester buscar estilo 5
presto, distinto, de ornamento puro
tal cual a culta epístola conviene.
Entre muy grandes bienes que consigo
el amistad perfeta nos concede
es aqueste descuido suelto y puro, 10
lejos de la curiosa pesadumbre;
y así, de aquesta libertad gozando,
digo que vine, cuanto a lo primero,
tan sano como aquel que en doce días
lo que solo veréis ha caminado 15
cuando el fin de la carta os lo mostrare.
Alargo y suelto a su placer la rienda,
mucho más que al caballo, al pensamiento,
y llévame a las veces por camino
tan dulce y agradable que me hace 20
olvidar el trabajo del pasado;
otras me lleva por tan duros pasos
que con la fuerza del afán presente
también de los pasados se me olvida;
a veces sigo un agradable medio 25

honesto y reposado, en que el discurso
del gusto y del ingenio se ejercita.
Iba pensando y discurriendo un día
a cuántos bienes alargó la mano
el que del amistad mostró el camino, 30
y luego vos, del amistad ejemplo,
os me ofrecéis en estos pensamientos,
y con vos a lo menos me acontece
una gran cosa, al parecer estraña,
y porque lo sepáis en pocos versos, 35
es que, considerando los provechos,
las honras y los gustos que me vienen
de esta vuestra amistad, que en tanto tengo,
ninguna cosa en mayor precio estimo
ni me hace gustar del dulce estado 40
tanto como el amor de parte mía.
Este comigo tiene tanta fuerza
que, sabiendo muy bien las otras partes
del amistad y la estrecheza nuestra,
con solo aqueste el alma se enternece; 45
y sé que otramente me aprovecha
el deleite, que suele ser pospuesto
a las útiles cosas y a las graves.
Llévame a escudriñar la causa de esto
ver contino tan recio en mí el efeto, 50
y hallo que el provecho, el ornamento,
el gusto y el placer que se me sigue
del vínculo de amor, que nuestro genio
enredó sobre nuestros corazones,
son cosas que de mí no salen fuera, 55
y en mí el provecho solo se convierte.
Mas el amor, de donde por ventura
nacen todas las cosas, si hay alguna
que a vuestra utilidad y gusto miren,
es gran razón que ya en mayor estima 60
tenido sea de mí que todo el resto,

cuanto más generosa y alta parte
es el hacer el bien que el recebille;
así que amando me deleito, y hallo
que no es locura este deleite mío. 65
¡Oh cuán corrido estoy y arrepentido
de haberos alabado el tratamiento
del camino de Francia y las posadas!
Corrido de que ya por mentiroso
con razón me ternéis; arrepentido 70
de haber perdido tiempo en alabaros
cosa tan digna ya de vituperio,
donde no hallaréis sino mentiras,
vinos acedos, camareras feas,
varletes codiciosos, malas postas, 75
gran paga, poco argén, largo camino.
Llegar al fin a Nápoles, no habiendo
dejado allá enterrado algún tesoro,
salvo si no decís que es enterrado
lo que nunca se halla ni se tiene. 80
A mi señor Durall estrechamente
abrazá de mi parte, si pudierdes.
Doce del mes de otubre, de la tierra
do nació el claro fuego de Petrarca
y donde están del fuego las cenizas. 85

Epístola a Boscán. Este poema es la primera epístola horaciana escrita en endecasílabos sueltos (o *versi sciolti)* de la tradición literaria española. Guillén (2000), López Estrada (2000), Luján Atienza (2003) y Gargano (2011e) explicaron la permeabilidad genérica de la naciente epístola renacentista a modalidades y tonos característicos de la sátira, la elegía amorosa, el *sermo,* la *oratio* o los *capitoli* italianos. La composición se inicia con un exordio, de gran importancia metapoética, en el que se detallan el asunto y el estilo en que debe formalizarse la epístola (Fosalba, 2011). Se desarrolla luego un elogio de la amistad que es respetuoso con las convenciones cortesanas de Castiglione, aunque la imagen de *amistad perfeta* que ofrece Garcilaso está en deuda directa con la *Ética a Nicómaco* de Aristóteles, como apuntó Herrera *(Anotaciones,* 2001, pág. 670). Sigue al elogio una descripción satírica del viaje accidentado que sufre el yo poético por tierras francesas hasta llegar al final del poema, en cuya data se explicitan la fecha y lugar de composición del texto: Aviñón, 12 de octubre de un año indeterminado, que probablemente sea 1534. El año de antes se había descubierto en la ciudad francesa la supuesta tumba de Laura, que se convirtió pronto en un lugar de gran interés para un buen número de visitantes, entre los que se contaría el mismísmo rey Francisco I (Keniston, 1922: 130; Jiménez Heffernan, 2017: 333).

4-5 En las retóricas tradicionales, fundadas sobre el decoro en el arte combinatorio de los elementos literarios, la *materia* corresponde a la «res» y el *estilo* a la «verba».

6-7 Se pretende establecer una diferencia entre la epístola culta y la epístola familiar. La primera está marcada por una *curiosa pesadumbre* (v. 11), se suele escribir en tercetos, con estilo ágil *(presto),* adornado *(distinto)* y con retórica simple y efectiva *(ornamento puro).* Aunque el poema de Garcilaso es en verso suelto, se defiende la posibilidad de alcanzar la elevación estilística de la epístola culta por la calidad de la materia que desarrolla: la virtuosa amistad con Boscán. Todo forma parte, como alumbró Herrera *(Anotaciones,* 2001, pág. 669), de una estrategia de *captatio* «para excusarse que escribe en verso suelto, ganando la benevolencia de la gran amistad que hay entre los dos» *(Anotaciones,* 2001, pág. 669). Morros (1995: 453-454) ha reconstruido por extenso y con gran rigor la discusión crítica en torno a estos versos.

8-9 Se anticipa sucintamente la reflexión sobre la *amistad perfeta* que se desarrollará a partir del verso 28 siguiendo los postulados de la *Ética a Nicómaco* de Aristóteles, como detectó Herrera *(Anotaciones,* 2001, pág. 670).

10 *es aqueste:* 'está aqueste'. Explica Fosalba (2012: 159) que «toda la epístola, se nos advierte así en el exordio, es un ejemplo de *descuido* aparente, de *sprezzatura*».

11 *curiosa pesadumbre:* 'impertinente pesadez' o 'cuidadosa gravedad' (Fosalba, 2012: 159).

13 *vine, cuanto a lo primero:* 'llegué, antes que nada'.

14-16 *doce días... mostrare:* 'ha caminado doce días de la manera que solamente veréis al final de la carta'.

19 *a las veces:* 'unas veces'.

21 *el trabajo:* 'las dificultades'.

30 Podría ser una velada alusión a Aristóteles, quien *mostró* el *camino del amistad* en la *Ética a Nicómaco.*

41 *el amor de parte mía:* 'el amor que doy', más estimado por el yo poético que el afecto recibido.

44 *estrecheza:* 'intimidad'.

46 *otramente:* 'de otra suerte'.

48 Este verso y los siguientes se apoyan en el libro VIII de la *Ética a Nicómaco* de Aristóteles, como denunció Herrera: «Los tres fines que

pone el filósofo tratando de la amistad en el 8 de las *Éticas a Nicómaco:* honesto, graves, ornamento; útil, útiles, provecho; jocundo, deleite, gusto y placer» *(Anotaciones,* 2001, pág. 670).

51 *ornamento:* 'honor', del latín «ornamentum». Se debe pronunciar *hallo* con *h-* aspirada para deshacer la posible sinalefa y evitar la hipometría del verso.

53 El Brocense *(Comentaristas,* 1972, pág. 280) advirtió que la imagen del *vínculo* y la inclinación natural a la amistad *(genio)* que ofrece Garcilaso presenta ecos de la oda II, xvii, 21-22 de Horacio, donde se plantea una confesión de amistad a Mecenas apelando a una particular conjunción astral: «utrumque nostrum incredibili modo / consentit astrum» («nuestros astros conciértanse de modo / increíble» *(Odas y epodos,* 1990, págs. 218-219).

56 *se convierte:* 'se aplica'.

66 *corrido:* 'avergonzado'.

67 *tratamiento:* 'trato'. Probablemente aluda al viaje realizado en 1530, que de seguro discurrió en condiciones muy distintas y más confortables; dicho viaje debió de propiciar una valoración positiva que, en el momento en que se escribe la epístola, resulta ya imposible de sustentar.

73 Hay que pronunciar *hallaréis* con *h-* aspirada para evitar la hipometría del verso.

74 *acedos:* 'agrios'. *camareras:* 'ayudantes de cámara'.

75 *varletes:* 'criados'. *postas:* 'caballos de recambio'.

76 *gran paga:* 'precios muy altos'. *poco argén:* 'poco dinero de viaje para afrontar los gastos'. Morros (1995: 455) aduce ejemplos de Horacio y Ariosto que permiten documentar la tradición que en la sátira clásica y renacentista tiene el tópico de las incomodidades del viaje.

80 Debe pronunciarse *halla* con *h-* aspirada para mantener la medida del endecasílabo.

81 El *señor Durall* era un caballero principal y rico de Barcelona, amigo común de Boscán y Garcilaso, el cual era muy obeso, como aclaró Herrera *(Anotaciones,* 2001, pág. 671); motivo este por el que debe entenderse como una broma la petición de que le dé un abrazo, 'si pudiereis' *(si pudierdes).*

83-85 Laura, la dama protagonista del *Canzoniere* de Petrarca, había nacido y fallecido en Aviñón, que es donde se firma la data de la carta.

Égloga I

Al virrey de Nápoles

Personas: Salicio, Nemor.

El dulce lamentar de dos pastores,
Salicio juntamente y Nemoroso,
he de cantar, sus quejas imitando;
cuyas ovejas al cantar sabroso
estaban muy atentas, los amores, 5
de pacer olvidadas, escuchando.
Tú, que ganaste obrando
un nombre en todo el mundo
y un grado sin segundo,
agora estés atento solo y dado 10
al ínclito gobierno del estado
albano, agora vuelto a la otra parte,
resplandeciente, armado,
representando en tierra el fiero Marte;

agora, de cuidados enojosos 15
y de negocios libre, por ventura
andes a caza, el monte fatigando
en ardiente jinete que apresura
el curso tras los ciervos temerosos,
que en vano su morir van dilatando; 20

espera, que en tornando
a ser restitüido
al ocio ya perdido,
luego verás ejercitar mi pluma
por la infinita, innumerable suma 25
de tus virtudes y famosas obras,
antes que me consuma,
faltando a ti, que a todo el mundo sobras.

En tanto que este tiempo que adevino
viene a sacarme de la deuda un día 30
que se debe a tu fama y a tu gloria
(que es deuda general, no solo mía,
mas de cualquier ingenio peregrino
que celebra lo digno de memoria),
el árbol de victoria 35
que ciñe estrechamente
tu gloriosa frente
dé lugar a la hiedra que se planta
debajo de tu sombra y se levanta
poco a poco, arrimada a tus loores; 40
y en cuanto esto se canta,
escucha tú el cantar de mis pastores.

Saliendo de las ondas encendido,
rayaba de los montes el altura
el sol, cuando Salicio, recostado 45
al pie de una alta haya, en la verdura
por donde una agua clara con sonido
atravesaba el fresco y verde prado.
Él, con canto acordado
al rumor que sonaba 50
del agua que pasaba,
se quejaba tan dulce y blandamente
como si no estuviera de allí ausente
la que de su dolor culpa tenía,

y así como presente, 55
razonando con ella, le decía:

SALICIO ¡Oh más dura que mármol a mis quejas
y al encendido fuego en que me quemo
más helada que nieve, Galatea!
Estoy muriendo, y aun la vida temo; 60
témola con razón, pues tú me dejas,
que no hay sin ti el vivir para qué sea.
Vergüenza he que me vea
ninguno en tal estado,
de ti desamparado, 65
y de mí mismo yo me corro agora.
¿De un alma te desdeñas ser señora
donde siempre moraste, no pudiendo
de ella salir un hora?
Salid sin duelo, lágrimas, corriendo. 70

El sol tiende los rayos de su lumbre
por montes y por valles, despertando
las aves y animales y la gente:
cuál por el aire claro va volando,
cuál por el verde valle o alta cumbre 75
paciendo va segura y libremente,
cuál con el sol presente
va de nuevo al oficio
y al usado ejercicio
do su natura o menester le inclina; 80
siempre está en llanto esta ánima mezquina,
cuando la sombra el mundo va cubriendo
o la luz se avecina.
Salid sin duelo, lágrimas, corriendo.

Y tú, de esta mi vida ya olvidada, 85
sin mostrar un pequeño sentimiento
de que por ti Salicio triste muera,

dejas llevar, desconocida, al viento
el amor y la fe que ser guardada
eternamente solo a mí debiera. 90
¡Oh Dios!, ¿por qué siquiera,
pues ves desde tu altura
esta falsa perjura
causar la muerte de un estrecho amigo,
no recibe del cielo algún castigo? 95
Si en pago del amor yo estoy muriendo,
¿qué hará el enemigo?
Salid sin duelo, lágrimas, corriendo.

Por ti el silencio de la selva umbrosa,
por ti la esquividad y apartamiento 100
del solitario monte me agradaba;
por ti la verde hierba, el fresco viento,
el blanco lirio y colorada rosa
y dulce primavera deseaba.
¡Ay, cuánto me engañaba! 105
¡Ay, cuán diferente era
y cuán de otra manera
lo que en tu falso pecho se escondía!
Bien claro con su voz me lo decía
la siniestra corneja, repitiendo 110
la desventura mía.
Salid sin duelo, lágrimas, corriendo.

¡Cuántas veces, durmiendo en la floresta,
reputándolo yo por desvarío,
vi mi mal entre sueños, desdichado! 115
Soñaba que en el tiempo del estío
llevaba (por pasar allí la siesta)
a abrevar en el Tajo mi ganado;
y después de llegado,
sin saber de cuál arte, 120
por desusada parte

y por nuevo camino el agua se iba;
ardiendo yo con la calor estiva,
el curso enajenado iba siguiendo
del agua fugitiva. 125
Salid sin duelo, lágrimas, corriendo.

Tu dulce habla, ¿en cúya oreja suena?
Tus claros ojos, ¿a quién los volviste?
¿Por quién tan sin respeto me trocaste?
Tu quebrantada fe, ¿dó la pusiste? 130
¿Cuál es el cuello que como en cadena
de tus hermosos brazos añudaste?
No hay corazón que baste,
aunque fuese de piedra,
viendo mi amada hiedra 135
de mí arrancada, en otro muro asida,
y mi parra en otro olmo entretejida,
que no se esté con llanto deshaciendo
hasta acabar la vida.
Salid sin duelo, lágrimas, corriendo. 140

¿Qué no se esperará de aquí adelante,
por difícil que sea y por incierto,
o qué discordia no será juntada?
Y juntamente ¿qué terná por cierto,
o qué de hoy más no temerá el amante, 145
siendo a todo materia por ti dada?
Cuando tú enajenada
de mi cuidado fuiste,
notable causa diste,
y ejemplo a todos cuantos cubre el cielo, 150
que el más seguro tema con recelo
perder lo que estuviere poseyendo.
Salid fuera sin duelo,
salid sin duelo, lágrimas, corriendo.

Materia diste al mundo de esperanza 155
de alcanzar lo imposible y no pensado
y de hacer juntar lo diferente,
dando a quien diste el corazón malvado,
quitándolo de mí con tal mudanza
que siempre sonará de gente en gente. 160
La cordera paciente
con el lobo hambriento
hará su ajuntamiento,
y con las simples aves sin rüido
harán las bravas sierpes ya su nido, 165
que mayor diferencia comprehendo
de ti al que has escogido.
Salid sin duelo, lágrimas, corriendo.

Siempre de nueva leche en el verano
y en el invierno abundo; en mi majada 170
la manteca y el queso está sobrado.
De mi cantar, pues, yo te via agradada
tanto que no pudiera el Mantüano
Títero ser de ti más alabado.
No soy, pues, bien mirado, 175
tan diforme ni feo,
que aun agora me veo
en esta agua que corre clara y pura,
y cierto no trocara mi figura
con ese que de mí se está reyendo; 180
¡trocara mi ventura!
Salid sin duelo, lágrimas, corriendo.

¿Cómo te vine en tanto menosprecio?
¿Cómo te fui tan presto aborrecible?
¿Cómo te faltó en mí el conocimiento? 185
Si no tuvieras condición terrible,
siempre fuera tenido de ti en precio
y no viera este triste apartamiento.

¿No sabes que sin cuento
buscan en el estío 190
mis ovejas el frío
de la sierra de Cuenca y el gobierno
del abrigado Estremo en el invierno?
Mas ¿qué vale el tener, si derritiendo
me estoy en llanto eterno? 195
Salid sin duelo, lágrimas, corriendo.

Con mi llorar las piedras enternecen
su natural dureza y la quebrantan;
los árboles parece que se inclinan;
las aves que me escuchan, cuando cantan, 200
con diferente voz se condolecen
y mi morir cantando me adevinan;
las fieras que reclinan
su cuerpo fatigado
dejan el sosegado 205
sueño por escuchar mi llanto triste.
Tú sola contra mí te endureciste,
los ojos aun siquiera no volviendo
a los que tú hiciste
salir, sin duelo, lágrimas corriendo. 210

Mas ya que a socorrerme aquí no vienes,
no dejes el lugar que tanto amaste,
que bien podrás venir de mí segura.
Yo dejaré el lugar do me dejaste;
ven si por solo aquesto te detienes. 215
Ves aquí un prado lleno de verdura,
ves aquí una espesura,
ves aquí un agua clara,
en otro tiempo cara,
a quien de ti con lágrimas me quejo; 220
quizá aquí hallarás, pues yo me alejo,
al que todo mi bien quitar me puede,

que pues el bien le dejo,
no es mucho que el lugar también le quede.

Aquí dio fin a su cantar Salicio, 225
y sospirando en el postrero acento,
soltó de llanto una profunda vena;
queriendo el monte al grave sentimiento
de aquel dolor en algo ser propicio,
con la pesada voz retumba y suena; 230
la blanda Filomena,
casi como dolida
y a compasión movida,
dulcemente responde al son lloroso.
Lo que cantó tras esto Nemoroso, 235
decildo vos, pïérides, que tanto
no puedo yo ni oso,
que siento enflaquecer mi débil canto.

NEMOR. Corrientes aguas puras, cristalinas,
árboles que os estáis mirando en ellas, 240
verde prado de fresca sombra lleno,
aves que aquí sembráis vuestras querellas,
hiedra que por los árboles caminas,
torciendo el paso por su verde seno;
yo me vi tan ajeno 245
del grave mal que siento
que de puro contento
con vuestra soledad me recreaba,
donde con dulce sueño reposaba,
o con el pensamiento discurría 250
por donde no hallaba
sino memorias llenas de alegría.

Y en este mismo valle, donde agora
me entristezco y me canso en el reposo,
estuve ya contento y descansado. 255

¡Oh bien caduco, vano y presuroso!
Acuérdome, durmiendo aquí algún hora,
que, despertando, a Elisa vi a mi lado.
¡Oh miserable hado!
¡Oh tela delicada, 260
antes de tiempo dada
a los agudos filos de la muerte!
Más convenible fuera aquesta suerte
a los cansados años de mi vida,
que es más que el hierro fuerte, 265
pues no la ha quebrantado tu partida.

¿Dó están agora aquellos claros ojos
que llevaban tras sí, como colgada,
mi alma, doquïer que ellos se volvían?
¿Dó está la blanca mano delicada, 270
llena de vencimientos y despojos,
que de mí mis sentidos le ofrecían?
Los cabellos que vían
con gran desprecio al oro
como a menor tesoro 275
¿adónde están, adónde el blanco pecho?
¿Dó la columna que el dorado techo
con proporción graciosa sostenía?
Aquesto todo agora ya se encierra,
por desventura mía, 280
en la escura, desierta y dura tierra.

¿Quién me dijera, Elisa, vida mía,
cuando en aqueste valle al fresco viento
andábamos cogiendo tiernas flores,
que habia de ver, con largo apartamiento, 285
venir el triste y solitario día
que diese amargo fin a mis amores?
El cielo en mis dolores
cargó la mano tanto

que a sempiterno llanto 290
y a triste soledad me ha condenado;
y lo que siento más es verme atado
a la pesada vida y enojosa,
solo, desamparado,
ciego, sin lumbre en cárcel tenebrosa. 295

Después que nos dejaste, nunca pace
en hartura el ganado ya, ni acude
el campo al labrador con mano llena;
no hay bien que en mal no se convierta y mude.
La mala hierba al trigo ahoga, y nace 300
en lugar suyo la infelice avena;
la tierra, que de buena
gana nos producía
flores con que solía
quitar en solo vellas mil enojos, 305
produce agora en cambio estos abrojos,
ya de rigor de espinas intratable.
Yo hago con mis ojos
crecer, lloviendo, el fruto miserable.

Como al partir del sol la sombre crece 310
y en cayendo su rayo se levanta
la negra escuridad que el mundo cubre,
de do viene el temor que nos espanta
y la medrosa forma en que se ofrece
aquella que la noche nos encubre 315
hasta que el sol descubre
su luz pura y hermosa,
tal es la tenebrosa
noche de tu partir en que he quedado
de sombra y de temor atormentado, 320
hasta que muerte el tiempo determine
que a ver el deseado
sol de tu clara vista me encamine.

Cual suele el ruiseñor con triste canto
quejarse, entre las hojas escondido, 325
del duro labrador que cautamente
le despojó su caro y dulce nido
de los tiernos hijuelos entretanto
que del amado ramo estaba ausente,
y aquel dolor que siente, 330
con diferencia tanta
por la dulce garganta
despide, que a su canto el aire suena,
y la callada noche no refrena
su lamentable oficio y sus querellas, 335
trayendo de su pena
el cielo por testigo y las estrellas;

de esta manera suelto yo la rienda
a mi dolor y ansí me quejo en vano
de la dureza de la muerte airada; 340
ella en mi corazón metió la mano
y de allí me llevó mi dulce prenda,
que aquel era su nido y su morada.
¡Ay, muerte arrebatada,
por ti me estoy quejando 345
al cielo y enojando
con importuno llanto al mundo todo!
El desigual dolor no sufre modo;
no me podrán quitar el dolorido
sentir si ya del todo 350
primero no me quitan el sentido.

Tengo una parte aquí de tus cabellos,
Elisa, envueltos en un blanco paño,
que nunca de mi seno se me apartan;
descójolos, y de un dolor tamaño 355
enternecer me siento que sobre ellos
nunca mis ojos de llorar se hartan.

Sin que de allí se partan,
con sospiros callientes,
más que la llama ardientes, 360
los enjugo del llanto, y de consuno
casi, los paso y cuento uno a uno;
juntándolos, con un cordón los ato.
Tras esto el importuno
dolor me deja descansar un rato. 365

Mas luego a la memoria se me ofrece
aquella noche tenebrosa, escura,
que siempre aflige esta ánima mezquina
con la memoria de mi desventura.
Verte presente agora me parece 370
en aquel duro trance de Lucina;
y aquella voz divina,
con cuyo son y acentos
a los airados vientos
pudieran amansar, que agora es muda, 375
me parece que oigo, que a la cruda,
inexorable diosa demandabas
en aquel paso ayuda;
y tú, rústica diosa, ¿dónde estabas?

¿Íbate tanto en perseguir las fieras? 380
¿Íbate tanto en un pastor dormido?
¿Cosa pudo bastar a tal crüeza,
que, comovida a compasión, oído
a los votos y lágrimas no dieras,
por no ver hecha tierra tal belleza, 385
o no ver la tristeza
en que tu Nemoroso
queda, que su reposo
era seguir tu oficio, persiguiendo
las fieras por los montes y ofreciendo 390
a tus sagradas aras los despojos?

¡Y tú, ingrata, rïendo
dejas morir mi bien ante mis ojos!

Divina Elisa, pues agora el cielo
con inmortales pies pisas y mides, 395
y su mudanza ves, estando queda,
¿por qué de mí te olvidas y no pides
que se apresure el tiempo en que este velo
rompa del cuerpo y verme libre pueda,
y en la tercera rueda, 400
contigo mano a mano,
busquemos otro llano,
busquemos otros montes y otros ríos,
otros valles floridos y sombríos
donde descanse y siempre pueda verte 405
ante los ojos míos,
sin miedo y sobresalto de perderte?

Nunca pusieran fin al triste lloro
los pastores, ni fueran acabadas
las canciones que solo el monte oía, 410
si mirando las nubes coloradas,
al tramontar del sol orladas de oro,
no vieran que era ya pasado el día;
la sombra se veía
venir corriendo apriesa 415
ya por la falda espesa
del altísimo monte, y recordando
ambos como de sueño, y acusando
el fugitivo sol, de luz escaso,
su ganado llevando, 420
se fueron recogiendo paso a paso.

Égloga I. El poema se dirige al marqués de Villafranca, don Pedro de Toledo, tío del duque de Alba y virrey de Nápoles, a quien sirvió Garcilaso entre 1532 y 1536. Probablemente escrita hacia 1534, la égloga se basa estructuralmente en la bucólica VIII de Virgilio, aunque también es permeable a influencias temáticas y estilísticas de Ovidio, Petrarca, Ariosto, Sannazaro y Luigi Tansillo (Morros, 1995: 120-121; Pérez Abadín-Barro, 2011; Jiménez Heffernan, 2017: 350-351; Gherardi, 2017). La estructura del poema presenta una geometría rigurosa (Segre, 1974: 162-163) conformada por dedicatoria (vv. 1-42), narración (vv. 43-56), lamento de Salicio (vv. 57-224), narración (vv. 225-238), lamento de Nemoroso (vv. 239-407) y narración (vv. 408-421). Los lamentos de Salicio y Nemoroso se extienden ambos a lo largo de 12 estrofas y están precedidos de las intervenciones de un narrador que dedica el poema y ubica la acción previa de cada una de las intervenciones de los pastores, acción que no es otra cosa sino la enunciación de sus lamentos. La temática de esta égloga hunde sus raíces en la muy codificada *quaestio* medieval sobre la ponderación de quién de los amantes sufre más: el desdeñado por la dama o aquel a quien la muerte arrebata al ser querido. Los nombres de los personajes rezuman clasicismo: *Galatea* es designación femenina prototípica de la tradición pastoril, desde Teócrito y Virgilio hasta Sannazaro; *Elisa* (de Tiro) es el nombre de Dido en *Eneida,* IV, 335; en tanto que los pastores protagonistas son correlato del *locus amoenus* en el que cantan y del que reciben contestación: *Salicio* evoca a un 'sauce llorón' (del latín «salix») y *Nemoroso* al 'bosque sombrío' (del latín «nemus»). La dimensión metapoética de la égloga es algo consustancial a su propia naturaleza genérica, pues «la bucólica tiende a ser poesía sobre la poesía, o con más precisión, poesía que finge ser metapoesía» (Cristóbal, 2007: 14). Georges Güntert (2012: 455) ha sintetizado el sentido metaliterario del poema explicando que «el primer pastor es figura de un modo de hacer poesía que busca su inspiración en lo inmediato y que, al no encontrarla, se desahoga en retóricos desdenes; el segundo reconstruye el mundo ausente para contemplarlo en el recuerdo, proponiéndonos una poética más reflexiva, que supone la adopción de la distancia estética. Sin coincidir con ninguno de ellos, Garcilaso es aquel que articula ambas poéticas sirviéndose del género bucólico para dar forma artística a los grandes temas de la poesía universal: amor, fatalidad y muerte».

2 *juntamente:* 'consecutivamente', 'uno detrás de otro'; del latín «iunctim».

4 *sabroso:* 'placentero'.

7 *obrando:* 'con tus obras'.

9 *sin segundo:* 'sin igual'.

11 *ínclito:* 'afamado'.

12-13 El *estado albano* es Nápoles, que estaba gobernado por la casa de Alba.

15 *cuidados:* 'preocupaciones'.

16 *por ventura:* 'por casualidad'.
17 *fatigando:* 'recorriendo'.
18 *jinete:* 'caballo dispuesto para montar a la jineta: con los estribos cortos y las piernas dobladas'.
19 *el curso:* 'la carrera'.
20 Se concluye aquí el repaso de las tres ocupaciones que caracterizan a don Pedro: política, guerra y caza.
28 *sobras:* 'excedes'.
33 *peregrino:* 'raro', 'singular'.
35-37 Es referencia al laurel, símbolo de la victoria militar y de la poesía épica, pero también de la coronación del artista como *poeta laureatus.*
38 La *hiedra* es propia de los poetas líricos, lo que sirve a la voz enunciativa para señalar su opción por este género, en detrimento del épico, para la redacción del presente poema.
41 'y en tanto llega el momento de que se cante esto (la poesía épica)'.
49 *acordado:* 'armonizado para que no disuene'; es término musical, con implicaciones poéticas (Delahaye, 2000).
62 'que sin ti no hay razón para que viva'.
66 *corro:* 'avergüenzo'.
69 *un hora:* 'un momento'.
70 *sin duelo:* 'sin compadeceros de mí'.
78 *oficio:* 'función que desempeña habitualmente'.
79 *usado ejercicio:* 'ocupación diaria'.
81 *ánima mezquina:* 'alma desdichada'.
88 *desconocida:* 'ingrata'.
93 *perjura:* 'que falta a su palabra'.
94 *estrecho:* 'íntimo'.
100 *esquividad:* 'esquivez', 'soledad'.
110 La *corneja* que vuela por la izquierda *(siniestra)* es desde antiguo señal de mal augurio.
114 *reputándolo:* 'considerándolo'.
120 *de cuál arte:* 'de qué manera'.
121 *desusada parte:* 'sitio poco habitual', 'espacio no transitado'.
123 *estiva:* 'veraniega'.
124 *curso enajenado:* 'camino apartado'.
125 Concluye así el sueño premonitorio caracterizado por la ruptura del orden natural, pues sigue aquí Garcilaso el modelo de los *adynata* o *impossibilia,* esto es, la figuración del mundo al revés.
127 *¿en cúya oreja suena?:* '¿en la oreja de quién suena?'. El verso remite a la 'voz' *(habla)* en su doble dimensión material y poética (Azar, 2015).
129 *trocaste:* 'cambiaste'.
130 *quebrantada fe:* 'fidelidad rota'.
132 *añudaste:* 'anudaste'.

133 *baste:* 'sea suficiente', 'aguante'.

139 Se cierran aquí las figuraciones de la amada infiel como hiedra que trepa por un muro y como parra enlazada a un olmo; imágenes ambas que toma Garcilaso de la literatura emblemática.

143 *juntada:* 'conciliada', pero también 'sumada', 'añadida'.

157 Para evitar la hipometría se debe pronunciar aspirada la *h-* inicial de *hacer.* Ocurre lo mismo en: *hambriento* (v. 162), *hiciste* (v. 209), *hallarás* (v. 221), *hallaba* (v. 251), *hado* (v. 259), *hago* (v. 308) y *hartan* (v. 357).

160 *sonará de gente en gente:* 'será sonado y famoso entre las gentes'.

163 *ajuntamiento:* 'unión'.

164 *rüido:* 'desavenencias'.

166 *comprehendo:* 'alcanzo a entender'.

170 *abundo:* 'tengo gran cantidad'. *majada:* 'lugar donde se guarda de noche el ganado y se albergan los pastores'.

172 Debe hacerse sinéresis en *via* para no incurrir en hipermetría. Ocurre lo mismo en *habia* (v. 285).

173-174 *Títero* (o Títiro) es el protagonista de la égloga I de Virgilio *(el Mantüano).*

176 *diforme:* 'deforme'.

179 'y verdaderamente no cambiaría mi cara'.

180 Es su contrincante *(ese)* quien se está riendo *(reyendo)* por haberle arrebatado a la amada.

187 *precio:* 'aprecio'.

188 *apartamiento:* 'alejamiento', 'distanciamiento'.

189 *sin cuento:* 'incontables'.

192 *gobierno:* 'alimento y sustento'.

193 *del abrigado Estremo:* 'de la resguardada Extremadura'.

194 *el tener:* 'las posesiones'.

201 *condolecen:* 'conduelen', 'compadecen'.

214 Existe una estrecha relación entre el dolor de Salicio y el *locus amoenus* que habita (Gargano, 2011c).

226 *el postrero acento:* 'las últimas palabras'.

227 *profunda vena:* 'abundante venero de lágrimas'.

228-230 El monte responde *(ser propicio)* al lamento amoroso con su eco *(pesada voz retumba y suena).*

231 *Filomena* (o Filomela), que según el relato mitológico fue convertida en ruiseñor, canta por el bosque las desgracias sufridas por la violación que cometió contra ella su propio cuñado.

236 *pïérides:* 'musas'.

242 *querellas:* 'lamentos'.

260 Es una imagen prototípica de la muerte encauzada a través de las Parcas, quienes según la mitología clásica tenían la potestad de cortar en cualquier momento los hilos que componían la *tela delicada* de la vida.

263 *convenible:* 'conveniente'.

267 Es habitual en la elegía funeral la recurrencia al tópico del *ubi sunt?*, encauzado mediante preguntas retóricas que persiguen inducir a la reflexión sobre la futilidad del tiempo mediante el cuestionamiento sobre el destino actual *(dó están agora)* de diversas realidades que existieron en el pasado.

271 *despojos:* 'botín'.

277-278 La *columna* y el *dorado techo* son metáforas arquitectónicas del cuello esbelto y la rubia cabellera de la amada.

281 'la tumba'.

295 Como señala Jiménez Heffernan (2017: 364), es influencia evidente de Virgilio *(Eneida* VI, 734): «dispiciunt clausae tenebris et carcere caeco» («las brisas, encerradas en tinieblas y en una cárcel ciega», *Eneida,* 2011, pág. 167).

297-298 *ni acude... mano llena:* 'ni da frutos el campo al labrador con abundancia'.

301 *infelice:* 'estéril'.

305 *en solo:* 'con solamente'.

306 *abrojos:* 'plantas espinosas'.

310 El verso procede, como señaló El Brocense *(Comentaristas,* 1972, pág. 284), de *Orlando furioso,* XLV, XXXVI, 1 de Ariosto: «Come al partir del sol si fa maggiore». Explica Gargano (2011b; 2014d: 83) que Garcilaso acude al verbo *crece* para hacer aflorar un verso virgiliano de la égloga segunda, 67: «et sol crescentes decedens duplicat umbras».

314 *medrosa:* 'temerosa'.

324 *cual:* 'del mismo modo que'.

331 *diferencia:* 'modulación'; es término musical.

344 *arrebatada:* 'precipitada', 'repentina'.

348 'el dolor desmesurado no permite modulación'.

355 *descójolos:* 'los extiendo'.

361 *de consuno:* 'juntamente'.

371 *Lucina*, una de las acepciones de la diosa Diana, es la divinidad invocada en los partos; referida aquí para informar de que la amada de Nemoroso falleció durante el puerperio *(duro trance de Lucina).*

377 *inexorable:* 'insensible a los ruegos y súplicas'.

379-381 Los reproches a Lucina se convierten ahora en invectivas contra Diana *(rústica diosa);* de modo que se critica a la diosa, en su doble dimensión de cazadora o luna, por estar distraída en *perseguir las fieras* o en observar al *pastor dormido* Endimión, de cuya hermosura estaba enamorada, en lugar de prestar ayuda a su amada Elisa cuando más lo necesitaba (en el momento del parto).

382 *cosa:* 'qué cosa'. *crüeza:* 'crueldad'.

385 *hecha tierra:* 'convertida en polvo', 'destrozada'.

394-396 La voz poética evoca a su amada como un alma bienaventurada que observa la mutabilidad *(mudanza)* del mundo desde su atalaya *(cielo)* de inmortalidad y quietud *(queda).*

400 En *la tercera rueda* del cielo se ubica Venus, diosa del amor.
401 *mano a mano:* 'en compañía'.
412 *al tramontar del sol:* 'al ponerse el sol'.
417 *recordando:* 'despertando'.
418 *acusando:* 'percibiendo'.

Égloga II

Personas: Albanio, Camila, Salicio, Nemor.

Albanio — En medio del invierno está templada
el agua dulce de esta clara fuente
y en el verano más que nieve helada.
¡Oh claras ondas, cómo veo presente,
en viéndoos, la memoria de aquel día 5
de que el alma temblar y arder se siente!
En vuestra claridad vi mi alegría
escurecerse toda y enturbiarse;
cuando os cobré, perdí mi compañía.
¿A quién pudiera igual tormento darse, 10
que con lo que descansa otro afligido
venga mi corazón a atormentarse?
El dulce murmurar de este rüido,
el mover de los árboles al viento,
el suave olor del prado florecido 15
podrian tornar de enfermo y descontento
cualquier pastor del mundo alegre y sano:
yo solo en tanto bien morir me siento.
¡Oh hermosura sobre el ser humano,
oh claros ojos, oh cabellos de oro, 20
oh cuello de marfil, oh blanca mano!,
¿cómo puede ora ser que en triste lloro
se convertiese tan alegre vida
y en tal pobreza todo mi tesoro?

Quiero mudar lugar y a la partida 25
quizá me dejará parte del daño
que tiene el alma casi consumida.
¡Cuán vano imaginar, cuán claro engaño
es darme yo a entender que, con partirme,
de mí se ha de partir un mal tamaño! 30
¡Ay miembros fatigados, y cuán firme
es el dolor que os cansa y enflaquece!
¡Oh si pudiese un rato aquí adormirme!
Al que, velando, el bien nunca se ofrece,
quizá que el sueño le dará, dormiendo, 35
algún placer que presto desparece;
en tus manos, ¡oh sueño!, me encomiendo.

SALICIO ¡Cuán bienaventurado
aquel puede llamarse
que con la dulce soledad se abraza, 40
y vive descuidado
y lejos de empacharse
en lo que el alma impide y embaraza!
No ve la llena plaza
ni la soberbia puerta 45
de los grandes señores,
ni los aduladores
a quien la hambre del favor despierta;
no le será forzoso
rogar, fingir, temer y estar quejoso. 50

A la sombra holgando
de un alto pino o robre
o de alguna robusta y verde encina,
el ganado contando
de su manada pobre, 55
que por la verde selva se avecina,
plata cendrada y fina
y oro luciente y puro

bajo y vil le parece,
y tanto lo aborrece 60
que aun no piensa que de ello está seguro,
y como está en su seso,
rehúye la cerviz del grave peso.

Convida a un dulce sueño
aquel manso rüido 65
del agua que la clara fuente envía,
y las aves sin dueño,
con canto no aprendido,
hinchen el aire de dulce armonía;
háceles compañía, 70
a la sombra volando
y entre varios olores
gustando tiernas flores,
la solícita abeja susurrando;
los árboles, el viento 75
al sueño ayudan con su movimiento.

¿Quién duerme aquí? ¿Dó está que no le veo?
¡Oh, hele allí! ¡Dichoso tú, que aflojas
la cuerda al pensamiento o al deseo!
¡Oh natura, cuán pocas obras cojas 80
en el mundo son hechas por tu mano,
creciendo el bien, menguando las congojas!
El sueño diste al corazón humano
para que, al despertar, más se alegrase
del estado gozoso, alegre o sano, 85
que como si de nuevo le hallase,
hace aquel intervalo que ha pasado
que el nuevo gusto nunca al fin se pase;
y al que de pensamiento fatigado
el sueño baña con licor piadoso, 90
curando el corazón despedazado,
aquel breve descanso, aquel reposo

basta para cobrar de nuevo aliento
con que se pase el curso trabajoso.
Llegarme quiero cerca con buen tiento 95
y ver, si de mí fuere conocido,
si es del número triste o del contento.
Albanio es este que está aquí dormido,
o yo conosco mal... Albanio es, cierto.
Duerme, garzón cansado y afligido. 100
¡Por cuán mejor librado tengo un muerto,
que acaba el curso de la vida humana
y es conducido a más seguro puerto,
que el que, viviendo acá, de vida ufana
y de estado gozoso, noble y alto 105
es derrocado de fortuna insana!
Dicen que este mancebo dio un gran salto,
que de amorosos bienes fue abundante,
y agora es pobre, miserable y falto;
no sé la historia bien, mas quien delante 110
se halló al duelo me contó algún poco
del grave caso de este pobre amante.

ALBANIO ¿Es esto sueño o ciertamente toco
la blanca mano? ¡Ah, sueño, estás burlando!
Yo estábate creyendo como loco. 115
¡Oh cuitado de mí! Tú vas volando
con prestas alas por la ebúrnea puerta;
yo quédome tendido aquí llorando.
¿No basta el grave mal en que despierta
el alma vive, o por mejor decillo, 120
está muriendo de una vida incierta?

SALICIO Albanio, deja el llanto, que en oíllo
me aflijo.

ALBANIO ¿Quién presente está a mi duelo?

SALICIO Aquí está quien te ayudará a sentillo.

ALBANIO ¿Aquí estás tú, Salicio? Gran consuelo 125
me fuera en cualquier mal tu compañía,
mas tengo en esto por contrario el cielo.

Salicio — Parte de tu trabajo ya me había
contado Galafrón, que fue presente
en aqueste lugar el mismo día, 130
mas no supo decir del acidente
la causa principal, bien que pensaba
que era mal que decir no se consiente;
y a la sazón en la ciudad yo estaba,
como tú sabes bien, aparejando 135
aquel largo camino que esperaba,
y esto que digo me contaron cuando
torné a volver; mas yo te ruego ahora,
si esto no es enojoso que demando,
que particularmente el punto y hora, 140
la causa, el daño cuentes y el proceso,
que el mal, comunicándose, mejora.

Albanio — Con un amigo tal, verdad es eso,
cuando el mal sufre cura, mi Salicio,
mas este ha penetrado hasta el hüeso. 145
Verdad es que la vida y ejercicio
común y el amistad que a ti me ayunta
mandan que complacerte sea mi oficio;
mas ¿qué haré?, que el alma ya barrunta
que quiero renovar en la memoria 150
la herida mortal de aguda punta,
y póneme delante aquella gloria
pasada y la presente desventura
para espantarme de la horrible historia.
Por otra parte, pienso que es cordura 155
renovar tanto el mal que me atormenta
que a morir venga de tristeza pura,
y por esto, Salicio, entera cuenta
te daré de mi mal como pudiere,
aunque el alma rehúya y no consienta. 160
Quise bien, y querré mientras rigere
aquestos miembros el espirtu mío,
aquella por quien muero, si muriere.

En este amor no entré por desvarío,
ni lo traté como otros con engaños, 165
ni fue por elección de mi albedrío.
Desde mis tiernos y primeros años
a aquella parte me enclinó mi estrella
y aquel fiero destino de mis daños.
Tú conociste bien una doncella 170
de mi sangre y agüelos decendida,
más que la misma hermosura bella;
en su verde niñez siendo ofrecida
por montes y por selvas a Dïana,
ejercitaba allí su edad florida. 175
Yo, que desde la noche a la mañana
y del un sol al otro sin cansarme
seguia la caza con estudio y gana,
por deudo y ejercicio a conformarme
vine con ella en tal domestiqueza 180
que de ella un punto no sabia apartarme;
iba de un hora en otra la estrecheza
haciéndose mayor, acompañada
de un amor sano y lleno de pureza.
¿Qué montaña dejó de ser pisada 185
de nuestros pies? ¿Qué bosque o selva umbrosa
no fue de nuestra caza fatigada?
Siempre con mano larga y abundosa,
con parte de la caza visitando
el sacro altar de nuestra santa diosa, 190
la colmilluda testa ora llevando
del puerco jabalí, cerdoso y fiero,
del peligro pasado razonando,
ora clavando del ciervo ligero
en algún sacro pino los ganchosos 195
cuernos, con puro corazón sincero,
tornábamos contentos y gozosos,
y al disponer de lo que nos quedaba,
jamás me acuerdo de quedar quejosos.

Cualquiera caza a entrambos agradaba, 200
pero la de las simples avecillas
menos trabajo y más placer nos daba.

En mostrando el aurora sus mejillas
de rosa y sus cabellos de oro fino,
humedeciendo ya las florecillas, 205

nosotros, yendo fuera de camino,
buscábamos un valle, el más secreto
y de conversación menos vecino.

Aquí, con una red de muy perfeto
verde teñida, aquel valle atajábamos 210
muy sin rumor, con paso muy quïeto;

de dos árboles altos la colgábamos,
y habiéndonos un poco lejos ido,
hacia la red armada nos tornábamos,

y por lo más espeso y escondido 215
los árboles y matas sacudiendo,
turbábamos el valle con rüido.

Zorzales, tordos, mirlas, que temiendo
(delante de nosotros espantados),
del peligro menor iban huyendo, 220

daban en el mayor, desatinados,
quedando en la sotil red engañosa
confusamente todos enredados.

Y entonces era vellos una cosa
estraña y agradable, dando gritos 225
y con voz lamentándose quejosa;

algunos de ellos, que eran infinitos,
su libertad buscaban revolando;
otros estaban míseros y aflitos.

Al fin, las cuerdas de la red tirando, 230
llevábamosla juntos casi llena,
la caza a cuestas y la red cargando.

Cuando el húmido otoño ya refrena
del seco estío el gran calor ardiente
y va faltando sombra a Filomena, 235

con otra caza, de esta diferente,
aunque también de vida ociosa y blanda,
pasábamos el tiempo alegremente.

Entonces siempre, como sabes, anda
de estorninos volando a cada parte, 240
acá y allá, la espesa y negra banda;

y cierto aquesto es cosa de contarte,
cómo con los que andaban por el viento
usábamos también astucia y arte.

Uno vivo, primero, de aquel cuento 245
tomábamos, y en esto sin fatiga
era cumplido luego nuestro intento;

al pie del cual un hilo untado en liga
atando, le soltábamos al punto
que via volar aquella banda amiga; 250

apenas era suelto cuando junto
estaba con los otros y mesclado,
secutando el efeto de su asunto:

a cuantos era el hilo enmarañado
por alas o por pies o por cabeza, 255
todos venian al suelo mal su grado.

Andaban forcejando una gran pieza,
a su pesar y a mucho placer nuestro:
que así de un mal ajeno bien se empieza.

Acuérdaseme agora que el siniestro 260
canto de la corneja y el agüero
para escaparse no le fue maestro.

Cuando una de ellas, como es muy ligero,
a nuestras manos viva nos venía,
era prisión de más de un prisionero; 265

la cual a un llano grande yo traía
ado muchas cornejas andar juntas
(o por el suelo o por el aire) vía;

clavándola en la tierra por las puntas
estremas de las alas, sin rompellas, 270
seguiase lo que apenas tú barruntas.

Parecia que mirando las estrellas,
clavada boca arriba en aquel suelo,
estaba a contemplar el curso de ellas;
de allí nos alejábamos, y el cielo 275
rompia con gritos ella y convocaba
de las cornejas el superno vuelo;
en un solo momento se ajuntaba
una gran muchedumbre presurosa
a socorrer la que en el suelo estaba. 280
Cercábanla, y alguna, más piadosa
del mal ajeno de la compañera
que del suyo avisada o temerosa,
llegábase muy cerca, y la primera
que esto hacia pagaba su inocencia 285
con prisión o con muerte lastimera:
con tal fuerza la presa, y tal violencia,
se engarrafaba de la que venía
que no se dispidiera sin licencia.
Ya puedes ver cuán gran placer sería 290
ver, de una por soltarse y desasirse,
de otra por socorrerse, la porfía;
al fin la fiera lucha a despartirse
venia por nuestra mano, y la cuitada
del bien hecho empezaba a arrepentirse. 295
¿Qué me dirás si con su mano alzada,
haciendo la noturna centinela,
la grulla de nosotros fue engañada?
No aprovechaba al ánsar la cautela
ni ser siempre sagaz discubridora 300
de noturnos engaños con su vela,
ni al blanco cisne que en las aguas mora
por no morir como Faetón en fuego,
del cual el triste caso canta y llora;
y tú, perdiz cuitada, ¿piensas luego 305
que en huyendo del techo estás segura?
En el campo turbamos tu sosiego.

A ningún ave o animal natura
dotó de tanta astucia que no fuese
vencido al fin de nuestra astucia pura. 310
Si por menudo de contar te hobiese
de aquesta vida cada partecilla,
temo que antes del fin anocheciese.
Basta saber que aquesta tan sencilla
y tan pura amistad quiso mi hado 315
en diferente especie convertilla,
en un amor tan fuerte y tan sobrado
y en un desasosiego no creíble
tal que no me conosco de trocado.
El placer de miralla con terrible 320
y fiero desear sentí mesclarse,
que siempre me llevaba a lo imposible;
la pena de su ausencia vi mudarse,
no en pena, no en congoja, en cruda muerte
y en un infierno el alma atormentarse. 325
A aqueste estado, en fin, mi dura suerte
me trujo poco a poco, y no pensara
que contra mí pudiera ser más fuerte,
si con mi grave daño no probara
que, en comparación de esta, aquella vida 330
cualquiera por descanso la juzgara.
Ser debe aquesta historia aborrecida
de tus orejas, ya que así atormenta
mi lengua y mi memoria entristecida:
decir ya más no es bien que se consienta. 335
Junto todo mi bien perdí en un hora,
y esta es la suma, en fin, de aquesta cuenta.

SALICIO Albanio, si tu mal comunicaras
con otro que pensaras que tu pena
juzgaba como ajena o que este fuego 340
nunca probó, ni el fuego peligroso
de que tú estás quejoso, yo confieso
que fuera bueno aqueso que ora haces;

mas si tú me deshaces con tus quejas,
¿por qué agora me dejas como a estraño, 345
sin dar de aqueste daño fin al cuento?
¿Piensas que tu tormento como nuevo
escucho, y que no pruebo por mi suerte
aquesta viva muerte en las entrañas?
Si ni con todas mañas o esperiencia 350
esta grave dolencia se deshecha,
al menos aprovecha, yo te digo,
para que de un amigo que adolesca
otro se condolesca, que ha llegado
de bien acuchillado a ser maestro. 355
Así que, pues te muestro abiertamente
que no estoy inocente de estos males,
que aun traigo las señales de las llagas,
no es bien que tú te hagas tan esquivo,
que, mientras estás vivo, ser podría 360
que por alguna vía te avisase,
o contigo llorase; que no es malo
tener al pie del palo quien se duela
del mal, y sin cautela te aconseje.

ALBANIO Tú quieres que forceje y que contraste 365
con quien al fin no baste a derrocalle.
Amor quiere que calle; yo no puedo
mover el paso un dedo sin gran mengua;
él tiene de mi lengua el movimiento,
así que no me siento ser bastante. 370

SALICIO ¿Qué te pone delante que te empida
el descubrir tu vida al que aliviarte
del mal alguna parte cierto espera?

ALBANIO Amor quiere que muera sin reparo,
y conociendo claro que bastaba 375
lo que yo descansaba en este llanto
contigo a que entretanto me aliviase
y aquel tiempo probase a sostenerme,
por más presto perderme, como injusto,
me ha ya quitado el gusto que tenía 380

de echar la pena mía por la boca;
así que ya no toca nada de ello
a ti querer sabello, ni contallo
a quien solo pasallo le conviene,
y muerte sola por alivio tiene. 385

SALICIO ¿Quién es contra su ser tan inhumano
que al enimigo entrega su despojo
y pone su poder en otra mano?
¿Cómo, y no tienes algún hora enojo
de ver que amor tu misma lengua ataje 390
o la desate por su solo antojo?

ALBANIO Salicio amigo, cese este lenguaje;
cierra tu boca y más aquí no la abras;
yo siento mi dolor, y tú mi ultraje.
¿Para qué son maníficas palabras? 395
¿Quién te hizo filósofo elocuente,
siendo pastor de ovejas y de cabras?
¡Oh cuitado de mí, cuán fácilmente,
con espedida lengua y rigurosa,
el sano da consejos al doliente! 400

SALICIO No te aconsejo yo ni digo cosa
para que debas tú por ella darme
respuesta tan aceda y tan odiosa;
ruégote que tu mal quieras contarme,
porque de él pueda tanto entristecerme 405
cuanto suelo del bien tuyo alegrarme.

ALBANIO Pues ya de ti no puedo defenderme,
yo tornaré a mi cuento cuando hayas
prometido una gracia concederme,
y es que, en oyendo el fin, luego te vayas 410
y me dejes llorar mi desventura
entre estos pinos solo y estas hayas.

SALICIO Aunque pedir tú eso no es cordura,
yo seré dulce más que sano amigo
y daré buen lugar a tu tristura. 415

ALBANIO Ora, Salicio, escucha lo que digo,
y vos, ¡oh ninfas de este bosque umbroso!,
adoquiera que estáis, estad comigo.
Ya te conté el estado tan dichoso
ado me puso amor, si en él yo firme 420
pudiera sostenerme con reposo;
mas como de callar y de encubrirme
de aquella por quien vivo me encendía
llegué ya casi al punto de morirme,
mil veces ella preguntó qué había 425
y me rogó que el mal le descubriese,
que mi rostro y color le descubría;
mas no acabó con cuanto me dijiese
que de mí a su pregunta otra respuesta
que un sospiro con lágrimas hubiese. 430
Aconteció que en una ardiente siesta,
viniendo de la caza fatigados,
en el mejor lugar de esta floresta,
que es este donde estamos asentados,
a la sombra de un árbol aflojamos 435
las cuerdas a los arcos trabajados.
En aquel prado allí nos reclinamos,
y, del Céfiro fresco recogiendo
el agradable espirtu, respiramos;
las flores, a los ojos ofreciendo 440
diversidad estraña de pintura,
diversamente así estaban oliendo;
y en medio aquesta fuente clara y pura,
que como de cristal resplandecía,
mostrando abiertamente su hondura, 445
el arena, que de oro parecía,
de blancas pedrezuelas varïada,
por do manaba el agua, se bullía.
En derredor, ni sola una pisada
de fiera o de pastor o de ganado 450
a la sazón estaba señalada.

Después que con el agua resfrïado
hubimos el calor y juntamente
la sed de todo punto mitigado,
ella, que con cuidado diligente 455
a conocer mi mal tenia el intento
y a escodriñar el ánimo doliente,
con nuevo ruego y firme juramento
me conjuró y rogó que le contase
la causa de mi grave pensamiento, 460
y si era amor, que no me recelase
de hacelle mi caso manifiesto
y demostralle aquella que yo amase;
que me juraba que también en esto
el verdadero amor que me tenía 465
con pura voluntad estaba presto.
Yo, que tanto callar ya no podía
y claro descubrir menos osara
lo que en el alma triste se sentía,
le dije que en aquella fuente clara 470
veria de aquella que yo tanto amaba
abiertamente la hermosa cara.
Ella, que ver aquesta deseaba,
con menos diligencia discurriendo
de aquella con que el paso apresuraba, 475
a la pura fontana fue corriendo,
y en viendo el agua, toda fue alterada,
en ella su figura sola viendo.
Y no de otra manera, arrebatada,
del agua rehuyó que si estuviera 480
de la rabiosa enfermedad tocada,
y sin mirarme, desdeñosa y fiera,
no sé qué allá entre dientes murmurando,
me dejó aquí, y aquí quiere que muera.
Quedé yo triste y solo allí, culpando 485
mi temerario osar, mi desvarío,
la pérdida del bien considerando;

creció de tal manera el dolor mío
y de mi loco error el desconsuelo
que hice de mis lágrimas un río. 490
Fijos los ojos en el alto cielo,
estuve boca arriba una gran pieza
tendido, sin mudarme en este suelo;
y como de un dolor otro se empieza,
el largo llanto, el desvanecimiento, 495
el vano imaginar de la cabeza,
de mi gran culpa aquel remordimiento,
verme del todo, al fin, sin esperanza
me trastornaron casi el sentimiento.
Cómo de este lugar hice mudanza 500
no sé, ni quién de aquí me condujiese
al triste albergue y a mi pobre estanza.
Sé que, tornando en mí, como estuviese
sin comer y dormir bien cuatro días
y sin que el cuerpo de un lugar moviese, 505
las ya desmamparadas vacas mías
por otro tanto tiempo no gustaron
las verdes hierbas ni las aguas frías;
los pequeños hijuelos, que hallaron
las tetas secas ya de las hambrientas 510
madres, bramando al cielo se quejaron;
las selvas, a su voz también atentas,
bramando pareció que respondían,
condolidas del daño y descontentas.
Aquestas cosas nada me movían; 515
antes, con mi llorar, hacia espantados
todos cuantos a verme allí venían.
Vinieron los pastores de ganados,
vinieron de los sotos los vaqueros
para ser de mi mal de mí informados; 520
y todos con los gestos lastimeros
me preguntaban cuáles habian sido
los acidentes de mi mal primeros;

a los cuales, en tierra yo tendido,
ninguna otra respuesta dar sabía, 525
rompiendo con sollozos mi gemido,

sino de rato en rato les decía:
«Vosotros, los de Tajo, en su ribera
cantaréis la mi muerte cada día;

este descanso llevaré, aunque muera, 530
que cada día cantaréis mi muerte,
vosotros, los de Tajo, en su ribera».

La quinta noche, en fin, mi cruda suerte,
queriéndome llevar do se rompiese
aquesta tela de la vida fuerte, 535

hizo que de mi choza me saliese
por el silencio de la noche escura
a buscar un lugar donde muriese;

y caminando por do mi ventura
y mis enfermos pies me condujeron, 540
llegué a un barranco de muy gran altura;

luego mis ojos le reconocieron,
que pende sobre el agua, y su cimiento
las ondas poco a poco le comieron.

Al pie de un olmo hice allí mi asiento, 545
y acuérdome que ya con ella estuve
pasando allí la siesta al fresco viento.

En aquesta memoria me detuve
como si aquesta fuera medicina
de mi furor y cuanto mal sostuve. 550

Denunciaba el aurora ya vecina
la venida del sol resplandeciente,
a quien la tierra, a quien la mar se enclina.

Entonces, como cuando el cisne siente
el ansia postrimera que le aqueja 555
y tienta el cuerpo mísero y doliente,

con triste y lamentable son se queja,
y se despide con funesto canto
del espirtu vital que de él se aleja;

así, aquejado yo de dolor tanto 560
que el alma abandonaba ya la humana
carne, solté la rienda al triste llanto:
«¡Oh fiera —dije— más que tigre hircana
y más sorda a mis quejas que el rüido
embravecido de la mar insana, 565
heme entregado, heme aquí rendido,
he aquí que vences; toma los despojos
de un cuerpo miserable y afligido!
Yo porné fin del todo a mis enojos;
ya no te ofenderá mi rostro triste, 570
mi temerosa voz y húmidos ojos;
quizá tú, que en mi vida no moviste
el paso a consolarme en tal estado
ni tu dureza cruda enterneciste,
viendo mi cuerpo aquí desamparado, 575
vernás a arrepentirte y lastimarte,
mas tu socorro tarde habrá llegado.
¿Cómo pudiste tan presto olvidarte
de aquel tan luengo amor y de sus ciegos
ñudos en sola un hora desligarte? 580
¿No se te acuerda de los dulces juegos
ya de nuestra niñez, que fueron leña
de estos dañosos y encendidos fuegos,
cuando la encina de esta espesa breña
de sus bellotas dulces despojaba, 585
que íbamos a comer sobre esta peña?
¿Quién las castañas tiernas derrocaba
del árbol, al subir dificultoso?
¿Quién en su limpia falda las llevaba?
¿Cuándo en valle florido, espeso, umbroso 590
metí jamás el pie que de él no fuese
cargado a ti de flores y oloroso?
Jurábasme, si ausente yo estuviese,
que ni el agua sabor, ni olor la rosa,
ni el prado hierba para ti tuviese. 595

¿A quién me quejo?, que no escucha cosa
de cuantas digo quien debria escucharme.
Eco sola me muestra ser piadosa;
respondiéndome, prueba conhortarme
como quien probó mal tan importuno, 600
mas no quiere mostrarse y consolarme.
¡Oh dioses, si allá juntos de consuno
de los amantes el cuidado os toca
o tú solo, si toca a solo uno,
recebid las palabras que la boca 605
echa con la doliente ánima fuera,
antes que el cuerpo torne en tierra poca!
¡Oh náyades, de aquesta mi ribera
corriente moradoras; oh napeas,
guarda del verde bosque verdadera, 610
alce una de vosotras, blancas deas,
del agua su cabeza rubia un poco!
Así, ninfa, jamás en tal te veas.
Podré decir que con mis quejas toco
las divinas orejas, no pudiendo 615
las humanas tocar, cuerdo ni loco.
¡Oh hermosas oreadas que, teniendo
el gobierno de selvas y montañas,
a caza andáis, por ellas discurriendo,
dejad de perseguir las alimañas, 620
venid a ver un hombre perseguido,
a quien no valen fuerzas ya ni mañas!
¡Oh dríadas, de amor hermoso nido,
dulces y graciosísimas doncellas
que a la tarde salís de lo ascondido, 625
con los cabellos rubios que las bellas
espaldas dejan de oro cubijadas,
parad mientes un rato a mis querellas!
Y si con mi ventura conjuradas
no estáis, haced que sean las ocasiones 630
de mi muerte aquí siempre celebradas.

¡Oh lobos, oh osos, que por los rincones
de estas fieras cavernas ascondidos
estáis oyendo agora mis razones,
quedaos a Dios, que ya vuestros oídos 635
de mi zampoña fueron halagados
y alguna vez de amor enternecidos!
Adiós, montañas; adiós, verdes prados;
adiós, corrientes ríos espumosos:
vevid sin mí con siglos prolongados, 640
y mientras en el curso presurosos
iréis al mar a dalle su tributo,
corriendo por los valles pedregosos,
haced que aquí se muestre triste luto
por quien, viviendo alegre, os alegraba 645
con agradable son y viso enjuto;
por quien aquí sus vacas abrevaba;
por quien, ramos de lauro entretejendo,
aquí sus fuertes toros coronaba».
Estas palabras tales en diciendo, 650
en pie me alcé por dar ya fin al duro
dolor que en vida estaba padeciendo,
y por el paso en que me ves te juro
que ya me iba a arrojar de do te cuento,
con paso largo y corazón seguro, 655
cuando una fuerza súbita de viento
vino con tal furor que de una sierra
pudiera remover el firme asiento.
De espaldas, como atónito, en la tierra
desde a gran rato me hallé tendido, 660
que así se halla siempre aquel que yerra.
Con más sano discurso en mi sentido
comencé de culpar el presupuesto
y temerario error que habia seguido
en querer dar, con triste muerte, al resto 665
de aquesta breve vida fin amargo,
no siendo por los hados aún dispuesto.

De allí me fui con corazón más largo
para esperar la muerte cuando venga
a relevarme de este grave cargo. 670
Bien has ya visto cuánto me convenga
que, pues buscalla a mí no se consiente,
ella en buscarme a mí no se detenga.
Contado te he la causa, el acidente,
el daño y el proceso todo entero; 675
cúmpleme tu promesa prestamente,
y si mi amigo cierto y verdadero
eres, como yo pienso, vete agora;
no estorbes con dolor acerbo y fiero
el afligido y triste cuando llora. 680

SALICIO Tratara de una parte
que agora solo siento,
si no pensaras que era dar consuelo:
quisiera preguntarte
cómo tu pensamiento 685
se derribó tan presto en ese suelo,
o se cobrió de un velo,
para que no mirase
que quien tan luengamente
amó no se consiente 690
que tan presto del todo te olvidase.
¿Qué sabes si ella agora
juntamente su mal y el tuyo llora?

ALBANIO Cese ya el artificio
de la maestra mano; 695
no me hagas pasar tan grave pena.
Harasme tú, Salicio,
ir do nunca pie humano
estampó su pisada en el arena.
Ella está tan ajena 700
de estar de esa manera

como tú de pensallo,
aunque quieres mostrallo
con razón aparente a verdadera;
ejercita aquí el arte 705
a solas, que yo voyme en otra parte.

SALICIO No es tiempo de curalle
hasta que menos tema
la cura del maestro y su crüeza;
solo quiero dejalle, 710
que aun está la postema
intratable, a mi ver, por su dureza.
Quebrante la braveza
del pecho empedernido
con largo y tierno llanto. 715
Ireme yo entretanto
a requirir de un ruiseñor el nido,
que está en una alta encina
y estará presto en manos de Gravina.

CAMILA Si de esta tierra no he perdido el tino, 720
por aquí el corzo vino que ha traído,
después que fue herido, atrás el viento.
¡Qué recio movimiento en la corrida
lleva, de tal herida lastimado!
En el siniestro lado soterrada, 725
la flecha enherbolada iba mostrando,
las plumas blanqueando solas fuera,
y háceme que muera con buscalle.
No pasó de este valle: aquí está cierto
y por ventura muerto. ¡Quién me diese 730
alguno que siguiese el rastro agora,
mientras la herviente hora de la siesta
en aquesta floresta yo descanso!
¡Ay, viento fresco y manso y amoroso,
almo, dulce, sabroso; esfuerza, esfuerza 735

tu soplo y esta fuerza tan caliente
del alto sol ardiente ora quebranta,
que ya la tierna planta del pie mío
anda a buscar el frío de esta hierba!
A los hombres reserva tú, Dïana, 740
en esta siesta insana, tu ejercicio;
por agora tu oficio desamparo,
que me ha costado caro en este día.
¡Ay dulce fuente mía, y de cuán alto
con solo un sobresalto me arrojaste! 745
¿Sabes que me quitaste, fuente clara,
los ojos de la cara, que no quiero
menos un compañero que yo amaba,
mas no como él pensaba? ¡Dios ya quiera
que antes Camila muera que padezca 750
culpa por do merezca ser echada
de la selva sagrada de Dïana!
¡Oh cuán de mala gana mi memoria
renueva aquesta historia! Mas la culpa
ajena me desculpa, que si fuera 755
yo la causa primera de esta ausencia,
yo diera la sentencia en mi contrario:
él fue muy voluntario y sin respeto.
Mas ¿para qué me meto en esta cuenta?
Quiero vivir contenta y olvidallo 760
y aquí donde me hallo recrearme;
aquí quiero acostarme, y, en cayendo
la siesta, iré siguiendo mi corcillo,
que yo me maravillo ya y me espanto
cómo con tal herida huyó tanto. 765

ALBANIO Si mi turbada vista no me miente,
paréceme que vi entre rama y rama
una ninfa llegar a aquella fuente.
Quiero llegar allá; quizá si ella ama,
me dirá alguna cosa con que engañe, 770

con algún falso alivio, aquesta llama.
    Y no se me da nada que desbañe
mi alma si es contrario a lo que creo,
que a quien no espera bien no hay mal que dañe.
    ¡Oh santos dioses!, ¿qué es esto que veo? 775
¿Es error de fantasma convertida
en forma de mi amor y mi deseo?
    Camila es esta que está aquí dormida;
no puede de otra ser su hermosura.
La razón está clara y conocida: 780
    una obra sola quiso la natura
hacer como esta, y rompió luego apriesa
la estampa do fue hecha tal figura.
    ¿Quién podrá luego de su forma espresa
el traslado sacar, si la maestra 785
misma no basta, y ella lo confiesa?
    Mas ya que es cierto el bien que a mí se muestra,
¿cómo podré llegar a despertalla,
temiendo yo la luz que a ella me adiestra?
    Si solamente de poder tocalla 790
perdiese el miedo yo... Mas ¿si despierta?
Si despierta, tenella y no soltalla.
    Esta osadía temo que no es cierta.
¿Qué me puede hacer? Quiero llegarme;
en fin, ella está agora como muerta. 795
    Cabe ella por lo menos asentarme
bien puedo, mas no ya como solía...
¡Oh mano poderosa de matarme!,
    ¿viste cuánto tu fuerza en mí podía?
¿Por qué para sanarme no la pruebas, 800
que su poder a todo bastaría.

CAMILA   ¡Socórreme, Dïana!

ALBANIO   ¡No te muevas,
que no te he de soltar; escucha un poco!

CAMILA   ¿Quién me dijera, Albanio, tales nuevas?
¡Ninfas del verde bosque, a vos invoco; 805

a vos pido socorro de esta fuerza!
¿Qué es esto, Albanio? Dime si estás loco.

ALBANIO Locura debe ser la que me fuerza
a querer más que el alma y que la vida
a la que a aborrecerme a mí se esfuerza. 810

CAMILA Yo debo ser de ti la aborrecida,
pues me quieres tratar de tal manera,
siendo tuya la culpa conocida.

ALBANIO ¿Yo culpa contra ti? ¡Si la primera
no está por cometer, Camila mía, 815
en tu desgracia y disfavor yo muera!

CAMILA ¿Tú no violaste nuestra compañía,
quiriéndola torcer por el camino
que de la vida honesta se desvía?

ALBANIO ¿Cómo de sola una hora el desatino 820
ha de perder mil años de servicio,
si el arrepentimiento tras él vino?

CAMILA Aqueste es de los hombres el oficio:
tentar el mal y, si es malo el suceso,
pedir con humildad perdón del vicio. 825

ALBANIO ¿Qué tenté yo, Camila?

CAMILA ¡Bueno es eso!
Esta fuente lo diga, que ha quedado
por un testigo de tu mal proceso.

ALBANIO Si puede ser mi yerro castigado
con muerte, con deshonra o con tormento, 830
vesme aquí; estoy a todo aparejado.

CAMILA Suéltame ya la mano, que el aliento
me falta de congoja.

ALBANIO He muy gran miedo
que te me irás, que corres más que el viento.

CAMILA No estoy como solía, que no puedo 835
moverme ya, de mal ejercitada.
¡Suelta, que casi me has quebrado un dedo!

ALBANIO ¿Estarás, si te suelto, sosegada,
mientras con razón clara te demuestro

que fuiste sin razón de mí enojada? 840

CAMILA ¡Eres tú de razones gran maestro!
Suelta, que sí estaré.

ALBANIO Primero jura
por la primera fe del amor nuestro.

CAMILA Yo juro por la ley sincera y pura
del amistad pasada de sentarme 845
y de escuchar tus quejas muy segura.
¡Cuál me tienes la mano de apretarme
con esa dura mano, descreído!

ALBANIO ¡Cuál me tienes el alma de dejarme!

CAMILA ¡Mi prendedero de oro! ¡Si es perdido! 850
¡Oh cuitada de mí, mi prendedero
desde aquel valle aquí se me ha caído!

ALBANIO Mira no se cayese allá primero,
antes de aqueste, al val de la Hortiga.

CAMILA Doquier que se perdió, buscalle quiero. 855

ALBANIO Yo iré a buscalle; escusa esta fatiga,
que no puedo sufrir que aquesta arena
abrase el blanco pie de mi enemiga.

CAMILA Pues ya quieres tomar por mí esta pena,
derecho ve primero a aquellas hayas, 860
que allí estuve yo echada una hora buena.

ALBANIO Yo voy, mas entretanto no te vayas.

CAMILA Seguro ve, que antes verás mi muerte
que tú me cobres ni a tus manos hayas.

ALBANIO ¡Ah, ninfa desleal!, ¿y de esa suerte 865
se guarda el juramento que me diste?
¡Ah, condición de vida dura y fuerte!
¡Oh falso amor, de nuevo me hiciste
revivir con un poco de esperanza!
¡Oh modo de matar nojoso y triste! 870
¡Oh muerte llena de mortal tardanza,
podré por ti llamar injusto el cielo,
injusta su medida y su balanza!
Recibe tú, terreno y duro suelo,

	este rebelde cuerpo que detiene	875
	del alma el espedido y presto vuelo;	
	yo me daré la muerte, y aun si viene	
	alguno a resistirme... ¿A resistirme?	
	¡Él verá que a su vida no conviene!	
	¿No puedo yo morir, no puedo irme	880
	por aquí, por allí, por do quisiere,	
	desnudo espirtu o carne y hueso firme?	
SALICIO	Escucha, que algún mal hacerse quiere.	
	¡Oh, cierto tiene trastornado el seso!	
ALBANIO	¡Aquí tuviese yo quien mal me quiere!	885
	Descargado me siento de un gran peso;	
	paréceme que vuelo, despreciando	
	monte, choza, ganado, leche y queso.	
	¿No son aquestos pies? Con ellos ando.	
	Ya caigo en ello: el cuerpo se me ha ido;	890
	solo el espirtu es este que ora mando.	
	¿Hale hurtado alguno o escondido	
	mientras mirando estaba yo otra cosa?	
	¿O si quedó por caso allí dormido?	
	Una figura de color de rosa	895
	estaba allí durmiendo. ¿Si es aquella	
	mi cuerpo? No, que aquella es muy hermosa.	
NEMOR.	¡Gentil cabeza! No daria por ella	
	yo para mi traer solo un cornado.	
ALBANIO	¿A quién iré del hurto a dar querella?	900
SALICIO	Estraño ejemplo es ver en qué ha parado	
	este gentil mancebo, Nemoroso,	
	ya a nosotros, que le hemos más tratado,	
	manso, cuerdo, agradable, virtüoso,	
	sufrido, conversable, buen amigo,	905
	y con un alto ingenio, gran reposo.	
ALBANIO	¡Yo podré poco o hallaré testigo	
	de quién hurtó mi cuerpo! Aunque esté ausente,	
	yo le perseguiré como a enemigo.	
	¿Sabrasme decir de él, mi clara fuente?	910

Dímelo, si lo sabes; así Febo
nunca tus frescas ondas escaliente.
   Allá dentro en el fondo está un mancebo,
de laurel coronado y en la mano
un palo, propio como yo, de acebo. 915
   ¡Hola! ¿Quién está allá? Responde, hermano.
¡Válasme, Dios!: o tú eres sordo o mudo,
o enemigo mortal del trato humano.
   Espirtu soy, de carne ya desnudo,
que busco el cuerpo mío, que me ha hurtado 920
algún ladrón malvado, injusto y crudo.
   Callar que callarás. ¿Hasme escuchado?
¡Oh santo Dios, mi cuerpo mismo veo
o yo tengo el sentido trastornado!
   ¡Oh cuerpo, hete hallado y no lo creo! 925
¡Tanto sin ti me hallo descontento,
pon fin ya a tu destierro y mi deseo!

NEMOR. Sospecho que el contino pensamiento
que tuvo de morir antes de agora
le representa aqueste apartamiento. 930

SALICIO Como del que velando siempre llora,
quedan, durmiendo, las especies llenas
de dolor que en el alma triste mora.

ALBANIO Si no estás en cadenas, sal ya fuera
a darme verdadera forma de hombre, 935
que agora solo el nombre me ha quedado;
y si allá estás forzado en ese suelo,
dímelo, que si al cielo que me oyere
con quejas no moviere y llanto tierno,
convocaré el infierno y reino escuro 940
y romperé su muro de diamante,
como hizo el amante blandamente
por la consorte ausente que cantando
estuvo halagando las culebras
de las hermanas negras, mal peinadas. 945

NEMOR.	¡De cuán desvarïadas opiniones	
	saca buenas razones el cuitado!	
SALICIO	El curso acostumbrado del ingenio,	
	aunque le falte el genio que lo mueva,	
	con la fuga que lleva corre un poco,	950
	y aunque este está ora loco, no por eso	
	ha de dar al travieso su sentido,	
	en todo habiendo sido cual tú sabes.	
NEMOR.	No más, no me le alabes, que por cierto	
	como de velle muerto estoy llorando.	955
ALBANIO	Estaba contemplando qué tormento	
	es de este apartamiento lo que pienso.	
	No nos aparta imenso mar airado,	
	no torres de fosado rodeadas,	
	no montañas cerradas y sin vía,	960
	no ajena compañía dulce y cara;	
	un poco de agua clara nos detiene.	
	Por ella no conviene lo que entramos	
	con ansia deseamos, porque al punto	
	que a ti me acerco y junto, no te apartas;	965
	antes nunca te hartas de mirarme	
	y de sinificarme en tu meneo	
	que tienes gran deseo de juntarte	
	con esta media parte. Daca, hermano,	
	échame acá esa mano, y como buenos	970
	amigos a lo menos nos juntemos	
	y aquí nos abracemos. ¡Ah, burlaste!	
	¿Así te me escapaste? Yo te digo	
	que no es obra de amigo hacer eso;	
	quedo yo, don travieso, remojado,	975
	¿y tú estás enojado? ¡Cuán apriesa	
	mueves —¿qué cosa es esa?— tu figura!	
	¿Aun esa desventura me quedaba?	
	Ya yo me consolaba en ver serena	
	tu imagen, y tan buena y amorosa.	980
	No hay bien ni alegre cosa ya que dure.	

NEMOR. A lo menos, que cure tu cabeza.
SALICIO Salgamos, que ya empieza un furor nuevo.
ALBANIO ¡Oh Dios! ¿Por qué no pruebo a echarme dentro
hasta llegar al centro de la fuente? 985
SALICIO ¿Qué es esto, Albanio? ¡Tente!
ALBANIO ¡Oh manifesto
ladrón!, mas ¿qué es aquesto? ¡Es muy bueno
vestiros de lo ajeno y ante el dueño,
como si fuese un leño sin sentido,
venir muy revestido de mi carne! 990
¡Yo haré que descarne esa alma osada
aquesta mano airada!
SALICIO ¡Está quedo!
¡Llega tú, que no puedo detenelle!
NEMOR. Pues ¿qué quieres hacelle?
SALICIO ¿Yo? Dejalle,
si desenclavijalle yo acabase 995
la mano, a que escapase mi garganta.
NEMOR. No tiene fuerza tanta; solo puedes
hacer tú lo que debes a quien eres.
SALICIO ¡Qué tiempo de placeres y de burlas!
¿Con la vida te burlas, Nemoroso? 1000
¡Ven, ya no estés donoso!
NEMOR. Luego vengo;
en cuanto me detengo aquí un poco,
veré cómo de un loco te desatas.
SALICIO ¡Ay, paso, que me matas!
ALBANIO ¡Aunque mueras!
NEMOR. ¡Ya aquello va de veras! ¡Suelta, loco! 1005
ALBANIO Déjame estar un poco, que ya acabo.
NEMOR. ¡Suelta ya!
ALBANIO ¿Qué te hago?
NEMOR. ¿A mí? ¡No, nada!
ALBANIO Pues vete tu jornada, y no entiendas
en aquestas contiendas.

SALICIO ¡Ah, furioso!
Afierra, Nemoroso, y tenle fuerte. 1010
¡Yo te daré la muerte, don perdido!
Ténmele tú tendido mientras le ato.
Probemos así un rato a castigalle;
quizá con espantalle habrá algún miedo.

ALBANIO Señores, si estoy quedo, ¿dejaresme? 1015

SALICIO ¡No!

ALBANIO ¿Pues qué? ¿Mataresme?

SALICIO ¡Sí!

ALBANIO ¿Sin falta?
Mira cuánto más alta aquella sierra
está que la otra tierra.

NEMOR. Bueno es esto;
él olvidará presto la braveza.

SALICIO ¡Calla, que así se aveza a tener seso! 1020

ALBANIO ¿Cómo, azotado y preso?

SALICIO ¡Calla, escucha!

ALBANIO Negra fue aquella lucha que contigo
hice, que tal castigo dan tus manos.
¿No éramos como hermanos de primero?

NEMOR. Albanio, compañero, calla agora 1025
y duerme aquí algún hora, y no te muevas.

ALBANIO ¿Sabes algunas nuevas de mí?

SALICIO ¡Loco!

ALBANIO Paso, que duermo un poco.

SALICIO ¿Duermes cierto?

ALBANIO ¿No me ves como un muerto? Pues ¿qué hago?

SALICIO Este te dará el pago, si despiertas, 1030
en esas carnes muertas, te prometo.

NEMOR. Algo está más quïeto y reposado
que hasta aquí. ¿Qué dices tú, Salicio?
¿Parécete que puede ser curado?

SALICIO En procurar cualquiera beneficio 1035
a la vida y salud de un tal amigo,
haremos el debido y justo oficio.

NEMOR. Escucha, pues, un poco lo que digo;
contarete una estraña y nueva cosa
de que yo fui la parte y el testigo. 1040
En la ribera verde y deleitosa
del sacro Tormes, dulce y claro río,
hay una vega grande y espaciosa,
verde en el medio del invierno frío,
en el otoño verde y primavera, 1045
verde en la fuerza del ardiente estío.
Levántase al fin de ella una ladera,
con proporción graciosa en el altura,
que sojuzga la vega y la ribera;
allí está sobrepuesta la espesura 1050
de las hermosas torres, levantadas
al cielo con estraña hermosura,
no tanto por la fábrica estimadas,
aunque estraña labor allí se vea,
cuanto por sus señores ensalzadas. 1055
Allí se halla lo que se desea:
virtud, linaje, haber y todo cuanto
bien de natura o de fortuna sea.
Un hombre mora allí de ingenio tanto
que toda la ribera adonde él vino 1060
nunca se harta de escuchar su canto.
Nacido fue en el campo placentino,
que con estrago y destrución romana
en el antiguo tiempo fue sanguino,
y en este con la propia, la inhumana 1065
furia infernal, por otro nombre guerra,
le tiñe, le rüina y le profana;
él, viendo aquesto, abandonó su tierra,
por ser más del reposo compañero
que de la patria, que el furor atierra. 1070
Llevole a aquella parte el buen agüero
de aquella tierra de Alba tan nombrada,
que este es el nombre de ella, y de él Severo.

A aqueste Febo no le escondió nada,
antes de piedras, hierbas y animales 1075
diz que le fue noticia entera dada.
Este, cuando le place, a los caudales
ríos el curso presuroso enfrena
con fuerza de palabras y señales;
la negra tempestad en muy serena 1080
y clara luz convierte, y aquel día,
si quiere revolvelle, el mundo atruena;
la luna de allá arriba bajaría
si al son de las palabras no impidiese
el son del carro que la mueve y guía. 1085
Temo que si decirte presumiese
de su saber la fuerza con loores,
que en lugar de alaballe le ofendiese.
Mas no te callaré que los amores
con un tan eficaz remedio cura, 1090
cual se conviene a tristes amadores;
en un punto remueve la tristura,
convierte en odio aquel amor insano
y restituye el alma a su natura.
No te sabré decir, Salicio hermano, 1095
la orden de mi cura y la manera,
mas sé que me partí de él libre y sano.
Acuérdaseme bien que en la ribera
de Tormes le hallé solo, cantando
tan dulce que una piedra enterneciera. 1100
Como cerca me vido, adevinando
la causa y la razón de mi venida,
suspenso un rato estuvo así callando,
y luego con voz clara y espedida
soltó la rienda al verso numeroso 1105
en alabanzas de la libre vida.
Yo estaba embebecido y vergonzoso,
atento al son y viéndome del todo
fuera de libertad y de reposo.

No sé decir sino que, en fin, de modo 1110
aplicó a mi dolor la medicina
que el mal desarraigó de todo en todo.
Quedé yo entonces como quien camina
de noche por caminos enriscados,
sin ver dónde la senda o paso inclina; 1115
mas, venida la luz y contemplados,
del peligro pasado nace un miedo
que deja los cabellos erizados;
así estaba mirando, atento y quedo,
aquel peligro yo que atrás dejaba, 1120
que nunca sin temor pensallo puedo.
Tras esto luego se me presentaba,
sin antojos delante, la vileza
de lo que antes ardiendo deseaba.
Así curó mi mal con tal destreza 1125
el sabio viejo, como te he contado,
que volvió el alma a su naturaleza
y soltó el corazón aherrojado.

SALICIO ¡Oh gran saber, oh viejo frutüoso,
que el perdido reposo al alma vuelve, 1130
y lo que la revuelve y lleva a tierra
del corazón destierra encontinente!
Con esto solamente que contaste,
así le reputaste acá comigo
que sin otro testigo a desealle 1135
ver presente y hablalle me levantas.
NEMOR. ¿De esto poco te espantas tú, Salicio?
De más te daré indicio manifiesto,
si no te soy molesto y enojoso.
SALICIO ¿Qué es esto, Nemoroso, y qué cosa 1140
puede ser tan sabrosa en otra parte
a mí como escucharte? No la siento,
cuanto más este cuento de Severo;
dímelo por entero, por tu vida,

pues no hay quien nos impida ni embarace. 1145
Nuestro ganado pace, el viento espira,
Filomena sospira en dulce canto
y en amoroso llanto se amancilla;
gime la tortolilla sobre el olmo,
preséntanos a colmo el prado flores 1150
y esmalta en mil colores su verdura;
la fuente clara y pura, murmurando,
nos está convidando a dulce trato.

NEMOR. Escucha, pues, un rato, y diré cosas
estrañas y espantosas poco a poco. 1155
Ninfas, a vos invoco; verdes faunos,
sátiros y silvanos, soltá todos
mi lengua en dulces modos y sotiles,
que ni los pastoriles ni el avena
ni la zampoña suena como quiero. 1160
Este nuestro Severo pudo tanto
con el süave canto y dulce lira
que, revueltos en ira y torbellino,
en medio del camino se pararon
los vientos y escucharon muy atentos 1165
la voz y los acentos, muy bastantes
a que los repugnantes y contrarios
hiciesen voluntarios y conformes.
A aqueste el viejo Tormes, como a hijo,
le metió al escondrijo de su fuente, 1170
de do va su corriente comenzada.
Mostrole una labrada y cristalina
urna donde él reclina el diestro lado,
y en ella vio entallado y esculpido
lo que, antes de haber sido, el sacro viejo 1175
por devino consejo puso en arte,
labrando a cada parte las estrañas
virtudes y hazañas de los hombres
que con sus claros nombres ilustraron
cuanto señorearon de aquel río. 1180

Estaba con un brío desdeñoso,
con pecho corajoso, aquel valiente
que contra un rey potente y de gran seso,
que el viejo padre preso le tenía,
cruda guerra movía despertando 1185
su illustre y claro bando al ejercicio
de aquel piadoso oficio. A aqueste junto
la gran labor al punto señalaba
al hijo que mostraba acá en la tierra
ser otro Marte en guerra, en corte Febo; 1190
mostrábase mancebo en las señales
del rostro, que eran tales que esperanza
y cierta confianza claro daban,
a cuantos le miraban, que él sería
en quien se informaría un ser divino. 1195
Al campo sarracino en tiernos años
daba con graves daños a sentillo,
que como fue caudillo del cristiano,
ejercitó la mano y el maduro
seso y aquel seguro y firme pecho. 1200
En otra parte, hecho ya más hombre,
con más illustre nombre, los arneses
de los fieros franceses abollaba.
Junto, tras esto, estaba figurado
con el arnés manchado de otra sangre, 1205
sosteniendo la hambre en el asedio,
siendo él solo el remedio del combate,
que con fiero rebate y con rüido
por el muro batido le ofrecían;
tantos al fin morían por su espada, 1210
a tantos la jornada puso espanto,
que no hay labor que tanto notifique
cuanto el fiero Fadrique de Toledo
puso terror y miedo al enemigo.
Tras aqueste que digo se veía 1215
el hijo don García, que en el mundo

sin par y sin segundo solo fuera
si hijo no tuviera. ¿Quién mirara
de su hermosa cara el rayo ardiente?
¿Quién su resplandeciente y clara vista, 1220
que no diera por lista su grandeza?
Estaban de crüeza fiera armadas
las tres inicuas hadas, cruda guerra
haciendo allí a la tierra con quitalle
este, que en alcanzalle fue dichosa. 1225
¡Oh patria lagrimosa, y cómo vuelves
los ojos a los Gelves, sospirando!
Él está ejercitando el duro oficio,
y con tal artefìcio la pintura
mostraba su figura que dijeras, 1230
si pintado lo vieras, que hablaba.
El arena quemaba, el sol ardía,
la gente se caía medio muerta;
él solo con despierta vigilancia
dañaba la tardanza floja, inerte, 1235
y alababa la muerte glorïosa.
Luego la polvorosa muchedumbre,
gritando a su costumbre, le cercaba;
mas el que se llegaba al fiero mozo
llevaba, con destrozo y con tormento, 1240
del loco atrevimiento el justo pago.
Unos en bruto lago de su sangre,
cortado ya el estambre de la vida,
la cabeza partida revolcaban;
otros claro mostraban, espirando, 1245
de fuera palpitando las entrañas,
por las fieras y estrañas cuchilladas
de aquella mano dadas. Mas el hado
acerbo, triste, airado fue venido;
y, al fin, él, confundido de alboroto, 1250
atravesado y roto de mil hierros,
pidiendo de sus yerros venia al cielo,

puso en el duro suelo la hermosa
cara, como la rosa matutina,
cuando ya el sol declina al mediodía, 1255
que pierde su alegría y marchitando
va la color mudando; o en el campo
cual queda el lirio blanco que el arado
crudamente cortado al pasar deja,
del cual aun no se aleja presuroso 1260
aquel color hermoso o se destierra,
mas ya la madre tierra descuidada
no le administra nada de su aliento,
que era el sustentamiento y vigor suyo,
tal está el rostro tuyo en el arena, 1265
fresca rosa, azucena blanca y pura.
Tras esta, una pintura estraña tira
los ojos de quien mira y los detiene
tanto que no conviene mirar cosa
estraña ni hermosa sino aquella. 1270
De vestidura bella allí vestidas
las gracias esculpidas se veían;
solamente traían un delgado
velo que el delicado cuerpo viste,
mas tal que no resiste a nuestra vista. 1275
Su diligencia en vista demostraban;
todas tres ayudaban en una hora
una muy gran señora que paría.
Un infante se vía ya nacido,
tal cual jamás salido de otro parto 1280
del primer siglo al cuarto vio la luna;
en la pequeña cuna se leía
un nombre que decía: «don Fernando».
Bajaban, de él hablando, de dos cumbres
aquellas nueve lumbres de la vida 1285
con ligera corrida, y con ellas,
cual luna con estrellas, el mancebo
intonso y rubio, Febo; y, en llegando,

por orden abrazando todas fueron
al niño, que tuvieron luengamente. 1290
Visto como presente, de otra parte
Mercurio estaba y Marte, cauto y fiero,
viendo el gran caballero que encogido
en el recién nacido cuerpo estaba.
Entonces lugar daba mesurado 1295
a Venus, que a su lado estaba puesta;
ella con mano presta y abundante
néctar sobre el infante desparcía,
mas Febo la desvía de aquel tierno
niño y daba el gobierno a sus hermanas; 1300
del cargo están ufanas todas nueve.
El tiempo el paso mueve; el niño crece
y en tierna edad florece y se levanta
como felice planta en buen terreno.
Ya sin precepto ajeno él daba tales 1305
de su ingenio señales que espantaban
a los que le crïaban; luego estaba
cómo una le entregaba a un gran maestro
que con ingenio diestro y vida honesta
hiciese manifiesta al mundo y clara 1310
aquel ánima rara que allí vía.
Al niño recebía con respeto
un viejo en cuyo aspeto se via junto
severidad a un punto con dulzura.
Quedó de esta figura como helado 1315
Severo y espantado, viendo el viejo
que, como si en espejo se mirara,
en cuerpo, edad y cara eran conformes.
En esto, el rostro a Tormes revolviendo,
vio que estaba rïendo de su espanto. 1320
«¿De qué te espantas tanto?», dijo el río.
«¿No basta el saber mío a que, primero
que naciese Severo, yo supiese
que habia de ser quien diese la doctrina

al ánima divina de este mozo?». 1325
Él, lleno de alborozo y de alegría,
sus ojos mantenía de pintura.
Miraba otra figura de un mancebo,
el cual venia con Febo mano a mano,
al modo cortesano; en su manera 1330
juzgáralo cualquiera, viendo el gesto
lleno de un sabio, honesto y dulce afeto,
por un hombre perfeto en la alta parte
de la difícil arte cortesana,
maestra de la humana y dulce vida. 1335
Luego fue conocida de Severo
la imagen por entero fácilmente
de este que allí presente era pintado;
vio que era el que habia dado a don Fernando,
su ánimo formando en luenga usanza, 1340
el trato, la crïanza y gentileza,
la dulzura y llaneza acomodada,
la virtud apartada y generosa,
y en fin cualquiera cosa que se vía
en la cortesanía de que lleno 1345
Fernando tuvo el seno y bastecido.
Después de conocido, leyó el nombre
Severo de aqueste hombre, que se llama
Boscán, de cuya llama clara y pura
sale el fuego que apura sus escritos, 1350
que en siglos infinitos ternán vida.
De algo más crecida edad miraba
al niño, que escuchaba sus consejos.
Luego los aparejos ya de Marte,
estotro puesto aparte, le traía; 1355
así les convenía a todos ellos
que no pudiera de ellos dar noticia
a otro la milicia en muchos años.
Obraba los engaños de la lucha;
la maña y fuerza mucha y ejercicio 1360

con el robusto oficio está mezclando.
Allí con rostro blando y amoroso
Venus aquel hermoso mozo mira,
y luego le retira por un rato
de aquel áspero trato y son de hierro; 1365
mostrábale ser yerro y ser mal hecho
armar contino el pecho de dureza,
no dando a la terneza alguna puerta.
Con él en una huerta entrada siendo,
una ninfa dormiendo le mostraba; 1370
el mozo la miraba y juntamente,
de súpito acidente acometido,
estaba embebecido, y a la diosa
que a la ninfa hermosa se allegase
mostraba que rogase, y parecía 1375
que la diosa temía de llegarse.
Él no podía hartarse de miralla,
de eternamente amalla proponiendo.
Luego venia corriendo Marte airado,
mostrándose alterado en la persona, 1380
y daba una corona a don Fernando.
Y estábale mostrando un caballero
que con semblante fiero amenazaba
al mozo que quitaba el nombre a todos.
Con atentados modos se movía 1385
contra el que le atendía en una puente;
mostraba claramente la pintura
que acaso noche escura entonces era.
De la batalla fiera era testigo
Marte, que al enemigo condenaba 1390
y al mozo coronaba en el fin de ella;
el cual, como la estrella relumbrante
que el sol envia delante, resplandece.
De allí su nombre crece, y se derrama
su valerosa fama a todas partes. 1395
Luego con nuevas artes se convierte

a hurtar a la muerte y a su abismo
gran parte de sí mismo y quedar vivo
cuando el vulgo cativo le llorare
y, muerto, le llamare con deseo. 1400
Estaba el Himeneo allí pintado,
el diestro pie calzado en lazos de oro;
de vírgines un coro está cantando,
partidas altercando y respondiendo,
y en un lecho poniendo una doncella 1405
que, quien atento aquella bien mirase
y bien la cotejase en su sentido
con la que el mozo vido allá en la huerta,
verá que la despierta y la dormida
por una es conocida de presente. 1410
Mostraba juntamente ser señora
digna y merecedora de tal hombre;
el almohada el nombre contenía,
el cual doña María Enríquez era.
Apenas tienen fuera a don Fernando, 1415
ardiendo y deseando estar ya echado;
al fin, era dejado con su esposa
dulce, pura, hermosa, sabia, honesta.
En un pie estaba puesta la fortuna,
nunca estable ni una, que llamaba 1420
a Fernando, que estaba en vida ociosa,
porque en dificultosa y ardua vía
quisiera ser su guía y ser primera;
mas él por compañera tomó aquella,
siguiendo a la que es bella descubierta 1425
y juzgada, cubierta, por disforme.
El nombre era conforme a aquesta fama:
virtud esta se llama, al mundo rara.
¿Quién tras ella guïara igual en curso
sino este, que el discurso de su lumbre 1430
forzaba la costumbre de sus años,
no recibiendo engaños sus deseos?

Los montes Pireneos, que se estima
de abajo que la cima está en el cielo
y desde arriba el suelo en el infierno, 1435
en medio del invierno atravesaba.
La nieve blanqueaba, y las corrientes
por debajo de puentes cristalinas
y por heladas minas van calladas;
el aire las cargadas ramas mueve, 1440
que el peso de la nieve las desgaja.
Por aquí se trabaja el duque osado,
del tiempo contrastado y de la vía,
con clara compañía de ir delante;
el trabajo constante y tan loable 1445
por la Francia mudable en fin le lleva.
La fama en él renueva la presteza,
la cual con ligereza iba volando
y con el gran Fernando se paraba
y le sinificaba en modo y gesto 1450
que el caminar muy presto convenía.
De todos escogía el duque uno,
y entramos de consuno cabalgaban;
los caballos mudaban fatigados,
mas a la fin llegados a los muros 1455
del gran París seguros, la dolencia
con su débil presencia y amarilla
bajaba de la silla al duque sano
y con pesada mano le tocaba.
Él luego comenzaba a demudarse 1460
y amarillo pararse y a dolerse.
Luego pudiera verse de travieso
venir por un espeso bosque ameno,
de buenas hierbas lleno y medicina,
Esculapio, y camina no parando 1465
hasta donde Fernando estaba en lecho.
Entró con pie derecho, y parecía
que le restituía en tanta fuerza

que a proseguir se esfuerza su vïaje,
que le llevó al pasaje del gran Reno. 1470
Tomábale en su seno el caudaloso
y claro rio, gozoso de tal gloria,
trayendo a la memoria cuando vino
el vencedor latino al mismo paso.
No se mostraba escaso de sus ondas; 1475
antes, con aguas hondas que engendraba,
los bajos igualaba, y al liviano
barco daba de mano, el cual, volando,
atrás iba dejando muros, torres.
Con tanta priesa corres, navecilla, 1480
que llegas do amancilla una doncella,
y once mil más con ella, y mancha el suelo
de sangre que en el cielo está esmaltada.
Úrsula, desposada y virgen pura,
mostraba su figura en una pieza 1485
pintada: tu cabeza allí se vía,
que los ojos volvía ya espirando;
y estábate mirando aquel tirano
que con acerba mano llevó a hecho,
de tierno en tierno pecho, tu compaña. 1490
Por la fiera Alemaña de aquí parte
el duque, a aquella parte enderezado
donde el cristiano estado estaba en dubio.
En fin al gran Danubio se encomienda;
por él suelta la rienda a su navío, 1495
que con poco desvío de la tierra
entre una y otra sierra el agua hiende.
El remo que deciende en fuerza suma
mueve la blanca espuma como argento;
el veloz movimiento parecía 1500
que pintado se vía ante los ojos.
Con amorosos ojos, adelante,
Carlo, César triunfante, le abrazaba
cuando desembarcaba en Ratisbona.

Allí por la corona del imperio 1505
estaba el magisterio de la tierra
convocado a la guerra que esperaban.
Todos ellos estaban enclavando
los ojos en Fernando; y, en el punto
que a sí le vieron junto, se prometen 1510
de cuanto allí acometen la vitoria.
Con falsa y vana gloria y arrogancia,
con bárbara jactancia allí se vía,
a los fines de Hungría, el campo puesto
de aquel que fue molesto en tanto grado 1515
al húngaro cuitado y afligido;
las armas y el vestido a su costumbre,
era la muchedumbre tan estraña
que apenas la campaña la abarcaba
ni a dar pasto bastaba, ni agua el río. 1520
César con celo pío y con valiente
ánimo aquella gente despreciaba;
la suya convocaba, y en un punto
vieras un campo junto de naciones
diversas y razones, mas de un celo. 1525
No ocupaban el suelo en tanto grado,
con número sobrado y infinito,
como el campo maldito, mas mostraban
virtud con que sobraban su contrario,
ánimo voluntario, industria y maña. 1530
Con generosa saña y viva fuerza
Fernando los esfuerza y los recoge
y, a sueldo suyo, coge muchos de ellos.
De un arte usaba entre ellos admirable:
con el diciplinable alemán fiero 1535
a su manera y fuero conversaba;
a todos se aplicaba de manera
que el flamenco dijera que nacido
en Flandes habia sido, y el osado
español y sobrado, imaginando 1540

ser suyo don Fernando y de su suelo,
demanda sin recelo la batalla.
Quien más cerca se halla del gran hombre
piensa que crece el nombre por su mano.
El cauto italïano nota y mira, 1545
los ojos nunca tira del guerrero,
y aquel valor primero de su gente
junto en este y presente considera.
En él ve la manera misma y maña
del que pasó en España sin tardanza, 1550
siendo solo esperanza de su tierra,
y acabó aquella guerra peligrosa
con mano poderosa y con estrago
de la fiera Cartago y de su muro,
y del terrible y duro su caudillo, 1555
cuyo agudo cuchillo a las gargantas
Italia tuvo tantas veces puesto.
Mostrábase tras esto allí esculpida
la envidia carcomida, a sí molesta,
contra Fernando puesta frente a frente; 1560
la desvalida gente convocaba
y contra aquel la armaba y con sus artes
busca por todas partes daño y mengua.
Él, con su mansa lengua y largas manos
los tumultos livianos asentando, 1565
poco a poco iba alzando tanto el vuelo
que la envidia en el cielo le miraba,
y como no bastaba a la conquista,
vencida ya su vista de tal lumbre,
forzaba su costumbre y parecía 1570
que perdón le pedía, en tierra echada;
él, después de pisada, descansado
quedaba y aliviado de este enojo
y lleno de despojo de esta fiera.
Hallaba en la ribera del gran río, 1575
de noche al puro frío del sereno,

a César, que en su seno está pensoso
del suceso dudoso de esta guerra;
que, aunque de sí destierra la tristeza
del caso, la grandeza trae consigo 1580
el pensamiento amigo del remedio.
Entramos buscan medio convenible
para que aquel terrible furor loco
les empeciese poco y recibiese
tal estrago que fuese destrozado. 1585
Después de haber hablado, ya cansados,
en la hierba acostados se dormían;
el gran Danubio oían ir sonando,
casi como aprobando aquel consejo.
En esto el claro viejo rio se vía 1590
que del agua salía muy callado,
de sauces coronado y un vestido,
de las ovas tejido, mal cubierto;
y en aquel sueño incierto les mostraba
todo cuanto tocaba al gran negocio, 1595
y parecia que el ocio sin provecho
les sacaba del pecho, porque luego,
como si en vivo fuego se quemara
alguna cosa cara, se levantan
del gran sueño y se espantan, alegrando 1600
el ánimo y alzando la esperanza.
El río, sin tardanza, parecía
que el agua disponía al gran viaje;
allanaba el pasaje y la corriente
para que fácilmente aquella armada, 1605
que habia de ser guïada por su mano,
en el remar liviano y dulce viese
cuánto el Danubio fuese favorable.
Con presteza admirable vieras junto
un ejército a punto denodado; 1610
y después de embarcado, el remo lento,
el duro movimiento de los brazos,

los pocos embarazos de las ondas
llevaban por las hondas aguas presta
el armada molesta al gran tirano. 1615
El artefìcio humano no hiciera
pintura que esprimiera vivamente
el armada, la gente, el curso, el agua;
y apenas en la fragua donde sudan
los cíclopes y mudan fatigados 1620
los brazos, ya cansados del martillo,
pudiera así exprimillo el gran maestro.
Quien viera el curso diestro por la clara
corriente bien jurara a aquellas horas
que las agudas proras dividían 1625
el agua y la hendían con sonido,
y el rastro iba seguido; luego vieras
al viento las banderas tremolando,
las ondas imitando en el moverse.
Pudiera también verse casi viva 1630
la otra gente esquiva y descreída,
que, de ensoberbecida y arrogante,
pensaban que delante no hallaran
hombres que se pararan a su furia.
Los nuestros, tal injuria no sufriendo, 1635
remos iban metiendo con tal gana
que iba de espuma cana el agua llena.
El temor enajena al otro bando
el sentido, volando de uno en uno;
entrábase importuno por la puerta 1640
de la opinión incierta, y siendo dentro
en el íntimo centro allá del pecho,
les dejaba deshecho un hielo frío,
el cual como un gran río en flujos gruesos
por medulas y huesos discurría. 1645
Todo el campo se vía conturbado,
y con arrebatado movimiento
solo del salvamiento platicaban.

Luego se levantaban con desorden;
confusos y sin orden caminando, 1650
atrás iban dejando, con recelo,
tendida por el suelo, su riqueza.
Las tiendas do pereza y do fornicio
con todo bruto vicio obrar solían,
sin ellas se partían; así armadas, 1655
eran desamparadas de sus dueños.
A grandes y pequeños juntamente
era el temor presente por testigo,
y el áspero enemigo a las espaldas,
que les iba las faldas ya mordiendo. 1660
César estar teniendo allí se vía
a Fernando, que ardía sin tardanza
por colorar su lanza en turca sangre.
Con animosa hambre y con denuedo
forcejea con quien quedo estar le manda, 1665
como el lebrel de Irlanda generoso
que el jabalí cerdoso y fiero mira;
rebátese, sospira, fuerza y riñe,
y apenas le costriñe el atadura
que el dueño con cordura más aprieta: 1670
así estaba perfeta y bien labrada
la imagen figurada de Fernando,
que quien allí mirando lo estuviera,
que era de esta manera lo juzgara.
Resplandeciente y clara, de su gloria 1675
pintada, la Vitoria se mostraba;
a César abrazada, y no parando
los brazos a Fernando echaba al cuello.
Él mostraba de aquello sentimiento,
por ser el vencimiento tan holgado. 1680
Estaba figurado un carro estraño
con el despojo y daño de la gente
bárbara, y juntamente allí pintados
cativos amarrados a las ruedas,

con hábitos y sedas varïadas; 1685
lanzas rotas, celadas y banderas,
armaduras ligeras de los brazos,
escudos en pedazos divididos
vieras allí cogidos en trofeo,
con que el común deseo y voluntades 1690
de tierras y ciudades se alegraba.
Tras esto blanqueaba falda y seno
con velas, al Tirreno, del armada
sublime y ensalzada y glorïosa.
Con la prora espumosa las galeras, 1695
como nadantes fieras, el mar cortan
hasta que en fin aportan con corona
de lauro a Barcelona, do cumplidos
los votos ofrecidos y deseos,
y los grandes trofeos ya repuestos, 1700
con movimientos prestos de allí luego,
en amoroso fuego todo ardiendo,
el duque iba corriendo y no paraba.
Cataluña pasaba, atrás la deja;
ya de Aragón se aleja, y en Castilla, 1705
sin bajar de la silla, los pies pone.
El corazón dispone al alegría
que vecina tenía, y reserena
su rostro y enajena de sus ojos
muerte, daños, enojos, sangre y guerra; 1710
con solo Amor se encierra sin respeto,
y el amoroso afeto y celo ardiente
figurado y presente está en la cara.
Y la consorte cara, presurosa,
de un tal placer dudosa, aunque lo vía, 1715
el cuello le ceñía en nudo estrecho,
de aquellos brazos hecho delicados;
de lágrimas preñados, relumbraban
los ojos que sobraban al sol claro.
Con su Fernando caro y señor pío 1720

la tierra, el campo, el río, el monte, el llano
alegres a una mano estaban todos,
mas con diversos modos lo decían:
los muros parecían de otra altura,
el campo, en hermosura de otras flores 1725
pintaba mil colores desconformes;
estaba el mismo Tormes figurado,
en torno rodeado de sus ninfas,
vertiendo claras linfas con instancia,
en mayor abundancia que solía; 1730
del monte se veía el verde seno
de ciervos todo lleno, corzos, gamos,
que de los tiernos ramos van rumiando;
el llano está mostrando su verdura,
tendiendo su llanura así espaciosa, 1735
que a la vista curiosa nada empece
ni deja en qué tropiece el ojo vago.
Bañados en un lago, no de olvido,
mas de un embebecido gozo, estaban
cuantos consideraban la presencia 1740
de este cuya ecelencia el mundo canta,
cuyo valor quebranta al turco fiero.
Aquesto vio Severo por sus ojos,
y no fueron antojos ni ficiones;
si oyeras sus razones, yo te digo 1745
que como a buen testigo le creyeras.
Contaba muy de veras que, mirando
atento y contemplando las pinturas,
hallaba en las figuras tal destreza
que con mayor viveza no pudieran 1750
estar si ser les dieran vivo y puro.
Lo que de ellas escuro allí hallaba
y el ojo no bastaba a recogello,
el rio le daba de ello gran noticia.
«Este de la milicia —dijo el río— 1755
la cumbre y señorío terná solo

del uno al otro polo; y porque espantes
a todos cuando cantes los famosos
hechos tan gloriosos, tan ilustres,
sabe que en cinco lustres de sus años 1760
hará tantos engaños a la muerte
que con ánimo fuerte habrá pasado
por cuanto aquí pintado de él has visto.
Ya todo lo has previsto; vamos fuera;
dejarte he en la ribera do estar sueles». 1765
«Quiero que me reveles tú primero
—le replicó Severo— qué es aquello
que de mirar en ello se me ofusca
la vista, así corrusca y resplandece,
y tan claro parece allí en la urna 1770
como en hora noturna la cometa».
«Amigo, no se meta —dijo el viejo—
ninguno, le aconsejo, en este suelo
en saber más que el cielo le otorgare;
y si no te mostrare lo que pides, 1775
tú mismo me lo impides, porque en tanto
que el mortal velo y manto el alma cubren,
mil cosas se te encubren, que no bastan
tus ojos que contrastan a mirallas.
No pude yo pintallas con menores 1780
luces y resplandores, porque sabe,
y aquesto en ti bien cabe, que esto todo
que en ecesivo modo resplandece,
tanto que no parece ni se muestra,
es lo que aquella diestra mano osada 1785
y virtud sublimada de Fernando
acabarán entrando más los días,
lo cual con lo que vías comparado
es como con nublado muy escuro
el sol ardiente, puro y relumbrante. 1790
Tu vista no es bastante a tanta lumbre
hasta que la costumbre de miralla

tu ver al contemplalla no confunda:
como en cárcel profunda el encerrado,
que súpito sacado le atormenta 1795
el sol que se presenta a sus tinieblas,
así tú, que las nieblas y hondura
metido en estrechura contemplabas,
que era cuando mirabas otra gente,
viendo tan diferente suerte de hombre, 1800
no es mucho que te asombre luz tamaña.
Pero vete, que baña el sol hermoso
su carro presuroso ya en las ondas,
y antes que me respondas será puesto».
Diciendo así, con gesto muy humano 1805
tomole por la mano. ¡Oh admirable
caso y cierto espantable! Que en saliendo
se fueron estriñendo de una parte
y de otra de tal arte aquellas ondas
que las aguas, que hondas ser solían, 1810
el suelo descubrían y dejaban
seca por do pasaban la carrera
hasta que en la ribera se hallaron;
y como se pararon en un alto,
el viejo de allí un salto dio con brío 1815
y levantó del río espuma al cielo
y comovió del suelo negra arena.
Severo, ya de ajena ciencia instruto,
fuese a coger el fruto sin tardanza
de futura esperanza, y, escribiendo, 1820
las cosas fue exprimiendo muy conformes
a las que había de Tormes aprendido;
y, aunque de mi sentido él bien juzgase
que no las alcanzase, no por eso
este largo proceso, sin pereza, 1825
dejó por su nobleza de mostrarme.
Yo no podia hartarme allí leyendo,
y tú de estarme oyendo estás cansado.

Salicio Espantado me tienes
con tan estraño cuento, 1830
y al son de tu hablar embebecido,
acá dentro me siento,
oyendo tantos bienes
y el valor de este príncipe escogido,
bullir con el sentido 1835
y arder con el deseo
por contemplar presente
aquel que, estando ausente,
por tu divina relación ya veo.
¡Quién viese la escritura, 1840
ya que no puede verse la pintura!

Por firme y verdadero,
después que te he escuchado,
tengo que ha de sanar Albanio cierto,
que, según me has contado, 1845
bastara tu Severo
a dar salud a un vivo y vida a un muerto;
que, a quien fue descubierto
un tamaño secreto,
razón es que se crea 1850
que cualquiera que sea
alcanzará con su saber perfeto
y a las enfermedades
aplicará contrarias calidades.

Nemor. Pues ¿en qué te resumes, di, Salicio, 1855
acerca de este enfermo compañero?
Salicio En que hagamos el debido oficio.
Luego que aquí partamos y, primero
que haga curso el mal y se envejezca,
así le presentemos a Severo. 1860
Nemor. Yo soy contento, y antes que amanezca
y que del sol el claro rayo ardiente

sobre las altas cumbres se parezca,
el compañero mísero y doliente
llevemos luego donde cierto entiendo 1865
que será guarecido fácilmente.

SALICIO Recoge tu ganado, que cayendo
ya de los altos montes las mayores
sombras con ligereza van corriendo;
mira en torno, y verás por los alcores 1870
salir el humo de las caserías
de aquestos comarcanos labradores.
Recoge tus ovejas y las mías,
y vete tú con ellas poco a poco
por aquel mismo valle que solías; 1875
yo solo me averné con nuestro loco,
que pues él hasta aquí no se ha movido,
la braveza y furor debe ser poco.

NEMOR. Si llegas antes, no te estés dormido;
apareja la cena, que sospecho 1880
que aún fuego Galafrón no habrá encendido.

SALICIO Yo lo haré, que al hato iré derecho,
si no me lleva a despeñar consigo
de algún barranco Albanio, a mi despecho.
Adiós, hermano.

NEMOR. Adiós, Salicio amigo. 1885

Égloga II. Aunque es probable que se terminara de escribir en Nápoles entre 1533 y 1534, parece que la redacción de esta égloga, que entremezcla elementos métricos y narrativos de gran heterogeneidad, comenzó años antes, «al calor de la amistad con el duque de Alba, en un poema que se pretendía épico y que solo la necesidad de adecuarlo a la égloga exigiría su reescritura en *rimalmezzo,* de marca claramente pastoril» (Fosalba, 2015: 7). En el plano formal se alternan los versos endecasílabos, heptasílabos y los tercetos encadenados con rima interior. En lo referente al contenido, se desarrollan diversas historias que se insertan en dos marcos narrativos preponderantes, vinculados con las dos posibles partes de la égloga. La primera parte (vv. 1-1037) desarrolla los amores desdichados de Albanio, posible trasunto de don Fernando de Toledo (Morros, 2008a), y la locura a que ello da lugar. La segunda parte (vv. 1038-1885) se centra en la casa de Alba y las hazañas de varios de sus miembros más eminentes, especialmente don Fernando Álvarez de Toledo, conformando un panegírico que sigue el modelo de Menandro el Rétor, aunque incorporando elementos propios de la tradición épica (Gargano, 2012a); dicho panegírico se presenta como descripción o *écfrasis* de un bajorrelieve mostrado por el dios fluvial Tormes, en la estela de los encomios visuales clásicos y renacentistas (Béhar, 2017c). La heterogenidad de los materiales y los metros empleados repercute sobre la propia configuración genérica del poema, caracterizado por una hibridación conseguida mediante la inserción de elementos propios de la tragedia, la comedia, la elegía o la épica, si bien lo más sobresaliente del conjunto reside en la yuxtaposición de «una pastoral dialogada y un relato panegírico» (Lapesa, 1985: 102). Aunque es difícil determinar una estructura absolutamente equilibrada y simétrica en la égloga, sí es posible asumir con Lapesa (1985: 102-107) la especularidad entre el primer relato de Albanio (vv. 77-337) y el segundo relato de Nemoroso (vv. 1154-1828), junto con la existente entre el segundo relato de Albanio (vv. 386-680) y el primer relato de Nemoroso (vv. 1032-1128); quedando en el centro del poema la conversación entre Camila y Albanio que da pie al comienzo de su locura (vv. 766-933). El principal modelo literario seguido en la escritura del poema es la *Arcadia* de Sannazaro (Gargano, 2007, 2009, 2011g, 2013a, 2016b, 2017a, 2018). Junto con ello, Garcilaso se sirve de Ovidio para elaborar el episodio narcisista de Albanio, acude a Ariosto para la figuración de las profecías fluviales, toma de Sannazaro la imagen de la urna con relieves proféticos, de Castiglione lo relacionado con la formación de don Fernando de Toledo y también podría haber algún eco del *Tirant lo Blanch* al inicio de la égloga (Morros, 1995: 141-142; Jiménez Heffernan, 2017: 417-419; Lorenzo, 2017; Morros, 2001).

6 *de que:* 'del cual'.

9 *cobré:* 'recuperé'.

16 Se hace sinéresis en *podrian* para evitar la hipermetría del verso. Ocurre lo mismo en: *seguia* (v. 178), *sabia* (v. 181), *via* (vv. 250 y 1313), *venia* (vv. 256, 294, 1329 y 1379), *seguiase* (v. 271), *parecia* (vv. 272 y 1596), *rompia* (v. 276), *hacia* (vv. 285 y 516), *tenia* (v. 456), *veria* (v. 471), *debria* (v. 597), *habian* (v. 522), *habia* (vv. 664, 1324, 1339, 1539 y 1606), *daria* (v. 898), *envia* (v. 1393) y *rio* (vv. 1472, 1590 y 1754).

17 La evocación de las características del *locus amoenus* se relaciona con los efectos saludables que este entorno ideal puede tener en un enfermo de amor.

19 *sobre el ser humano:* 'divina'.

29 *darme yo a entender:* 'darme cuenta'.

31 *miembros fatigados:* 'cuerpo cansado'.

34 *velando:* 'en vela', 'despierto'.

36 *presto desparece:* 'desaparece rápidamente'.

38 La imprecación al *cuán bienaventurado* abre un pasaje (vv. 38-76) en el que se recrea el tópico del *beatus ille* horaciano.

42 *empacharse:* 'ponerse trabas'.

43 *embaraza:* 'estorba'.

52 *robre:* 'roble'.

56 *selva:* 'bosque'.

57 *cendrada:* 'purificada'.

62 *en su seso:* 'cuerdo'.

68 *no aprendido:* 'no artificial', 'natural'.

73 *gustando:* 'probando'.

77 El descubrimiento del pastor dormido tiene antecedentes en *Arcadia,* II, 10-18 de Sannazaro.

80-82 'la naturaleza hace crecer el bien y disminuir las preocupaciones *(congojas),* debido a que por lo general no crea obras imperfectas *(cojas)'.*

86 Para evitar la hipometría se debe pronunciar aspirada la *h-* inicial de *hallase.* Ocurre lo mismo en: *herida* (v. 151), *hermosura* (vv. 172, 779 y 1052), *hacia* (v. 285), *hagas* (v. 359), *hizo* (vv. 396 y 942), *hondura* (vv. 445 y 1797), *hacelle* (v. 462), *hermosa* (vv. 472, 897, 1219, 1253, 1270, 1374 y 1418), *hice* (vv. 490-545), *hallaron* (vv. 509 y 1813), *hermosas* (v. 617), *hallé* (vv. 660 y 1099), *halla* (vv. 661 y 1056), *herviente* (v. 732), *hallo* (vv. 761 y 926), *huyó* (v. 765), *hecha* (v. 783), *hacer* (vv. 794 y 974), *Hortiga* (v. 854), *hiciste* (v. 868), *hurtado* (v. 892), *hallaré* (v. 907), *hallado* (v. 925), *halagando* (v. 944), *hartas* (v. 966), *haré* (vv. 991 y 1882), *hago* (v. 1007), *harta* (v. 1061), *hazañas* (v. 1178), *hambre* (vv. 1206 y 1664), *hijo* (v. 1218), *hablaba* (v. 1231), *huerta* (v. 1369), *hurtar* (v. 1397), *hecho* (v. 1489), *hiciera* (v. 1616), *hendían* (v. 1626), *hallaran* (v. 1633), *hallaba* (v. 1752), *hondas* (v. 1810), *hablar* (v. 1831), *hagamos* (v. 1857), *haga* (v. 1859); así como en la *h-* intervocálica de *rehuyó* (vv. 480) y *aherrojado* (v. 1128).

86-88 'ya que *(que),* como si por primera vez *(de nuevo)* el corazón humano alcanzase *(hallase)* ese estado gozoso de somnolencia, el sueño reponedor *(intervalo)* hace que la nueva sensación de gozo *(el nuevo gusto)* nunca termine *(nunca al fin se pase)'.*

90-91 El *licor piadoso* que *baña el sueño* es el agua del Leteo, que hace olvidar.

97 *del número:* 'del grupo'.

100 *garzón:* 'joven'.

104 *ufana:* 'satisfecha'.

106 *insana:* 'loca'.

107 *salto:* 'caída'.

111 *duelo:* 'llanto'.

113-114 Desde Aristóteles *(De insomniis,* 459-461) se consideraba natural que aparecieran en sueños las imágenes percibidas estando despierto, lo que provoca la confusión que sufre aquí Albanio.

117 Se creía que los espíritus introducían falsos sueños a través de una puerta de marfil *(ebúrnea)*.

124 *sentillo:* 'sobrellevarlo'.

129 El pastor *Galafrón* no tiene ninguna incidencia en el desarrollo de la égloga y únicamente se le vuelve a mencionar al final del poema (v. 1881), cuando Salicio y Nemoroso se despiden.

131 *acidente:* 'enfermedad', 'daño de amor'.

135 *aparejando:* 'preparando'.

144 *sufre:* 'admite'.

147 *ayunta:* 'une'.

149 *barrunta:* 'sospecha'.

151 *aguda punta:* 'saeta', 'flecha'.

161 *rigere:* 'rigiere', 'dirigiere'.

168 Con *aquella parte* se alude al lugar donde cazaba Camila.

173-174 Camila se consagró a *Diana,* diosa de la caza y de la castidad.

178 *estudio:* 'afán'.

179-180 'por el parentesco *(deudo)* y la ocupación *(ejercicio)* llegué a concordar y convenir *(conformarme vine)* con ella con tanta familiaridad *(domestiqueza)*'.

182 *estrecheza:* 'unión'.

187 *nuestra caza fatigada:* 'recorrida por nuestro ejercicio de caza'.

188 *mano larga y abundosa:* 'generosidad abundante'.

193 *razonando:* 'hablando'.

208 *conversación menos vecino:* 'menos cercano al trato humano'.

209 La extrema calidad de la red estriba en que imita de modo *muy perfecto* el *verde* del bosque.

210 *atajábamos:* 'explorábamos'.

211 *sin rumor:* 'en silencio'. *muy quïeto:* 'lento', 'sigiloso'.

229 *míseros y aflitos:* 'sin fuerzas y afligidos'.

235 *Filomena:* 'ruiseñor'; como en égloga I, 231.

241 *banda:* 'bandada'.

245 *de aquel cuento:* 'de aquella bandada'.

248 *liga:* 'pegamento'.

253 'cumpliendo con su cometido'.

257 *forcejando una gran pieza:* 'forcejeando un buen rato'.

259 *bien se empieza:* 'un bien se origina'.

260-262 *el siniestro... maestro:* 'el canto de la corneja cuando vuela por la izquierda *(siniestro canto),* símbolo de mal *agüero,* no le sirvió a ella misma como aviso *(no le fue maestro)* para escapar a los efectos del augurio adverso'.

263 *muy ligero:* 'muy fácil que ocurra'.

277 *superno:* 'alto'.

288 *se engarrafaba:* 'se agarraba'.

289 'no se podía zafar de ella sin permiso'.

293 *despartirse:* 'terminarse'.
296-298 Se pensaba que las bandadas de *grullas* dormían mientras una de ellas vigilaba sosteniendo una piedra con una pata levantada, la cual dejaría caer para advertir a las demás en caso de peligro.
299-301 Se refiere a los gansos *(ánsar)* del Capitolio de Roma, que advirtieron con sus graznidos de la llegada de los enemigos galos durante la noche.
302-304 Cygno fue transformado en cisne para huir del fuego que había provocado su primo *Faetón,* cuya muerte *cantaba y lloraba* con amargura.
305-306 La *perdiz* construye sus nidos en el suelo porque teme a las alturas *(techo),* debido a que, según el relato mítico, el origen del pájaro está en Pérdix, quien fue arrojado desde un tejado por su tío Dédalo, envidioso porque este había inventado la sierra.
312 *partecilla:* 'detalle'.
319 'tal que no me conozco de lo cambiado que estoy'.
320-322 En este punto se produce un cambio radical en Albanio, quien abandona el goce contemplativo *(placer de miralla)* por un irrefrenable deseo de sensualidad *(fiero desear),* lo que resultará *imposible* de satisfacer debido al voto de castidad que Camila había hecho a la diosa Diana.
330-331 La contraposición de dos estados vitales del pasado *(aquella vida)* y del presente *(de esta)* se plantea de modo muy similar a lo expuesto en soneto XVII, 12-14.
346 *cuento:* 'relato'.
351 *deshecha:* 'cura'.
353 *adolesca:* 'la padezca'.
354 *se condolesca:* 'se compadezca'.
355 Se evoca el refrán «No hay mejor cirujano que el bien acuchillado», con el que se encarece la importancia de la propia experiencia para el mejor conocimiento de un asunto (el amoroso, en este caso).
357 *no estoy inocente:* 'no soy desconocedor', 'no soy ignorante'.
359 *no es bien:* 'no está bien'. *te hagas:* 'te finjas'.
361 *avisase:* 'aconsejase'.
363 Alude al refrán «No es malo tener quien se duela al pie del palo», aplicado a quienes iban a ser ahorcados, los cuales no recibirían, dada su situación, mayor mal por tener alguna compañía.
365 *forceje:* 'luche'. *contraste:* 'afronte'.
367-369 El silencio impuesto por Amor a Albanio procede de Ausiàs March, XLIX, I, 7-8 y III, 24 (Lapesa, 1985: 66).
377 *a que entretanto:* 'para que entretanto'.
395 *manificas palabras:* 'palabras altisonantes'.
399 *espedida lengua y rigurosa:* 'lengua suelta y precisa'.
403 *aceda:* 'áspera'.
408 *cuento:* 'narración', 'historia'.
414-415 'yo seré más un amigo complaciente *(dulce)* que cuerdo *(sano)* y dejaré que des rienda suelta *(daré buen lugar)* a tu tristeza *(tristura)*'.

427 Se asumía desde antiguo que el enfermo de amor delataba su mal a través de dos síntomas inequívocos: el *rostro* desencajado y la palidez del *color* de su piel.

428-430 'pero no acabó de hablar *(con cuanto me dijiese)* cuando obtuvo de mí *(hubiese)* como respuesta a su pregunta un suspiro con lágrimas'.

435 *aflojamos:* 'destensamos'.

436 *trabajados:* 'muy usados'.

438 *Céfiro:* 'dios del viento del oeste'.

441 *pintura:* 'colores'.

448 *se bullía:* 'se agitaba'.

452 *resfrïado:* 'refrescado'.

466 *presto:* 'aparejado'.

492 *una gran pieza:* 'un gran rato'.

499 'casi me alteraron los sentidos'.

500 *hice mudanza:* 'me fui'.

502 *estanza:* 'habitación'.

506 *desmamparadas:* 'desamparadas'.

516 *hacia espantados:* 'espantaba a'.

523 'los primeros síntomas de mi enfermedad'.

535 Se refiere a la *tela* de la *vida* hilada por las Parcas, como en égloga I, 260.

550 *furor:* 'locura'.

554-559 Se pensaba que el *cisne* cantaba antes de morir *(ansia postrimera).*

563 Desde la latinidad clásica se esgrime la proverbial ferocidad de esta bestia proveniente de Hircania, país de la Asia antigua. Virgilio la utilizó para sus reproches en *Eneida,* IV, 367, igual que luego harían Petrarca y también los poetas de cancionero (Manero 1990: 261-267). En España se generaliza su utilización para comparar a la mujer esquiva con este animal a partir de este verso garcilasiano.

569 *porné:* 'pondré'.

571 *húmidos:* 'húmedos'.

576 *vernás:* 'vendrás'.

580 *ñudos:* 'nudos'. *desligarte:* 'desatarte'.

584 *breña:* 'terreno desigual lleno de maleza que se encuentra entre las peñas'.

585 Albanio *despojaba* de bellotas a la encina vareando el árbol para que los frutos cayesen.

587 *derrocaba:* 'tiraba al suelo'.

588 *al subir dificultoso:* 'al que era difícil subir'.

598 La ninfa *Eco* se compadece del dolor de Albanio debido a que ella misma fue despreciada por Narciso, de quien estaba profundamente enamorada.

599 *conhortarme:* 'confortarme'.

602 *de consuno:* 'de común acuerdo'.

607 *tierra poca:* 'la tumba'

608 *náyades:* 'ninfas de agua dulce'.

609 *napeas:* 'ninfas de los bosques, montañas y valles'.

611 *blancas deas:* 'diosas blancas'.

614 *toco:* 'conmuevo'.

615 *las divinas orejas:* 'los divinos oídos'.

617-619 Las *oreadas* son ninfas de los bosques y los montes que forman parte del séquito de Diana cazadora.

620 *las alimañas:* 'los animales'; del latín «animalia».

623 *dríadas:* 'ninfas de los bosques vinculadas a los árboles, cuyas vidas duraban lo mismo que las de los árboles a los que estaban unidas'.

627 *cubijadas:* 'cubiertas'.

628 *parad mientes:* 'prestad atención'.

636 La *zampoña* es un instrumento rústico, a modo de flauta, o compuesto de muchas flautas, típico de la literatura pastoril.

646 *viso enjuto:* 'cara seca (sin lágrimas)'.

648-649 Recuerda Morros (1995: 173) que a los toros y a otros animales ofrecidos a los dioses para su sacrificio se los coronaba con laurel. Jiménez Heffernan (2017: 435) sugiere una lectura en clave metaliteraria partiendo del valor simbólico del *lauro* en tanto que trasunto de la escritura poética, en consonancia con lo expuesto en soneto XIII, canción IV, 64 o égloga I, 35-37. De acuerdo con ello, «la situación de Dafne y Apolo es similar a la de Camila y Albanio», de modo que Albanio sería trasunto de un poeta, no solo por su *agradable son* (v. 646), sino también por su capacidad para *entretejer ramos de lauro,* lo que podría equivaler a «tejer textos poéticos».

660 *desde a gran rato:* 'desde entonces y durante gran rato'.

662 *sano discurso:* 'razón cabal'.

663 *el presupuesto:* 'la idea'.

668 *largo:* 'liberal', 'magnánimo'.

670 *grave cargo:* 'duro peso' (de la vida).

672-673 'que pues no se me permite buscar a la muerte, que no deje ella de buscarme a mí'.

681-682 'trataría solamente de un asunto que ahora quiero juzgar'.

694 *el artificio:* 'la habilidad'.

695 'del médico', 'del cirujano'.

709 'el tratamiento del cirujano y su aspereza'.

711 *postema:* 'inflamación supurante de la herida'.

713-714 'ablande la furia del corazón obstinado'.

716-719 Era habitual en la poesía amorosa regalar un *nido* a la amada; en este caso, además, se busca el de un *ruiseñor,* ave cantora por antonomasia muy vinculada al oficio poético.

721-722 'por aquí ha pasado *(vino)* el corzo que ha corrido más que el viento *(ha traído atrás el viento)* pese a estar herido'. El *corzo* que busca

Camila puede entenderse como un animal real, pero también, en una interpretación simbólica, podría referirse a Albanio, de acuerdo con el tópico del *ciervo herido de amor.*

723 *corrida:* 'carrera'.

725 *soterrada:* 'clavada'.

726 *enherbolada:* 'envenenada'.

727 *plumas blanqueando:* 'blancas plumas'.

729 En este verso son válidas las lecciones *pasó* o *paso.* En función de si se entiende que el sujeto del verbo es *el corzo* del verso 721 o el personaje que habla, se puede interpretar: 'el corzo no pasó' o 'yo no paso'. Desde el punto de vista semántico hace mejor sentido la lección *pasó* (Navarro Tomás, 1970) por la que optamos, aunque razones rítmicas aconsejarían *paso* (Rivers, 2001: 348; Morros, 1995: 177), para evitar acentos en sílabas impares.

735 *almo:* 'vivificador'.

742 *desamparo:* 'desatiendo'.

757 'yo misma dictaría sentencia en mi contra'.

758 'él actuó según su voluntad y sin respeto a la castidad debida'.

761 *recrearme:* 'deleitarme'.

764 *me espanto:* 'me asombro'.

772 *desbañe:* 'se aflija'.

776 *fantasma:* 'imagen'.

783 *la estampa:* 'el molde'.

785 La *maestra* es la naturaleza, de acuerdo con el tópico de la amada como obra maestra de la creación natural.

789 *me adiestra:* 'me guía', 'me dirige'.

796 *Cabe ella:* 'Junto a ella'.

798 *poderosa:* 'capaz'.

800-801 Se formula la paradoja de que aquello que causa el daño *bastaría* para curarlo.

820 *sola una hora:* 'un momento'.

823 *el oficio:* 'la costumbre'.

825 *vicio:* 'engaño', 'error'.

828 *mal proceso:* 'mal proceder'.

831 *aparejado:* 'preparado'.

836 Camila dice estar desentrenada *(mal ejercitada)* por haber desatendido el ejercicio de la caza, aunque no queda claro si es porque no corre por los bosques como antaño o porque está intentando engañar a Albanio.

838 *sosegada:* 'quieta'.

850 *prendedero:* 'broche con que se agarraban las sayas o las faldas para recogerlas al andar con rapidez'.

854 *al val:* 'en el valle'.

855 *Doquier que se perdió:* 'Donquiera que se perdiese'.

870 *nojoso:* 'enojoso'.

878 *resistirme:* 'impedirme'.

884 *cierto:* 'ciertamente'.

898-899 '¡Vaya cabeza! No daría por ella ni un céntimo'.

904 *manso:* 'tratable'.

905 *conversable:* 'sociable'.

906 *gran reposo:* 'gran descanso tanto del cuerpo como del alma'.

910 La apelación a la *clara fuente,* en la que terminará mirándose un ya enloquecido Albanio (Béramis, 2015), da inicio a la reelaboración del episodio ovidiano de Narciso *(Metamorfosis,* III, 433-503), que se prolonga hasta el verso 1031.

911 *Febo:* 'sol'.

912 *escaliente:* 'caliente'.

914 La corona de laurel *(laurel coronado)* podría ser indicio tanto de la condición noble y militar de Albanio como también de sus dotes poéticas (véase vv. 648-649).

917 *Válasme:* 'Válgame'.

921 *crudo:* 'cruel'.

922 La expresión proverbial *Callar que callarás* se dirige «a quien se hace el sordo y no responde» (Morros, 1995: 184).

928-930 La obsesión de Albanio por morir le lleva a ver la separación de su cuerpo y su alma (*le representa aqueste apartamiento),* lo que es coherente con los conocimientos médicos de la época, pues las visiones espantosas y las apariciones de muertos eran síntomas habituales del mal de melancolía que sufre el pastor.

931-933 Las *especies* son, en la filosofía escolástica y tomista, las imágenes que el alma elabora de un objeto mientras se está despierto, pero continúan vigentes durante el sueño y, por ende, no dejan de producir dolor.

937 *forzado:* 'atado a la fuerza'.

939 *moviere:* 'conmoviere'.

942-945 Alude al mito de Eurídice *(la consorte ausente)* y de Orfeo *(el amante),* quien bajó hasta el infierno en busca de su amada y allí hubo de conmover con su canto *(cantando estuvo halagando)* a las Furias o Euménides *(las hermanas negras),* las cuales tenían *culebras* en lugar de cabellos.

948-950 'el entendimiento *(ingenio)* habitual de Albanio discurre algo *(corre un poco)* debido al mismo impulso de la locura que tiene *(con la fuga que lleva),* a pesar de que carece de la fuerza del raciocinio *(genio que lo mueva)*'.

952 *dar al travieso su sentido:* 'dar al traste con la razón'.

954-955 Las construcciones *le alabes* y *velle muerto* hacen de Nemoroso un hablante leísta.

956-957 'estaba contemplando el castigo *(tormento)* que supone pensar *(lo que pienso)* en esta separación *(de este apartamiento)*'.

959 *de fosado rodeadas:* 'rodeadas de un foso'.

963 *entramos:* 'entrambos', 'ambos'.

967 *meneo:* 'movimiento'.

968-969 El deseo de juntarse *con esta media parte* alude a la idea platónica de los humanos creados como «esferas completas» y, en castigo de una rebelión, divididos por los dioses en «dos partes»; desde entonces, cada persona va buscando «su otra mitad» *(Banquete,* 575a-577b). La contracción *Daca* equivale a 'da acá', 'dame acá'.

975 *don travieso:* 'inquieto'; usado el *don* con un sentido peyorativo. Albanio se describe *remojado* porque ha introducido los brazos en el agua para abrazar a su propia imagen, igual que Narciso.

983 *furor nuevo:* 'locura renovada', 'nuevo desvarío'.

992 *¡Está quedo!:* '¡Estate quieto!'.

995-996 'si lograse *(acabase)* desprenderle *(desenclavijalle)* la mano para que escapase mi garganta'.

997-998 'tú solo puedes hacer lo que corresponde a tu linaje *(lo que debes a quien eres)';* empleando con sentido jocoso la expresión *es quien es,* que utilizaban los nobles para vanagloriarse de su estirpe.

1001 *donoso:* 'bromista'. *luego vengo:* 'voy rápido'.

1004 *paso:* 'quieto'.

1008-1009 *vete...contiendas:* 'sigue tu camino y no te entrometas en estos asuntos'.

1010 *Afierra:* 'Sujeta'.

1011 *don perdido:* 'don loco' (véase v. 975).

1015 *¿dejaresme?:* '¿me dejaréis?'.

1016 *mataresme:* 'me mataréis'.

1017-1019 Con su observación sobre la altura de la *sierra* persiste Albanio en el propósito de suicidarse arrojándose al vacío; aunque Nemoroso interpreta que tales palabras responden a los desvaríos de un colérico y considera que pronto olvidará sus desatinados planes.

1020 *se aveza:* 'se acostumbra'.

1021 Se creía que los castigos físicos *(azotado y preso)* podían sanar a quienes manifestaban síntomas de locura derivados de la enfermedad de amor (Morros, 1995: 496-497).

1022 *Negra:* 'Infeliz'.

1024 *de primero:* 'al principio'.

1028 Rivers (2001: 366) considera que el sueño de Albanio después de su arrebato de furia está evocado por el del Hércules de Séneca *(Hercules furens,* 1050). *cierto:* 'de verdad'.

1029 La comparación que establece Albanio entre sí mismo durmiendo y un *muerto* evoca el tópico del *somnus mortis imago* (véase soneto XVII, 9-10).

1040 *la parte y el testigo:* 'el protagonista y el testigo'.

1050 *sobrepuesta:* 'superpuesta'.

1053-1055 'no estimadas tanto por su dimensión arquitectónica *(fábrica),* aunque sea esta muy original *(estraña labor),* cuanto ensalzadas por los nobles (de la casa de Alba) que allí residen *(señores ensalzadas)*'.

1057 *haber:* 'patrimonio', 'riqueza'.

1062-1064 El nacimiento de este *hombre de ingenio tanto* (Severo) se ubica en la Placencia italiana *(campo placentino),* escenario de la sangrienta batalla de Trebia *(antiguo tiempo sanguino),* librada entre Aníbal y Escipión durante la segunda guerra púnica

1065 *este:* 'este tiempo', 'la actualidad'. *propia:* 'la propia destrucción'.

1067 *le rüina:* 'le arruina'.

1070 *atierra:* 'echa a tierra'.

1072-1073 Aunque la tipología del personaje *Severo* cuenta con antecedentes y modelos literarios claramente reconocibles, como el sacerdote Enareto de Sannazaro *(Arcadia)* o la maga Melisa de Ariosto *(Orlando furioso),* se ha visto en él a la figura histórica de Severo Varini, preceptor de don Fernando y don Bernaldino de *Alba* (Rivers, 2001: 368; Morros, 1995: 142).

1074 La lista de poderes mágicos de Severo es extensa y cuenta con variados antecedentes literarios, aunque todo indica que Garcilaso adoptó el modelo de la ovidiana alcahueta Dipsas de *Amores,* I, VIII, 5-15 (Morros, 1995: 191).

1076 *diz que:* 'se dice que'.

1077 *caudales:* 'caudalosos'.

1092 'en un momento aparta la tristeza'.

1093 *insano:* 'loco'.

1098 *Acuérdaseme bien:* 'Recuerdo bien'.

1101 *vido:* 'vio'.

1104 *espedida:* 'libre'.

1105 *numeroso:* 'con cadencia y medida', 'armonioso'.

1114 *enriscados:* 'peñascosos', 'montañosos'.

1115 *inclina:* 'conduce'.

1119 *quedo:* 'quieto'.

1128 *aherrojado:* 'encadenado'.

1129 *frutüoso:* 'fructífero', 'útil y provechoso'.

1130 *vuelve:* 'devuelve'.

1132 *encontinente:* 'al instante'.

1134 *reputaste:* 'estimaste'.

1145 *embarace:* 'obstaculice'.

1146 *espira:* 'sopla'.

1147 *Filomena:* 'ruiseñor' (véase égloga I, 231 y égloga II, 235).

1148 *se amancilla:* 'se entristece'.

1155 *estrañas y espantosas:* 'extraordinarias y asombrosas'.

1160 La *zampoña* pastoril (véase v. 636) no está a la altura del tono elevado que exigiría el panegírico que está a punto de comenzar; es por eso que, como delata el propio Nemoroso en un análisis rápido de su propio discurso, *no suena como quiero.*

1170 'lo adentró *(le metió)* en el escondrijo de su *fuente* manantial'.

1172-1173 El motivo de la revelación profética mediante la urna de cristal que se encuentra en el brazo de un río *(donde él reclina el diestro lado)* cuenta con antecedentes literarios que van desde Virgilio *(Geórgicas,* IV, 359-370) y Horacio *(Odas,* I, 15) hasta el *De partu Virginis,* 298-300 o la *Arcadia* XII, 13-17 de Sannazaro (Mele, 1930: 255; Jiménez Heffernan, 2017: 444).

1178-1180 El ducado de la familia está muy vinculado con la localidad salmantina de Alba de Tormes, por donde discurre el *río* homónimo (véase elegía I, 142-144).

1181-1187 El duque de Alba don García de Toledo es *aquel valiente* que se rebeló contra el *potente rey* Juan II por haber encarcelado a su padre.

1188 *gran labor:* 'excelente orfebrería'. *al punto:* 'enseguida'.

1189 El *hijo* del anterior es don *Fadrique de Toledo* (v. 1213), segundo duque de Alba.

1190 Se enuncia el ideal renacentista del hombre de armas y letras, mediante los atributos propios del dios de la guerra *(Marte)* y de la poesía *(Febo).*

1193 *claro daban:* 'claramente ofrecían'.

1195 *se informaría:* 'se formaría'.

1196-1200 Remite a las guerras libradas contra los musulmanes *(sarracinos)* de Granada, en las que don Fadrique de Toledo participó como general de los ejércitos cristianos.

1200-1203 Las tropas lideradas por don Fadrique vencieron *(los arneses abollaba)* a los *fieros franceses* en Navarra.

1215-1218 *don García, hijo* de Fadrique, murió antes que este y no llegó a ostentar el ducado de Alba, el cual pasó directamente a su *hijo don Fernando* (v. 1283).

1221 *lista:* 'dispuesta'.

1223 *tres inicuas hadas:* 'las Parcas' (véase égloga I, 260 y égloga II, 535).

1226 En el conocido como *desastre de los Gelves,* del año 1510, falleció don García de Toledo, junto a otros importantes nobles y 11 000 soldados, lo que causó gran estupor en la corte de España.

1232-1233 La dureza del clima en general, y las altas temperaturas de la isla norteafricana en particular, diezmaron a las tropas españolas.

1235 *dañaba:* 'condenaba'. *tardanza:* 'pereza'.

1237-1238 Don Fernando y sus tropas fueron cercados y eliminados por las tropas defensoras de Gelves.

1249 *acerbo:* 'cruel'.

1252 'pidiendo perdón *(venia)* al cielo por sus pecados *(yerros)'.*

1265-1266 El modo en que se pinta el rostro yaciente y muerto de don Fernando es similar a la descripción de don Bernaldino en elegía I, 121-123.

1267 *tira:* 'atrae'.

1272 Las tres *gracias* asisten al parto de doña Beatriz Pimentel, que se expone a continuación.

1278 La *gran señora* es la hija del conde de Benavente, doña Beatriz Pimentel, esposa de *don García* (vv. 1215-1266) y madre de *don Fernando* (v. 1283).

1280-1281 Puede entenderse como el tiempo transcurrido desde el Génesis *(primer siglo)* hasta el nacimiento de Cristo *(al cuarto),* de acuerdo con la cronología de la creación del mundo que se aceptaba en la época; pero también podría interpretarse como el lapso temporal que media entre la mítica edad de oro y la de hierro.

1283 *don Fernando* Álvarez de Toledo, hijo de don García y de doña Beatriz Pimentel, nació en Piedrahíta en 1507.

1284-1285 Las *nueve* musas *(lumbres)* descienden de las *dos cumbres* del monte Parnaso para ensalzar poéticamente la figura del noble.

1288 *Febo,* dios de la poesía, es caracterizado habitualmente como un joven *rubio* de larga cabellera *(intonso).*

1291-1301 La presencia de divinidades como *Mercurio* (mensajero de los dioses), *Marte* (dios de la guerra), *Venus* (diosa del amor) o *Febo* (dios de la poesía) en el nacimiento de un ilustre linaje proceden de Ariosto (*Orlando furioso,* XLVI, LXXXV, 5-8) y de la elegía al cardenal Farnesio escrita por Flaminio, como señaló El Brocense (*Comentaristas,* 1972, pág. 295).

1318 *conformes:* 'iguales'.

1320 *espanto:* 'asombro'.

1324-1325 Posible referencia al desempeño de fray *Severo* Varini como preceptor *(quien diese la doctrina)* de don Fernando Álvarez de Toledo (véanse vv. 1072-1073).

1327 'alimentaba *(mantenía)* sus ojos con las imágenes *(de pintura)*'.

1329 *mano a mano:* 'junto', 'acompañado'.

1328-1335 El *mancebo* que viene acompañado de Febo *(mano a mano)* es Boscán (v. 1349), a quien se ensalza por su conocimiento del *arte cortesana,* en referencia a su traducción de *El cortesano* de Castiglione.

1339-1346 Boscán fue el ayo de don Fernando, a quien enseñó la *virtud* ignorada y secreta *(apartada)* de la cortesanía, la cual insufló en su corazón para que estuviera de por vida lleno y bien provisto *(bastecido)* de este don.

1350 *apura:* 'purifica'.

1351 *ternán:* 'tendrán'.

1354 *aparejos:* 'armas'.

1352-1358 'Severo miraba en edad más crecida al niño, quien escuchaba sus consejos. Al instante le traía las armas *(aparejos)* de Marte, dejando aparte todo lo anterior *(estotro puesto aparte);* y de tal modo se adaptaba el niño *(convenía)* a estos objetos de la guerra *(a todos ellos)* que en el ejército no hubo noticia en muchos años de otro discípulo tan bueno como él *(no pudiera de ellos dar noticia a otro la milicia en muchos años)*'.

1361 *el robusto oficio:* 'la caza'.

1372 *súpito:* 'súbito'.

1380 *persona:* 'figura'.

1382-1384 A pesar de su juventud *(mozo),* sus más elevadas virtudes le permitían desdecir la cualidad de *caballeros (quitaba el nombre a todos)* al resto de militares.

1385 *atentados:* 'prudentes'.

1387-1395 El duelo librado por el joven don Fernando contra este caballero anónimo tuvo lugar, según El Brocense *(Comentaristas,* 1972, pág. 296), en 1525 en el puente burgalés de San Pablo y se debió a una disputa por el común servicio a una dama; aunque el texto garcilasiano da por vencedor al duque, El Brocense únicamente indica sobre el desenlace del duelo que ambos contendientes terminaron por fraguar una estrecha amistad.

1401 Con la presencia de *Himeneo,* dios de las bodas, se presenta el matrimonio entre don Fernando y su prima *María Enríquez* (v. 1414) de acuerdo con los patrones tópicos de la escritura epitalámica.

1404 Divididas *(partidas)* en dos, las *vírgines* del coro cantan alternándose sus intervenciones, disputando *(altercando)* y respondiendo las unas a las otras.

1414 *María Enríquez* de Toledo y Guzmán o *María Enríquez* Álvarez de Toledo (1510-1587), hija de Diego Enríquez de Guzmán, III conde de Alba de Liste, y de Aldonza Leonor Álvarez de Toledo y Zúñiga, hija legítima del II duque de Alba de Tormes, contrajo matrimonio con su primo don Fernando el 27 de abril de 1529.

1416 El verso, de un erotismo muy tenue (Díez Fernández, 2012: 344), desagradó mucho a Herrera: «Esto no sé cómo lo dijo Garcilaso, que muy ajeno es de su modestia y pureza, porque deslustró mucho la limpieza y honestidad de toda esta descripción» *(Anotaciones,* 2001, pág. 889).

1419-1420 Con la referencia a la *fortuna,* 'variable' porque no es ni *estable* 'ni una única' *(ni una),* se da comienzo a la parte más extensa del panegírico: las hazañas militares del duque (vv. 1419-1742).

1425-1426 En lugar de tomar como guía y compañera de viaje a la *fortuna* (v. 1419), don Fernando elige *seguir* a la *virtud* (v. 1428), 'que es bella cuando está destapada y sin disfraz *(descubierta),* pero fea *(diforme)* cuando se oculta *(cubierta)*'.

1430 *lumbre:* 'inteligencia'.

1434 *de abajo:* 'vistos desde abajo'.

1439 *minas:* 'riachuelos'.

1442 *se trabaja:* 'se esfuerza'.

1443 'haciendo frente al tiempo y al camino'.

1444 *clara:* 'ilustre'. *de ir:* 'por ir'.

1447-1451 La *fama* se presentaba desde antiguo bajo la imagen de una mujer alada que volaba incesantemente de un lugar a otro propagando toda suerte de noticias.

1452 La interpretación crítica ha asumido desde Fernández Navarrete (1850: 40) que el *uno* escogido por *el duque* es el propio Garcilaso, aunque la información del texto literario no es concluyente en este sentido.

1453 *entramos de consuno:* 'los dos juntos'.

1456-1459 La enfermedad aparece personificada *tocando al duque* y haciendo que se manifiesten en él los síntomas de la dolencia.

1462-1470 *Esculapio,* dios de la medicina, se aparece atravesando *(de travieso)* un bosque en donde recolecta las hierbas necesarias con que hacer la medicina que sanará al duque y le permitirá continuar el viaje hasta el Rin *(gran Reno).*

1474 Julio César es *el vencedor latino* que atravesó el Rin en el pasado para luchar contra los germanos, igual que hace ahora el duque.

1478 *daba de mano:* 'ayudaba'. *volando:* 'navegando velozmente'.

1481-1490 Colonia es el lugar donde se lastima a santa *Úrsula (do amancilla una doncella),* de acuerdo con la leyenda que recuerda Herrera *(Anotaciones,* 2001, pág. 895): en la localidad alemana fue martirizada esta hija del rey de Inglaterra, junto con las *once mil* vírgenes que la acompañaban, durante el cerco sufrido por la ciudad en el año 352 a manos de los hunos de Atila; de entre todos estos, *aquel tirano* podría aludir concretamente a Julio, capitán general de Atila. Rivers (2001: 394) recuerda que en esta ciudad «había varias series de pinturas que representaban las distintas etapas del martirio», a una de las cuales parece aludir Garcilaso *(mostraba su figura en una pieza pintada),* confiriendo así a los versos una dimensión «ecfrástica, artificiosa y distanciada» (Jiménez Heffernan, 2017: 448).

1493 *en dubio:* 'en peligro'.

1499 *argento:* 'plata'.

1502-1511 En marzo de 1532, Carlos V *(César triunfante)* convocó en *Ratisbona* la Dieta Imperial con el objetivo de conformar un ejército que pudiera defender Viena del príncipe otomano Solimán, quien después de ocupar Hungría planeaba un nuevo intento de conquistar la ciudad (vv. 1512-1516).

1514 *fines:* 'fronteras'. *campo puesto:* 'campamento establecido'.

1518-1519 La *muchedumbre* es 'rara y extraordinaria' *(estraña)* por un doble motivo: además de 'extranjera' está compuesta por un 'gran número de soldados', tantos que el campamento *(campaña)* era incapaz de acogerlos a todos *(apenas abarcaba).*

1525 *razones:* 'hablas', 'idiomas'.

1529 *sobraban:* 'superaban'.

1530 *industria:* 'habilidad'.

1546 *tira:* 'quita', 'aparta'.

1547-1557 Los italianos descubren en el duque el *valor* primigenio de la Roma imperial, el cual es parangonado con las figuras de Escipión (vv. 1550-1554) y Aníbal (vv. 1555-1557).

1564 *largas:* 'generosas'.

1565 'apaciguando las sublevaciones leves'.

1577 *en su seno está pensoso:* 'está pensativo en su interior'.

1579-1581 'aunque aparta de sí la aflicción por la posible derrota *(tristeza del caso),* su linaje y virtud le obligan a pensar *(la grandeza trae consigo)* una solución que le asegure la victoria' *(el pensamiento amigo del remedio).*

1584 *empeciese:* 'dañase'.

1593 *ovas:* 'algas'.

1617 *esprimiera:* 'expresara'.

1619-1622 Los cíclopes son los herreros de Vulcano *(el gran maestro).*

1625 *proras:* 'proas'.

1634 *se pararan:* 'hicieran frente'.

1637 *cana:* 'blanca'.

1646 *conturbado:* 'intranquilo'.

1649-1660 Se describe con detalle la batalla contra los turcos, quienes, de acuerdo con las crónicas de la época, se retiraron apresuradamente desde Viena a Graz y de allí a Constantinopla cuando Solimán tuvo noticia del ejército cristiano reclutado por el duque de Alba.

1666 Era proverbial la calidad de los lebreles irlandeses en la cacería de lobos, ciervos y, en general, de presas de gran tamaño propias de las monterías.

1668 *rebátese:* 'se resiste'. *riñe:* 'amenaza'.

1671-1672 Los versos subrayan simétricamente «una doble perfección, del arte y del retratado, es decir, del escultor-poeta Garcilaso y del duque don Fernando» (Béhar, 2017c: 69).

1679-1680 *sentimiento... holgado:* 'pena de que la victoria fuese tan fácil'.

1681-1691 Se describe la victoria del ejército cristiano liderado por el duque a través de la figura alegórica de la victoria como si de un desfile triunfal romano se tratase (véase soneto XXX, 14 y *Ode ad florem Gnidi,* 16-20). Explica Hernando Sánchez (2017: 433-434) que la imagen del carro utilizada para encomiar al tercer duque de Alba después de que este auxiliara en 1532 a la Viena cercada por los turcos coincide con la celebrada en el arco de entrada a la residencia real de Castel Nuovo, que había sido realizada para celebrar la ceremonia romana del *adventus* de Alfonso V de Aragón cuando entró en Nápoles en 1443, la cual estaba recogida en el *De Magnificentia* de Pontano.

1692-1694 Comienza ahora a describirse el viaje de vuelta (vv. 1692-1742) evocando 'las velas de la armada sublime, ensalzada y gloriosa que blanqueaba con su abundancia toda la superficie *(falda y seno)* del mar Tirreno'.

1697-1698 *aportan... Barcelona:* 'llegan al puerto de Barcelona coronados de laurel' (véase égloga I, 35-37 y égloga II, 914).

1699 Herrera *(Anotaciones,* 2001, pág. 917) supone que los *votos* debieron de cumplirse en el monasterio de Monserrat.

1700 *repuestos:* 'escondidos'.

1702 Este verso es idéntico al del soneto XXIX, 2.

1720 Se inicia aquí una descripción típicamente pastoril de los efectos beneficiosos que produce en la naturaleza el retorno de don Fernando (vv. 1720-1737).

1729 *linfas con instancia:* 'aguas con ímpetu'.

1736 *empece:* 'impide'.

1756 *terná:* 'tendrá'.

1760 *cinco lustres:* 'cinco lustros'; pues el duque tenía veinticinco años cuando dio inicio su viaje a Alemania (vv. 1431-1742).

1769 *corrusca:* 'brilla'.

1770 *claro:* 'resplandeciente'.

1771 La comparación con el astro luminoso *(la cometa)* pudiera estar relacionada con el muy conocido cometa Halley, que fue observado en 1531 (Keniston, 1925: 294).

1779 *contrastan a mirallas:* 'luchan por mirarlas'.

1795 *súpito:* 'súbitamente'.

1807 *cierto:* 'ciertamente'.

1808 *estriñendo:* 'encogiendo'.

1814-1817 Tras detenerse en un ribazo *(en un alto),* la personificación del río Tormes *(el viejo* del verso 1169) se sumergió tan impetuosamente *(con brío)* en su cauce que salpicó abundantísima agua *(levantó del río espuma al cielo)* y enturbió la arena del lecho fluvial *(comovió del suelo negra arena).*

1818-1828 Una vez que había sido instruido *(instruto),* Severo escribió todo lo que el Tormes le había mostrado en la urna de cristal y permitió a Nemoroso leer su texto, pese a que dudaba de su capacidad para entenderlo (*juzgase que no las alcanzase);* pero justamente esta concatenación de niveles comunicativos es la que ha permitido a Salicio escuchar la historia y al lector conocerla, en un juego metaliterario que invita a reflexionar sobre la traslación del conocimiento y la difusión de la literatura (Jiménez Heffernan, 2017: 451-453).

1829 *Espantado:* 'Asombrado'.

1853-1854 La medicina de la época, sustentada sobre la teoría humoral, asumía que las enfermedades se producían por un desequilibrio de los humores del cuerpo, de modo que era necesario aplicar las cualidades *(calidades)* opuestas *(contrarias)* al humor causante del mal para reequilibrar el organismo y recobrar la salud.

1855 *resumes:* 'decides'.

1866 *guarecido:* 'curado'.

1870 *alcores:* 'cerros'.

1876 *averné:* 'avendré'.

1880 *apareja:* 'prepara'.

1881 Únicamente hay una mención anterior a *Galafrón,* en el verso 129.

1882 *hato:* 'compañía o junta de pastores', 'lugar en que se reúnen en corrillo los pastores'.

Égloga III

Personas: Tirreno, Alcino

Aquella voluntad honesta y pura,
ilustre y hermosísima María,
que en mí de celebrar tu hermosura,
tu ingenio y tu valor estar solía,
a despecho y pesar de la ventura 5
que por otro camino me desvía,
está y estará tanto en mí clavada
cuanto del cuerpo el alma acompañada.

Y aun no se me figura que me toca
aqueste oficio solamente en vida, 10
mas con la lengua muerta y fria en la boca
pienso mover la voz a ti debida;
libre mi alma de su estrecha roca,
por el estigio lago conducida,
celebrando te irá, y aquel sonido 15
hará parar las aguas del olvido.

Mas la fortuna, de mi mal no harta,
me aflige y de un trabajo en otro lleva;
ya de la patria, ya del bien me aparta,
ya mi paciencia en mil maneras prueba, 20
y lo que siento más es que la carta

donde mi pluma en tu alabanza mueva,
poniendo en su lugar cuidados vanos,
me quita y me arrebata de las manos.

Pero por más que en mí su fuerza pruebe, 25
no tornará mi corazón mudable;
nunca dirán jamás que me remueve
fortuna de un estudio tan loable;
Apolo y las hermanas todas nueve
me darán ocio y lengua con que hable 30
lo menos de lo que en tu ser cupiere,
que esto será lo más que yo pudiere.

En tanto, no te ofenda ni te harte
tratar del campo y soledad que amaste,
ni desdeñes aquesta inculta parte 35
de mi estilo, que en algo ya estimaste.
Entre las armas del sangriento Marte,
do apenas hay quien su furor contraste,
hurté de tiempo aquesta breve suma,
tomando ora la espada, ora la pluma. 40

Aplica, pues, un rato los sentidos
al bajo son de mi zampoña ruda,
indigna de llegar a tus oídos,
pues de ornamento y gracia va desnuda;
mas a las veces son mejor oídos 45
el puro ingenio y lengua casi muda,
testigos limpios de ánimo inocente,
que la curiosidad del elocuente.

Por aquesta razón de ti escuchado,
aunque me falten otras, ser merezco; 50
lo que puedo te doy, y lo que he dado,
con recebillo tú, yo me enriquezco.
De cuatro ninfas que del Tajo amado

salieron juntas a cantar me ofrezco:
Filódoce, Dinámene y Climene, 55
Nise, que en hermosura par no tiene.

Cerca del Tajo, en soledad amena,
de verdes sauces hay una espesura
toda de hiedra revestida y llena,
que por el tronco va hasta el altura 60
y así la teje arriba y encadena
que el sol no halla paso a la verdura;
el agua baña el prado con sonido,
alegrando la vista y el oído.

Con tanta mansedumbre el cristalino 65
Tajo en aquella parte caminaba
que pudieran los ojos el camino
determinar apenas que llevaba.
Peinando sus cabellos de oro fino,
una ninfa del agua do moraba 70
la cabeza sacó, y el prado ameno
vido de flores y de sombras lleno.

Moviola el sitio umbroso, el manso viento,
el suave olor de aquel florido suelo;
las aves en el fresco apartamiento 75
vio descansar del trabajoso vuelo;
secaba entonces el terreno aliento
el sol, subido en la mitad del cielo;
en el silencio solo se escuchaba
un susurro de abejas que sonaba. 80

Habiendo contemplado una gran pieza
atentamente aquel lugar sombrío,
somorgujó de nuevo su cabeza
y al fondo se dejó calar del río;
a sus hermanas a contar empieza 85

del verde sitio el agradable frío,
y que vayan les ruega y amonesta
allí con su labor a estar la siesta.

No perdió en esto mucho tiempo el ruego,
que las tres de ellas su labor tomaron 90
y en mirando defuera vieron luego
el prado, hacia el cual enderezaron;
el agua clara con lascivo juego
nadando dividieron y cortaron
hasta que el blanco pie tocó mojado, 95
saliendo del arena, el verde prado.

Poniendo ya en lo enjuto las pisadas,
escurriendo del agua sus cabellos,
los cuales esparciendo cubijadas
las hermosas espaldas fueron de ellos, 100
luego, sacando telas delicadas
que en delgadeza competian con ellos,
en lo más escondido se metieron
y a su labor atentas se pusieron.

Las telas eran hechas y tejidas 105
del oro que el felice Tajo envía,
apurado después de bien cernidas
las menudas arenas do se cría,
y de las verdes ovas, reducidas
en estambre sotil, cual convenía 110
para seguir el delicado estilo
del oro, ya tirado en rico hilo.

La delicada estambre era distinta
de las colores que antes le habian dado
con la fineza de la varia tinta 115
que se halla en las conchas del pescado;
tanto arteficio muestra en lo que pinta

y teje cada ninfa en su labrado
cuanto mostraron en sus tablas antes
el celebrado Apeles y Timantes. 120

Filódoce (que así de aquellas era
llamada la mayor), con diestra mano,
tenía figurada la ribera
de Estrimón: de una parte el verde llano
y de otra el monte de aspereza fiera, 125
pisado tarde o nunca de pie humano,
donde el amor movió con tanta gracia
la dolorosa lengua del de Tracia.

Estaba figurada la hermosa
Eurídice, en el blanco pie mordida 130
de la pequeña sierpe ponzoñosa,
entre la hierba y flores escondida;
descolorida estaba como rosa
que ha sido fuera de sazón cogida,
y el ánima, los ojos ya volviendo, 135
de la hermosa carne despidiendo.

Figurado se vía estensamente
el osado marido, que bajaba
al triste reino de la escura gente
y la mujer perdida recobraba; 140
y cómo, después de esto, él, impaciente
por mirarla de nuevo, la tornaba
a perder otra vez, y del tirano
se queja al monte solitario en vano.

Dinámene no menos artificio 145
mostraba en la labor que habia tejido,
pintando a Apolo en el robusto oficio
de la silvestre caza embebecido.
Mudar presto le hace el ejercicio

la vengativa mano de Cupido, 150
que hizo a Apolo consumirse en lloro
después que le enclavó con punta de oro.

Dafne, con el cabello suelto al viento,
sin perdonar al blanco pie corría
por áspero camino tan sin tiento 155
que Apolo en la pintura parecía
que, porque ella templase el movimiento,
con menos ligereza la seguía;
él va siguiendo, y ella huye como
quien siente al pecho el odïoso plomo. 160

Mas a la fin los brazos le crecían
y en sendos ramos vueltos se mostraban;
y los cabellos, que vencer solían
al oro fino, en hojas se tornaban;
en torcidas raíces se estendían 165
los blancos pies y en tierra se hincaban;
llora el amante y busca el ser primero,
besando y abrazando aquel madero.

Climene, llena de destreza y maña,
el oro y las colores matizando, 170
iba de hayas una gran montaña,
de robles y de peñas varïando;
un puerco entre ellas, de braveza estraña,
estaba los colmillos aguzando
contra un mozo no menos animoso, 175
con su venablo en mano, que hermoso.

Tras esto, el puerco allí se via herido
de aquel mancebo, por su mal valiente,
y el mozo en tierra estaba ya tendido,
abierto el pecho del rabioso diente, 180
con el cabello de oro desparcido

barriendo el suelo miserablemente;
las rosas blancas por allí sembradas
tornaban con su sangre coloradas.

Adonis este se mostraba que era, 185
según se muestra Venus dolorida,
que, viendo la herida abierta y fiera,
sobre él estaba casi amortecida;
boca con boca coge la postrera
parte del aire que solia dar vida 190
al cuerpo por quien ella en este suelo
aborrecido tuvo al alto cielo.

La blanca Nise no tomó a destajo
de los pasados casos la memoria,
y en la labor de su sotil trabajo 195
no quiso entretejer antigua historia;
antes, mostrando de su claro Tajo
en su labor la celebrada gloria,
la figuró en la parte donde él baña
la más felice tierra de la España. 200

Pintado el caudaloso rio se vía,
que, en áspera estrecheza reducido,
un monte casi alrededor ceñía,
con ímpetu corriendo y con rüido;
querer cercarlo todo parecía 205
en su volver, mas era afán perdido;
dejábase correr en fin derecho,
contento de lo mucho que habia hecho.

Estaba puesta en la sublime cumbre
del monte, y desde allí por él sembrada, 210
aquella ilustre y clara pesadumbre
de antiguos edificios adornada.
De allí con agradable mansedumbre

el Tajo va siguiendo su jornada
y regando los campos y arboledas 215
con artificio de las altas ruedas.

En la hermosa tela se veían,
entretejidas, las silvestres diosas
salir de la espesura, y que venían
todas a la ribera presurosas, 220
en el semblante tristes, y traían
cestillos blancos de purpúreas rosas,
las cuales esparciendo derramaban
sobre una ninfa muerta que lloraban.

Todas, con el cabello desparcido, 225
lloraban una ninfa delicada,
cuya vida mostraba que habia sido
antes de tiempo y casi en flor cortada;
cerca del agua, en un lugar florido,
estaba entre las hierbas igualada 230
cual queda el blanco cisne cuando pierde
la dulce vida entre la hierba verde.

Una de aquellas diosas que en belleza
al parecer a todas ecedía,
mostrando en el semblante la tristeza 235
que del funesto y triste caso había,
apartada algún tanto, en la corteza
de un álamo unas letras escribía
como epitafio de la ninfa bella,
que hablaban ansí por parte de ella: 240

«Elisa soy, en cuyo nombre suena
y se lamenta el monte cavernoso,
testigo del dolor y grave pena
en que por mí se aflige Nemoroso
y llama: "Elisa". "Elisa" a boca llena 245

responde el Tajo y lleva presuroso
al mar de Lusitania el nombre mío,
donde será escuchado, yo lo fío».

En fin, en esta tela artificiosa
toda la historia estaba figurada, 250
que en aquella ribera deleitosa
de Nemoroso fue tan celebrada;
porque de todo aquesto y cada cosa
estaba Nise ya tan informada
que, llorando el pastor, mil veces ella 255
se enterneció escuchando su querella;

y porque aqueste lamentable cuento
no solo entre las selvas se contase,
mas dentro de las ondas sentimiento,
con la noticia de esto, se mostrase, 260
quiso que de su tela el argumento
la bella ninfa muerta señalase
y ansí se publicase de uno en uno
por el húmido reino de Neptuno.

De estas historias tales varïadas 265
eran las telas de las cuatro hermanas,
las cuales con colores matizadas,
claras las luces, de las sombras vanas
mostraban a los ojos relevadas
las cosas y figuras que eran llanas, 270
tanto que al parecer el cuerpo vano
pudiera ser tomado con la mano.

Los rayos ya del sol se trastornaban,
escondiendo su luz al mundo cara
tras altos montes, y a la luna daban 275
lugar para mostrar su blanca cara;
los peces a menudo ya saltaban,

con la cola azotando el agua clara,
cuando las ninfas, la labor dejando,
hacia el agua se fueron paseando. 280

En las templadas ondas ya metidos
tenian los pies y reclinar querían
los blancos cuerpos, cuando sus oídos
fueron de dos zampoñas que tañían
süave y dulcemente detenidos, 285
tanto que sin mudarse las oían
y al son de las zampoñas escuchaban
dos pastores a veces que cantaban.

Más claro cada vez el son se oía
de dos pastores que venian cantando 290
tras el ganado, que también venía
por aquel verde soto caminando
y a la majada, ya pasado el día,
recogido le llevan, alegrando
las verdes selvas con el son süave, 295
haciendo su trabajo menos grave.

Tirreno de estos dos el uno era,
Alcino el otro: entrambos estimados
y sobre cuantos pacen la ribera
del Tajo con sus vacas enseñados; 300
mancebos de una edad, de una manera
a cantar juntamente aparejados
y a responder, aquesto van diciendo,
cantando el uno y el otro respondiendo.

TIRRENO Flérida, para mí dulce y sabrosa 305
más que la fruta del cercado ajeno,
más blanca que la leche y más hermosa
que el prado por abril de flores lleno.
Si tú respondes pura y amorosa

al verdadero amor de tu Tirreno, 310
a mi majada arribarás primero
que el cielo nos amuestre su lucero.

ALCINO Hermosa Filis, siempre yo te sea
amargo al gusto más que la retama,
y de ti despojado yo me vea 315
cual queda el tronco de su verde rama,
si más que yo el murciégalo desea
la escuridad, ni más la luz desama,
por ver ya el fin de un término tamaño
de este dia, para mí mayor que un año. 320

TIRRENO Cual suele, acompañada de su bando,
aparecer la dulce primavera,
cuando Favonio y Céfiro, soplando,
al campo tornan su beldad primera
y van artificiosos esmaltando 325
de rojo, azul y blanco la ribera;
en tal manera, a mí Flérida mía
viniendo, reverdece mi alegría.

ALCINO ¿Ves el furor del animoso viento
embravecido en la fragosa sierra, 330
que los antigos robles ciento a ciento
y los pinos altísimos atierra,
y, de tanto destrozo aun no contento,
al espantoso mar mueve la guerra?
Pequeña es esta furia comparada 335
a la de Filis con Alcino airada.

TIRRENO El blanco trigo multiplica y crece;
produce el campo en abundancia tierno
pasto al ganado; el verde monte ofrece
a las fieras salvajes su gobierno; 340
a doquiera que miro, me parece

que derrama la copia todo el cuerno;
mas todo se convertirá en abrojos
si de ello aparta Flérida sus ojos.

ALCINO De la esterelidad es oprimido 345
el monte, el campo, el soto y el ganado;
la malicia del aire corrompido
hace morir la hierba mal su grado,
las aves ven su descubierto nido
que ya de verdes hojas fue cercado; 350
pero si Filis por aquí tornare,
hará reverdecer cuanto mirare.

TIRRENO El álamo de Alcides escogido
fue siempre y el laurel del rojo Apolo;
de la hermosa Venus fue tenido 355
en precio y en estima el mirto solo;
el verde sauz de Flérida es querido
y por suyo entre todos escogiolo;
doquiera que de hoy más sauces se hallen,
el álamo y el laurel y el mirto callen. 360

ALCINO El fresno por la selva en hermosura
sabemos ya que sobre todos vaya;
y en aspereza y monte de espesura
se aventaja la verde y alta haya;
mas el que la beldad de tu figura 365
dondequiera mirado, Filis, haya,
al fresno y a la haya en su aspereza
confesará que vence tu belleza.

Esto cantó Tirreno y esto Alcino
le respondió; y habiendo ya acabado 370
el dulce son, siguieron su camino
con paso un poco más apresurado.
Siendo a las ninfas ya el rumor vecino,

juntas se arrojan por el agua a nado,
y de la blanca espuma que movieron 375
las cristalinas ondas se cubrieron.

Égloga III. Probablemente se trate de la última composición de Garcilaso, escrita durante la primavera y el verano de 1536. La égloga se estructura en tres partes: una dedicatoria, el episodio de las ninfas y la escena de los pastores. La dedicatoria, dirigida presumiblemente a María Pimentel, virreina de Nápoles, sirve para reflexionar sobre el género pastoril a la zaga de Virgilio *(Bucólicas,* VI) y Sannazaro *(Salices,* 1-13). La entrada en escena de las ninfas tejedoras, inspiradas muy probablemente por Sannazaro *(Arcadia,* XI y *De partu Virginis,* III), sirve como acicate para incluir cuatro tapices en los que se desarrollan tres narraciones mitológicas de corte ovidiano *(Metamorfosis,* IV, 34 y VI, 1-145): la bajada de Orfeo a los infiernos, la conversión de Dafne en laurel y la muerte de Adonis. Tras estas se presenta una última descripción más apegada al presente que al pasado mítico: la muerte de la ninfa Elisa en las riberas del Tajo a su paso por Toledo, ciudad de nacimiento del poeta que funciona como agente catalizador del «alegorismo autobiográfico» presente en el poema (Fosalba, 2009a, 2009b). Las cuatro muertes, con sus transformaciones y ausencias, configuran un clima de privación y dolor que anticipa la tercera y última parte, en la que los pastores Tirreno y Alcino lamentan sus amores no correspondidos en un canto amebeo con claras reminiscencias virgilianas *(Bucólicas,* VII) y evocaciones de *Arcadia,* II y IX de Sannazaro (Morros, 1995: 223-2224; Jiménez Heffernan, 2017: 464-465).

2 Probablemente apele a *María* Osorio Pimentel (1498-1539), esposa de don Pedro de Toledo.

3 Para evitar la hipometría se debe pronunciar aspirada la *h-* inicial de *hermosura.* Ocurre lo mismo en: *harta* (v. 17), *harte* (v. 33), *hasta* (v. 60), *halla* (v. 62), *hermosa* (vv. 129, 136 y 217), *hizo* (v. 151), *huye* (v. 159), *hincaban* (v. 166), *hermoso* (v. 176), *herido* (v. 177), *hablaban* (v. 240) y *hoy* (v. 359).

5 *ventura:* 'fortuna'.

10 El *oficio* referido es el de poeta, e igual que en la elegía II se reflexiona sobre las condiciones necesarias para poderlo ejercer de la mejor manera, por la necesidad de conciliarlo con las obligaciones militares (Jiménez Heffernan, 2017: 466).

11 Para evitar la hipermetría del verso se realiza sinéresis en *fria.* Ocurre lo mismo en: *competian* (v. 102), *habian* (v. 114), *via* (v. 177), *solia* (v. 190), *rio* (v. 201), *habia* (vv. 208 y 227), *tenian* (v. 282), *venian* (v. 290) y *dia* (v. 320).

13 *estrecha roca:* 'cuerpo mortal'.

14 *estigio lago:* 'laguna Estigia', uno de los ríos infernales, por donde el barquero Caronte llevaba a las almas hasta el reino de los muertos.
16 Las *aguas del olvido* son las del 'río Leteo'.
18 *un trabajo:* 'una dificultad'.
21 *la carta:* 'el papel'.
23 *cuidados vanos:* 'asuntos sin importancia'.
27 *remueve:* 'aparta'.
28 *estudio:* 'empeño'.
29 Las *hermanas* de *Apolo,* dios de la poesía, son las *nueve* musas.
30 *lengua:* 'estilo poético'.
33 *en tanto:* 'mientras tanto'.
35-36 La voz lírica asume que lo ofrecido pertenece a un estilo inculto porque no es épico, sino lírico (véase *Ode ad florem Gnidi,* 22 y égloga I, 38).
38 *contraste:* 'resista'.
39-40 La voz enunciativa sitúa su labor poética como un ocio literario robado a las ocupaciones guerreras, ofreciendo así una imagen ideal de hombre cortesano que compagina las armas y las letras *(ora la espada, ora la pluma).*
42 El yo poético asume que la égloga, de acuerdo con la preceptiva sobre los géneros literarios de la época *(Rota Virgilii),* no puede sino ubicarse en un estilo humilde, de ahí que, en tanto que pastor que canta como poeta, la voz enunciativa se asista de una *zampoña ruda* o 'instrumento musical rústico' (véase égloga II, 1160).
45 *a las veces:* 'a veces'.
48 *curiosidad:* 'artificio'.
55-56 Los nombres de las ninfas cuentan con ilustres antecedentes literarios: *Filódoce* procede de *Geórgicas,* IV, 336 de Virgilio; *Dinámene* se toma de *Ilíada,* XVIII, 35-47 de Homero; *Climene* aparece tanto en las *Geórgicas* como en la *Ilíada;* en tanto que *Nise* podría adoptar como modelo a la pastora Nisa de *Bucólicas,* VIII de Virgilio o evolucionar a partir de la nereida Nesaee que mencionan tanto Homero *(Ilíada,* XVIII, 40) como Virgilio *(Geórgicas,* IV, 338) (Morros, 1995: 223-224).
57 Comienza con esta *soledad amena* la descripción tópica del *locus amoenus* pastoril, que se conforma a partir de la reescritura del *Orlando Furioso,* XIV, 92-93 de Ariosto (Mele, 1930: 233).
58 *espesura:* 'lugar muy poblado de árboles y matorrales'.
61 *y así:* 'y de tal modo'.
66 *caminaba:* 'discurría'.
67-68 'que los ojos no podían casi *(pudieran apenas)* determinar la dirección *(camino)* que llevaba', de lo mansas y quietas que corrían sus aguas.
73 *moviola:* 'la conmovió'.
75 *apartamiento:* 'lugar retirado'.
76 *trabajoso:* 'cansado'.

79-80 La aliteración que sugiere el zumbido de las abejas pudo tomarla Garcilaso, como indica Dámaso Alonso (1993: 79), de *Bucólicas* I, 53-55 de Virgilio: «Hinc tibi, quae semper, uicino ab limite saepes / Hyblaeis apibus florem depasta salicti / saepe leui somnum suadebit inire susurro» (*Bucólicas,* 2007, págs. 78-79).

81 *una gran pieza:* 'un gran rato'.

83 *somorgujó:* 'sumergió'.

84 *calar:* 'bajar'.

87 *amonesta:* 'requiere'.

90 *su labor tomaron:* 'hicieron lo mismo que ella'.

91 *defuera:* 'afuera'.

92 *enderezaron:* 'se dirigieron'.

93 *lascivo:* 'placentero'.

97 *en lo enjuto:* 'en la tierra seca'.

99 *cubijadas:* 'cubiertas'.

103 Tras salir del agua las ninfas, se dirigen para hilar sus telas a una caverna o gruta *(en lo más escondido se metieron).*

107 *apurado:* 'pulido', 'purificado'. *cernidas:* 'cribadas'.

108 Se creía desde antiguo que las aguas del Tajo contenían oro y que la arena del río era dorada porque se depositaban allí pepitas de este metal precioso.

109 *ovas:* 'algas'.

111-112 'para seguir la forma *(estilo)* delicada del oro, ya estirado *(tirado)* en rico hilo'.

113 *delicada estambre:* 'urdimbre'.

113-114 *distinta de las colores:* 'adornada por los colores'.

115 *fineza:* 'delicadeza'. *varia tinta:* 'tinte variado'.

116 La púrpura es la tintura que 'se encuentra' *(se halla)* en el 'caparazón de los moluscos' *(concha de los pescados)* y que se utilizaba para teñir las telas.

118 *labrado:* 'labor'.

120 Los famosos pintores griegos *Apeles y Timantes* eran considerados en la época paradigmas de excelencia pictórica. Explica De Armas (2017: 58) que «Apeles connota amor y belleza», en tanto que Timantes, autor del *Sacrificio de Ifigenia,* «sugiere el dolor»; pues los cuatro hombres que se lamentan en su cuadro contrastan con las cuatro ninfas de la égloga, cada una de las cuales «teje un momento doloroso o trágico».

121-128 La ninfa Filódoce teje la historia de Orfeo, personaje mitológico de la región de *Tracia,* cuyo río más importante es el *Estrimón.*

129-136 *Eurídice,* amada de Orfeo, falleció por la mordedura de una serpiente *(sierpe ponzoñosa).*

137-144 Orfeo *(el osado marido)* bajó hasta el inframundo *(triste reino de la escura gente)* para rescatar a Eurídice; allí conmovió con su canto a Hades y a Perséfone, quienes le permitieron llevársela con él al mundo de los vivos, con la condición de que siempre anduviese él delante y no la mirase hasta que la luz del sol alumbrase por completo a su amada. El *impaciente* Orfeo giró la cabeza para *mirarla de nuevo* cuando ella aún tenía un pie en el inframundo y la perdió *otra vez*.

148 *embebecido:* 'absorto'.

150-152 Apolo se había mofado del dios del amor porque se dedicaba a jugar con un arco y una flecha en lugar de emplearse en un *robusto oficio* como el suyo; Cupido, en venganza *(vengativo)* por tamaña burla, tomó una flecha de oro inspiradora de amor y otra de plomo instigadora de odio, y asaeteó con la una a Apolo *(le enclavó con punta de oro)* y con la otra a Dafne *(el odïoso plomo* del verso 160).

154 *sin perdonar:* 'sin evitar el daño'.

155 *tan sin tiento:* 'tan alocadamente'.

161-168 La transformación de Dafne en laurel guarda estrechas concomitancias con el soneto XIII, pues ambos se basan en la misma fuente ovidiana *(Metamorfosis,* I, 549-555). El *ser primero* es la ninfa en cuerpo humano, antes de transformarse en árbol.

172 *varïando:* 'dando variedad'.

174 *aguzando:* 'afilando'.

181 *desparcido:* 'esparcido', 'suelto'.

183-186 El bello Adonis, amante de Venus, murió asesinado por un jabalí y su sangre derramada confirió a las rosas, que hasta entonces eran blancas, su característico color rojo.

188 *amortecida:* 'muerta'.

192 La referencia al 'enfado' o 'disgusto' *(aborrecido)* que Venus había provocado en el *alto cielo* probablemente tenga que ver con los celos de Marte, pues con el dios de la guerra se suele identificar al jabalí que acabó con Adonis.

193 *a destajo:* 'con trabajo'.

194 *los pasados casos:* 'historias pasadas'.

196-200 Frente a la opción elegida por sus hermanas de contar las historias mitológicas del pasado *(entretejer antigua historia),* Nise opta por plasmar con sus hilos una historia coetánea sucedida en Toledo, exponiendo así el suceso de *la bella ninfa muerta* (vv. 217-264).

201-203 *se vía... ceñía:* 'se veía que, estrechándose el río, ceñía casi a su alrededor un monte', sobre el cual se asienta la ciudad de Toledo (vv. 211-212).

205-208 La personificación del río Tajo se presenta feliz *(contento)* por haber intentado rodear por completo al monte, a pesar de no haberlo conseguido.

211 *clara pesadumbre:* 'excelsa cumbre'.

216 El *artificio de las altas ruedas* podría remitir a la máquian construida por el ingeniero Juanelo Turriano, consistente en unas presas o azudes que por la misma fuerza de la corriente del río permitían subir agua sin esfuerzo a la ciudad de Toledo. Según Jiménez Heffernan (2017: 470),

«la densidad metapoética de esta égloga encuentra en el término *artificio* su más exacta cifra. En la dialéctica naturaleza-arte, es la *techné* artificiosa la que halla aquí su elogio».

225 *desparcido:* 'esparcido', 'suelto'.

230 *igualada:* 'tendida', 'derribada', de acuerdo con la lectura que fija Morros, quien explica con extensión y rigor el problema crítico de esta variante (1995: 351-353). Con todo, no se puede descartar por completo la lectura *degollada* de la primera edición, seguida mayoritariamente por la crítica garcilasiana, aunque atribuyéndole diversos significados: desde 'desangrada', 'herida en la garganta' o 'decapitada' hasta el locativo 'valle de la Gollada', pasando por la posibilidad que plantea Agustín de la Granja (1997) de entender *degollada* (o *degolada)* con el significado de 'sin gola', es decir, 'escotada', 'a cuello descubierto'.

238-239 La costumbre de grabar el nombre de la amada o un poema en su honor sobre la corteza de un árbol cuenta con antecedentes tanto en la poesía clásica (Calímaco, Virgilio, Propercio, Ovidio) como en la tradición culta vernacular (Sannazaro, Bernardo Tasso), tal y como recuerda Morros (1995: 236).

240 *por parte de ella:* 'por boca de ella'.

241-245 El eco es también tópico de la tradición pastoril y los poetas renacentistas habían seguido a Virgilio y Propercio en el uso de este motivo para expresar la imagen de la perdurabilidad de su propia escritura (Carranza, 2008: 35).

256 *querella:* 'queja amorosa'.

264 *húmido reino de Neptuno:* 'el mar'.

265 Comienza aquí la primera de las cuatro estrofas de transición en las que se describen el final del día, la conclusión de las labores de las ninfas y el propósito de estas de volver a su morada fluvial, todo lo cual es antesala del canto amebeo de Tirreno y Alcino.

269 *relevadas:* 'puestas sobre relieve'.

273 *se trastornaban:* 'se ocultaban'.

274 *cara:* 'querida'.

288 *a veces:* 'alternativamente'; de acuerdo con la mecánica del canto amebeo pastoril. El entrecruzamiento de cantos que se responden procede originariamente de *Idilios,* VIII de Teócrito y de *Bucólicas,* VII de Virgilio; lo que fue usado luego por Sannazaro en la prosa IV de su *Arcadia.*

293 *majada:* 'albergue pastoril'.

296 *grave:* 'pesaroso'.

298 *entrambos:* 'los dos'.

300 *con sus vacas enseñados:* 'diestros con sus vacas'.

301 *de una:* 'de la misma'.

305-306 María Rosa Lida (1975: 73), Rivers (2001: 449-450) y Morros (1995: 527-528) han estudiado en profundidad esta imagen y desentrañado sus posibles fuentes bíblicas (Proverbios, 9: 17) y clásicas

(Ovidio, *Ars amandi,* I, 349; Juvenal, *Sátiras,* XIII, 33-34 y XIV, 142-143; Persio, *Sátiras,* VI, 13-14). Jiménez Heffernan (2017: 472) recuerda también como posible inspiración el episodio del robo de peras en huerto ajeno que narra san Agustín en sus *Confesiones* II, IV; así como la similitud con otras imágenes garcilasianas análogas como la del nido usurpado en égloga I, 327.

312 *amuestre:* 'muestre'.

314 *retama:* 'arbusto tóxico, de sabor amargo, que puede alcanzar los tres metros de altura'.

318 *desama:* 'odia'.

323 *Favonio y Céfiro* son, respectivamente, las denominaciones latina y griega para designar al mismo viento suave del oeste que se creía anticipo de la primavera.

329 *animoso:* 'impetuoso'.

330 *fragosa:* 'intrincada'.

331 *antigos:* 'antiguos'.

332 *atierra:* 'echa a tierra', 'tumba'.

335-336 'esta tormenta *(furia)* es pequeña si se compara al enfado *(airada)* de Filis con Alcino'.

340 *gobierno:* 'alimento'.

341 *a doquiera:* 'adondequiera'.

342 'que el cuerno todo derrama la abundancia', evocando la cornucopia o cuerno de Amaltea, del que brotaban incesantemente flores y frutos, en consonancia con *Epístolas,* I, XII, 28-29 de Horacio.

343 *abrojos:* 'plantas con espinas'.

347 *la malicia:* 'el daño'.

353-360 A partir de la identificación del *álamo,* el *laurel* y el *mirto* como símbolos respectivos de Hércules *(Alcides), Apolo* y *Venus,* se establece el sauce *(sauz)* como propio de *Flérida,* igual que si de otra divinidad se tratase.

374-376 El regreso de las ninfas a las aguas, que pone el punto y final a la égloga, adapta escenas muy similares de Homero *(Odisea,* IV, 570), Virgilio *(Geórgicas,* IV, 527-528) y Sannazaro *(De partu Virginiis,* III, 503-504).

Agradecimientos

La presente edición hunde sus raíces en un trabajo del año 2017 que realicé junto a Julián Jiménez Heffernan y Pedro Ruiz Pérez. Ellos me convirtieron en cómplice de un ilusionante proyecto que tiene su continuación en el presente libro; pero además, y esto es mucho más importante, me enseñaron a entender la originalidad y riqueza de la propuesta poética de Garcilaso, así como su modernidad radical.

A la fuerza, entusiasmo y voluntad catalizadora de Adrián J. Sáez se debe que estas páginas hayan llegado a la imprenta; pero también a Antonio Sánchez Jiménez y a Luis Gómez Canseco, ya que su apoyo desde el primer momento fue un estímulo imprescindible.

A los compañeros y amigos del Grupo PASO les debo mi formación en la poesía aurisecular. Idéntica deuda de gratitud me une con los eminentes garcilasistas Eugenia Fosalba y Antonio Gargano, quienes me han regalado su magisterio desinteresado y la más excelente de las ayudas durante el tiempo que ha durado este trabajo, convirtiéndose ambos en puntales indispensables de la presente edición. Por tales motivos, las voces de todos ellos se encuentran necesariamente omnipresentes en las páginas del libro.

Quiero hacer extensible mi agradecimiento a Josune García, pues todo esto ha sido posible gracias a la generosa confianza que depositó en mí y a su impagable paciencia.

A Ramona Echevarría siempre le agradeceré que me hiciera memorizar el soneto XXIII: de aquellos polvos vienen estos lodos.

Finalmente, aunque en el principio de todo: a Ana, por el tiempo.

Colección Letras Hispánicas

Últimos títulos publicados

818 *Sonetos,* Luis de Góngora.
Edición de Juan Matas Caballero.
819 *Yo, maldita india... La Infanta de Velázquez. Ella se va,* Jerónimo López Mozo.
Edición de Virtudes Serrano.
820 *Ensayos y poesías,* Manuel González Prada.
Edición de Isabelle Tauzin-Castellanos.
821 *Una comedia ligera,* Eduardo Mendoza.
Edición de Javier Aparicio Maydeu.
822 *Viaje de Turquía de Pedro de Urdemalas.*
Edición de Alfredo Rodríguez López-Vázquez.
823 *El hereje,* Miguel Delibes.
Edición de Mario Crespo López.
824 *La forja de un rebelde,* Arturo Barea.
Edición de Francisco Caudet.
825 *Los parientes de Ester,* Luis Fayad.
Edición de José Manuel Camacho Delgado.
826 *Ocnos. Variaciones sobre tema mexicano,* Luis Cernuda.
Edición de Jenaro Talens.
827 *El acero de Madrid,* Lope de Vega.
Edición de Julián González-Barrera.
828 *Nos quedan los dones,* Eliseo Diego.
Edición de Yannelys Aparicio y Ángel Esteban.
829 *La boba para los otros y discreta para sí,* Lope de Vega.
Edición de Ane Zapatero Molinuevo.

De próxima aparición

La ciudad y los perros, Mario Vargas Llosa.
Edición de Dunia Gras.
Jardín concluso (Obra poética 1999-2009), Guillermo Carnero.
Edición de Elide Pittarello.
Guatimozin, último emperador de México, Gertrudis Gómez de Avellaneda.
Edición de Luis T. González del Valle y José Manuel Pereiro Otero.
Comedias burlescas del Siglo de Oro.
Edición de Ignacio Arellano Ayuso e Ignacio D. Arellano-Torres.